物流管理概论

(微课版)

主　编　贺世红　马小雅　欧　阳
副主编　龙堂展　陈永生　梁　辉
　　　　欧启什　甘海才　蒋祖平

北京理工大学出版社
BEIJING INSTITUTE OF TECHNOLOGY PRESS

内 容 简 介

本书系统地介绍了物流与物流管理的基本内容，共十四章，可分为三个部分：第一部分讲述物流、物流管理与物流系统等物流活动的基本内容，包括采购、生产、运输、仓储与库存、配送、包装、流通加工、搬运装卸等物流的各个环节；第二部分讲解物流基本活动以外的其他管理内容，具体又包括物流成本、物流信息、第三方物流和智慧物流；第三部分简述供应链管理。为了使读者掌握所介绍的知识、理论与方法，本书各章都安排了知识导图、微课、练习与思考、案例分析，供读者练习与思考。

本书可作为高等院校经济与管理类相关专业本科生教材，也可供企业管理人员、各级行政干部参考。

版权专有　侵权必究

图书在版编目(CIP)数据

物流管理概论：微课版 / 贺世红，马小雅，欧阳主编. --北京：北京理工大学出版社，2023.11

ISBN 978-7-5763-3223-0

Ⅰ.①物… Ⅱ.①贺… ②马… ③欧… Ⅲ.①物流-物资管理-概论 Ⅳ.①F252

中国国家版本馆 CIP 数据核字(2023)第 238368 号

责任编辑：王梦春　　**文案编辑**：邓　洁
责任校对：刘亚男　　**责任印制**：李志强

出版发行 / 北京理工大学出版社有限责任公司
社　　址 / 北京市丰台区四合庄路 6 号
邮　　编 / 100070
电　　话 / (010) 68914026（教材售后服务热线）
　　　　　　　(010) 68944437（课件资源服务热线）
网　　址 / http://www.bitpress.com.cn
版 印 次 / 2023 年 11 月第 1 版第 1 次印刷
印　　刷 / 三河市天利华印刷装订有限公司
开　　本 / 787 mm×1092 mm　1/16
印　　张 / 18
字　　数 / 423 千字
定　　价 / 95.00 元

图书出现印装质量问题，请拨打售后服务热线，负责调换

前言

自 20 世纪初物流概念提出以来，物流的各个方面都在发生变化：物流管理理念不断完善；物流活动范围从城市向农村不断延伸；运输、仓储和装卸搬运等物流设备的科技含量不断提高；物流信息技术不断更新。这些都使得物流的内涵和外延也在不断变化，物流所发挥的作用不断增强，对物流活动的科学管理也变得愈加重要。

进入 21 世纪以来，我国"一带一路"倡议的发展，"脱贫攻坚""国内国际双循环"和"乡村振兴"等战略的实施，为现代物流注入了新的内涵，增添了新的活力。二十大报告提出要加强教材建设和管理，本书是在结合同类优秀教材的基础上，为物流管理专业量身定做的一本基础必修课程用书，本书以新文科建设为背景，是依托"广西普通本科高校示范性现代产业学院——南宁师范大学智慧物流产业学院建设项目"的政产学研协同育人机制创新与实践成果。其特点：一是在比较全面涵盖物流理论的基础上，理论联系实际，对物流管理的基本要素、管理理念和思想做了进一步的延伸、探讨。二是参与本书编写工作的人员都是普通高校教学一线的老师，对物流管理教学深有体会，理论编写简洁、清晰，注重实务操作和流程，使学习者在学习理论基础的同时掌握相应理论的应用。三是在介绍基本理论的基础上，适当考虑与该门课程相关的新政策、新概念，立足行业前沿，尽量让学习者了解和掌握绿色物流、保税物流、应急物流、智慧物流、跨境物流等新型物流知识。四是对于重要的知识点，专门配备了微课视频，供学习者进一步理解消化。五是本书每一章都以案例引入，案例简洁、典型，使学习者在学习知识之前有一个感性的认识，提升了学习兴趣；每一章的最后都有精选典型案例，供读者综合分析和研究。

本书共分为十四章，每章都有相对独立的学习专题，分别设置了"学习目标""知识导图""引导案例""练习与思考"等多个栏目。本书由贺世红、马小雅、欧阳担任主编，龙堂展、陈永生、梁辉、欧启什、甘海才、蒋祖平担任副主编，具体分工如下：第一章由贺世红编写，第二章由龙堂展编写，第三、四章由梁辉编写，第五、八章由欧启什编写，第六、七章由马小雅编写，第九、十章由甘海才编写，第十一章由蒋祖平编写，第十二、十三章由欧阳编写，第十四章由陶章编写，陈永生负责整理参考资料，最后由贺世红负责全书的设计、编排和统稿。感谢杨广柳、陆丽花、蒋娟，他们为本教材数据资料的收集和整理做了很多工作。

  本书在编写过程中，吸取和参考了许多专家和学者的研究成果，在此向相关作者表示深深的谢意。由于编者水平所限，尽管付出了很大努力，书中不当之处仍在所难免，希望读者批评指正，我们将不胜感激。

编　者

2023 年 7 月

目录

第一章 物流与物流管理 (001)
- 第一节 物流的产生与发展 (002)
- 第二节 物流的概念与特征 (003)
- 第三节 物流基本理论 (008)
- 第四节 物流管理概述 (010)
- 本章小结 (014)
- 练习与思考 (015)

第二章 物流系统 (016)
- 第一节 物流系统概述 (017)
- 第二节 物流系统规划与设计 (022)
- 第三节 现代物流系统 (027)
- 本章小结 (030)
- 练习与思考 (031)

第三章 采购物流管理 (032)
- 第一节 采购与采购管理 (033)
- 第二节 DRP 的原理及应用 (040)
- 第三节 现代采购模式 (041)
- 本章小结 (044)
- 练习与思考 (044)

第四章 生产物流管理 (046)
- 第一节 企业生产物流概述 (047)
- 第二节 MRP、MRP Ⅱ 与 ERP (049)

第三节　JIT 原理及应用 ……………………………………………………（055）
　　本章小结 …………………………………………………………………………（059）
　　练习与思考 ………………………………………………………………………（060）

第五章　运输管理 …………………………………………………………………（061）
　　第一节　运输与运输管理 …………………………………………………………（062）
　　第二节　运输方式的选择与比较 …………………………………………………（065）
　　第三节　运输合理化 ………………………………………………………………（071）
　　本章小结 …………………………………………………………………………（073）
　　练习与思考 ………………………………………………………………………（074）

第六章　仓储与库存管理 …………………………………………………………（075）
　　第一节　仓储与仓储管理概述 ……………………………………………………（077）
　　第二节　仓储管理的业务流程与技术 ……………………………………………（084）
　　第三节　库存管理 …………………………………………………………………（096）
　　本章小结 …………………………………………………………………………（112）
　　练习与思考 ………………………………………………………………………（113）

第七章　物流配送管理 ……………………………………………………………（115）
　　第一节　配送概述 …………………………………………………………………（116）
　　第二节　配送模式与配送合理化 …………………………………………………（121）
　　第三节　配送作业管理 ……………………………………………………………（127）
　　第四节　配送中心概述 ……………………………………………………………（132）
　　本章小结 …………………………………………………………………………（145）
　　练习与思考 ………………………………………………………………………（145）

第八章　包装技术与管理 …………………………………………………………（147）
　　第一节　包装概述 …………………………………………………………………（148）
　　第二节　包装技术 …………………………………………………………………（152）
　　第三节　包装材料 …………………………………………………………………（154）
　　本章小结 …………………………………………………………………………（156）
　　练习与思考 ………………………………………………………………………（157）

第九章　装卸搬运与流通加工 ……………………………………………………（158）
　　第一节　装卸搬运概述 ……………………………………………………………（159）
　　第二节　装卸搬运技术与设备 ……………………………………………………（161）
　　第三节　流通加工概述 ……………………………………………………………（168）
　　本章小结 …………………………………………………………………………（171）

练习与思考 …………………………………………………………………… (171)

第十章　物流成本管理 …………………………………………………………… (173)

　　第一节　物流成本概述 ……………………………………………………… (174)

　　第二节　物流成本决策 ……………………………………………………… (176)

　　第三节　物流成本控制 ……………………………………………………… (177)

　　本章小结 ……………………………………………………………………… (186)

　　练习与思考 …………………………………………………………………… (186)

第十一章　物流信息管理 ………………………………………………………… (188)

　　第一节　物流信息管理概述 ………………………………………………… (190)

　　第二节　现代物流信息技术 ………………………………………………… (195)

　　第三节　物流信息系统 ……………………………………………………… (211)

　　第四节　电子商务物流管理 ………………………………………………… (215)

　　本章小结 ……………………………………………………………………… (219)

　　练习与思考 …………………………………………………………………… (220)

第十二章　第三方物流 …………………………………………………………… (221)

　　第一节　第三方物流概述 …………………………………………………… (223)

　　第二节　第三方物流的产生 ………………………………………………… (224)

　　第三节　第三方物流的经营 ………………………………………………… (228)

　　第四节　第四方物流 ………………………………………………………… (230)

　　本章小结 ……………………………………………………………………… (233)

　　练习与思考 …………………………………………………………………… (234)

第十三章　智慧物流概论 ………………………………………………………… (235)

　　第一节　智慧物流的历史 …………………………………………………… (236)

　　第二节　智慧物流的定义与特征 …………………………………………… (238)

　　第三节　智慧物流的功能与作用 …………………………………………… (240)

　　第四节　智慧物流的发展状况 ……………………………………………… (241)

　　第五节　智慧物流系统 ……………………………………………………… (244)

　　第六节　智慧物流的传感技术 ……………………………………………… (246)

　　第七节　智慧物流的网络技术 ……………………………………………… (251)

　　第八节　智慧物流的数据处理技术 ………………………………………… (257)

　　本章小结 ……………………………………………………………………… (261)

　　练习与思考 …………………………………………………………………… (261)

第十四章　供应链管理 …………………………………………………………… (262)

　　第一节　供应链管理的内涵与特点 ………………………………………… (263)

第二节　供应链管理的主要模式……………………………………………………（267）

第三节　供应链管理的基本方法……………………………………………………（269）

第四节　供应链视角下物流管理的发展趋势………………………………………（276）

本章小结………………………………………………………………………………（278）

练习与思考……………………………………………………………………………（279）

参考文献………………………………………………………………………………（280）

第一章　物流与物流管理

学习目标

1. 知识目标：了解物流的发展过程，掌握物流及物流管理的基本概念和物流相关基本理论，了解物流管理的目标、职能和内容。
2. 能力目标：能运用物流理论分析与解释相关物流现象和问题。
3. 素养目标：学会在实际工作中发现和挖掘物流的价值和作用。

知识导图[①]

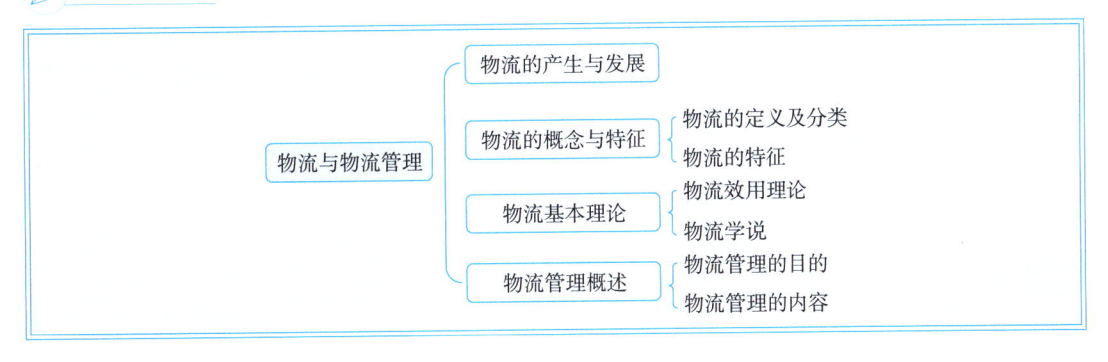

```
                         ┌─ 物流的产生与发展
                         │
                         │                    ┌─ 物流的定义及分类
                         ├─ 物流的概念与特征 ─┤
物流与物流管理 ──────────┤                    └─ 物流的特征
                         │                    ┌─ 物流效用理论
                         ├─ 物流基本理论 ─────┤
                         │                    └─ 物流学说
                         │                    ┌─ 物流管理的目的
                         └─ 物流管理概述 ─────┤
                                              └─ 物流管理的内容
```

引导案例

1. 在 AI、5G 技术发展的驱动下，2022 年"双十一"期间，顺丰先进的物流系统为近百个品牌提供了"极效前置"服务，为快速物流服务提供了技术保障。
2. 中国古时的镖局映射到现在属于什么样的行业？镖局的作用有哪些？

---

① 每章知识导图都是根据每章要点梳理，未必按三级目录整理。

第一节　物流的产生与发展

现代物流的概念源于美国，从美国20世纪初最先提出物流的概念至今，对物流活动和物流管理的认识几乎经历了一个世纪。物流概念最早出现在20世纪初美国政府工作报告和对军需品组织和运输的研究文献当中。1935年，《市场营销用语集》下的定义是："物流是销售活动中所伴随的物质资料从产地到消费地的种种企业活动，包括服务过程。"早期物流研究文献如表1-1所示。

表1-1　早期物流研究文献

时间	作者	文献	主要内容
1901年	约翰·克纳威尔（John F. Crowell）	《农产品流通产业委员会报告》	第一次论述了对农产品流通产生影响的各种因素和费用，从而揭开了人们对物流活动认识的序幕
1905年	琼西·贝克（Chauncey B. Baker）	《军队和军需品运输》	提出了Logistics的物流概念
1915年	阿奇·萧（Arch W. Shaw）	《市场流通中的若干问题》	提出在市场分销中，怎样更省钱、更及时地将客户订购的产品送到客户手中，并提到"物资经过时间或空间的转移，会产生附加价值"
1927年	拉尔夫·布素迪（Ralph Borsodi）	《流通时代》	用Logistics来称呼物流，为物流的概念化奠定了基础
1935年	美国市场营销协会（AMA）	《市场营销用语集》	"物流是销售活动中所伴随的物质资料从产地到消费地的种种企业活动，包括服务过程"

第二次世界大战时期，随着军事后期工作的开展，对军需物资调运的实践大大充实和发展了军事后勤学的理论、方法和技术，美国在战时采用的后勤管理（Logistics Management）后来被引入商业部门，称之为商业后勤（Business Logistics），定义为"包括原材料的流通、产品分配、运输、购买与库存控制、储存、用户服务等业务活动"，其领域统括原材料物流、生产物流和销售物流。

> 💡 **思考**："兵马未动，粮草先行"，试分析该成语的重要意义。

从20世纪50年代中期到80年代中期，Physical Distribution概念继续在美国得到发展和完善，形成了比较统一的物流概念。1963年美国物流管理协会（National Council of Physical Distribution Management，NCPDM）成立，继而成为世界上第一个物流专业组织，并定义了物流管理（Physical Distribution Management）：物流管理是为了计划、执行和控制原材料、在制品、库存及制成品从起源地到消费地的有效率的流动而进行的两种或多种活动的集成。这些活动可能包括但不限于顾客服务、需求预测、交通、库存控制、物料搬运、订货处理、零件及服务支持、工厂及仓库选址、采购、包装、退货处理、废弃物回收、运输、仓储管理。

1964年，日本也开始使用物流这一概念。1956年，日本生产性本部派出"流通技术专门考察团",由早稻田大学教授宇野正雄等一行人去美国各地进行考察,首次接触了物流这个新事物,弄清楚了日本以往叫作"流通技术"的内容,与美国叫作"Physical Distribution"内容相似,从此便把"流通技术"按照美国的简称叫作"PD"。1965年,日本在政府文件中正式采用"物的流通"这个术语,简称为"物流"。与此同时,物流概念也逐步流行到了西欧、北美和其他地区的许多国家。

物流概念主要通过两条途径从国外传入中国。一条途径是20世纪80年代初随着市场营销理论的引入而从欧美传入;另一条途径是从欧美传入日本,日本人将Physical Distribution翻译为"物流",20世纪80年代初,我国从日本直接引入"物流"概念。

20世纪80年代中期以来,世界各国的物流概念都有了相应改变。新时期的Logistics概念是在各个专业物流全面高度发展的基础上,基于企业供、产、销等全范围、全方位的物流问题而提出,因此这个阶段的Logistics应当译为"现代物流",它既包含了原来物流的含义,也增加了诸如低碳物流、应急物流等新型物流内容,是一个动态的物流概念,是一种适应新时期所有社会组织形态集成化、信息化、一体化的物流概念。

第二节　物流的概念与特征

一、物流的定义及分类

(一)物流的定义

随着人们对物流活动的不断深入和了解,物流的定义也不断发生变化,其内容逐步丰富、深化和发展。

1986年,美国物流管理委员会对物流(Logistics)的定义是:"物流是对货物、服务及相关信息从起源地到消费地的有效率、有效益的流动和储存进行计划、执行和控制,以满足顾客要求的过程。该过程包括进向(Inbound)、去向(Outbound)、内部和外部的移动以及以环境保护为目的的物料回收。"

日本日通综合研究所于1981年编写的《物流手册》对物流的定义是:"物流是物质资料从供给者向需要者的物理性移动,是创造时间性、场所性价值的经济活动。从物流的范围来看,包括包装、装卸、保管、库存管理、流通加工、运输、配送等诸种活动。"

2021年12月1日开始实施的《物流术语》(GB/T 18354—2021)将物流定义为:"根据实际需要,将运输、储存、装卸、搬运、包装、流通加工、配送、信息处理等基本功能实施有机结合,使物品从供应地向接收地进行实体流动的过程。"

(二)物流的分类

1. 按物流所参与的活动分类

从供应、生产、销售整个绿色供应链环节来看,物流可以分为供应物流、生产物流、销售物流、回收物流和废弃物物流。

(1)供应物流。

供应物流是指生产活动所需要的原材料等物资的采购、供应所产生的物流。流通领域的供应物流是指交易活动中从买方角度出发在交易中所发生的物流。对于一个企业而言，企业的流动资金十分重要，但流动资金大部分是被购入的物资和原材料及半成品等所占用的，因此供应物流的合理化对于企业的成本管理有重要影响。

（2）生产物流。

生产物流包括从工厂的原材料购进入库起，直到工厂成品库的成品发送出去为止的物流活动的全过程。生产物流和工厂企业的生产流程同步，企业在生产过程中，原材料、半成品等按照工艺流程在各个加工点之间不停地移动、流转形成了生产物流，如果生产物流中断，生产过程也将随之停顿。

生产物流的重要性体现在：如果生产物流均衡稳定，可以保证在制品的顺畅流转，缩短生产周期；如果生产物流的管理和控制合理，也可以使在制品的库存得到压缩，使设备负荷均衡。因此，生产物流的合理化对工厂的生产秩序和生产成本有着很大的影响。

（3）销售物流。

生产企业或流通企业售出产品的物流过程称为销售物流，也指物资的生产者或持有者与用户或消费者之间的物流。

（4）回收物流。

商品在生产及流通活动中有许多要回收并加以利用的物资，如作为包装容器的纸箱和塑料筐等，对物资的回收和再加工过程便形成了回收物流。由于回收物资品种繁多，变化较大，且流通的渠道也不规则，因此，对回收物流的管理和控制的难度较大。

（5）废弃物物流。

废弃物物流指商品的生产和流通系统中所产生的无用的废弃物，如开采矿山时产生的土石、炼钢生产中的钢渣、工业废水以及其他各种垃圾等。

2. 按物流活动范围分类

（1）国内物流。

国内物流是指为国家的整体利益服务，在自己国家的领地范围内开展的物流活动。国内物流作为国民经济的一个重要方面，应该纳入国家总体规划的内容，我国的物流事业是国家现代化建设的重要组成部分。因此，国内物流的建设投资和发展必须从全局着眼，清除部门和地区分割所造成的物流障碍，尽早建成一些大型物流项目为国民经济服务。

（2）国际物流。

国际物流是跨国经济交往、贸易活动中的物资流转。国际物流是伴随着国际贸易的发展而发展的，随着国际分工日益深化，世界经济联系日趋密切，生产国际化已成为世界经济发展的基本趋势，世界经济的发展变化使国际贸易迅速增长，各国之间的经济发展对国际贸易的依赖性大幅提高。

国际贸易的发展对国际物流的要求也越来越高，20世纪60年代开始形成国际间数量巨大的物流，出现了超大型的运输工具；70年代国际集装箱以及集装箱船的普及，使散杂货的物流水平迅速提高；80年代以后，国际物流也开始向"小批量、高频度、多品种"的方向发展。同时，伴随国际联运物流的发展而建立的国际化物流信息系统，进一步促进了国际物流向更高的水平发展。

> 💡 **思考**：某些特定区域的物流特点，如欧盟、长三角、京津冀、中国—东盟。

3. 按物流的性质分类

（1）社会物流。

社会物流一般指流通领域发生的物流，是全社会物流的综合。社会物流是国民经济的命脉，流通网络分布的合理性、流通渠道是否通畅直接关系到国民经济的运行质量。必须采用先进的手段，对社会物流进行科学的管理与有效的控制，保证社会物流高效率、低成本运行。

（2）行业物流。

行业物流是指同一行业中不同类型和层次的生产者与消费者之间的物流，如机械、电子等。由于同一行业中的企业常常又是市场上的竞争对手，因此，如何进行同行业的企业间的协作，共同促进行业物流系统的合理化，是值得研究的问题。

（3）企业物流。

企业物流可理解为围绕企业经营的物流活动，是具体的、微观物流活动的典型领域，物流活动便是伴随着企业的投入→转换→产出而发生的，相对于投入的是企业外供应或企业外输入物流，相对于转换的是企业内生产物流或企业内转换物流，相对于产出的是企业外销售物流或企业外服务物流。

二、物流的特征

现代物流是一种综合性极强、技术要求较高的基础性产业，物流作为涉及多部门、多功能活动的集成，具有以下特性。

（一）物流过程系统化

由于物流服务本身就是社会化大生产的产物，其生产过程涉及很多部门、很多环节，所以现代物流的生产过程体现了十分明显的系统性特征，而且物流涉及的每一方面都是不可或缺的，它们起着各自的作用，共同构成了物流产业。例如，商业在物流中起着引导的作用，因为商品移动的方向就离不开商业的引导，它决定了商品的流向，所以商业是物流中重要的环节。又如，运输是物流的载体和动力，运输以各种方式将商品由一个地方运送到另一个地方，使商品的位移得以实现。还有车站、码头、港口、机场、商检等，就像是物流的闸门，开启闸门，商品就顺着事先开掘好的渠道，在运输工具的承载下流向目的地。所以物流的各方面环环紧扣，相互连接，形成了一个完整的物流体系。

（二）物流管理信息化

物流信息化是整个社会信息化的必然要求。物流信息化主要是指建立高效畅通的物流信息系统，实现从物流决策、业务流程、客户服务的全程信息化，对物流进行科学管理。物流管理信息化是物流信息化的重要内容之一，物流系统只有具有良好的信息处理和传输系统，才能快速、准确地获取销售反馈信息和配送货物跟踪信息，从而大大提高物流企业的服务水平。

（三）物流服务社会化

社会化也称市场化。现代物流是市场化的产物，也是市场化高度发达的标志。随着社会分工的深化和市场需求的日益复杂，对物流技术和物流管理的要求也越来越高，企业逐渐认识到依靠自身的力量不可能在每一个领域都获得竞争的优势，它们更倾向于采用资源外取的方式，将企业自身不擅长的物流外包给专业的物流企业，而将有限的资源集中于自己真正具有优势的领域。进入 21 世纪以来，采用物流外包形式的企业占 69%，正在研究以后将物流外包的企业占 10%。

(四) 物流活动国际化

国际化是现代物流的发展趋势，它是物流国际市场不断开拓的结果，也是国际贸易发展的需求。由于物质资料的生产和贸易发展已经越出一国的界限，为其服务的物流也必然在世界范围展开，因而使得物流作为一个产业在外延上更加庞大，在内涵上更加丰富，在组织上更加复杂，在技术上水平更高。和其他方面一样，物流在国际上的发展，使国际经济的联系也更加密切。同时在组织管理方面，涉及外贸的法律、政策，以及与其相配套的口岸、商检等成为国家政权不可或缺的重要组成部分。为了使物流在国际间实现，大型远洋运输船队、航空货运等运输手段快速发展起来，与此相配套的港口、机场、大型仓储等也得到相应发展。

(五) 物流经营集约化

集约化经营的重点就是高效率。集约化经营之所以效率高，有两方面的主要原因：一是实现了社会化服务的大物流，二是物流技术水平高。在社会化服务的条件下，仓库、港口、码头、公路、铁路、航空等基础设施建设比较发达，委托代理机构健全，大部分企业实现了物资采购的配送，第三方物流服务也较为普遍。同时，现代物流的技术高度发达，在上述各方面的基础设施基本上实现了机械化、自动化和信息化。所以，生产效率很高，每个物流行业职工所完成的以市场价值表示的工作量大大高出社会平均数。因此作为第三产业的物流产业，在国民经济中占据重要位置。

三、物流在国民经济中的地位和作用

(一) 物流在国民经济中的地位

物流是社会经济大系统的动脉系统，是使社会生产各个部门成为一个有机整体的纽带。物流把众多不同类型的企业、产业部门，以及成千上万种产品连接起来，成为一个有序运行的国民经济整体。

经济体制的核心问题是资源配置，资源配置不仅要解决生产关系问题，而且必须解决资源的实际运达问题。物流还以本身的宏观效益支持国民经济的运行，改善国民经济的运行方式和结构，促使其优化。

目前，在相当数量的国家或地区，物流产业成为国民经济的重要支柱产业之一，这些国家处于特定的地理位置或具有特定的产业结构条件。物流在国民经济和地区经济中能够发挥带动和支持整个国民经济的作用，能够成为国家或地区财政收入的主要来源，能成为主要就业领域，能成为科技进步的主要发源地和现代科技的应用领域，例如，欧洲的荷兰、亚洲的日本、新加坡、美洲的巴拿马等。在我国，物流对于国民经济的重要作用也日益凸现，如深圳市已确立物流产业为其三大重要支柱产业之一。

(二)物流在国民经济中的作用

1. 物流是国民经济的动脉系统,它联结社会生产各个部分,使之成为一个有机整体

任何一个社会(或国家)的经济,都是由众多的产业、部门、企业组成的,这些企业又分布在不同的地区,属于不同的所有者,它们之间相互供应其用于对方的生产性消费和职工的生活消费的产品,它们互相依赖又互相竞争,形成错综复杂的关系。物流就是维系这些复杂关系的纽带和血管。马克思对此曾有过如下一段论述:"交换没有造成生产领域之间的差别,而是使不同的生产领域发生关系,并把它们变成社会总生产的多少互相依赖的部门。""商流"和"物流"一起,把各个生产部门变成社会总生产中互相依赖的部门。

2. 物流是社会再生产不断进行,创造社会物质财富的前提条件

社会生产的重要特点是它的连续性,这是人类社会得以发展的重要保证。一个社会不能停止消费,同样也不能停止生产。而连续不断的再生产总是以获得必要的生产原材料并使之与劳动力结合而开始的。一个企业的生产要不间断地进行,一方面必须按照生产需要的数量、质量、品种、规格和时间不间断地供给原料、材料、燃料和工具、设备等生产资料;另一方面,又必须及时地将产成品销售出去。也就是说,必须保证物质资料不间断地流入生产企业,经过一定的加工后又不间断地流出生产企业。同时,在生产企业内部,各种物质资料也需要在各个生产场所和工序间相继传送,使它们经过一步步的深加工后成为价值更高、使用价值更大的新产品。这些厂内物流和厂外物流如果出现故障,生产过程就必然受到影响,甚至会使生产停滞。

3. 物流是保证商流顺畅进行,实现商品价值和使用价值的物质基础

在商品流通中,物流是伴随着商流而产生的,但它又是商流的物质内容和物质基础。商流的目的在于变换商品的所有权(包括支配权和使用权),而物流才是商品交换过程所要解决的社会物质变换过程的具体体现。我国著名经济学家于光远为祝贺中国物流研究会成立,在题词中写道:"货币的运动只是实物运动的反映,不仅要研究货币流通,还必须研究物资流通,把这两种流通科学地结合起来。"这充分说明没有物流过程,也就无法完成商品的流通过程,包含在商品中的价值和使用价值就不能实现。

4. 物流的改进是提高微观经济效益和宏观经济效益的重要源泉

物流组织的好坏,直接决定着生产过程是否能够顺利进行,决定着产品的价值和使用价值是否得以实现,而且物流费用已成为生产成本和流通成本的重要组成部分。根据国外资料,英国工厂每年花去的物流搬运费大约占工厂成本的四分之一。美国通用电气公司的包装材料费用仅次于它的主要原材料铜和钢的支出,它们把包装看成是发展市场的重要工具。总的来看,在日本和欧美经济发达国家中,由于劳动生产率的提高,原材料、燃料节约已经取得较大成果,而产品包装、储存、搬运、运输等方面的费用则在生产费用中占有越来越大的比重。因此,搞好物流,已被称为获取利润的第三源泉。特别是随着科学技术的飞速发展,在工业发达国家通过降低物料消耗而获取利润(即所谓的第一利润源)和通过节约活动消耗而增加利润(即所谓的第二利润源)的潜力已经越来越小,而降低物流费用以取得利润(即所谓的第三利润源)的潜力却很大。

第三节　物流基本理论

一、物流效用理论

(一) 时间效用

时间效用是指"物"从供给者到需要者之间有一段时间差，由改变这一时间差所创造的效用。可以从缩短时间创造效用、弥补时间差创造效用和延长时间差创造效用三个方面来理解。

1. 缩短时间创造效用

缩短物流时间，可获得多方面的好处，如减少物流损失，降低物流消耗，提高物的周转率，节约资金等。物流时间越短，资本周转越快，资本的增值速度越快。所以，通过缩短物流时间可取得高的时间效用。

2. 弥补时间差创造效用

经济社会中，需求和供给普遍存在时间差。例如，粮食、水果等农作物的生产、收获有严格的季节性和周期性，这就决定了农作物的集中产出，但是人们的消费是随时的，因而供给和需求不可避免地会出现时间差。正是有了这个时间差，商品才能取得自身的合理价值，获得理想的效益。

3. 延长时间差创造效用

尽管加快物流速度、缩短物流时间是普遍规律。但是，在某些具体物流中也存在人为地、能动地延长物流时间来创造效用的现象。一般来讲，这是一种特例，不是普遍的现象。

(二) 空间效用

"物"的供给者和需要者往往处于不同的场所，由改变这一场所的差别而创造的效用，称为"空间效用"，也称为"场所效用"。物流创造空间效用是由现代社会产业结构、社会分工所决定的，主要原因是商品在不同地理位置有不同的价值，通过物流活动将商品由低价值区转到高价值区，便可获得空间效用。物流创造空间效用的形式有以下几种。

1. 从生产地流入需求地创造效用

现代社会中，供应与需求的空间差比比皆是。除了大生产因素之外，有不少是由自然条件、地理条件和社会发展因素决定的，例如，农村生产的农作物运往异地城市消费，南方生长的水果运往北方消费等。

2. 从集中生产场所流入分散需求场所创造效用

现代化大生产的特点之一，往往是通过集中的、大规模的生产以提高生产效率，降低成本。在一个小范围内集中生产的产品可以覆盖大面积的需求地区，有时甚至可覆盖一个国家乃至若干国家。通过物流将产品从集中生产的低价位区转移到分散于各处的高价位区，有时可以获得很高的利益。例如，"西煤东运、北煤南运、北粮南调、南矿北运、西棉东送"就是将集中在出产地的原材料如棉花、煤炭等，通过物流流入需求分散地区，以获得更高的利益，这就是物流空间效用的创造。

3. 从分散生产场所流入集中需求场所创造效用

与上面的情形相反，将分散在各地乃至各国生产的产品通过物流活动将其集中到一个小范围的需求，有时也可以获得很高的利益。例如，粮食是在一小块一小块地上分散生产出来的，而一个城市或地区的需求却相对大规模集中；一些大家电的零配件生产分布得非常广，但却集中在一起装配。这种分散生产、集中需求也会形成空间效用。

(三) 形质效用

现代物流的一个重要特点就是根据自己的优势从事一定的补充性的加工活动，这种加工活动不是创造商品主要实体、形成商品主要功能和使用价值，而是带有完善、补充、增加性质的加工活动，这种活动必然会形成劳动对象的形质效用(加工附加价值)。

关于物流创造附加值，主要表现在流通加工方面，例如，把钢卷剪切成钢板，把原木加工成板材，把粮食加工成食品，把水果加工成罐头；又如，名烟、名酒、名著、名画都会通过流通中的加工，使装帧更加精美，从而大大提高商品的欣赏性和附加价值。

> **思考**：试举例说明物流的时间效用、空间效用及形质效用。

二、商物分离说

"商"指"商流"，即商业性交易，实际是商品价值运动，是商品所有权的转让，流动的是"商品所有权证书"，是通过货币实现的。

"物"即"物流"，是商品实体的流通。商流、物流是紧密地结合在一起的，进行一次交易，商品便易手一次，商品实体便发生一次运动。物流和商流是相伴而生并形影相随的，两者共同运动，运动过程相同，只是运动形式不同而已。在现代社会诞生之前，流通大多采取这种形式，时至今日，这种情况仍不少见。

商物分离是指商流和物流在时间、空间上的分离。为了活跃交易，降低物流成本，商贸企业可以不再有实际的存货，不再有真实的仓库，仅仅拥有商品的所有权；存货可以由工厂保管，也可以由市郊的物流中心保管；销售时，商贸企业完成的仅仅是所有权的转移，而具体的物流则交给工厂或物流中心处理。商物分离是经济运行规律的必然体现。

(一) 商流与物流过程的分离

在经济全球化的趋势下，国际分工越来越细化，商业交易可以在全球范围内进行，甚至可以采用电子商务的形式进行虚拟运作。在这种情形下，商流过程与物流过程的分离，将成为网络经济时代的一个趋势，并将越发彻底。

(二) 商流责任人与物流责任人的分离

网络经济时代，由于物流服务供应商(如第三方物流等)的出现，商品的交易双方只进行商流的运作，而物流则由第三方来承担。这种商流运作和物流运作责任人的分离，是网络经济时代商物分离的一个标志。

不过，商物分离也并非绝对，在现代科学技术飞跃发展的今天，优势可以通过分工获得，也可以通过趋同获得，"一体化"的动向在原来许多分工领域中变得越来越明显，在流通领域中，发展也是多形式的，绝对不是单一的"分离"。

三、其他学说流派

（一）黑大陆学说

1962年，现代管理学之父彼得·德鲁克在《财富》杂志上发表了题为《经济的黑色大陆》一文，他强调，"流通是经济领域里的黑暗大陆"。德鲁克泛指的是流通，但是，由于流通领域中物流活动的模糊性尤为突出，它是流通领域中人们认识不清的领域，所以，"黑大陆"学说主要针对物流而言。

（二）物流冰山说

物流冰山说是日本早稻田大学西泽修教授提出的。西泽修教授潜心研究物流成本时发现，现行的财务会计制度和会计核算方法都不可能掌握物流费用的实际情况，因而人们对物流费用的了解是一片空白，甚至有很大的虚假性，他把这种情况比作"物流冰山"。冰山的特点是大部分沉在水面以下，是看不到的，而看到的不过是它的一小部分。

（三）利润中心说

利润中心说的含义是物流可以为企业提供大量直接和间接的利润，是形成企业经营利润的主要活动。非但如此，对国民经济而言，物流也是国民经济中创利的主要活动。物流的这一作用，被表述为"第三利润源"。从经济发展历程来看，能够大量提供利润的领域主要有两个，第一个是资源领域，第二个是人力领域。在这两个利润源潜力越来越小、利润开发越来越困难的情况下，物流领域的潜力被人们所重视，按时间序列排为"第三利润源"。

（四）服务中心说

服务中心说代表了美国和欧洲等一些国家的学者对物流的认识。他们认为，物流活动最大的作用，并不在于为企业节约了消耗、降低了成本或增加了利润，而在于提高了企业对用户的服务水平，进而提高了企业的竞争能力。因此，他们在使用、描述物流的词汇上选择了"后勤"一词，特别强调其服务保障的职能。通过物流的服务保障，企业以其整体能力来压缩成本和增加利润。

> 探索学习：查阅资料，看有没有其他有较大影响力的物流理论。

第四节　物流管理概述

一、物流管理的含义

物流管理是指在社会再生产过程中，根据物质资料实体流动的规律，应用管理的基本原理和科学方法，对物流活动进行计划、组织、指挥、协调、控制和监督，使各项物流活动实现最佳的协调与配合，以降低物流成本，提高物流效率和经济效益。现代物流管理是建立在系统论、信息论和控制论的基础之上的。

物流管理主要包括以下几个方面的内容。

(1) 对物流活动诸要素的管理，即对采购、包装、运输、仓储、装卸、搬运和配送等环节的管理；

(2) 对物流系统诸要素的管理，即对其中的人、财、物、设备、方法和信息六大要素的管理；

(3) 物流活动中具体职能的管理，主要包括物流经济管理、物流质量管理和物流工程经济管理等。

物流管理系统组成要素如图1-1所示。

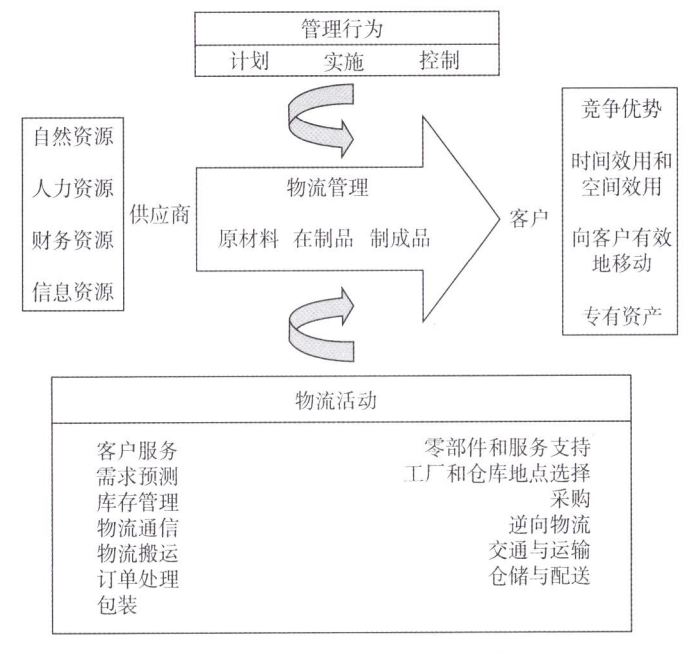

图1-1 物流管理系统组成要素

二、物流管理目的及实施

(一) 物流管理目的

物流管理的目的就是要在尽可能低的总成本条件下实现既定的客户服务水平，即寻求服务优势和成本优势的一种动态平衡，并由此创造企业在竞争中的战略优势。根据这个目标，物流管理要解决的基本问题，简单地说，就是把合适的产品以合适的数量和合适的价格在合适的时间和合适的地点提供给客户。

物流管理强调运用系统方法解决问题。现代物流通常被认为是由运输、存储、包装、装卸、流通加工、配送和信息等环节构成。各环节原本都有各自的功能、利益和观念。系统方法就是利用现代管理方法和现代技术，使各个环节共享总体信息，把所有环节作为一个一体化的系统来进行组织和管理，以使系统能够在尽可能低的总成本条件下，提供有竞争优势的客户服务。系统方法认为，系统的效益并不是它们各个局部环节效益的简单相加。系统方法意味着，对于出现的某一方面的问题，要对全部的影响因素进行分析和评价。从这一思想出发，物流系统并不简单地追求在各个环节上各自的最低成本，因为物流各环节的效益之间存在相互影响、相互制约的倾向，存在着交替易损的关系。比如过分强调包装材料的节约，就可能因其易于破损造成运输和装卸费用上升。因此，系统方法强调要进行总成本分析，以及避免次佳效应和成本权衡应用的分析，以达到总成本最低，同时满足既定的客户服务水平的目的。

（二）物流管理实施

物流管理在实施的过程中，按管理进行的顺序可以划分为三个阶段：计划阶段、实施阶段和评价阶段。

1. 物流计划阶段的管理

计划是作为行动基础的某些事先的考虑。物流计划是为了实现物流预想达到的目标所做的准备性工作。物流计划首先要确定物流所要达到的目标，以及为实现这个目标所进行的各项工作的先后次序。其次，要分析、研究影响物流目标实现的任何因素，尤其是不利因素，并确定应对这些不利因素的对策。最后，做出贯彻和指导实现物流目标的人力、物力、财力的具体措施。

2. 物流实施阶段的管理

物流实施阶段的管理就是对正在进行的各项物流活动进行管理。它在物流各阶段的管理中具有最突出的地位。这是因为在这个阶段中各项计划将通过具体的执行而受到检验。同时，它也把物流管理与物流各项具体活动进行紧密的结合。

（1）对物流活动的组织和指挥。

物流的组织是指在物流活动中把各个相互关联的环节合理地结合起来，而形成一个有机的整体，以便充分发挥物流中的每个部门、每个物流工作者的作用。物流的指挥是指在物流过程中对各个物流环节、部门、机构进行的统一调度。

（2）对物流活动的监督和检查。

通过监督和检查可以了解物流的实施情况，揭露物流活动中的矛盾，找出存在的问题，分析问题产生的原因，提出解决的方法。

（3）对物流活动的调节。

在执行物流计划的过程中，物流的各部门、各环节总会出现不平衡的情况。遇到上述问题，就需要根据物流的影响因素，对物流各部门、各个环节的能力做出新的综合平衡，重新布置实现物流目标的力量。这就是对物流活动的调节。

3. 物流评价阶段的管理

在一定时期内，人们对物流实施后的结果与原计划的物流目标进行对照、分析，这便是物流的评价。通过对物流活动的全面剖析，人们可以判断物流计划的科学性、合理性，确认物流实施阶段的成果与不足，从而为今后制订新的计划、组织新的物流提供宝贵的经验和资料。

按照物流评价范围的不同，物流评价可分为专门性评价和综合性评价。按照物流各部

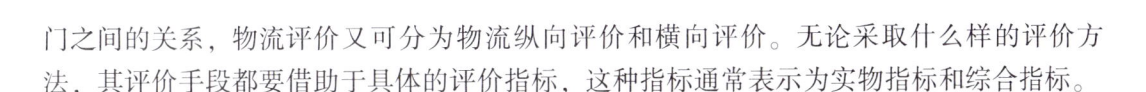

门之间的关系，物流评价又可分为物流纵向评价和横向评价。无论采取什么样的评价方法，其评价手段都要借助于具体的评价指标，这种指标通常表示为实物指标和综合指标。

三、物流管理的职能

（一）计划职能

计划职能在物流管理职能中居于首要地位。计划具有指导性，是行动的指南。物流管理是对物流活动的管理，不仅涉及不断转移的物资实体，也涉及使物资实体发生运动的手段与所使用的设施设备的规划、设计、选择、使用，以及与此有关的经济、技术、劳务等方面的问题。物流计划主要包括物流量计划、采购计划、存储计划、装运计划等。

（二）组织职能

组织职能是指把物流企业经营活动的各个因素、各个环节、各个方面，从劳动的分工和协作上、从纵横交错的相互关系上及从时间和空间的相互衔接上合理地组织起来，形成一个有机整体，从而有效地进行物流活动。

（三）协调职能

协调职能主要是指在物流管理过程中协调人与人的关系、事与事的关系及人与事的关系，使企业的物流活动处在一个良好的运行机制下。

（四）控制职能

控制是实现物流活动高效性的一项重要职能，一般包括质量控制及成本控制。物流活动的高效性一方面体现在物资供应商、生产商、消费者之间的转移过程中的高质量与快速，另一方面体现在物流活动达到高质量、快速目标前提下的低成本控制功能的多方面性，主要包括监督、评价、指导、激励等。

四、物流管理的主要内容

（一）物流活动管理

物流活动管理指主要对物流的各项活动，即运输、储存、包装、装卸、流通加工、配送、信息等的管理。物流活动管理构成了现代物流管理的基础。其他方面的物流管理，如服务管理、质量管理，都是建立在活动管理基础上的。

（二）物流费用管理

加强对物流费用的管理，对于降低物流成本、提高物流活动的经济效益具有非常重要的意义。所谓物流费用管理，不仅仅是管理物流成本，而是通过费用的存在去管理和约束物流，或者说是以成本为手段的物流管理，从而达到降低物流费用的目的。

（三）物流服务管理

物流企业在进行各项物流活动时，实际上是在提供各种物流服务。服务的本质就是满足顾客的要求，而且现代物流管理以顾客满意为第一目标，物流服务管理已经成为现代物流管理中的一项重要内容。

(四)物流质量管理

物流质量管理的主要目的就是以最经济的手段为用户提供满足要求的质量服务,并在两者之间找到一条优化的途径,同时满足这两个要求。要实现这个目标就应该对物流手段、物流方法的质量,工作质量,以及物流服务的质量进行管理。因此,物流质量管理可以说是一个全面的质量管理。

(五)物流信息管理

物流管理要实现供应链整体最优,就需要对物流信息进行合理化的管理,因为物流信息不仅能起到连接从生产厂家经过批发商和零售商最后到消费者的整个供应链的作用,而且在应用现代信息技术的基础上能实现企业整个供应链活动的效率化。因此,物流信息在现代企业经营战略中占有越来越重要的位置,物流信息管理在现代物流管理中的作用也变得越来越重要。

本章小结

现代物流的概念起源于美国,其相应的物流概念主要通过两条途径从国外传入中国,一条是20世纪80年代初随着市场营销理论的引入而从欧美传入;另一条是从欧美传入日本,日本人将Physical Distribution翻译为"物流",20世纪80年代初,我国从日本直接引入"物流"概念。后来,基本上全世界各个国家都接受了"Physical Distribution"这样的物流概念。

物流的定义:根据实际需要,将运输、储存、装卸、搬运、包装、流通加工、配送、信息处理等基本功能实施有机结合,使物品从供应地向接收地进行实体流动的过程。

在物流分类中,按物流所参与的活动可分为供应物流、销售物流、生产物流、回收物流和废弃物物流,按照物流活动的范围可分为国内物流、国际物流,按照物流的性质可分为社会物流、行业物流、企业物流。

物流的特征主要有物流过程系统化、物流管理信息化、物流服务社会化、物流活动国际化和物流经营集约化。

物流创造的基本效用包括时间效用、空间效用及形质效用。

从人类认识物流活动的发展过程看,人们尝试着从不同的角度认识物流,由此形成了关于物流的学说,这些学说概括起来主要有商物分离说、黑大陆学说、物流冰山说、利润中心说、服务中心说等。

物流管理是指在社会在生产过程中,根据物质资料实体流动的规律,应用管理的基本原理和科学方法,对物流活动进行计划、组织、指挥、协调、控制和监督,使各项物流活动实现最佳的协调与配合,以降低物流成本,提高物流效率和经济效益。

物流管理的目的是把合适的产品以合适的数量和合适的价格在合适的时间和合适的地点提供给客户。而物流管理的实施分为三个阶段:计划阶段、实施阶段和评价阶段。

物流管理的职能主要有计划职能、组织职能、协调职能和控制职能。物流管理的主要内容有物流活动管理、物流费用管理、物流服务管理、物流质量管理和物流信息管理。

练习与思考

一、选择题

1. 物流作为（　　）的一个组成部分，在供应链管理与整合中起着非常重要的作用。
   A. 运输　　　　　B. 配送　　　　　C. 仓储　　　　　D. 供应链
2. 以下物流分类中，不是按物流活动范围分类的是（　　）。
   A. 区域物流　　　B. 销售物流　　　C. 国内物流　　　D. 国际物流
3. 物资的生产过程的功能是创造物资的（　　）。
   A. 形质效用　　　B. 时间效用　　　C. 空间效用　　　D. 社会效用
4. 物流管理的最终目标是（　　）。
   A. 用户服务　　　B. 渠道设计　　　C. 网络分析　　　D. 物料管理
5. 物流学说中，所谓的物流冰山说是指（　　）。
   A. 物流成本可缩性大　　　　　　　B. 物流的不确定性
   C. 物流尚待开发的领域　　　　　　D. 物流成本不确定

二、简答题

1. 物流的定义是什么？
2. 物流创造的基本效用有哪些？
3. 什么是物流管理？它有什么特点？
4. 物流管理的职能有哪些？
5. 物流的学说与观点主要有哪些流派？

第二章　物流系统

学习目标

1. 知识目标：理解物流系统的概念、特征、功能、目标，了解典型的现代物流系统。
2. 能力目标：能分析和设计简单的物流系统。
3. 素养目标：树立整体概念，培养全局观，并能有意识地把全局观运用到经济生活当中。

知识导图

物流系统
- 物流系统概述
  - 物流系统的特征与功能
  - 物流系统的目标
- 物流系统规划与设计
  - 物流系统环境分析
  - 物流规划的基本过程
- 现代物流系统

引导案例

京东物流集团的现代物流系统

京东集团于2007年开始自建物流，2017年4月正式成立京东物流集团。京东物流囊括了运输、仓库管理、物料作业、信息管理等，是一个完整的现代化物流系统。

一体化供应链物流服务是京东物流的核心赛道。京东物流主要聚焦于为客户提供一体化的供应链解决方案和物流服务，帮助客户优化存货管理、降低运营成本、高效分配内部资源，实现新的增长。同时，京东物流将长期积累的解决方案、产品和能力模块化，以更加灵活、可调用与组合的方式，满足不同行业的中小客户需求。

京东物流建立了包含仓储网络、综合运输网络、最后一公里配送网络、大件网络、冷链物流网络和跨境物流网络在内的高度协同的六大网络，具备数字化、广泛和灵活的特点，服务范围覆盖了中国几乎所有地区、城镇和人口，建立了中国电商与消费者之间的信赖关系。

京东物流始终重视技术创新在企业发展中的重要作用。基于5G、人工智能、大数据、云计算及物联网等底层技术，京东物流不断扩大软件、硬件和系统集成的三位一体的供应链技术优势，不仅通过自动搬运机器人、分拣机器人、智能快递车、无人机等，在仓储、运输、分拣及配送等环节大大提升了效率，还自主研发了仓储、运输及订单管理系统等，支持客户供应链的全面数字化，通过专有算法，在销售预测、商品配送规划及供应链网络优化等领域实现决策。

京东物流构建了协同共生的供应链网络，中国及全球各行业合作伙伴参与其中。2017年，京东物流创新推出云仓模式，将自身的管理系统、规划能力、运营标准、行业经验等应用于第三方仓库，通过优化本地仓库资源，有效提升闲置仓库的利用率，让中小物流企业也能充分利用京东物流的技术、标准和品牌，提升自身的服务能力，实现物流一体化。

（案例来源：根据京东物流官方网站资料整理）

思考题：分析现代物流系统的发展趋势。

第一节 物流系统概述

一、物流系统的概念

物流系统是指在一定的时间和空间里，由所需流动的物品、设备、运输工具、仓储设施、人员以及相关的物流环节等相互制约的动态要素构成的具有特定功能的有机整体。系统强调各要素共同致力于目标的实现而建立的相互协调、合作的关系。物流系统是由能够完成运输、仓储、装卸、包装、流通加工、配送、信息处理活动或功能的若干要素构成的具有特定物流服务功能的有机整体。

物流系统由物流作业和物流信息两个分系统组成。

1. 物流作业系统

在运输、仓储、搬运、包装、流通加工等作业中使用种种先进技能和技术，并使生产据点、物流据点、输配送路线、运输手段等网络化，以提高物流活动的效率。

2. 物流信息系统

在保证订货、进货、库存、出货、配送等信息通畅的基础上，使通信据点、通信线路、通信手段网络化，提高物流作业系统的效率。

物流系统也可以从以下几点来理解。

(1)物流本身就是一个系统，而不是单一的运输或单保管作业。

(2)物流各环节之间相互联系、相互制约，有时还相互矛盾。如果只重视一个环节，忽略其他环节，就会产生不协调之处。如不包装或简化包装，就要增加装卸、搬运和仓储费用，降低运输效率；如想减少库存，则要增加配送次数，增加运输成本等。

（3）物流管理和物流技术本身也要求统一性和整体性。例如，托盘的标准和规格与包装尺寸、卡车车厢宽度、集装箱宽度等都有一致性要求，这关系到装卸和运输效率。

（4）物流外部条件的系统要求。例如，要提高物流服务水平，加强为用户服务，但服务是什么标准，成本是否合算，还要根据企业销售、企业经营和企业市场战略的需要而定。

也就是说，物流系统与商流系统乃至企业经营、城市规划、环境保护等众多企业外部环境因素相关，在追求物流系统整体最优的同时，还应该与相关的外部条件协调一致。

综上所述，物流并不是某一个环节的概念，而是一个系统性的概念，不能单纯认为运输就是物流，或者仓储就是物流，这样认为就偏离了物流的实质。物流是一个系统、一个整体，是由运输、仓储、装卸搬运、包装、流通加工、配送和信息七大环节(或称七大功能)组成的一个系统工程，七个环节的整合性、协调性、一致性、关联性、互动性、平衡性是物流的本质和生命力。物流强调的是七大环节的综合成本的降低和综合效益的提升，而不是局部的冒进和盲目超前。物流与商流、信息流和资金流密切相关，现代物流已与销售、电子商务和供应链等连成一体，是综合设计、整体构思、协调发展的产物。

二、物流系统的特征

物流系统具有一般系统所共有的特点，即目的性、整体性和适应性，同时还具有规模庞大、结构复杂、目标众多等大系统所具有的特征。

1. 目的性

物流系统的目的性是指各组成要素都围绕物流系统的总目标不断地实现各自的功能。物流系统是由众多要素组成的，每一要素都有自己的目标。但不能用某一要素的目标作为系统的总目标。物流系统的总目标应该是在满足所需要的服务水平的同时，使系统的总成本最小化。物流系统的要素配置应该围绕系统总目标，按照物流系统的功能需要，通过各要素目标的权衡和协调，进行合理配置。

2. 整体性

物流系统的整体性是指物流系统的功效是以物流系统整体为依托的。如果离开物流系统中各要素之间的合理运动，就无法形成物流系统的总体功能，物流系统各要素之间存在着时间、空间及资源利用方面的联系，整个系统的功效并不等于各要素的功效的代数和，它取决于各要素按系统总目标的合理组合。

3. 适应性

物流系统的适应性是指物流系统本身不是一个孤立的封闭领域，它必须依赖并适应外部环境的需求及变化。物流系统是一个相当复杂的动态的社会经济大系统，它与社会经济环境密切联系，贯穿于社会再生产过程中的三大领域(生产领域、消费领域和流通领域)，参与国际与国内两大经济循环，并服务于国际与国内两大市场。因此，外界社会经济环境对物流系统的结构、发展、功效起着极为重要的作用。一旦物流系统与外界社会经济环境的联系被阻隔或不相适应，物流系统的功效将难以发挥。

三、物流系统的构成

物流系统的构成要素因满足不同的物流服务需求而不同，一般包括运输、仓储、流通加工、配送等活动。生产制造企业的物流活动一般包括采购、仓储、运输、配送等。一般来说，物流系统的组成要素包括以下几种。

1. 人力资源

人力资源提高了物流从业人员的素质，是建立一个合理化的物流系统并使其有效运转的根本。

2. 物流设施

物流设施是组织物流系统运行的基础和物质条件，包括的物流节点，如仓库、港口、车站、码头、物流园区、物流中心、配送中心等，货运通道如铁路、公路、水路、航空通道等。

3. 物流设备

物流设备是形成劳动手段的各种设备和工具，包括运输设备、仓储设备、搬运设备、加工设备等。

4. 信息系统

信息系统是物流系统的核心，是物流功能内涵延伸/扩张、各环节衔接集成协调的基础，是物流系统化、高效率的基础，是改善供应链管理过程的重要工具。正是信息处理技术和网络技术在物流系统中的应用，给予物流发展以强大的支撑，才有综合物流时代、供应链管理时代的出现。因此，物流信息系统是物流发展进步的基础。物流系统的各个组成部分如图 2-1 所示。

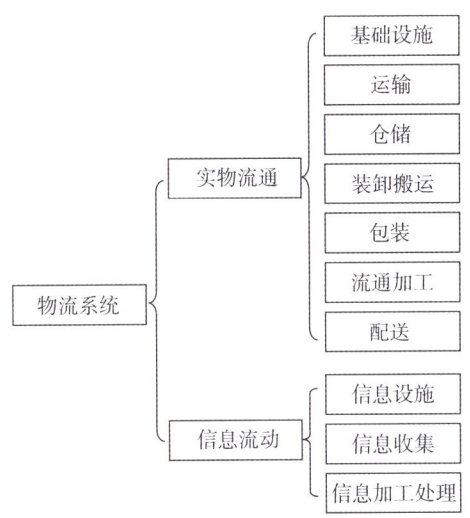

图 2-1 物流系统的各个组成部分

四、物流系统的功能

物流系统的功能是指物流系统所具有的物流服务基本能力，其相互结合协调，形成系统的总服务能力。一般认为，物流系统都拥有或部分拥有集货、运输（配送）、储存、包装、装卸搬运、流通加工和物流信息处理等功能。

1. 集货功能

在有众多小批量货物将要运往较远地点时，往往在货源地附近建立货物集中地（仓库或货运站），将这些零星货物集中成较大批量的运输单位，以降低总的运输成本。

2. 运输（配送）功能

运输是物流系统的主要功能之一，高效的运输系统为生产企业在全球设置生产基地提供了支持条件，促进了经济全球化的发展。以汽车为例，汽车配件在中国、印度尼西亚、韩国、墨西哥等地生产，半成品在美国、德国、日本等地组装，成品汽车在世界各地销售。没有高效的运输系统，就不可能实现这种生产资源全球化配置。

3. 储存功能

仓储是物流活动的一项重要业务，仓储子系统的目的是实现物流的储存功能，保证供应与需求在时间上的差异，保障物品不受损害，以创造物流的时间效益。仓库是物流的一个中心环节，是物流活动的基地。储存系统应根据仓库的地理位置、周围环境以及物流量的多少、进出库的频度，充分考虑以下几个问题：仓库建设与布局要合理，以有利于储存与运输；最大限度地利用仓库的容积，尽可能发挥其仓储效用；货物码放、保存一定要科学合理，既充分利用空间，又确保储存期间的物品的养护，保证物品不受损害；加强入库的验收和仓库的审核工作，以保证入库物品的质量合格，出库物品与数量符合要求；进出库尽量方便，以加快出入库时间，提高工作效率；加强库存管理，做到储存合理，防止缺货与积压；降低仓储费用，保证仓库安全。

4. 包装功能

为使物流过程中的货物完好地运送到用户手中，并满足用户和服务对象的要求，我们需要对大多数商品进行不同方式、不同程度的包装。包装分为工业包装和商品包装。工业包装的作用是按单位分装产品，便于运输，并保护在途货物。商品包装的目的是便于最后的销售。因此，包装功能体现在保护商品、单位化、便利化和商品广告等方面。前三项属物流功能，最后一项属营销功能。

5. 装卸搬运功能

装卸搬运是随运输和保管而产生的必要物流活动，是对运输、保管、包装、流通加工等物流活动进行衔接的中间环节，以及在保管等活动中为进行检验、维护、保养所进行的装卸活动，如货物的装上卸下、移送、拣选、分类等。装卸作业的代表形式是集装箱化和托盘化，使用的装卸机械设备有吊车、叉车、传送带和各种台车等。在物流活动的全过程中，装卸搬运活动是频繁发生的，因而也是产品损坏的重要原因之一。对装卸搬运的管理，主要是对装卸搬运方式、装卸搬运机械设备的选择和合理配置与使用以及装卸搬运合理化，尽可能减少装卸搬运次数，以节约物流费用，获得较好的经济效益。据统计，俄罗斯经铁路运输的货物少则六次，多则有几十次装卸搬运，其费用占运输总费用的20%~30%。因此，搬运装卸在物流系统的合理化中占有重要地位。保证与其他物流功能协调、衔接和适应，将人力装卸搬运、机械化装卸搬运和自动化装卸搬运相结合，顺利完成各物流作业环节转换，是配置装卸搬运功能的最基本要求。

6. 流通加工功能

流通加工功能是物品从生产领域向消费领域流动的过程中，为了促进产品销售、维护产品质量和实现物流效率化，对物品进行加工处理，使物品发生物理或化学性变化的功能。这种在流通过程中对商品进一步的辅助性加工，可以弥补企业、物资部门、商业部门在生产过程中加工程度的不足，更有效地满足用户的需求，更好地衔接生产和需求环节，使流通过程更加合理，是物流活动中的一项重要增值服务，也是现代物流发展的一个重要趋势。

流通加工的内容有装袋、贴标签、配货、挑选、混装、刷标记等。流通加工功能的主要作用表现在：进行初级加工，方便用户；提高原材料利用率；提高加工效率及设备利用率；充分发挥各种运输手段的最高效率；改变品质，提高收益。例如，戴尔在接到客户订单前就完成各种配置的整机组装，那戴尔需要的库存是不可想象的。又如，自行车零部件采用集装箱运输，在销售地的配送中心组装，将大大节约运输成本，减少成品运输损坏。

7. 物流信息处理功能

信息系统是物流活动的基础，信息的处理是物流管理活动的基本内容。信息作为企业管理的重要组成部分，在物流系统中被喻为企业的神经系统。企业的经营管理活动都离不开信息的支持，而在物流系统中信息的作用更表现得极为重要。信息化是灵魂，没有物流信息子系统的有效运用，就谈不上物流的现代化。

从信息的载体及服务对象来看，该功能还可分成物流信息服务功能和商流信息服务功能。商流信息主要包括进行交易的有关信息，如货源信息、物价信息、市场信息、资金信息、合同信息、付款结算信息等。商流中交易、合同等信息，不但提供了交易的结果，也提供了物流的依据，是两种信息流主要的交汇处；物流信息主要包括物流数量、物流地区、物流费用等信息。物流信息中的库存量信息，不但是物流的结果，也是商流的依据。

五、物流系统的目标

物流系统是社会经济系统的一部分，其目标是获得宏观和微观经济效益，具体又可分为以下四个目标。

1. 服务目标（Service）

物流系统是整个社会大系统的一部分，它在生产与再生产，生产与消费之间起着"桥梁、纽带"的作用，因此要求有很强的服务性。物流系统采取送货、配送等形式，就是其服务性的体现。在技术方面，近年来出现的"准时供货方式""柔性供货方式"也是其服务性的表现，无缺货、无损失和无丢失的现象是物流服务目标的体现。

2. 快速、及时的目标（Speed and Betimes）

按用户指定的时间和地点把物品迅速送达目的地。及时性不但是服务的延伸，也是经济社会对物流提出的要求。随着社会大生产的发展，在物流领域采取的诸如直达物流、联合一贯运输、时间表系统等管理和技术，就是这一目标的体现。

3. 节约目标（Space Saving）

节约是经济活动的重要内容，在物流领域中，除流通时间的节约以外，成本的节约是提高相对产出的重要手段。

4. 规模化目标（Scale Optimization）

"规模效益"是经济活动的一大规律。生产领域的规模经济早已被社会所承认，由于物流系统比生产系统的稳定性差,因而难以形成标准的规模化模式。在物流领域,以分散或集中等不同方式建立物流系统,研究物流集约化的程度,就是规模优化这一目标的体现。

> 思考:党的二十大报告提出的"建设高效顺畅的流通体系"的内涵。

第二节　物流系统规划与设计

一、物流系统的分析

(一)物流系统分析的特点

1. 追求整体目标最优

在一个系统中,处于各个层次的子系统,都具有特定的功能目标,只有彼此相互协作,才能实现系统整体最优。例如,设计物流系统时,既要考虑需求,又要考虑运输、储存、设备造型等;在进行物流中心选址时,既要考虑造价,又要考虑能源、环境、资源等因素。

2. 以特定问题为对象

物流系统中的许多问题含有不确定因素,而系统分析就是针对这种不确定的情况,研究解决问题的各种方案及其可能产生的结果。

3. 运用定量分析方法

许多情况下,需要将精确可靠的数据资料作为科学决断的依据,这时,系统分析就要借助结构模型或计算机模拟。

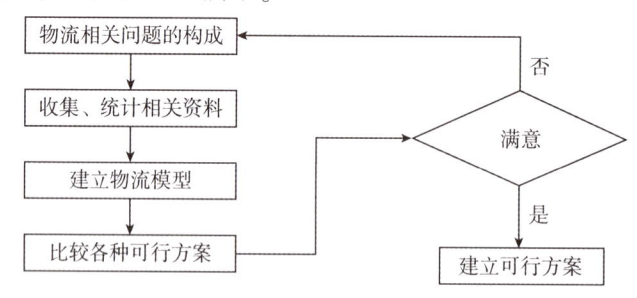

(二)物流系统分析的步骤

物流系统分析的步骤如图 2-2 所示。

图 2-2　物流系统分析的步骤

(三)物流系统模式分析

物流系统处在一定的环境中,物流系统的环境是物流系统模式中不可缺少的组成部分。物流系统的环境是指物流系统所处的更大的系统,它是物流系统处理的外部条件,是物流系统必须接受的条件,物流系统与其环境之间的相互作用具体表现在物流系统输入、输出、处理(或转化)、限制(或干扰)、反馈等方面。

1. 输入

物流系统的输入是指物流系统物品和信息的输入,包括有形内容和无形内容,是物流系统处理的对象。通过提供资源、职能、机具、劳动力、劳动手段等,对某一系统发生作用,称这一作用的外部环境是物流系统的"输入"。

2. 输出

物流系统的输出是物流系统物品和信息的输出,是通过物流系统处理,在输入的物品或信息上赋予了空间效用、时间效用、形质效用的物品或信息,也是加进了物流服务的物品和信息,是物流系统处理的结果。物流系统以其自身所具有的各种手段和功能,在外部环境一定的制约作用下,对环境的输入进行必要的处理(或转化),使其成为有用、有价值的产品或位置的转移及提供其他的服务等,这就是物流系统的"输出"。

3. 处理(或转化)

物流系统的处理是指物流系统自身的处理过程,即把输入的物品或信息转化成输出的物品或信息的过程。物流系统自身的转化过程,即从"输入"到"输出"之间所进行的生产、供应、销售、回收、服务等物流业务活动,这就是物流系统的处理(或转化)。

4. 限制(或干扰)

物流系统的限制或干扰是指环境对物流系统的间接输入。外部环境以及其他因素的影响,如资源条件、需求变化、运输能力、技术进步等各种因素,会对物流系统产生影响,这些都统称为外部环境对物流系统的限制或干扰。

5. 反馈

物流系统的反馈主要是信息的反馈,在输入过程中有,输出过程中有,在限制或干扰过程中也有信息反馈。物流系统在把"输入"转化为"输出"的过程中,受系统内外环境的限制、干扰,不会完全按原来的计划实现,往往使系统的输出不能达到预期目标(也有按计划完成生产或销售物流业务的)。所以,需要把"输出"结果返回给"输入",这就是"信息反馈"。

二、物流系统规划设计的原则

(一)开放性原则

开放性原则指物流系统的资源配置需要在全社会范围内寻求。

(二)物流要素集成化原则

物流要素集成化是指通过一定的制度安排,对物流系统功能、资源、信息、网络等进行统一规划、管理和评价,通过要素间的协调和配合使所有要素能够像一个整体在运作,从而实现物流系统要素间的联系,达到物流系统整体优化的目的。

(三)网络化原则

网络化是指将物流经营管理、物流业务、物流资源和物流信息等要素的组织按照网络方式在一定市场区域内进行规划、设计、实施,以实现物流系统快速反应和最优总成本等要求的过程。

(四)柔性化原则

柔性化原则指能够及时应对市场需求及经济发展的变化。

三、影响物流系统设计的因素

物流系统规划设计的目的是定位物流服务市场,配置各种物流要素,形成一定的物流生产能力,使之能以最低的总成本完成既定的目标。影响物流系统规划设计的因素通常有以下几种。

1. 物流服务需求

物流服务项目是在物流系统的规划与设计的基础上进行的。由于竞争对手、物流服务市场在不断地发生变化,为了适应变化的环境,必须不断地改进物流服务条件,以寻求最有利的物流系统,支持市场发展前景良好的物流服务需求项目。物流服务需求包括服务水平、服务地点、服务时间、产品特征等多项因素。这些因素是物流系统规划设计的基础。

2. 行业竞争力

为了成为有效的市场参与者,应对竞争对手的物流竞争力做详细分析,从而掌握行业基本服务水平,寻求自己的物流市场定位,以发展自身的核心竞争力,构筑合理的物流系统。

3. 地区市场差异

物流系统中,物流设施结构直接同顾客的特征有关,地区人口密度、交通状况、经济发展水平等都影响着物流设施设置的决策。

4. 物流技术发展水平

在技术领域中对物流系统最具影响力的是信息、运输、包装、装卸搬运、管理技术等,计算机信息和网络技术等对物流的发展具有极大的影响,及时、快速、准确的信息交换可以让企业随时掌握物流动态,因而物流技术不但可以用来改进物流系统的实时管理控制与决策,而且可以为实现物流作业一体化、提高物流效率奠定基础。

多式联运、新型车辆、优化运输路径选择等提高了运输衔接能力和运输效率。机器人、自动化仓储系统、自动导向车系统、自动分拣系统等的使用,提高了物流节点的生产能力,增强了物流节点的物流输入和输出能力。

包装的创新提高了物流操作效率(便于物流的运输、搬运、分拣等),增加了货物安全保护能力,提供了信息传递载体(包装货品识别的跟踪和管理)。

5. 流通渠道结构

流通渠道结构是由买卖产品的关系组成的,一个企业必须在渠道结构中建立企业间的商务关系,而物流活动是伴随着一定的商务关系产生的。因此,为了更好地支持商务活动,物流系统的构筑应考虑流通渠道的结构。

6. 经济结构与水平

经济发展水平、居民消费水平、产业结构直接影响物流服务需求的内容、数量和质量。为了满足用户需要,物流业的内容也在不断拓展、丰富,集货、运输、配载、配送、中转、保管、倒装、装卸、包装、流通加工和信息服务等构成现代物流活动的主要内容。

为此，物流系统应适应物流服务需求的变化，不断拓展其功能，以满足经济发展的需要。

四、物流系统规划与设计的内容

物流系统规划与设计就是根据物流系统的功能要求，以提高系统服务水平、运作效率和经济效益为目的，制订各要素的配置方案，其内容包括如下几点。

（一）物流系统布局规划

物流系统布局规划是指在一定层次和地区范围内确定物流网络(物流通道、节点设施)合理的空间布局方案。

企业物流系统布局规划基本上是基于社会物流系统布局规划而进行的。企业物流系统依托自身物流节点(物流中心、配送中心、仓库、车站等)的选址，通过社会物流网络的共享，从而形成企业物流系统的物流网络，例如，一个经营时效性区域运输的企业将其配送中心选址在高速公路附近，使高速公路成为该企业物流网络的组成部分之一。企业物流系统的物流网络往往利用社会物流系统、物流通道资源来构筑。因此，物流节点的选址是企业物流系统布局规划的重点，主要包括以下几个方面。

1. 物流通道规划

物流通道规划包括铁路、公路、水路和航空等运输网络的配置。其规划重点是充分利用已形成或将建造扩展的相应网络，通过分析验证现有网络是否能够满足物流系统需求，并根据物流发展需要，对原有网络进行补充、改造，形成满足一定物流服务需求的物流通道方案。

2. 物流节点布局规划

物流节点是指各种货运车站、港口码头、机场、物流园区、物流中心、配送中心、仓库等设施。物流节点设施的空间布局规划主要包括：物流节点设施的数量和种类，物流节点的设置地点，物流节点的功能配置，物流节点的规模。对于已有的货运车站、港口码头等传统的交通枢纽型物流节点，重点研究的是如何进行合理利用和改造升级，拓展其服务功能。随着现代物流发展而派生出来的新型物流节点，如物流园区、物流中心、配送中心等，则需要进行全方位的研究探讨。

（二）物流节点设施的内部布局规划

物流节点设施的内部布局规划主要指根据物流节点的功能、作业流程和服务质量要求确定物流节点内设施的平面布局方案，如物流中心的仓储区、分拣区、加工区、内部通道等的布局。

（三）物流设备选型和平面布局设计

根据物流系统的作业要求、作业特点，选择先进、适用的物流设备和器具，以提高物流作业效率，它包括以下内容：仓库货架系统的选型和平面布局设计；装卸搬运设备的选型和布局设计；包装、流通加工装备及器具的选型和布局设计；运输工具的选型设计；分拣设备的选型和布局设计等。

五、物流系统规划与设计的方法与步骤

满足一定服务网络的物流系统往往由若干子系统组成。物流系统规划设计包含了众多

可能的选择，从物流网络构筑到仓库内部布局等，需要对每一个子系统或环节进行规划设计。每一个子系统的规划设计需要与整体物流规划过程中的其他组成部分相互平衡、相互协调。因此，首先需要形成一个总框架，在总框架的基础上采用系统分析的方法，对整个系统的各个部分进行规划与设计。物流系统规划与设计的过程大体可分为五个阶段，如图2-3所示。

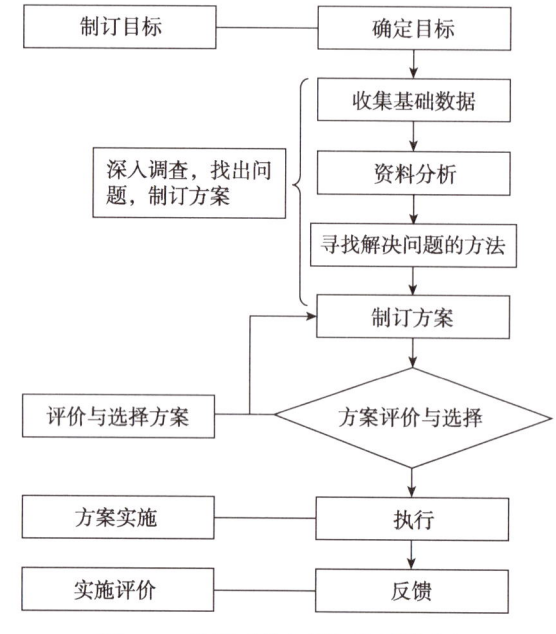

图2-3 物流系统规划与设计的过程

1. 第一阶段

在进行一个物流系统的设计或重新设计之前，重要的是要分析系统规划设计的目的和目标。目标定位直接决定物流系统的组成部分，常见的目标有三种：总资金成本最小、运行成本最小以及顾客服务水平最高。例如，迪士尼乐园的配送系统设计，安纳海姆地区只允许晚上11：15至第二天早晨7：15从中央仓库向主题公园内的110个销售点送货。在建造佛罗里达的迪士尼乐园时，在新公园建造了一个地下通道、配送仓库设施网络，从而克服了这一制约因素，可以在任何时候向迪士尼公园的商店、饭店送货，迪士尼乐园的卖主不再受制于货运限制，可以以最低的库存和仓储成本进行经营。

2. 第二阶段

一旦确定了系统目标并分析了系统的制约因素，下一个阶段就是收集系统设计所需要的数据资料，并通过对这些数据资料的分析设计出系统方案。

3. 第三阶段

第三阶段为方案评估阶段，主要任务是对各方案进行评估，选择合适的方案。

4. 第四阶段

第四阶段为方案实施阶段。该阶段涉及设计、建筑，并将大型、专门的设施投入运行、培训等项目。

5. 第五阶段

第五阶段为实效评估阶段，主要任务是对实施方案进行追踪监测，分析方案实施前后的变化，提出评估报告，作为方案修正的依据。

第三节　现代物流系统

一、精益物流系统

精益物流是以全新的理念为基础建立的一种新型物流系统。精益的概念是相对于工业化时期的"大而专"而言的，大工业生产方式创造了单品种、大批量生产方法，形成了大工业体系，"大"是第二次浪潮的集中表现。第三次浪潮依托计算机技术和现代管理技术，形成了在新高度基础上的小规模、小批量、多品种、低成本、高质量的生产方式，这种生产方式集约了现代科学技术和管理技术，这个新的现代生产方式称为"精益生产方式"。精益物流就是精益生产方式和精益思想在物流领域里的体现。

建立精益物流系统，应达到的基本目标有以下几个。

(1) 按照客户的切实需要，自下而上地、灵活地建立有效的、快速反应的物流系统；

(2) 系统的建立要有创造性，主要是增值能力；

(3) 无缺陷，要求消除各个环节的无效活动，实现短程化、快速化和无缺陷化；

(4) 精益物流系统是一个动态的系统，在应用过程中必须依靠灵活反应的能力，及时消除缺陷，改进流程；

(5) 精益物流系统必须是一个低成本的物流系统，如果用价值工程的方法来判断，精益物流系统应当是功能成本比较高的物流系统。

二、准时物流系统

准时物流系统是准时方式在物流领域的延伸。准时方式的目标是减少甚至消除从原材料的投入产成品产出全过程中的存货，整个生产流程结构出现了很大的变化：整个生产节奏是连贯的，没有停顿，没有存货，中间也不需要再设置节点。所以，实际上这种方式就是生产物流的一种新方式，也是精益方式的一种。准时方式不但已经成功地应用在生产物流之中，同时也可以延伸到社会物流领域之中，形成一个新的准时物流系统。

三、敏捷物流

精益思想在需求相对稳定、市场可预测的环境下运用时，节约了大量资源，提高了企业利润率和市场竞争力。但进入20世纪90年代后，产品生命周期变短，市场处于不断变化之中。美国制造业认识到在复杂的市场环境下降低成本和提高产品质量还远远不够，更重要的是迎合消费者的需求，随即提出了敏捷思想。敏捷思想的核心是，在需求多变的市场环境下，企业须随市场变化做出判断和预测，采取灵活策略，对市场做出快速响应。目前，敏捷思想在物流和供应链管理中的应用日益广泛，成为生产、销售和企业管理等领域的有效战略。敏捷物流有以下几个特征。

1. 市场敏感

市场敏感是指企业应该掌握并对实际需求进行反应。企业的生产计划应该以实际需求为驱动，而不是基于对历史销售数据的统计分析进行需求预测。现代的科学技术使得厂商可以直接获取终端销售数据（POS 数据）。

2. 虚拟链

虚拟链，即通过使用信息技术在供应链上下游的各个环节之间共享数据，从而形成一个虚拟的供应链。

3. 流程集成

流程集成，即在买主和供应商之间实现协同工作、产品共同开发、通用系统以及信息共享。通过这种流程集成的方式，企业可以更关注其核心竞争力的开发，而把其他活动外包出去。

4. 基于网络

供应链应该是像网络一样将在一起的合作伙伴连接为一个整体。个体企业不再是以单独的形式进行竞争，而是以供应链网络的形式进行竞争。如今已经进入"网络竞争"时代，最终能够胜出的是那些能够更好地组织、协调和管理与合作伙伴的关系，使其所处的网络能够提供更好、更贴近和更快地服务给最终用户的企业。

四、绿色物流

随着气候问题日益严重，全球化的"低碳革命"正在兴起，人类也因此进入低碳新纪元，即以"低能耗、低污染、低排放"为基础的全新时代。而物流作为高端服务业的发展，也必须走低碳化道路，着力发展绿色物流。绿色物流的有效途径包括以下几种。

1. 大力发展铁路货物运输

铁路运输是各种运输方式中最节能、最低碳的。通过创新运输组织模式、发展多式联运、加快列车运行速度、提高信息化水平等途径，促进铁路运输发展，挖掘其节能降耗的巨大潜力。

2. 发展低碳汽车运输业

物流车辆是低碳物流发展的一个重要瓶颈，就汽车业而言，从《联合国气候变化框架公约京都议定书》签订至今，电动车、燃料电池车、生物能源车已经大量出现。哥本哈根世界气候大会开启了低碳社会、低碳物流的一个新纪元。

3. 促进物流合理化

在物流信息化程度不断提升的基础上，提高运输工具实载率，降低空驶率，避免无效运输和重复运输，促进运输合理化。

4. 推行共同配送

共同配送是解决物流配送设施利用率低、布局不合理、重复建设等问题的较好方案。实现共同配送，可以有效提高车辆的装载率，减少社会车流总量，改善交通运输状况，改善社会生活品质。

5. 推广绿色包装

当前,合成塑料包装材料所引发的环境问题日益突出,迫切要求在供应链物流环节大力推广环保绿色包装。一是减少一次性塑料包装材料的使用,避免过度包装和昂贵包装;二是推动生物降解塑料的规模使用,并研发和推广其他环保包装材料。

6. 加快物流的信息化、电子化

信息化、电子化是发展现代物流服务业的必然要求,也是有效地服务低碳社会的有效途径。物流服务智能信息化,可以降低物流服务过程中对有形资源的依赖。将部分有形服务产品,采用智能信息化手段转变为软件等形式,可进一步减少物流服务对生态环境的影响。

五、保税物流

保税制度是指经海关批准的境内企业所进口的货物,在海关监管下,在境内指定的场所储存、加工、装配,并暂缓缴纳各种进口税费的一种海关监管业务制度。

保税物流中心是指封闭的海关监管区域,并且具备口岸功能,分 A 型和 B 型。A 型保税物流中心,是指经海关批准,由中国境内企业法人经营、专门从事保税仓储物流业务的海关监管场所。B 型保税物流中心,是指经海关批准,由中国境内一家企业法人经营,多家企业进入并从事保税仓储物流业务的海关集中监管场所。

保税物流中心如图 2-4 所示。

图 2-4 保税物流中心

六、应急物流

应急物流是指为应对严重自然灾害、突发性公共卫生事件、公共安全事件及军事冲突等突发事件而对物资、人员、资金的需求进行紧急保障的一种特殊物流活动。尽管当今世界科技高度发达,但这些突发事件有的难以预测和预报,有的即使可以预报,但预报时间与发生时间相隔太短,应对的物资、人员、资金难以实现其时间效应和空间效应。应急物流的特点如下。

(1)突发性和不可预知性:这是应急物流区别于一般物流的一个最明显的特征。

(2)应急物流需求的随机性：应急物流是针对突发事件的物流需求，应急物流需求的随机性主要取决于突发事件的不确定性。

(3)时间约束的紧迫性：在应急物流系统中，"时间"是一个重要的系统因素。

(4)峰值性：应急物流的峰值性比普通物流要显著得多，它会在特殊时间里突然出现高频次、多维度的运输需求；而在平时，应急物流的需求值则几乎为0。

(5)弱经济性：普通物流既强调物流的效率，又强调物流的效益，而应急物流在许多情况下是通过物流效率的实现来完成其物流效益的实现。

(6)非常规性：应急物流以确保人民生命财产的安全为首要任务，不能像常规物流一样按部就班，许多平时物流的中间环节将被省略。

(7)政府与市场的共同参与性：面对突发性的灾害或公共卫生事件，政府必须建立应对的指挥中心，起到协调和调用各种资源的作用，同时也需要社会的参与与支持。

> 思考：传统物流和现代物流的区别和联系。

本章小结

物流系统是由物流要素组成的，要素之间存在着有机联系并构成具有特定物流服务功能的有机整体。

按照系统的概念，可以将物流系统理解为物流活动所需的物品、设备、运输工具、仓储设施、人员以及相关的物流环节等要素所构成的相互联系和相互制约且具有特定功能的有机整体。

物流系统可以分为物流作业系统和物流信息系统。其中物流作业系统包括运输、存储、搬运、包装、流通加工等作业子系统；物流信息系统主要包括订货、进货、库存、出货、配送等子系统。

物流系统的构成要素有人力资源、物流设施、物流设备和信息系统。

物流系统的功能有：集货功能，运输（配送）功能，储存功能，包装功能，装卸搬运功能，流通加工功能，物流信息处理功能。

物流系统规划设计的四大原则：开放性原则，物流要素集成化原则，网络化原则，柔性化原则。

物流系统规划与设计的内容主要有：物流系统布局规划，物流节点设施的内部布局规划，物流设备选型和平面布局设计。

物流系统规划与设计应按照以下程序来进行：第一阶段，分析系统规划设计的目的和目标；第二阶段，收集数据和设计方案；第三阶段，方案评价与选择；第四阶段，方案实施；第五阶段，实施评价。

现代物流系统主要有精益物流系统、准时物流系统、敏捷物流、绿色物流、保税物流、应急物流。

练习与思考

一、选择题

1. 运输、储存、装卸、搬运、包装、流通加工、配送、信息处理等是(　　　)。
   A. 物流系统的物质基础要素　　　　B. 物流系统的基本要素
   C. 物流系统的系统资源要素　　　　D. 物流系统的功能要素

2. 物流系统从其构成看，可分为(　　　)两大部分。
   A. 作业子系统和信息子系统　　　　B. 配送子系统和信息子系统
   C. 作业子系统和运输子系统　　　　D. 运输子系统和仓储子系统

3. 下列选项中，不是物流系统分析特点的是(　　　)。
   A. 以整体为目标　　　　　　　　　B. 运用定量方法
   C. 以子系统最优为目标　　　　　　D. 以特定问题为对象

4. 下列不属于物流信息系统的是(　　　)。
   A. 订货子系统　　B. 包装子系统　　C. 配送子系统　　D. 发货子系统

二、简答题

1. 什么是物流系统？物流系统的构成要素有哪些？
2. 物流系统具有哪些特征？
3. 物流系统的目标有哪些？
4. 影响物流系统规划设计的因素有哪些？
5. 物流系统规划与设计的内容包括哪些方面？

第三章　采购物流管理

学习目标

1. 知识目标：理解采购的含义、原则、分类和基本流程。
2. 能力目标：了解采购管理的目标、策略和趋势，掌握招标等现代采购模式。
3. 素养目标：培养学习者全球化视野。

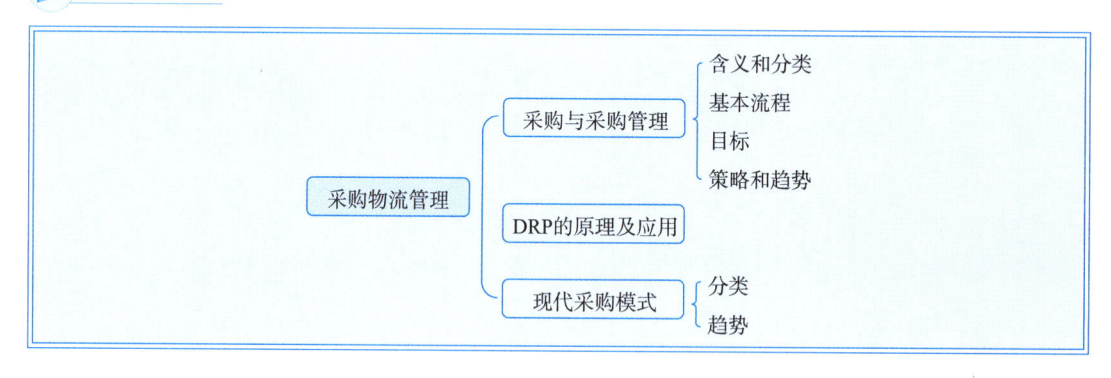

知识导图

```
                            ┌─ 含义和分类
                            ├─ 基本流程
            ┌─ 采购与采购管理 ─┤
            │               ├─ 目标
            │               └─ 策略和趋势
采购物流管理 ─┼─ DRP的原理及应用
            │               ┌─ 分类
            └─ 现代采购模式 ─┤
                            └─ 趋势
```

引导案例

伊利集团的电子采购管理时代

古有"一骑红尘妃子笑，无人知是荔枝来"，杨贵妃喜欢吃荔枝，唐玄宗为了讨爱妃欢心，专门修建了荔枝道，以八百里加急的速度，将产自岭南的新鲜荔枝送往长安华清宫……现在呢，孩子们每天喝的新鲜牛奶，从草原—奶厂—超市—家中，一袋奶、一盒冰淇淋又经历了怎样的艰辛旅程，才能保障其新鲜可口呢？

伊利集团作为食品快消企业，每天都在面对物流采购与供应的艰辛，同时，也在不断实践和挑战物流管理的创新。

伊利集团的产品分为液态奶、冷饮、奶粉和酸奶，其产品流通绝大部分归属于冷链物流范畴，一方面，冷链物流管理是保证产品质量的关键，是消费者拿到产品前的重要环节；另一方面，作为衔接生产与销售的中间环节，物流管理又是增强销售市场竞争力的原动力和后背力。因此，伊利在物流采购和供应管理方面的研究和投入一直是重点。

伊利物流供应有三大特点：货量大，运输方式多样化，运输覆盖区域广。伊利集团的物流规模使其具备了集中采购的优势，但同时也面临物流供应商的集中管理、精细化管理的难题。

1. 加强采购端管理

随着消费者生活品质的提高，高品质的奶制品需求市场不断扩大。要想抢占高端市场，建立大规模的优质奶源基地迫在眉睫。因此，优化供应链上游设计，加强供应端管理成为必要手段。

2. 建设信息共享平台——电子采购平台

建立公共信息平台是协调管理供应链信息流的必要途径，伊利是整条供应链的核心企业，必须集中控制信息的流向，保证物流、信息流顺畅、快捷地流动。伊利集团电子采购平台的运行，使伊利集团实现了从"打电话"向"点鼠标"的划时代转变，从"传统采购"向"高效采购""阳光采购"跨越式变革，从而开始步入采购的电子化时代，实现了电子、高效与透明的最佳组合，打造了公司的"供应资源基地"。伊利电子采购管理平台的成功运行，是集团公司精确管理思想的深入践行，也是"提高费用使用效率，提升企业盈利能力"的积极实践，电子采购这一崭新的管理模式将对乳业采购管理模式优化发挥积极的引领作用，将带动整个乳业采购领域信息化建设的快速提升。

案例来源：根据伊利官方网站（https：//www.yili.com/）资料整理

思考题：伊利集团的采购经验对我国企业采购方面的改革有哪些意义？

第一节 采购与采购管理

一、采购概述

采购是人类社会最常见并大量存在的行为，其历史可以追溯到人类诞生的时候，不过那时的采购是以交换（物物交换为主）的形式进行的。随着人类社会的进步，采购的形式及其职能都发生了变化，不变的是采购仍然是各个企业所共有的职能，也是企业经营的开始环节，同样也为企业创造价值。因为它不仅是保证企业生产正常运转的必要条件，而且也为企业降低成本、增加赢利创造了条件。

（一）采购的含义

采购（Purchase）是指组织在一定的条件下从外部获取资源的过程，采购的主体可以是企业、政府和其他组织。对企业而言，采购是企业经营的起始环节。随着企业管理的现代化发展，采购在维持企业的正常生产和降低企业成本等方面起到了日益重要的作用。

目前，采购的概念有狭义和广义之分，狭义的采购就是指买东西，是组织根据自己的需求，制订合理的采购计划，在供应市场选择合理的供应商，经过商务谈判确定价格和交货条件，最终签订合同并履行采购合同的经济活动。广义的采购除了以购买的方式占有物品之外，还包括采用各种途径来取得物品的使用权，以达到满足需求的目的。广义的采购主要有租赁、借贷、交换三种形式。

（1）租赁：指一方用支付租金的方式取得他人物品的使用权。

（2）借贷：指一方凭借自己的信用和彼此的友好关系获得他人物品的使用权。

（3）交换：指双方采用以物易物的方式取得物品的使用权和所有权，但并没有以货币直接支付物品的全部价值。

> 思考：采购与供应链有什么关系？

（二）对采购概念的理解

1. 从资源市场上取得资源的过程

采购的意义就在组织或个人从外部环境获取自己缺乏而又所需要的资源，这些资源既包括生活资料，也包括生产资料；既包括物资资源（如原材料、设备、工具等），也包括非物资资源（如信息、软件、技术、文化用品等）。

2. 商流和物流的统一

采购是将资源通过一系列程序从供应方转移到需求方的过程。在这个过程中，要实现资源的所有权从供应方向需求方的转移（商流）和资源的物质实体从供应方向需求方的转移（物流）。采购过程是这两个转移的完整结合，缺一不可。因此，采购过程是商流与物流过程的统一。

3. 采购是一种经济活动

采购是企业经济活动的主要组成部分，要遵循经济规律，追求经济效益。科学采购是企业降低成本，实现经济利益合理化的基本利润源泉。

（三）采购的原则

采购决策应该从组织的总体目标出发，采用经济的方式，满足组织的需求。一般有以下几项原则。

1. 整体性原则

采购决策应该从组织的总体目标出发，考虑到组织的协调均衡发展，不能仅以采购业绩的最优为目标。制定采购决策时应该考虑这些决策对其他主要活动的影响（如生产计划、物料管理和运输）。

2. 经济性原则

企业的采购，首先要对公司的经营方针有一个彻底的理解。其次在采购时要经济、合理，主要做到以下几点。一是适价，要多渠道询价、比价、估价和议价。二是适时，时间就是金钱，采购计划的制订要准确，该进的物料要及时，避免造成停工待料，增加管理费用，影响销售和信誉；太早采购囤积物料，又会造成资金的积压。三是适质，品质不良，经常退货会增加生产成本，影响交货期，降低信誉和产品竞争力。四是适量，采购量要根据物料需求计划、资金周转率和储存成本等综合考虑，不是越多越好。

3. 适用性原则

应该采购符合用户要求的商品，对于内部用户提出的采购申请，采购部门应积极与用户进行有效的沟通，提出所使用的原料或部件的备选方案和备选的供应商，提高公司所购买的产品和服务的性价比。

二、采购的分类

企业采购可分为战略采购（Sourcing）和日常采购（Procurement）。战略采购是采购人员根据企业的经营战略需求，制定和执行采购企业的物料获得的规划，通过内部客户需求分析，外部供应市场、竞争对手、供应基础等分析，在标杆比较的基础上设定物料的长短期的采购目标、达成目标所需的采购策略及行动计划，并通过行动的实施寻找到合适的供应资源，满足企业在成本、质量、时间、技术等方面的综合指标。

日常采购是采购人员根据确定的供应协议和条款，以及企业的物料需求时间计划，以采购订单的形式向供应方发出需求信息，并安排和跟踪整个物流过程，确保物料按时到达企业，以支持企业的正常运营的过程。

（一）按采购地域范围分

按采购地域范围来分，可以分为国内采购和国外采购。

1. 国内采购

国内采购指企业以本币向国内供应商采购所需物资的一种行为。国内采购主要指在国内市场采购，并不是指采购的物资都是在国内生产的，也可以是向国外企业设在国内的代理商采购所需要的物资，只是以本币支付货款，不需要外汇结算。国内采购一般用时较短，面临的不确定性和风险较小，不会遇到商业沟通的困难，不存在国际贸易运输、定价的问题，省去了在国际贸易中洽商运费、保险、交货付款条件等问题。

2. 国外采购

国外采购又称国际采购或全球采购，主要指国内采购企业直接向国外厂商采购所需要的物资的一种行为。国外采购扩大了供应商的范围，购买商有更大的选择余地，有可能获得低价格、高质量的产品。但国外采购流程复杂，风险较高。

（二）按采购制度分

按采购制度来分，可以分为集中采购、分散采购和混合采购。

1. 集中采购

集中采购就是把采购工作集中到一个部门管理，统一组织企业所需物品的采购业务。集中采购有以下优势。

（1）可以使采购数量增加，提高与卖方谈判的力度，获得规模效益。

（2）可以协调企业内部的各种情况，制订比较合理的采购方针。由于只有一个采购部门，采购方针比较容易统一实施，采购物料也可以统筹安排。

（3）集中采购节约了人力，提高了工作的专业化程度，有利于提高采购绩效，降低采购成本。但集中采购也有它的不足之处。首先是采购流程长，时效性差，难以适应零星采购、地域采购以及紧急采购的需要；其次是采购与需求单位分离开来，有时可能难以准确了解内部需求，从而在一定程度上降低了采购绩效。

适用集中采购的情况主要有以下几种情况：一是采购大宗或批量物品；二是采购价值高或总价多的物品；三是采购关键零部件、原材料或其他战略资源，保密程度高，产权约束多的物品。

2. 分散采购

分散采购就是各部门或各独立单位自行满足其采购需求。分散采购能适应不同地区市场环境变化，商品采购具有相当的弹性；对市场反应灵敏，补货及时，购销迅速；由于分部拥有采购权，可以提高一线部门的积极性，提振其士气，能了解不同地区的需求。但分散采购容易使各部门各自为政，出现交叉采购，人员费用较大。

分散采购的适用条件：小批量、单件、价值低，总支出在产品经营费用中占的比重小；市场资源有保证，易于送达，物流费用较少；分散后，各基层有这方面的采购与检测能力。

3. 混合采购

混合采购是集中采购与分散采购相结合的模式。集中采购能够集中采购要求，形成规模购买优势，节约采购成本。但集中采购不易适应紧急情况下的采购需求，采购物品的使用部门缺乏自主性，而且使采购程序变得复杂。而分散采购易于沟通，信息反馈迅速，手续简单，能够满足使用部门的特殊要求和紧急需要。但是，分散采购容易出现缺乏控制的局面，并且不能形成规模购买的优势。因此，许多大型企业实行集中采购与分散采购相混合的采购模式，取长补短。

（三）按采购时间分

按采购时间来分，可以分为长期采购和短期采购。

1. 长期采购

长期采购是采购商和供应商通过合同稳定双方的交易关系，合同期一般在一年以上。长期采购有利于增进双方的信任和理解，建立稳定的供需关系；有利于降低双方的价格洽谈费用；有十分明确的法律保证，可以通过法律来维护双方的利益。但长期采购其价格调整比较困难，一旦市场价格变动，采购双方必有一方会由于不能随之调整采购价格而造成价差损失。

2. 短期采购

短期采购是采购商和供应商通过合同实现一次交易，以满足生产经营活动的需要，合同期一般在一年以内。短期采购适用于非经常消耗品、价格波动较大的物品和质量不稳定的物品。

三、采购的基本流程

采购管理一般包括以下几个程序。

1. 请购

请购是指各部门根据生产需要确定一种或几种物料，并按照规定的格式填写一份要求获得这些物料的单子的过程。常见请购部门有生产部（常备材料）和采购部（预备材料）。

请购部门应依存量管理基准、用料预算，结合库存情况开立"物资采购计划单"，并注明材料的品名、规格、数量、需求日期及注意事项，经总经理审核后编号送采购部。紧急请购时，由请购部门于"物资采购计划单"备注栏注明原因，送采购部并提醒注意。

2. 物资采购

总经理批准计划单后，采购部根据计划单或临时采购计划逐一核对库存，然后根据计划与库存情况，填写"物资采购申请单"，部门经理核签后转总经理审批，总经理审批后采购部按"物资采购申请单"进行采购。

3. 比价、议价

(1)采购员在采购时对同一种商品应至少比价三家。

(2)采购员通过电话、传真"询价单"、E-mail、实地考察等方式进行寻价、比价、议价。

(3)采购员要如实、认真、工整、逐项填写"比价表"，不得虚填、空项，无法填写的应在"备注"栏内注明。

(4)采购员将比价结果连同书面分析报告即时转交部门经理。

(5)部门经理对比价表核价、审查完毕后签字确认，呈总经理审核批准后复印一份交采购部，原件整理存档(此条仅针对重要原材料或是数量、金额较大的订单)。

4. 供应商选择

根据比价、议价结果选定合适的供方。采购员需要求供方提供营业执照等，便于合格供应商的评定。每次采购都需要有本公司的采购订单或供方拟定的合同，便于管理和保护本公司利益。采购订单包括采购物品规格、数量、总价、付款方式、运输方式、到货时间、包装标准、验收方法、开票资料、违约责任等。

5. 采购实施

订单由双方盖章回传后，采购员开始实行订单事项，并对采购物品进行跟踪，直到采购物到公司仓储，并落实质检单及发票情况。

6. 实物入库

到货之前，采购部应提前一到两天通知仓储部门准备安排装货位置，并由仓储部门通知质检部门提前做好化验准备。货到公司厂门部门，门卫应及时准确通知采购部，然后由采购部通知仓储部门，仓储部门再通知质检部门安排抽样化验。抽样后需要过磅的，由仓储部门安排人员随送货方同去。质检结果合格后通知仓储部门，由仓储部门安排卸货。卸货完毕，由采购部确认数量、质量无误后，负责办理出门证或是按订单负责办理运费或货款。采购部负责在采购"日常登记表"上记录当日到货情况，及时把采购过程中未完成事项处理好，如发票、月或季结算货款等。

7. 办理入库手续

按照单项业务跟踪负责的原则，由负责该项采购过程人员携本次采购发票到仓库办理入库；部门经理可以安排采购员负责办理入库，按《出入库制度》办理。办理入库之后，负责该业务的采购员将入库单及发票交至部门审批。

8. 付款结算

根据付款周期编制付款计划，安排付款。

四、采购管理

(一)采购管理的含义

采购管理指的是对采购过程的计划、组织、协调和控制等过程,它包括管理供应商关系所必需的所有活动。它着眼于组织内部、组织和其供应商之间构建和持续采购过程,因此采购管理有内部和外部两个方面。

(二)采购管理的目标

实施采购管理旨在实现以下目标。

(1)正确计划用料,加强对用料的控制,预防呆滞废料的产生。

(2)适当的存量管理。通过强化重点管理,改善库存结构,降低库存量,减少库存资金占用。

(3)按照适价、适质、适时、适地的原则做好采购工作,降低采购成本。

(4)发挥储存运输功能,确保物品品质,规范收发作业,维护仓储安全。

(5)加强供应商关系管理。与供应商建立一种能促使其不断降低成本、提高质量的长期合作关系。

(三)采购管理策略

实现采购管理的目标,应当正确地运用采购管理策略,具体体现在以下几个方面。

(1)通过选择可靠的供应商来确保采购质量。

(2)采用 ABC 分类法等科学方法采购,降低库存量,减少库存资金。科学确定订购批量与订购时间,降低采购成本。

(3)采取分类管理策略,管理与供应商的关系。

五、传统采购与现代采购

传统采购模式比较重视价格,而质量和交货期都是通过事后把关的办法进行控制,因此,在供应商与采购部门之间经常要进行报价、询价、还价等反复的谈判。

(一)传统采购的主要特点

(1)传统采购过程是典型的非信息对称博弈过程。

选择供应商是传统采购活动的一项首要任务。在采购过程中,采购方为了能够从多个竞争者中选出一个最佳供应商,往往会保留私有信息,因为给供应商提供的信息越多,供应商的竞争筹码就越大,对采购方越不利,而供应商也在和其他供应商的竞争中隐瞒自己的信息。这样,采购与供应双方不能进行有效的信息沟通,形成非信息对称的博弈过程。

(2)检查验收是采购部门的一项重要的事后把关工作,质量控制难度大。

质量与交货期是采购方要考虑的两个重要因素,但在传统的采购模式下,要有效控制质量和交货期只能事后把关。采购方很难参与供应商的生产组织过程和有关的质量控制活动,相互的工作是不透明的。因此,需要通过各种有关标准(如国际标准、国家标准等)进行检查验收。缺乏质量控制的合作增加了采购部门对采购物品质量控制的难度。

(3)供需关系是临时的或短时期的合作关系,而且竞争多于合作。

采用传统的采购模式时,由于缺乏合作与协调,在采购过程中,各种抱怨和扯皮的事情比较多,很多时间消耗在解决日常问题上,没有更多的时间用来做长期性预测与计划工作。供应与需求之间这种缺乏合作的气氛增加了许多运作中的不确定性。

(4)对用户需求响应迟钝。

由于供应商与采购方双方在信息的沟通方面缺乏及时的反馈，在市场需求发生变化的情况下，采购方也不能改变与供应商已有的订货合同，在用户需求减少时，库存增加，在用户需求增加时，供不应求，重新订货需要增加谈判过程。供应商与采购方对用户需求的响应不同步，缺乏应付需求变化的能力。

(二)现代采购的主要特点

现代采购模式集成了电子采购技术、供应链管理思想，并与物流业务紧密结合在一起。现代采购模式的特点主要有以下几个方面。

(1)采购目标服务于供应链管理需要，能够满足订单需求，形成拉动式供应链管理。

(2)采购手段基于电子信息商务技术，能够准时响应供应链要求，形成供应商管理库存等供应链管理模式。

(3)采购过程规范、透明和制度化，便于进行监督。

(4)采购内容与业务量化，能够支持并满足企业 ERP 采购、JIT 采购等要求。

(5)采购管理延伸到外部资源管理，对多级供应商进行监控。

(6)供应链管理信息共享。在库存信息共享、供应采购信息共享条件下，可以提高采购效率、质量并降低成本。

(三)传统采购模式与现代采购模式的主要区别

传统采购管理模式与现代采购管理模式的主要区别如表 3-1 所示。

表 3-1　传统采购管理模式与现代采购管理模式的主要区别

项目	传统采购	现代采购
供应商	相互对立	合作伙伴
合作关系	可变的	长期的
合同期限	短	长
采购数量	大批量	小批量
运输策略	单一品种整车运输	多品种整车运输
质量	检验(再检验)	无须入库检验
信息沟通	传统媒介	网络
信息沟通频率	离散的	连续的
对库存的认识	资产	浪费
供应商数量	多	少
设计流程	先设计产品后询价	供应商产业产品设计
产量	大量	少量
交货安排	每月	每周或每天
供应商地理分布	区域广	尽可能靠近
仓库	大、多	少、小

> 相关学习视频：传统采购与现代采购

第二节　DRP 的原理及应用

一、DRP 的概念

DRP 是分销资源计划（Distribution Requirement Planning）的英文缩写。它是流通领域中的一种物流技术，是 MRP（Material Requirement Planning，物料需求计划）在流通领域应用的直接结果。它主要解决分销物资的供应计划等问题，达到既能有效地满足市场需要，又使配置费用最省的目的。狭义来讲，DRP 是对分销网络上的库存进行计划和管理。DRP 的管理对象主要包括订单、库存、财务往来等方面。广义的 DRP 系统，在对分销链上的库存、销售订单进行管理的基础上，还加入了财务管理、客户关系管理、物流管理等方面的功能。

二、DRP 的原理

DRP 在流通企业得到了广泛的运用，这些企业的基本特征是，不一定做销售，但一定有存储和运输的业务，它们的目标是在满足用户需要的原则下，追求有效利用资源（如车辆等）达到总费用最低，既做生产又做流通，产品全部或一部分由自己销售。企业中有流通部门承担分销业务，具体组织存储、运输、销售活动。DRP 的原理如图 3-1 所示。

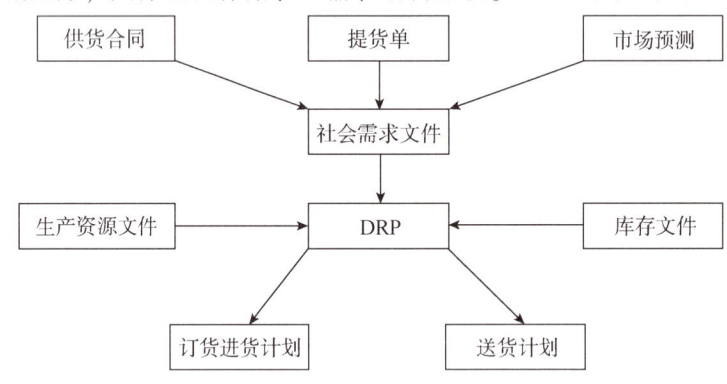

图 3-1　DRP 的原理

1. 输入文件

（1）社会需求文件，包括所有用户的订货单、提货单和供货合同，以及下属子公司、企业的订货单，此外还要进行市场预测，确定一部分需求量。所有需求按品种和需求时间进行统计，整理成社会需求文件。

（2）库存文件，对自有库存物资进行统计，以便针对社会需求量确定必要的进货量。

（3）生产资源文件，包括可供应的物资品种和生产厂的地理位置等，地理位置和订货提前期有关。

2. 输出文件

（1）送货计划，对用户的送货计划，为了保证按时送达，要考虑作业时间和路程远近，提前一定时间开始作业，对于大批量需求可实行直送，而对于数量众多的小批量需求可以进行配送。

（2）订货进货计划，是指从生产厂订货的计划，对于需求物资，如果仓库内无货或者库存不足，则需要向生产厂订货。当然，也要考虑一定的订货提前期。

以上两个文件是DRP的输出结果，是组织物流的指导文件。

三、DRP的应用

DRP主要应用于两类企业：一类是流通企业，如储运公司、配送中心、物流中心、流通中心等；另一类是具有流通部门承担分销业务的企业。这两类企业的共同之处是以满足社会需求为自己的宗旨，依靠一定的物流能力（存储、运输、包装、搬运能力等）来从制造企业或物资资源市场组织物资资源，满足社会的需求。

DRP这种新的模式借助互联网的延伸性及便利性，使商务过程不再受时间、地点和人员的限制，企业的工作效率和业务范围都得到了有效的提高。企业也可以在兼容互联网时代现有业务模式和现有基础设施的情况下，迅速构建B2B电子商务的平台，扩展现有业务和销售能力，实现零风险库存，降低分销成本，提高周转效率，确保获得领先一步的竞争优势。

当前，DRP领域的竞争非常激烈，现在DRP正在朝以下方向发展。

（1）很多应用者已经认识到DRP的一些缺陷和局限性，DRP在预测未来的库存、预测未来的补货需求、发掘商机的能力等方面有所欠缺，这需要我们对一系列的数学算法进行研究，并应用到DRP设计中。

（2）DRP在非制造环境（如零售、批发、分销商模式）下和在制造环境下的应用模式是不同的，后者需要协调销售和运作计划、主生产计划等应用。DRP软件将在这个方面进一步分化和深化。

（3）DRP将与自动报价、限价管理、降价保护、网上商店、物流配送管理、客户返利、产品配置等多种CRM应用融合或集成。

（4）DRP将支持无线应用。通过无线设备，分销商可查询产品规格、价格信息、当前的存货状况、历史交易和信用等信息，进而做出报价单或输入已成交的订单，以充分掌握商机。

（5）DRP与知识管理、合作伙伴关系、公司网站的集成，将业务的处理同知识的共享、合作伙伴的培育、产品和服务的创新结合起来。

第三节　现代采购模式

一、招标采购

招标采购是通过在一定范围内公开购买意向信息，说明拟采购物品或项目的交易条件，邀请供应商或承包商在规定的期限内提出报价，经过比较分析后，按既定标准确定条件最优惠的投标人并与其签订采购合同的一种高度组织化采购模式。招标采购是在众多的供应商中选择最佳供应商的有效方法。它体现了公平、公开和公正的原则。优点在于能以更低的价格采购到所需要的物资或服务。

国际竞争性招标是在世界范围内进行的招标，国内外合格的供应商均可以投标。它要求制作完整的英文标书，在国际上通过各种宣传媒介刊登招标公告。国际竞争性招标采购的优缺点如表3-2所示。

表3-2 国际竞争性招标采购的优缺点

优点	缺点
1. 能以合理的价格采购到需要的产品 2. 能引进先进的设备、技术和经验 3. 为合格的投标人提供公平竞争的机会 4. 采购程序标准公开，降低作弊的可能性	1. 招标程序时间长 2. 招标文件的规范性要求高，且要将大量的文件翻译成国际通用文字，工作量大 3. 发展中国家中标的份额比较少

二、网上采购

网上采购从根本上改变了商务活动的模式。它不仅将间接采购商品和服务的过程自动化，极大提高了效益，降低了采购成本，而且使企业在一定程度上避免因信息不对称而引起的资源浪费，有利于社会资源的有效配置，从而使企业以更具有战略性的眼光进行采购。传统采购与网上采购的对比如表3-3所示。

表3-3 传统采购与网上采购的对比

传统采购的弱点	网上采购的优势
1. 商品选择过程效率低，订货时间长 2. 采购操作不规范，易产生腐败现象 3. 存货成本和采购成本比较高 4. 采购周期长，管理复杂 5. 难以实现对采购的战略性管理	1. 信息发布快捷，供应商比较方便 2. 市场透明度高，资源有效配置 3. 采购周期短，采购成本和价格低 4. 随时了解市场行情和库存，制订科学的采购计划

三、即时采购

即时采购（Just in Time，JIT）是在20世纪90年代，受即时化生产管理思想的启发而出现的。近年来，JIT模式不仅作为一种生产方式，也作为一种采购模式开始流行起来。即时生产的基本思想是"杜绝浪费""只在需要的时间，按需要的量，生产所需要的产品"。这一管理思想目前已经被运用到采购、运输、储存及预测等领域。

即时采购是一种先进的采购模式，它的基本思想是在恰当的时间、恰当的地点，以恰当的数量、恰当的质量要求采购恰当的物品。即时采购是对即时生产思想的继承，也追求"零库存"。它的特点在于与供应商所签订的是在需要的时候提供需要数量的原材料的协议。其核心要素包括减小批量、频繁而可靠地交货、压缩提前期并且高度可靠、保持所采购物资一贯的高质量。即时采购与传统采购的对比如表3-4所示。

表 3-4　即时采购与传统采购的对比

比较项目	传统采购	即时采购
合作关系	短期	长期
供应商选择	价格标准	综合评价
采购数量	大批量	小批量
供应商数量	多	少
交货及时性	每月	及时交货
信息交流	滞后	快速、双向、可靠
送货	有延误	可靠

四、业务外包采购

业务外包采购与信息产业的发展密切相关。业务外包采购得到发展的根本原因是竞争压力。竞争压力要求企业对市场变化作出迅速的反应。技术的飞速进步和互联网的普及所引发的知识快速传播，使得企业"核心能力"的门槛变得越来越低。企业为保持竞争的优势，必须集中精力和资源于"核心能力"。

对那些成熟的跨国公司而言，它们把资源和注意力更多地放在核心能力上面，而对于那些与核心能力无关的业务，则尽量通过业务外包采购获得。这是值得国内企业借鉴的。

五、全球化趋势下的采购模式

在全球化趋势下，国际供应商管理成为推动财务管理和提高整体竞争能力的一个关键动力。采购不再是采购部门和销售人员间的相互交往，而是包含了双方技术人员的共同合作。随着采购者不断整合其供应商基础，追求采购的效率，大规模的综合服务供应商将得到采购者的订单。为了具备适应"一站购齐式采购"的能力，供应商开始收购其他行业的供应商，与其建立共同开拓市场的联盟关系。

许多新兴的采购技术正在为采购创造价值，它们具体表现在以下几个方面。

（1）降低产品和服务的成本。网上采购解决方案可以使采购流程变得比较简单和直观，有助于生产标准化材料、改进产品设计以及降低复杂性。在产品设计的早期阶段进行采购整合，将对成本、周转期、库存和服务能力，特别是对可能关系到产品生存的整体市场营销决策产生有利的影响。

（2）提高生产率，降低流程成本。网上采购使大量繁重的纸介质工作实现了自动化，缩短了周转期，降低了采购者订货流程成本，使得采购人员能够集中时间从事创造更高价值的活动。

（3）提供更丰富的信息和制订更好的计划。从集成系统中收集的采购数据可以用来评价和改进采购政策和流程，并为供应商谈判做准备。利用供应商的综合业务流程信息有助于降低合作资金需求和库存水平。与供应商建立既具战略性又具灵活性的关系，双方的战略合作逐渐转向以价值为基础，而不是以成本为基础。

本章小结

采购(Purchasing)，是指组织在一定条件下从供应市场获取产品或服务作为企业资源，以保证企业生产及经营活动正常开展的一项企业经营活动。采购是一个商业性质的有机体为维持正常运转而寻求从体外摄入的过程。企业采购可以分为战略采购(sourcing)和日常采购(procurement)。

采购管理(Procurement Management)指的是对采购过程的计划、组织、协调和控制等过程，它包括管理供应商关系所必需的所有活动，是对计划下达、采购单生成、采购单执行、到货接收、检验入库、采购发票的收集到采购结算的采购活动的全过程管理，对采购过程中物流运动的各个环节状态进行严密的跟踪、监督，实现对企业采购活动执行过程的科学管理。

采购属于采购管理的一个环节，采购管理包括供应商、制造商、仓库、配送中心和渠道商等各方集成系统管理。采购管理的总目标是以最低的总成本为企业提供满足其需要的货物和服务。

分销资源计划(Distribution Requirement Planning，DRP)是管理企业的分销网络的系统，主要是帮助企业实现销售流程管理、价格体系管理、收付管理、库存的合理配置等一系列企业与分支机构、经销商间的信息、资金、物流的信息管理系统。目的是使企业具有对订单和供货具有快速反应和持续补充库存的能力。通过互联网将供应商与经销商有机地联系在一起，DRP为企业的业务经营及与贸易伙伴的合作提供了一种全新的模式。供应商和经销商之间可以实现实时地提交订单、查询产品供应和库存状况，并获得市场、销售信息及客户支持，实现了供应商与经销商之间端到端的供应链管理，有效地缩短了供销链。

现代采购是指运用现代科学的采购技术和方法，通过计算机网络实现信息收集、供应商选择、采购、运输、库存，全过程使用信息化、网络化，最大限度地满足生产需要，降低采购物流成本，实现采购目标的过程。现代采购模式主要有招标采购、网上采购、即时采购、业务外包采购等。

练习与思考

一、选择题

1. 采购是从( )获取资源的过程。
   A. 供应商　　　　　B. 资源市场　　　　　C. 批发市场　　　　　D. 厂家
2. 按照采购主体可以将采购分为个人采购和( )采购。
   A. 政府采购　　　　B. 组织采购　　　　　C. 事业单位采购　　　D. 军队采购
3. 下列选项中，不属于按照采购制度来将采购分类的是( )。
   A. 集中采购　　　　B. 分散采购　　　　　C. 混合采购　　　　　D. 组织采购
4. 即时采购的前提条件是( )。
   A. 多源供应　　　　B. 信息交流　　　　　C. 可靠的送货　　　　D. 大批量采购
5. 对于JIT即时采购，描述准确的是( )。
   A. 最好选取两个供应商　　　　　　　　　B. 选取较多的供应商

C. 选取较少的供应商 D. 最好选取三个供应商

6. DRP 代表的内涵为( )。

A. 企业资源计划 B. 物料需求计划

C. 分销需求计划 D. 主生产计划

二、简答题

1. 什么是采购，什么是采购管理，二者之间有什么区别与联系？

2. 采购管理的目标有哪些？

3. 什么是 DRP？DRP 的功能和作用有哪些？

第四章 生产物流管理

学习目标

1. 知识目标：理解企业生产物流的定义、特点，了解生产物流控制的内容和程序。
2. 能力目标：了解和掌握 MRP、MRP Ⅱ、ERP 和 JIT 的基本原理。
3. 素养目标：学会在实际工作中发现和挖掘生产物流管理的价值和作用。

知识导图

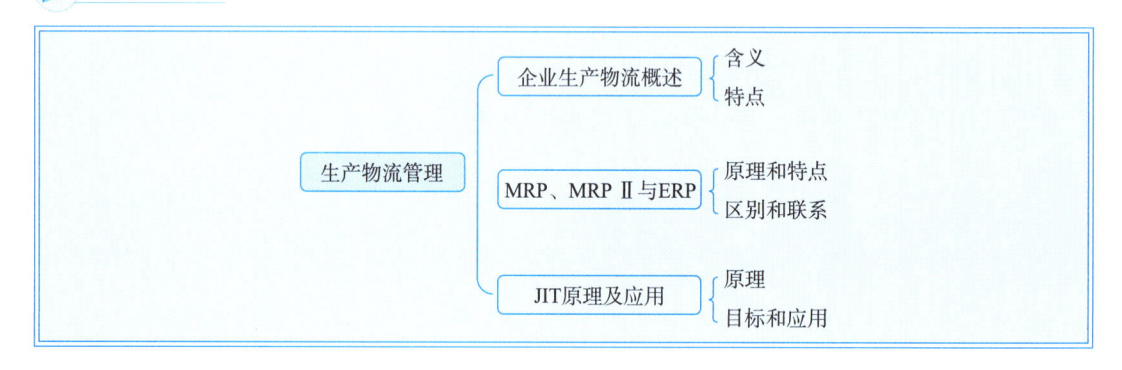

生产物流管理
- 企业生产物流概述
  - 含义
  - 特点
- MRP、MRP Ⅱ 与 ERP
  - 原理和特点
  - 区别和联系
- JIT 原理及应用
  - 原理
  - 目标和应用

引导案例

中国嘉陵工业股份有限公司(集团)的 JIT 推行

中国嘉陵工业股份有限公司(简称嘉陵公司)所生产的"嘉陵"摩托车是全国知名品牌，拥有大排量(35~150 mL)车型 100 多个，累计产销量逾 1 000 万辆，占全国摩托车总量的 1/5 以上，已形成年产 200 万辆的生产能力。这家公司具有强大、完善的开发、生产、营销体系，出口 50 多个国家和地区。

在过去嘉陵公司也经历了大批量生产摩托、市场供不应求的阶段。随着市场竞争越来越激烈，摩托车的品种和式样越来越多，嘉陵公司也积压了很多的库存。为此，嘉陵公司通过实行 JIT，获得了良好的效果。

嘉陵公司在推行 JIT 生产管理的过程中，根据 JIT 生产管理的思维和原理，经过多年的探索和试点，总结出了一系列推行 JIT 生产的有力措施。

1. 多品种作业

由于市场竞争的压力，嘉陵公司被迫实施"多品种、小批量、转产快"的生产方式。这样就可以满足市场多品种、小批量的需求，大大提高了企业对市场的适应能力，能够尽快地满足用户的需求。

2. 强化物流管理

嘉陵公司强化了企业队伍物流的管理，实施了"一个产品流"、"一个盛具流"、"二分三定"配送流、"二定一线"（即定置、定具、划线）等物流管理方式。

3. 推行准时制生产

嘉陵公司制定了准时制生产管理办法，具体做法：首先，规定了成品总装及配送的时间段；其次，承认延时的客观存在，规定所允许的延时量的范围；最后，加强检查考核，促进延工、误时等现象的逐步减少，直至"0"延时量——准时化的实现。

4. 推行"按需生产"

嘉陵公司积极实施"按需配送、差额生产"的方式，成品总装按照市场销售的需要组织生产，生产现场又以总装为龙头拉动零部件生产。同时，各个环节的组织是采用上道工序按照下道工序的需要与现有库存周转量的差额方式进行的。整个物流过程是上道工序按照下道工序的需要进行配送流转的。这是企业组织生产管理，实现高效、有序运作的有效方式。只有这样才能实现"按需生产"。

推行准时制生产方式一段时间后，嘉陵摩托车成品库存大幅度降低，销售业绩比过去有了明显的改观，对市场需求变化的适应能力迅速增强，嘉陵公司重新赢得了市场。

案例来源：根据环球精益网整理

思考题：你认为国内企业推行 JIT 的主要障碍有哪些？

第一节 企业生产物流概述

一、企业生产物流的含义

企业生产物流是指伴随企业内部生产过程的物流活动。这种物流活动是与整个生产工艺过程伴生的，实际上已经构成生产工艺过程的一部分。过去人们在研究生产活动时，主要关注一个又一个的生产加工过程，而忽视了将每一个生产加工过程串在一起且又和每一个生产加工过程同时出现的物流活动。例如，离开上一道工序，进入下一道工序，便会不断发生搬上搬下、向前运动、暂时停止等物流活动。实际上，一个生产周期，物流活动所用的时间远多于实际加工的时间。所以，企业生产物流研究的潜力、时间节约的潜力、劳动节约的潜力是非常大的。

二、企业生产物流的特点

(一)实现价值的特点

企业生产物流和社会物流的最本质不同之处，也即企业物流最本质的特点，不是实现时间价值和空间价值的经济活动，而主要是实现加工附加价值的经济活动。

企业生产物流一般是在企业的小范围内完成，当然，这不包括在全国或者世界范围内布局的大型企业。因此，空间距离的变化不大，在企业内部的存储，和社会存储目的也不相同，这种存储是对生产的保证，而不是一种追求利润的独立功能，因此，时间价值不高。

企业生产物流伴随加工活动而发生，实现加工附加价值，也即实现企业主要目的。所以，虽然物流空间、时间价值潜力不高，但加工附加价值却很高。

(二)主要功能要素的特点

企业生产物流的主要功能要素也不同于社会物流。一般物流功能的主要要素是运输和存储，其他是作为辅助性或次要功能或强化性功能要素出现的。企业物流主要功能要素则是搬运活动。

许多生产企业的生产过程，实际上是物料不停搬运的过程，在不停搬运的过程中，物料得到了加工，改变了形态。

即使是配送企业和批发企业的企业内部物流，实际也是不断搬运的过程。通过搬运，商品完成了分货、拣选、配货工作，完成了大改小、小集大的换装工作，从而形成了可配送或可批发的形态。

(三)物流过程的特点

企业生产物流是一种工艺过程性物流，一旦企业生产工艺、生产装备及生产流程确定，企业物流也因而成了一种稳定性的物流，物流便成了工艺流程的重要组成部分。由于这种稳定性，企业物流的可控性、计划性便很强，一旦进入这一物流过程，选择性及可变性便很小。对物流的改进只能通过对工艺流程的优化，这方面和随机性很强的社会物流也有很大的不同。

(四)物流运行的特点

企业生产物流的运行具有极强的伴生性，往往是生产过程中的一个组成部分或一个伴生部分，这决定了企业物流很难与生产过程分开而形成独立的系统。在总体的伴生性同时，企业生产物流中也确有与生产工艺过程可分的局部物流活动，这些局部物流活动有本身的界限和运动规律，当前企业物流的研究大多针对这些局部物流活动而言。这些局部物流活动主要是仓库的储存活动、接货物流活动、车间或分厂之间的运输活动等。

三、生产物流控制的内容和程序

(一)控制的内容

1. 进度控制

物流控制的核心是进度控制，即物料在生产过程中的流入、流出控制以及物流量的控制。

2. 在制品控制

在生产过程中对在制品进行静态、动态控制以及占有量的控制。在制品控制包括在制品实物控制和信息控制。有效地控制在制品对及时完成作业计划和减少在制品积压均有重要意义。

3. 偏差的测定和处理

在进行作业的过程中，按预定的时间及顺序检测执行计划的结果，掌握计划量与实际量的差距，根据产生差距的原因、差距的内容及严重程度，采取不同的处理方法。首先，要预测差距的产生，事先规划消除差距的措施，如动用库存、组织外协调等；其次，为及时调整产生差距后的生产计划，要及时将差距信息向生产计划部门反馈；最后，为了使本期计划不做或少做修改，将差距的信息向计划部门反馈，作为下期调整的依据。

(二)控制系统的要素

完成上述控制内容的系统可以采取不同的形式和结构，但都具有共同的要素。

(1)强制控制和弹性控制的程度，即通过相关标准、严格监督等手段所进行的强制控制或自觉控制。

(2)目标控制和程序控制，即控制系统是核查生产实际结果还是对生产程序、生产方式进行核查。

(3)管理控制和作业控制，管理控制的对象是全局，是指为使系统整体达到最佳效益而按照总体计划来调节各个环节、各个部门的生产活动。作业控制是对某项作业进行的控制，是局部的，其目的是保证其具体计划或目标的实现。

(三)控制的程序

通常，生产物流控制的程序对不同类型的生产方式来说，基本上是一样的。与控制内容相适应，生产物流控制的程序一般包括以下几个步骤。

(1)制定期量标准。物流控制从制定期量标准开始，所制定的标准要保持先进合理的水平，随着生产条件的变化，标准要定期和不定期地进行修订。

(2)制订计划。依据生产计划制订相应的物流计划，并保持生产系统正常运转。

(3)物流信息的收集、传送、处理。

(4)短期调整。为了保证生产的正常进行，及时调整偏差，保证计划顺利完成。

(5)长期调整及其有效性的评估。

第二节　MRP、MRP Ⅱ 与 ERP

MRP 系统于 20 世纪 60 年代初于美国问世，它的前身是订货点法，它在订货点法的基础上，将物料需求分为独立需求和非独立需求并分别加以处理，同时在库存状态数据中引入时间分段的概念，到 20 世纪 80 年代成为一种综合计划管理系统的通用软件包，在世界各国的制造企业得到广泛应用。其间经历了三个发展阶段：基本 MRP 系统(即物料需求计划系统)、闭环 MRP 系统与制造资源计划系统(简称为 MRP Ⅱ 系统)、企业资源计划系统(简称为 ERP 系统)。

一、MRP 的基本原理

MRP（Material Requirement Planning），即物料需求计划，是以物料计划人员或存货管理人员为核心的物料需求计划体系，它是建立在计算机基础上的生产计划与库存控制系统，是在订货点法（Order Point System）计划基础上发展形成的一种新的库存计划与控制方法，它不仅是一种新的计划管理方法，也是一种新的组织生产方式。MRP 要达到的目标是"在尽量控制库存的前提下，保证企业生产的正常进行"。

MRP 的基本任务是：从最终产品的生产计划（独立需求）导出相关物料（原材料、零部件等）的需求量和需求时间（相关需求），根据物料的需求时间和生产（订货）周期来确定其开始生产（订货）的时间。其基本内容是编制零件的生产计划和采购计划。因此，MRP 的基本依据是主生产计划（MPS）、物料清单（BOM）、库存信息。

对于庞大而复杂的生产系统，MRP 计划的制订与执行具有很高的难度，必须由强有力的计算机软件、硬件系统实行集中控制，才能达到预想的效果。MRP 的逻辑流程关系如图 4-1 所示。

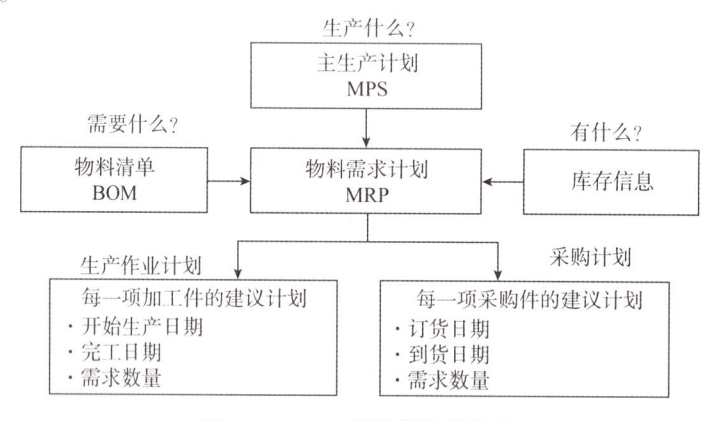

图 4-1 MRP 的逻辑流程关系

二、MRP 的基本构成

MRP 的主要内容包括客户需求管理、主生产计划、原材料计划、产品结构与物料清单及库存信息。

（一）客户需求管理

客户需求管理包括客户订单管理及销售预测，将实际的客户订单数与科学的客户需求预测相结合即能得出客户需要什么以及需求多少。客户需求预测应是科学的预测，而不是主观的猜测或只是一个主观的愿望。

（二）主生产计划（Master Production Schedule，MPS）

主生产计划是确定每一具体的最终产品在每一具体时间段内生产数量的计划。这里的最终产品是指对于企业来说最终完成、要出厂的完成品，它要具体到产品的品种、型号。这里的具体时间段，通常以周为单位，在有些情况下，也可以日、旬、月为单位。主生产计划详细规定生产什么、什么时段应该产出，它是独立需求计划。主生产计划根据客户合同和市场预测，把经营计划或生产大纲中的产品系列具体化，使之成为展开物料需求计划的主要依据，起到了从综合计划向具体计划过渡的承上启下的作用。

(三)原材料计划

原材料计划是在产品生产计划的基础上制订的原材料需求计划,表示要生产所需要的产品而需要准备的原材料的具体情况。而在确定购买原材料之前,需要检查库存信息,并通过比较得出实际的购买量,因此,保证库存数据的准确性尤为重要。

(四)产品结构与物料清单(Bill of Material,BOM)

MRP 系统要正确计算出物料需求的时间和数量,特别是相关物料需求的数量和时间,首先要使系统能够知道企业所制造的产品结构和所有要用到的物料。产品结构列出构成成品或装配件的所有部件、组件、零件等的组成、装配关系和数量要求,它是 MRP 产品拆零的基础。例如,自行车产品结构如图 4-2 所示。

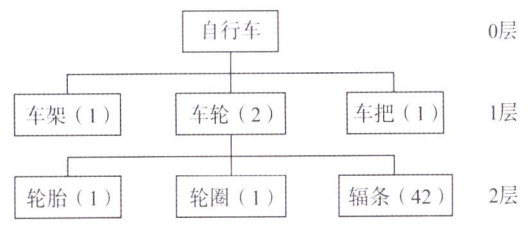

图 4-2 自行车产品结构

为了便于计算机识别,必须把产品结构图转换成规范的数据格式,这种用规范的数据格式来描述产品结构的文件就是物料清单。它必须说明组件(部件)中各种物料需求的数量和相互之间的组成结构关系。自行车产品的物料清单如表 4-1 所示。

表 4-1 自行车产品的物料清单

层次	物料号	物料名称	单位	数量	类型	成品率	ABC 码	生效日期	失效日期	提前期
0	GB950	自行车	辆	1	M	1.0	A	20210101	20221231	2
1	GB120	车架	件	1	M	1.0	A	20210101	20221231	3
1	CL120	车轮	个	2	M	1.0	A	20210101	20221231	2
2	LG300	轮圈	件	1	B	1.0	A	20210101	20221231	5
2	GB890	轮胎	套	1	B	1.0	B	20210101	20221231	7
2	GBA30	辐条	根	42	B	0.9	B	20210101	20221231	4
1	113000	车把	套	1	B	1.0	A	20210101	20221231	4

注:类型中"M"为自制件,"B"为外购件。

(五)库存信息

库存信息是保存企业所有产品、零部件、在制品、原材料等存在状态的数据库。在 MRP 系统中,将产品、零部件、在制品、原材料甚至工装工具等统称为"物料"或"项目"。为便于计算机识别,必须对物料进行编码。物料编码是 MRP 系统识别物料的唯一标识。

库存信息主要涉及以下内容。

(1)现有库存量。现有库存量是指在企业仓库中实际存放的物料的可用库存数量。

(2)计划收到量(在途量)。计划收到量(在途量)是指根据正在执行中的采购订单或生产订单,在未来某个时段物料将要入库或将要完成的数量。

(3)已分配量。已分配量是指尚保存在仓库中但已被分配掉的物料数量。

(4)提前期。提前期是指执行某项任务由开始到完成所消耗的时间。

(5)订购(生产)批量。订购(生产)批量是指在某个时段内向供应商订购或要求生产部门生产某种物料的数量。

(6)安全库存量。为了预防需求或供应方面的不可预测的波动，在仓库中应经常保持的最低库存数量，即为安全库存量。

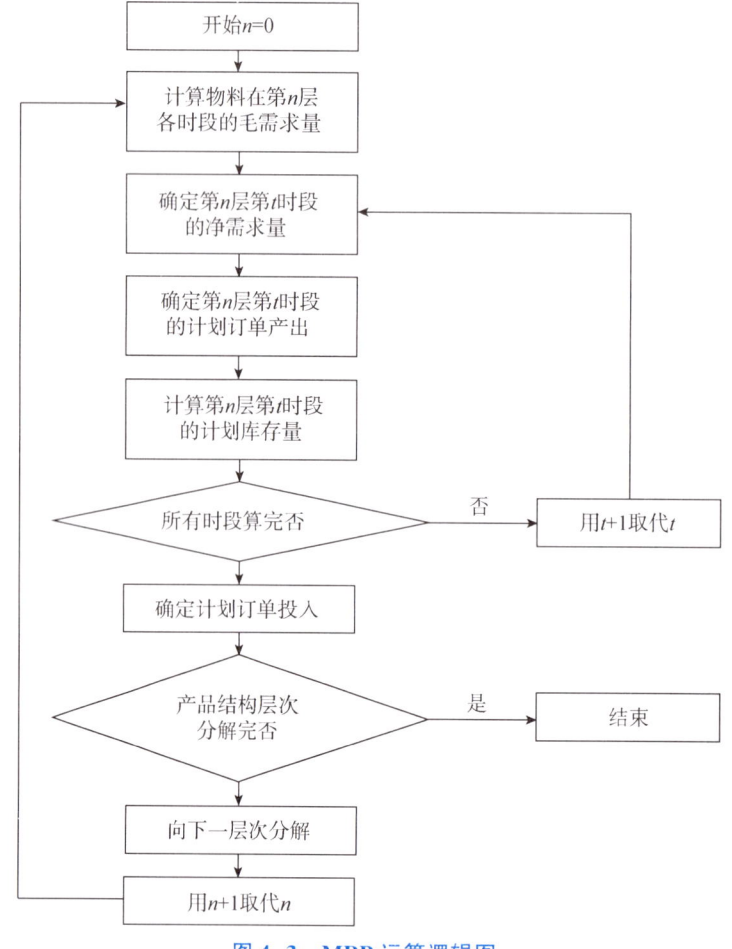

三、MRP 运算逻辑图

MRP 运算逻辑图如图 4-3 所示。

图 4-3　MRP 运算逻辑图

四、MRP 的特点及实施 MRP 的意义

(一)MRP 的特点

1. 需求的相关性

在 MRP 系统中，需求具有相关性。例如，根据订单确定所需产品的数量之后，由产品结构文件即可推算出各种零部件和原材料的数量。这种根据逻辑关系推算出来的物料数

量称为相关需求。不但品种数量有相关性，需求时间和生产工艺过程的决定也是相关的。

2. 需求的确定性

MRP 的需求都是根据主生产进度计划、产品结构文件和库存文件精确计算出来的，品种、数量和需求时间都有严格的要求，不可改变。

3. 计划的复杂性

MRP 计划要根据产品主生产计划、产品结构文件和库存文件、生产时间和采购时间，把主产品的所有零部件所需数量、时间、先后关系等精确计算出来。当产品结构复杂、零部件数量特别多时，其计算工作量非常庞大，人力根本无法胜任，必须依靠计算机实施这项工程。

(二) 实施 MRP 的意义

MRP 实施之后，由于所有需要的物资都按照精密的计划适时、适量地供应，一般不会产生超量库存，对于在制品还可以实现零库存。这样可以大大节约库存费用，降低生产成本。此外，实施 MRP 还有利于提高企业素质，因为运行 MRP 要求操作规范、时间观念强、系统协调性好，这样企业必须加强系统化、信息化、规范化管理，提高管理水平。

五、闭环 MRP 系统、MRP Ⅱ 系统

(一) 闭环 MRP 系统

早期的 MRP 系统是为产品零部件配套服务的库存控制系统，主要功能是解决产品订货所需物料项目、数量和供货时间等问题。但这类系统只是提出物料需求的任务，而没有考虑生产能力的约束条件；虽然它在主生产计划阶段做过能力平衡，却仅仅是粗略的平衡，只是按车间或设备大组概算了生产能力需求，又是在相当长的提前期之前做出的，因此没有考虑也考虑不到生产现场实际发生的生产能力的动态变化，因而使它们在物料生产的进度安排上缺乏可行性和可靠性。

20 世纪 70 年代，在有限生产能力条件下安排计划的概念和方法被提出。与此同时，管理信息系统的技术也趋于成熟。于是，原来的基本 MRP 系统被扩展为包含生产能力需求计划和生产作业控制等功能在内的闭环 MRP 系统。图 4-4 是闭环 MRP 系统的处理流程。

由图 4-4 可知，物料需求计划生成之后，进入生产能力需求计划的功能模块。在这里，首先利用工艺路线资料对生产这些物料所需要的生产能力进行计算，制订出生产能力需求计划。这是一种按加工中心汇总的，每项物料的工序加工任务提供多少能力时(工时)的负荷分布计划。然后从工作中心资料取得它们在各时段可用能力的数据，将

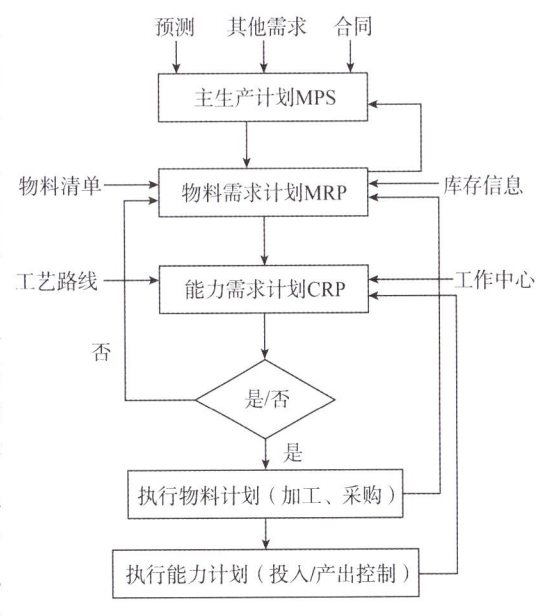

图 4-4 闭环 MRP 系统的处理流程

需用能力与可用能力相比较，来检查这个计划的可行性。若存在不可行之处，就返回去修改生产能力需求计划。在达到满意的平衡后，进入车间作业控制子系统，监控计划的实施过程，即在实施计划的过程中仍要随时反馈实际进度的信息，使计划人员能根据情况的变化，进一步调整计划，来指导生产的进行。这样，整个的计划与控制工作就形成了有机的闭回路系统，这就是闭环 MRP 系统。

(二) MRP Ⅱ 系统

1. MRP Ⅱ 的概念

MRP 只产生物料需求计划，而没有考虑完成这个计划的能力，在执行中可能会出现能力短缺与闲置浪费并存的情况，致使计划不能顺利执行。为此，制造资源计划 MRP Ⅱ 出现。制造资源计划(Manufacturing Resources Plannning)是以 MRP 为基础形成的，由于它的缩写也是 MRP，故加上罗马数字Ⅱ作为尾缀，称为 MRP Ⅱ 系统。

MRP Ⅱ 与 MRP 有很大不同，它已经是一个把 MRP 和所有其他与生产经营活动直接相关的工作、资源、财务计划等连成一体所形成的全面的生产管理系统。MRP Ⅱ 是从整体最优化的角度出发，运用科学的方法，对企业的各种制造资源和企业生产经营各环节进行合理有效的计划、组织、控制和协调，达到既能连续均衡生产，又能最大限度降低各种物品的库存量的目的，进而提高企业经济效益的生产管理系统。人们把这个计划系统定名为制造资源计划。

2. MRP Ⅱ 的原理

MRP Ⅱ 以 MRP 为核心扩展了许多功能，进一步增强了对物流进行管理的能力。

(1) 增加了对生产能力资源的管理。生产能力包括人力、物力、财力，体现为工时、机时或台时等。MRP Ⅱ 输出的生产任务必须有足够的生产能力才能保证其实施，MRP Ⅱ 增加了生产能力与生产需求之间平衡的处理功能。

(2) 增加了车间管理。其主要功能是接受 MRP 投放的生产任务单，制订能力需求计划，安排落实生产任务。

(3) 增加了仓库管理。MRP Ⅱ 不仅管理物资，还增加了订货管理和供应商管理功能。

(4) 增加了成本管理功能。MRP Ⅱ 在考虑每一道工序时，同时也计算出加工成本，最终计算出产品成本。这就可以进行成本的监督与控制，进行资金预算与使用的管理。

(5) 形成闭合的信息反馈系统。由于 MRP Ⅱ 增加了生产管理和库存管理功能，物料需求计划执行结果的信息可以反馈到系统，从而为系统提供了信息支撑。

3. MRP Ⅱ 的特点

(1) MRP Ⅱ 实现了企业内部信息的集成。MRP Ⅱ 将企业的经营计划、销售计划、主生产计划、物料需求计划和生产能力计划、资金流动计划以及物料需求和生产能力需求计划的实施、执行等通过计算机有机地结合起来，形成一个各功能子系统有机结合的一体化信息系统，使各子系统在统一的数据环境下运行。

(2) 运用管理会计概念，用货币形式说明企业物料计划带来的效益，便于实时做出决策。MRP Ⅱ 通过计算机模拟功能，将系统输出的按实物量表示的业务活动计划和货币表示的财务报表集成，保证了"资金流"同"物流"的同步一致，从而改变了资金信息滞后于物料信息的状况，便于实时做出决策。

> 思考：MRP 和 MRP Ⅱ 的区别与联系。

六、ERP 系统

ERP（Enterprise Resources Planning System），即企业资源计划，是由美国加特纳公司在 20 世纪 90 年代初首先提出的，其核心管理思想是供应链管理，即在 MRP Ⅱ 的基础上将物流与信息流、资金流、客户需求和企业内部的生产活动以及供应商的制造资源整合在一起，体现完全按用户需求制造的一种供应链管理思想的功能网络结构模式。它强调通过企业间的合作，强调对市场需求快速反应，采用高度柔性的战略管理以及降低风险成本，实现高收益目标等优势，从集成化的角度管理供应链问题。

ERP 是一个面向供应链管理的管理信息集成。ERP 除了包括传统的 MRP Ⅱ 系统的制造、供销、财务功能外，在功能上还增加了支持物料流通体系的运输管理、仓库管理；支持在线分析处理的售货服务及质量反馈，以实时准确地掌握市场需求情况；支持生产保障体系的质量管理、实验室管理、设备维修和备品备件管理；支持跨国经营的多国家地区、多工厂、多语种、多币值需求；支持多种生产类型或混合型制造企业，汇合了离散型生产、流水作业生产和流程型生产的特点；支持远程通信、Web/因特网、内联网/外联网、电子商务、电子数据交换；支持工作流动态模型变化与信息处理程序命令的集成。

ERP 采用了网络通信技术。ERP 系统除了已经普遍采用的诸如图形用户界面技术、SQL 结构化查询语言、关系数据库管理系统、面向对象技术、第四代语言/计算机辅助软件工程、客户机/服务器和分布式数据处理系统等技术之外，还要实现更为开放的不同平台的操作，采用适用于网络技术的编程软件，加强了用户自定义的灵活性和可配置性功能，以适应不同行业用户的需要。

ERP 系统同企业的业务流程重组密切相关。企业业务流程重组是为适应由信息技术的发展所带来的业务量的增加，信息量敏捷畅通，企业必须进行信息的实时处理、及时决策而进行的一项包括业务流程、信息流程和组织机构的变革。ERP 系统要求应用程序使用的技术和操作必须能够随着企业业务流程的变化而相应地调整。因此，ERP 与企业业务流程重组密切相关。

ERP 系统是企业能全面掌握企业内外部环境的信息，提供全范围的过程管理，因而能有效地支持企业在竞争激烈而又复杂多变的市场环境下迅速做出适当决策和实施决策，保证企业经营的成功，因此受到企业，特别是大企业的重视。现在，已有许多软件公司推出各自的 ERP 系统，成为当前企业管理信息系统的开发热点。

第三节　JIT 原理及应用

一、JIT 的内涵

JIT（Just in Time），即准时生产方式，是日本丰田汽车公司创立的一种独具特色的现代化生产方式。1973 年以后，这种方式对丰田公司度过第一次能源危机起到了突出的作用,后引起其他国家生产企业的重视,并逐渐在欧洲和美国的日资企业及当地企业中推行开来。它顺应时代的发展和市场的变化,逐渐形成和发展成包括经营理念、生产组织、物流控制、质量管理、成本控制、库存管理、现场管理和现场改善等在内的较为完整的生产管理技术与方法体系。近年来,JIT 不仅作为一种生产方式,也作为一种物流模式在欧美物流界得到推行。

我国对 JIT 所下的定义:在精确测定生产各环节作业效率的前提下,按订单准确地计划,以消除一切无效作业和浪费为目标的一种管理模式。

JIT 与传统制造系统中物流从零件到组装再到总装的做法相反,主张从反方向来看物流,即从装配到组装再到零件。在生产过程中由需方起主导作用,需方决定供应物流的品种、数量、到达时间和地点,供方只能按需方的指令供应物料。

二、JIT 的基本原理

(一) JIT 基本思想

JIT 是一种先进的生产管理模式,它的基本思想是把合适的数量、合适质量的物品在合适的时间供应到合适的地点,最大化地满足用户的需要。

JIT 的基本原理是以需定产,即根据客户的要求(或称看板),按照客户需求的品种、规格、质量、数量、时间、地点等要求进行生产,并将产品送到指定的地点。对企业内部而言,后工序就是前工序的客户。JIT 基本原理简单,但要求严格,包含内容有如下几个方面。

(1)品种配置:要保证品种有效性,拒绝不需要的品种。
(2)数量配置:要保证数量有效性,拒绝多余的数量。
(3)时间配置:要保证所需时间,拒绝不按时供应。
(4)质量配置:要保证产品质量,拒绝次品和废品。

(二) JIT 生产的目标

JIT 的中心思想是彻底消除,无效劳动和浪费。它的具体目标有以下几点。

(1)实现最大的节约。在 JIT 中,生产指令是由生产线终端开始,根据订单依次向前一工序出发的,因而在各个环节不会产生多余的库存。

(2)库存量最低(零库存)。传统的观点认为,在制品库存和产成品库存都是资产,代表系统中已积累的增值。JIT 的思想认为,任何库存都是浪费,必须予以消除。库存是生产系统设计不合理、生产过程不协调、生产操作不良的证明。

(3)废品量最低(零废品)。传统的生产管理认为,一定数量的不合格产品是不可避免的,允许可接受的质量水平。而 JIT 的目标是消除各种引起不合格品的因素,在加工过程中,每一道工序都力求达到最好水平,使每个需方都拒绝接受废品,让废品只能停留在供方,不让其继续流动而损害下一道工序。

(4)使生产提前期最短。JIT 是短的生产提前期与小批量结合的系统,应变能力强、柔性好。

(5)减少零件搬运,使搬运量降低。
(6)机器损坏程度降低。
(7)批量小。

(三)JIT 生产的基本方法

1. 适时适量生产

在需要的时候,按需要的量生产所需的产品,具体表现为以下几种方式。

(1)生产同步化。

为了实现适时适量生产,首先需要致力于生产的同步化。生产的同步化通过"后工序领取"这样的方法来实现,即"后工序只在需要的时候到前工序领取所需的加工品;前工序只按照被领取的数量和品种进行生产"。这样,制造工序的最后一道,即总装配线成为生产的出发点,生产计划只下达给总装配线,以装配为起点,在需要的时候,向前工序领取必要的工件,而前工序提供该工件后,为了补充生产被领取的量,必然会向更前一道工序去领取所需的零部件,这样一层一层向前工序领取,直至粗加工以及原材料部门把各个工序都连接起来。

(2)生产均衡化。

生产均衡化是实现适时适量生产的前提条件。所谓生产均衡化,是指总装配线在向前工序领取零部件时,应均衡地使用各种零部件,混合生产各种产品。为此在制订生产计划时就必须加以考虑,然后将其体现于产品投产顺序计划之中。

2. 弹性配置作业人数

在劳动费用越来越高的今天,降低劳动费用是降低成本的一个重要方面。达到这一目的的方法是"少人化",即根据生产量的变动,弹性地增减各生产线的作业人数,以及尽量用较少的人力完成较多的生产。这里的关键在于将生产量减少了的生产线上的作业人员数减下来。这种"少人化"技术一反历来生产系统中的"定员制",是一种全新的人员配置方法。

3. 保证质量

历来认为,质量与成本之间是一种负相关关系,即要提高质量,就得花人力、物力来加以保证。但在JIT生产方式中,却一反这一常识,通过将质量管理贯穿于每一道工序之中来实现提高质量与降低成本的一致性,具体方法是"自动化"。自动化是指融入生产组织中的两种机制:第一,使设备或生产线能够自动监测不良产品,一旦发现异常或不良产品,可以自动停止的设备运行机制;第二,生产第一线的设备操作工人发现产品和设备的问题时,有权自动停止生产的管理机制。依靠这样的机制,不良产品一出现马上就会被发现,防止了不良产品的重复出现或累计出现,从而避免了由此可能造成的大量浪费。

(四)JIT 物流的应用

随着现代物流业的不断发展,人们已将着眼点放在如何降低物流成本上,先进的企业管理理论和实践也正朝着精细化方向发展,其中以汽车制造和电子技术产业为代表的准时制(JIT)管理在现代制造业中已得到广泛应用。近几十年来,世界上许多著名跨国公司纷纷应用JIT管理,取得了很高的经济效益,如日本丰田汽车公司、美国福特汽车公司、IBM公司都曾成功地实施了JIT管理。因此,专家们认为,成功应用JIT管理是世界一流制造企业的标志之一。

1. 准时制拉动式物流管理模式

在一些发达国家,许多企业看到了JIT的好处。有一项对欧洲200家企业进行的研究表明，JIT 管理对企业能力的改善包括库存平均减少 50%，产品生产周期缩短 50%~70%，供货时间缩短 50%，生产效率提高 20%~50%。JIT 的投资回收期也少于 9 个月。

我国汽车行业已全面推行准时制拉动式物流管理，逐渐形成了以市场需求为中心、以主机总装配线的要求为导向的物流过程控制，逐步建立了一套适合自身发展的物流管理系统，有足够的柔性去满足企业生产提出的各项要求，适应多变的市场环境。JIT 管理意味着在必要的时候生产必要的产品，不过量生产，因为企业没有必要再投入原材料、精力和时间，在 JIT 情况下理想的批量规模是 1。JIT 思想与那种依靠额外库存以防止出现工作失误的做法形成了鲜明的对比。当所有的等待数量变为零时，库存投资实现最小化，提前期大大缩短，企业对需求变化快速反应，质量问题得到迅速曝光。JIT 物流的实施同传统的生产物资管理比较，它完善了企业管理，为企业节省了大量的成本，产生了巨大的经济效益和社会效益。

2. 准时制物流管理形式

（1）计划管理。

计划管理就是按生产计划组织生产供货，它实际是以计划消耗来计算的一种要货方式，遵循的原则是：在第 M 天的需求基础上进行预测，并计算出 $M+N$ 天的供应量，依次循环滚动。它实际比较接近于传统的计划供应方式，之所以也被列入准时制物流管理范围，是因为其预测和计划周期较短。计划管理模式适用于零件品种需求变化较小且消耗连续的汽车零部件。计划管理的不足在于，当生产计划调整时，不能做出快速反应，易造成产品库存过多的现象。

（2）目视管理。

所谓目视管理，是指用直观的方法揭示管理状况和作业方法，让全体员工能够用眼睛看出工作的进展状况是否正常，并迅速地做出判断和采取对策的方法。生产现场的目视管理，就是对生产现场的进度、物料或半成品的库存、品质不良、设备故障、停机原因等状况，以视觉化的工具，进行预防管理，使任何人都能了解好与坏的状态，即便是新进员工也能很快缩小作业上的品质差异。生产现场目视管理的对象涵盖 P（产能）、Q（品质）、C（成本）、D（交货期）、S（安全）、M（士气）。

（3）看板管理。

看板管理是电子技术与现代物流的完美结合，同时也是一种需求拉动型的管理模式。它采用条形码技术、网络技术进行生产物流管理，是一种反应速度较快、信息较为准确的新型管理模式。信息的主要载体是看板，在看板上记录着零件号、要货时间、零件名称、零件的储存地点、零件数量、所用工位器具的型号等，以此作为各工序进货、出库、运输、生产、验收的凭证。在看板式管理模式下，每一次物料的供应都是对实际消耗的合理补充，充分体现了准时制物流的原则。

（4）同步管理。

同步管理是 JIT 管理的高级方式，适用于单位价值较高、变化形式多样的总成零件。要求供应商与主机厂共享同一软件平台，单一零件按明确的方式备货，通过取样点对整车数据下载分析，按装配车间装配工位上零件的准确要求实现供货。信息共享是实现同步管理的前提条件，同步管理需要根据生产线运行情况进行同步供应，以满足工艺需要，减少库存费用和对生产面积的占用。在流水线上，当车身通过某一工序时，它立即向下游工序发出所需装配某种零件的需求信息。同样，当生产商收到要货信息后，就会根据要货指令将所需的品种、数量并按要求的时间准时地送达，不会产生多余库存。"同步管理"在企业的应用，标志着准时制拉动式生产方式进入了较高级阶段。

随着信息技术的飞速发展，物流业正沿着标准化、集成化、网络化和准时化的轨道迅猛发展。准时制物流的发展使企业竞争力增强，内部资源利用率提高。随着精益生产理论不断深入人心，准时制物流和信息技术的紧密结合将使物的流动更具目的性和经济性，不仅是汽车制造公司，就连食品、日用品等行业都将受精益理念的影响，大面积采用准时制物流进行生产和配送。因此，可以说，现代准时制物流包含的理念将改变人们的生活方式。

现代准时制物流的发展目标是把电子信息通信技术广泛应用于物流领域，用信息系统整合生产商、经销商、物流公司、供应商之间的管理。JIT 已在现代制造业中广泛应用，每家现代制造企业都在企业的设计中使用 JIT 的一些方法。JIT 技术因物流业的发展而日趋成熟，将会给企业创造更大的价值。

相关学习视频：准时制物流管理方法

本章小结

企业生产物流是企业物流的组成部分，是企业物流的关键环节。生产物流是指在生产工艺中的物流活动，一般指原材料、外购件等投入生产后，经过下料、发料，运送到各加工点和存储点，以在制品的形态，从一个生产单位(仓库)流入另一个生产单位，按照规定的工艺过程进行加工、储存，借助一定的运输装置，在某个点内流转，又从某个点内流出，始终体现着物料实物形态的流转过程。

企业生产物流的主要特点：实现价值、主要功能要素、物流过程和物流运行。

物料需求计划(Material Requirement Planning，MRP)是根据市场需求预测和顾客订单制订产品的生产计划，帮助企业管理者解决物料销售、生产、采购脱节的问题，达到物料"既不出现短缺，又不造成库存积压"的管理目标。MRP 系统是生产管理的核心，保证制造业核心业务信息的集成，让生产物料得以有序地流动，以达到供需平衡的状态。

制造资源计划(Manufacturing Resource Planning，MRP Ⅱ)是解决财务和业务脱节问题的信息化管理系统。MRP Ⅱ使物料的流动与财务同步，即在账目结转时体现，这样生产状况可以通过资金运行的状况体现出来，辅助管理层决策。MRP Ⅱ在 MRP 基础上增加了物流与资金流的集成能力。

企业资源计划(Enterprise Resource Planning，ERP)是指以系统化的管理思想，为企业决策层及员工提供决策运行手段，建立在资讯技术基础上的管理平台。其核心管理思想是供应链管理，企业资源计划也是实施企业流程再造的重要工具之一。

准时制生产(Just in Time，JIT)，其实质是保持物资流和信息流在生产中的同步，实现以恰当数量的物料，在恰当的时候进入恰当的地方，生产出恰当质量的产品。这种方法可以减少库存，缩短工时，降低成本，从而提高生产效率。JIT生产方式的基本思想是"只在需要的时候，按需要的量，生产所需的产品"，是追求一种无库存或库存达到最小的生产系统。JIT的特点是追求零库存，强调持续的强化与深化。

练习与思考

一、选择题

1. 企业的（　　）是指以企业生产所需原材料入库为起点，以企业加工制造的成品入库为终点的整个产品生产过程所涉及的物流活动。

　　A. 生产物流　　　　B. 供应物流　　　　C. 采购物流　　　　D. 加工物流

2. MRP Ⅱ 是（　　）。

　　A. 原材料计划　　　B. 生产计划　　　　C. 制造资源计划　　D. 物料需求计划

3. 是否考虑生产活动与财务活动的联系是（　　）的主要区别。

　　A. 基本 MRP 与闭环 MRP　　　　　　B. 闭环 MRP 与 MRP Ⅱ

　　C. MRP Ⅱ 与 ERP　　　　　　　　　D. 敏捷制造与传统制造模式

4. （　　）是一个以企业综合经营计划的生产大纲为依据，以生产计划系统为核心的包含营销、生产和财务三大职能，集成度相当高的管理信息系统。

　　A. MRP　　　　　　B. MRP Ⅱ　　　　　C. MPS　　　　　　D. ERP

5. （　　）在 MRP Ⅱ 基础上管理的范围扩大了，它把顾客需求及供应商的制造资源和企业的生产经营活动整合在一起，管理的范围向企业外部两头扩展。

　　A. MRP　　　　　　B. MPS　　　　　　C. ERP　　　　　　D. CIMS

6. JIT 指生产的（　　）。

　　A. 准时化　　　　　B. 自动化　　　　　C. 规范化　　　　　D. 标准化

二、简答题

1. 简述 MRP 的基本思想和基本原理。
2. 简述 MRP 的基本构成。
3. 简述 MRP、MRP Ⅱ、ERP 的区别与联系。
4. 什么是 JIT？
5. 简述 JIT 的基本原理。

第五章　运输管理

学习目标

1. 知识目标：理解运输的概念、原理、运输合理化的要素及实现运输合理化的方法等基本知识。
2. 能力目标：掌握五种基本运输方式的优缺点、不同运输方式的适用情况及运输方式的选择方法。
3. 素养目标：理解并学会在实际工作中优化运输网络。

知识导图

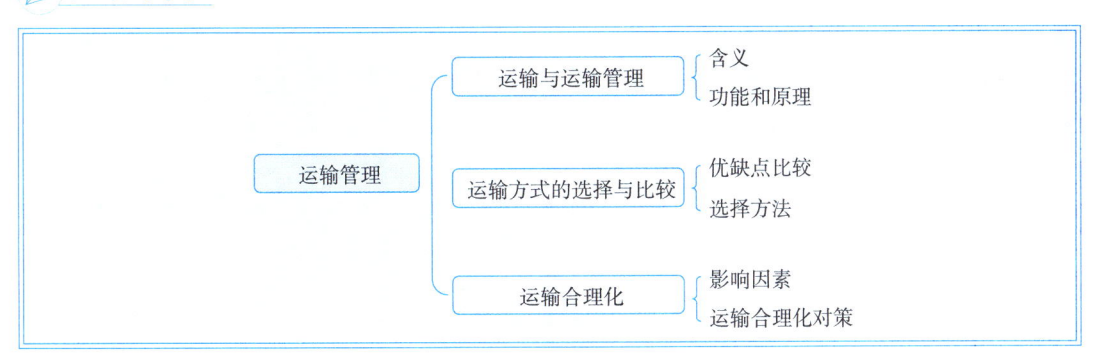

运输管理
- 运输与运输管理
  - 含义
  - 功能和原理
- 运输方式的选择与比较
  - 优缺点比较
  - 选择方法
- 运输合理化
  - 影响因素
  - 运输合理化对策

引导案例

沃尔玛通过物流运输的合理化节约成本

沃尔玛公司是世界上最大的商业零售企业。在物流运营过程中，尽可能地降低成本是沃尔玛的经营哲学。

沃尔玛有时采用空运，有时采用船运，还有一些货物采用卡车公路运输。在中国，沃尔玛百分之百地采用公路运输，所以如何降低卡车运输成本，是沃尔玛物流管理面临的一个重要问题，为此沃尔玛主要采取了以下措施。

（1）沃尔玛使用一种尽可能大的卡车，大约有16米加长的货柜，比集装箱运输卡车更长或更高。沃尔玛把卡车装得非常满，产品从车厢的底部一直装到最高，这样非常有助于节约成本。

（2）沃尔玛的车辆都是自有的，司机也是自己的员工。沃尔玛的车队大约有5 000名非司机员工，还有3 700多名司机，车队每周每一次运输可以达7 000~8 000千米。

沃尔玛知道，卡车运输是比较危险的，有可能会出交通事故。因此，对于运输车队来说，保证安全是节约成本最重要的环节。沃尔玛的口号是"安全第一，礼貌第一"，而不是"速度第一"。在运输过程中，卡车司机们都非常遵守交通规则。沃尔玛定期在公路上对运输车队进行调查，卡车上面都带有公司的号码，如果看到司机违章驾驶，调查人员就可以根据车上的号码报告，以便于进行惩处。沃尔玛认为，卡车不出事故，就是节省公司的费用，就是最大限度地降低物流成本，由于狠抓了安全驾驶，运输车队已经创造了300万千米无事故的纪录。

（3）沃尔玛采用全球定位系统对车辆进行定位，因此在任何时候，调度中心都可以知道这些车辆在什么地方，离商店有多远，还需要多长时间才能运到商店，这种估算可以精确到小时。沃尔玛知道卡车在哪里，产品在哪里，就可以提高整个物流系统的效率，有助于降低成本。

（4）沃尔玛连锁商场的物流部门，24小时进行工作，无论白天或晚上，都能为卡车及时卸货。另外，沃尔玛的运输车队利用夜间进行从出发地到目的地的运输，从而做到了当日下午进行集货，夜间进行异地运输，次日上午即可送货上门，保证在15~18个小时内完成整个运输过程，这是沃尔玛在速度上取得优势的重要措施。

（5）沃尔玛的卡车把产品运到商场后，商场可以把整个产品卸下来，而不用对每个产品逐个检查，这样就可以节省很多时间和精力，加快了沃尔玛物流的循环过程，从而降低了成本。这里有一个非常重要的先决条件，就是沃尔玛的物流系统能够确保商场所得到的产品是与发货单完全一致的。

（6）沃尔玛的运输成本比供货厂商自己运输产品要低，所以厂商也使用沃尔玛的卡车来运输货物，从而做到了把产品从工厂直接运送到商场，大大节省了产品流通过程中的仓储成本和转运成本。

沃尔玛的集中配送中心把上述措施有机地组合在一起，做出最经济合理的安排，从而使沃尔玛的运输车队能以最低的成本高效率地运行。

案例来源：根据沃尔玛中国官网（https：//www.walmart.cn/）整理

思考题：物流运输合理化的途径和要素有哪些？

第一节　运输与运输管理

一、运输的含义

运输是人和物的载运及输送，本书中专指"物"的载运及输送。它是在不同地点之间（如城市之间、企业之间或一个大企业内相距较远的两车间之间），以改变"物"的空间位置为目的的活动，对"物"进行空间位移。广义的运输经营活动还包括货物集散、装卸搬运、中转仓储、干线运输、配送等。虽然运输过程不生产新的物质产品，但它可以创造货物的时间效用和空间效用（物质产品增值）。2021年12月1日开始实施的《中华人民共和国标准——物流术语》(GB/T 18354—2021)中关于运输的定义是：利用载运工具、设备设施及人力等运力资源，使货物在较大空间上产生位置移动的活动。其中包括集货、分配、搬运、中转、装入、卸下、分散等一系列操作。

运输作为物流系统的一项功能来讲，包括生产领域的运输和流通领域的运输。生产领域的运输活动一般在生产企业内部进行，因此称为厂内运输，它是作为生产活动的一个环节，直接为物质产品的生产服务的。其内容包括原材料、在制品、半成品和产成品的运输。流通领域的运输活动，则是流通领域里的一个活动环节，其主要内容是以社会服务为目的，完成货物从生产地向消费地在空间位置上的物理性转移。它既包括物品从生产地点向消费地点的移动，也包括物品从供应链的上游生产地点向下游生产地点的移动，还包括由物流网点向消费（用户）地点的移动。人们经常把较长距离的运输称为长途运输或干线运输，把从物流网点到用户的运输活动称为"配送"，将局部场地的内部移动称为"搬运"。本书所讲的运输，着重于流通领域的运输。

运输是一种服务，而不是可以触摸到的有形产品。运输是对购买者和使用者的一种服务，购买这种服务和购买有形产品有相似之处，也有其独特之处。运输的移动特性包括速度、可靠性和频率，货物运输设备影响运输的准备、运输货物的批量和装卸成本等。

二、运输的功能

企业的发展必须依靠高效的生产和大量的销售，在现代信息技术、计算机网络技术和通信技术的条件下，这并不难达到。但是，如果没有高效低价的商品运输能力，仍然难以实现企业的发展。运输在商品贸易中发挥着举足轻重的作用，可以将它称作现代企业生存和发展的基础。它的主要功能体现在以下几个方面。

（一）物品位移功能

按物流的概念，物流是物品实体的物理性运动，这种运动不但改变了物品的时间状态，也改变了物品的空间状态。而运输承担了改变空间状态的主要任务，是改变空间状态的主要手段；运输再配以搬运、配送等活动，就能圆满完成改变空间状态的全部任务。在现代物流观念未诞生之前，甚至就在今天，仍有不少人将运输等同于物流，其原因是物流中很大一部分责任是由运输承担的，是物流的主要功能。运输的主要职能就是将物品从原产地转移到目的地，实现物品在空间上的移动职能。运输是在物流环节中的一项增值活动，它通过创造空间效用来创造价值。空间效用的含义是：同种物品由于空间场所不同，其使用价值的实现程度不同，其效益的实现也不同，由于改变空间而发挥了使用价值，也最大限度地提高了产出投入比，因而称之为"空间效用"。通过运输将物品运到效用最高的地方，就能发挥物品的潜力，实现资源的优化配置。从这个意义来讲，运输提高了物品的使用价值。

（二）物品储存功能

从本质上看，运输车辆也是一种临时存储设施，具有临时存储物品的功能。如果转移中的产品需要存储，而短时间内产品又需重新转移，卸货和装货的成本也许会超过存储在运输工具中的费用，这时，便可考虑采用这种方式。当然，用作临时存储物品的车辆是移动的，而不是闲置状态。另外，在仓库空间有限的情况下，利用运输工具储存也不失为一种可行的选择。可将货物装上运输工具，采用迂回路径或间接路径运往目的地。尽管用运输工具存储产品可能是昂贵的，但如果从总成本或完成任务的角度来看，考虑装卸成本、存储能力的限制等，那么用运输工具存储往往是合理的，甚至有时是必要的。在国际贸易中人们常常利用远洋运输来实现产品的存储功能。从某种意义上讲，JIT的物流配送模式实际上也是利用了运输的存储功能。

（三）运输是"第三利润源"的主要源泉

顾客最终拿到手的商品价格中，物流成本是一个重要的组成部分，运输成本的下降可以达到以更低的成本提供优质顾客服务的效果，从而提高企业在市场中的竞争优势。首先，运输是运动中的活动，它和静止的保管不同，要靠大量的动力消耗才能实现，而且运输又要承担大跨度空间转移的任务，所以活动的时间长、距离远、消耗大。消耗的绝对数量大，其节约的潜力也就大。其次，从运费来看，运输在物流的总成本中占据最大的比例，一般综合分析计算社会物流费用，运输费在其中占近50%的比例，有些产品运费高于其生产成本。所以，节约的潜力非常大。再次，由于运输总里程远，运输总量大，通过体制改革和运输合理化可大大缩短运输公里数，从而获得比较大的节约。

三、运输的原理

指导运输管理和运营的两条基本原理是规模经济原理和距离经济原理。

（一）规模经济原理

运输的规模经济体现在随着装运批量的增加，单位重量的运输成本逐渐降低。例如，整车运输（即车辆满载装运）的每单位成本低于零担运输（即利用部分车辆能力进行装运）。也就是说，诸如铁路和水路之类的运输能力较大的运输工具，它每单位的运输费用要低于汽车和飞机等运输能力较小的运输工具。运输批量经济的存在是因为转移一票货物有关的固定费用（运输订单处理费用、运输工具投资以及装卸费用、管理以及设备费用等）可以按整票货物量分摊。另外，规模批量大还可以获得运价折扣，也使单位货物的运输成本下降。规模经济使得货物的批量运输显得合理。

（二）距离经济原理

运输距离经济是指每单位距离的运输成本随距离的增加而减少。距离经济的合理性类似于批量经济，尤其体现在运输装卸费用上的分摊。例如，800千米的一次装卸成本要低于每400千米的二次装卸。运输的距离经济符合递减原理，因为费率随距离的增加而减少。运输工具装卸所发生的固定费用必须分摊到每单位距离的变动费用中，距离越长，平均每千米支付的总费用越低。在评估各种运输决策方案或营运业务时，这些原理是重点考虑的因素。其目的是使装运的批量和距离最大化，同时满足客户的服务期望。

第二节 运输方式的选择与比较

一、公路运输

公路运输是主要使用汽车，也可使用其他车辆（如人、畜力车）在公路上进行货客运输的一种方式。公路运输主要承担近距离、小批量的货运和水运和铁路运输难以到达地区的长途以及大批量货运，铁路、水运优势难以发挥的短途运输。由于公路运输有很强的灵活性，近年来，在有铁路、水运的地区，较长途的大批量运输也开始使用公路运输。公路运输是我国最重要且普遍的短途运输方式。汽车运输虽有成本高、载运量小、耗能大、劳动生产率低等不利方面，但对不同的自然条件适应性强，投资少，机动灵活，货物送达速度快，货物无须换装就可直达指定地点，便于开展"门到门"运输，可广泛服务于地方与城乡的商品流通，并为干线交通集散货物。公路运输还可深入目前尚无铁路的小城镇和工矿企业、农村及边远地区，这是其他运输方式所不能代替的。

（一）公路运输的优点

1. 快速

由于汽车运输途中不需中转，因此相对来说，汽车运输的运送速度比较快。汽车除了可以沿公路网运行外，还可以深入工厂、矿山、车站、码头、农村、山区、城镇街道及居民区，空间活动大，这一特点是其他任何运输工具所不具备的，因而汽车运输在直达性上有明显的优势。

2. 灵活、方便

汽车运输具有机动灵活、运输方便的特点。汽车运输既可以成为其他运输方式的接运方式，又可以自成体系，机动灵活。汽车的载重量可大可小，即对起运量没有太大的要求。汽车运输对货物批量的大小，具有很强的适应性，既可以单车运输，又可以拖挂运输。

3. 货物破损率低

由于公路运输具有快速直达的特点，装卸搬运次数最少，运输途中的货物撞击少，因此货物的破损率低、损耗少。

4. 可实现"门到门"的直达运输

由于汽车体积较小，中途一般也不需要换装，除了可沿分布较广的路网运行外，还可离开路网深入工厂企业、农村田间、城市居民住宅等地，可以把旅客和货物从始发地门口直接运送到目的地门口，实现"门到门"的直达运输。这是其他运输方式无法与公路运输比拟的优势之一。此外，公路运输还有操作人员容易培训、近距离中小量的货物运输费用比较便宜、投资少、资金周转快等优点。

（二）公路运输的缺点

1. 运输能力小、运输成本高

每辆普通载重汽车每次只能运送 5 吨，运输能力小。由于汽车载重量小，行驶阻力比铁路运输方式大 9~14 倍，所消耗的燃料又是价格较高的液体汽油或柴油。因此，除了航空运输，就是汽车运输成本最高了。

2. 安全性较低，污染环境

由于公路运输车种复杂，路况不良，以及驾驶人员疏忽等因素，交通事故频发。有数据显示：自汽车诞生以来，因汽车事故而死亡的已有 3 000 万人，特别是 20 世纪 90 年代开始，死于汽车交通事故的人数急剧增加，平均每年达 50 多万人。这个数字超过了艾滋病、战争和结核病每年导致的死亡人数。汽车所排出的尾气和引起的噪声也严重地威胁着人类的健康，是大城市环境污染的最大污染源之一。

3. 劳动生产率低

衡量某种运输方式的生产效率主要是看完成每吨公里运输所消耗的人员数量。由于公路运输的载运量低，很多需要装卸搬运的场合没有装卸搬运设备，因此，公路运输的生产率相对于铁路运输和水路运输而言，生产效率较低。此外，由于汽车体积小，无法运送大件货物，不适宜运输大宗和长距离货物；公路建设占地多，随着人口的增长，占地多的矛盾表现得更为突出。

二、铁路运输

铁路运输是从轨道运输发展起来的。铁路运输是利用机车作为动力牵引车辆，沿着轨道行进。铁路运输主要承担长距离、大数量的货运。在没有水运条件的地区，几乎所有大批量货物都是依靠铁路运输的。铁路是在干线运输中起主力运输作用的运输形式。铁路运输一直是我国运输事业的骨干运输方式。

(一) 铁路运输的优点

1. 运输能力大

对于陆上运输而言，铁路运输的运送能力是最大的。特别是重载铁路的修建，使铁路运输的运送能力比以前有了大幅度的提高。如果计算铁路运输的平均运输能力，每一次铁路车辆的平均运送能力可以达到 4 000 吨，远远大于公路运输的单车运量，因此铁路运输非常适合大宗物资的陆上运输。在我国，铁路运输仍然起到运输主动脉的作用。

2. 运输成本较低

铁路运输采用大功率机车牵引列车运行，可承担长距离、大运输量的运输任务。而且由于机车的运行阻力较小、能源消耗低，因此系统的运行价格较低。

3. 受自然条件的限制较小

由于铁路运输具有高度的导向性，所以只要行车设施无损坏，在任何自然气候条件下，列车均可以安全行驶，受气候因素限制小。因此铁路运输是较可靠的运输方式。

4. 客货运输到发时间准确性高

由于铁路运输统一调度，并且具有专用路权，先进的列车可以通过高科技控制，实现全自动化，可以完全无人的干预，因此能保证运输到发时间的准确性。

5. 有效使用土地

铁路运输以客车、货车组成的列车为基本单元，可以在有限的土地上进行大量的运输。因此，较之公路可以节省大量的土地，使土地资源最有效地被利用。

6. 污染性较低

铁路的污染性比公路低。如在噪声方面，铁路所带来的噪声污染，不仅比公路低，而且是间断性的，而城市道路则是持续性的高噪声污染。

除此之外，铁路运输还有运输速度快、通用性能好、运行比较平稳、安全可靠和平均运距较高等优点。

(二) 铁路运输的缺点

1. 初期建设投资高

铁路运输固定资产的比例要远远高于其他运输项目。铁路运输需要铺设轨道、建造桥梁和隧道，建路工程艰巨复杂，需要消耗大量钢材、木材，初期投资大大超过其他运输方式。一旦铁路拆除，造成的损失是很大的，因此铁路运输的投资风险比较高。

2. 营运缺乏弹性

铁路运输只能在固定线路上实现运输，需要以其他运输手段配合和衔接。铁路运输经济里程一般在 200 千米以上，只有达到一定的运输量，才能保证其经济性，这样势必影响铁路运输的机动灵活性；同时，铁路运输不会随着客源和货源所在地的不同而变更营运路线。

3. 货损较高

由于铁路运输在运输过程中需要编组货物，会出现货物的多次装卸搬运现象，如果不能精心处理，会造成货物的损坏。

4. 需要换载作业，难以实现"门到门"运输

铁路两末端的运输要靠卡车来完成，在发与到站都需要与卡车进行换载作业。这样，与汽车运输的"门到门"运输相比较，运输速度较慢，运输系统复杂。随着货主物流需求的高度个性化，货主在选择运输手段时候更加注重速度性、机动性、可预测性和便利性等因素，铁路运输本身的局限性以及铁路运输服务改善的滞后，使铁路运输在满足货主个性化物流需求方面存在很大差距。

同时，在现代公路运输快速发展的竞争压力下，铁路运输不得不寻求持续改革营运技术与管理方法，以求满足现代化的运输需求。

三、水路运输

水路运输是最早采用的专业化运输方式，到目前为止，水路运输仍然承担着大量的运输任务，这与水路运输所具有的优点是分不开的。同时，其他运输方式的大量采用，也暴露出水路运输的缺点。

(一) 水路运输的优点

1. 运输能力大

在五种运输方式中，水路运输能力大。在长江干线，一只拖驳或推驳船队的载运能力已经超过万吨；在远洋运输中，特别是货源充足、运距较长的情况下，国际船队加快了船舶向大型化发展的步伐，油轮在 20 万吨以上、干散货船在 10 万吨以上已非常普遍。集装箱船在 20 世纪 90 年代发展也越来越快，承载 3 000~4 000 标准箱的第四代集装箱船已经成为集装箱

的主流船型。进入21世纪，第五代集装箱船和第六代集装箱船得到了迅速的发展。

2. 水运建设投资少

水路运输只需利用江河湖海等自然水力资源，除必须投资船舶、建设港口之外，沿海航道几乎不需投资。因此它不像公路运输和铁路运输需要在航向和运输工具上进行投资，这样，相对于公路运输和铁路运输，它的初始建设投资是比较少的。

3. 运输成本低

运输成本是由两部分构成的，包括固定成本和变动成本。固定成本主要是初始建设的投资成本（包括购置船舶、缴纳各种港口费用等），变动成本主要是船舶在运营时的成本（如燃料费及人员费）。由于水路运输的运输能力大，并且初始建设的成本较低，折合成每吨公里的运输成本就比较低了。

4. 水路运输通用性能较好

水路运输可以运送各种货物，尤其是大件货物，特别是远洋运输，在我国对外经济贸易方面占有重要的地位，我国有超过90%的外贸货物采用远洋运输，是发展国际贸易的强大支柱，战争年代又可以增强国防能力，这是其他运输方式无法替代的。

5. 续航能力大

船舶的运输能力大，不仅可以携带大量的燃料、粮食和淡水，还具有独立生活的各种设备，如发电设备、制造淡水的设备、储藏大量食物的粮仓。除此以外，水路运输还有平均运距长的优点。

（二）水路运输的缺点

1. 受自然条件影响较大

内河河道和某些港口受季节影响较大，冬季结冰，枯水期水位变低，难以保证全年通航。同样，海上运输如遇暴风和大雾，都要及时地躲避。另外，商船到达商港时，如果水深不够或者装卸搬运设备缺乏，会限制船舶的入港和装卸搬运作业。

2. 水路运输的可及性差

由于大部分水路运输需要地面运输系统的配合才能最终完成客货的运输，因此水路运输的可到达性或者说灵活性较差。除此之外，水路运输还有运送速度慢、在途时间长、会增加货主的流动资金占有量等缺点。

四、航空运输

航空运输由于具有突出的高速性，在交通大系统中具有特殊的地位并且有很大的发展潜力。目前，在世界范围内航空运输处在高速增长阶段。

（一）航空运输的优点

1. 高速直达性

高速直达性是航空运输最突出的优点。由于在空中较少受到自然条件的限制，因而航空线一般取两点间的最短距离。这样，航空运输能够实现两点间的高速、直达运输，尤其在远程直达上更体现其优势。

2. 安全性

随着人类科学技术的进步，在不断对飞机进行技术革新的同时，维修技术也得到了提高，这些都加强了航空运输的安全性。而航行支持设施，如地面通信设施、航空导航系统、着陆系统以及保安监测设施的迅速改进与发展更提高了其安全性。尽管飞行事故可能会导致机毁人亡（事故严重性最大），但按单位货运周转量或单位飞行时间损失率来衡量，航空运输的安全性是很高的。

3. 经济特性良好

尽管从经济方面来讲，航空运输的成本及运价均高于铁路运输、水运，是一种价格较高的运输方式。但如果考虑时间的价值，航空运输又有其独特的经济价值。因此，随着经济的发展、人均收入水平的提高及时间价值的提高，航空运输在运输中的比例呈上升之势。

4. 包装要求低

货物空运的包装要求通常比其他运输方式要低。在空运时，用一张塑料薄膜裹住托盘与货物并不少见。空中航行的平稳性和自动着陆系统减少了货损的比率，因此可以降低包装要求。

5. 基本建设周期短、投资少

要发展航空运输，从设备条件上讲，只要添置飞机和修建机场就可基本满足。这与修建铁路和公路相比，建设周期短、占地少、投资省、收效快。

(二) 航空运输的缺点

1. 受气候条件限制

因飞行条件要求高，航空运输在一定程度上受到气候条件的限制，从而在一定程度上影响运输的准确性与正常性。

2. 可达性差

通常情况下，航空运输难以实现客货的门到门运输，必须借助其他运输工具（主要指汽车）转运。此外，航空运输的缺点还有造价高、能耗大、运输能力小、成本高、技术复杂等。

五、管道运输

管道运输指主要利用管道，通过一定的压力差而完成商品运输的一种现代运输方式，在液体、气体运输中占有很大的优势。目前，我国的管道运输主要用于输送石油、天然气、煤气等。

(一) 管道运输的优点

1. 运量大

一条输油管线可以源源不断地完成运输任务。根据其管径的大小不同，其每年的运输量可达数百万吨到几千万吨。

2. 永久性占用土地少

运输管道通常埋于地下，其占用的土地很少。运输系统的建设实践证明，运输管道埋于地下的部分占管道总长度的95%以上，因而对土地的永久占用很少。所以，在交通运输规划系统中，优先考虑管道运输方案，对于节约土地资源意义重大。

3. 运输建设周期短、费用低，运营费用也低

管道运输系统的建设周期与相同运量的铁路建设相比，一般来说要短 1/3 以上；而管道建设费用比铁路低 60% 左右。

4. 管道运输安全可靠、连续性强

由于石油、天然气易燃、易爆、易泄漏，采用管道运输方式，既安全又可大大减少挥发损耗，同时也可大大降低由泄漏导致的空气、水和土壤污染，也就是说，管道运输能较好地满足运输工程的绿色环保要求。此外，由于管道基本埋于地下，其运输过程受恶劣多变的气候条件影响小，可以确保运输系统长期、稳定地运行。

同时，管理运输还有耗能少、维护比较容易、自动化水平高、投资省、成本低、效益好等优点。

（二）管道运输的缺点

管道运输的主要缺点就是专用性强、灵活性差。管道运输不如其他运输方式（如公路运输）灵活，除承运的货物比较单一外，也不能随便扩展管线，实现门到门的运输服务。对一般用户来说，管道常常要与铁路运输或公路运输、水路运输相配合才能完成全程运输。此外，在运输量明显不足时，运输成本会显著地增大。

> 思考：如何选择最优运输方式？

六、五种基本运输方式的比较

五种基本运输方式的比较如表 5-1 所示。

表 5-1　五种基本运输方式的比较

运输方式	优点	缺点	适用情况
公路运输	主要工具为汽车，主要优点是机动灵活、运输速度快	运量比较小，长距离运输效率低，费用高	适合中短途运输，中少数量且高频率的运输
铁路运输	运量大，速度快，可靠性高，远距离运输费用低，一般不受气候条件影响	受线路、时刻等因素影响，不够灵活，近距离运输费用较高	适合中长距离的货物运输
水路运输	载重量大，能耗小，航道投资省，运输费用低	运输速度慢，搬运费用高，装卸作业受气候影响大	适用于有水路条件、长距离、大批量的运输
航空运输	运输速度快，包装要求低	运输费用高，重量受限制，对航空港要求高，受气候影响大	长距离、快速运输，适用于小批量小体积的货物
管道运输	运量大，连续性强，费用低，效率高	单向封闭，灵活性差	成品油、天然气等液体和气体的运输

相关学习视频：五种基本运输方式

第三节　运输合理化

一、影响运输合理化的因素

物品从生产地到消费地的运输过程中，力求运输距离短、运输能力省、运输费用低、中间转运少、到达速度快、运输质量高，并充分有效地发挥各种运输工具的作用和运输能力，是运输活动所要实现的目标。运输合理化的影响因素很多，起决定性作用的有如下五方面的因素，也称为合理运输的"五要素"。

（一）运输距离

在运输过程中，运输时间、货损、运费、车辆或船舶周转等运输的若干技术经济指标，都与运输距离有一定的比例关系。因此，运输距离长短是运输是否合理的一个最基本因素，缩短运输距离既具有宏观的社会效益，也具有微观的企业效益。

（二）运输环节

每增加一次运输，不但会增加起运费和总运费，而且必然要增加运输的附属活动，如装卸、包装等，各项技术经济指标也会因此下降。所以，减少运输环节，尤其是同类运输工具的环节，对合理运输有促进作用。

（三）运输工具

各种运输工具都有其使用的优势领域，对运输工具进行优化选择，按运输工具特点进行装卸运输作业，最大限度地发挥所用运输工具的作用，是运输合理化的重要一环。

（四）运输时间

运输是物流过程中需要花费较大时间的环节，尤其是远程运输，在全部物流时间中，运输时间占绝大部分，因而运输时间的缩短对整个流通时间的缩短有决定性作用。此外，运输时间短有利于运输工具的加速周转，充分发挥运力的作用；有利于货主资金的周转；有利于运输线路通过能力的提高，对运输合理化有很大的贡献。

（五）运输费用

运输费用在全部物流成本中占很大比例，运费高低在很大程度上决定了整个物流系统的竞争力。实际上，运输费用的降低，无论是对货主企业来讲，还是对物流经营企业来讲，都是运输合理化的一个重要目标。运输合理化的判断，也是各种合理化方案实施是否有效的最终判断依据之一。

二、不合理运输的类型

物流中的不合理是指不注重经济效果，造成运力浪费、运费增加、货物流通速度减慢、货物损耗增加的运输现象。物流经理应在实际工作中尽量避免不合理运输，力争使其出现的概率降为零。物流运输不合理的表现主要有以下几种类型。

（一）对流运输

对流运输是指同一种货物或可以相互代用的货物在同一条运输路线或平行运输路线上

作相对方向的不合理运输方式。这是不合理运输最突出、最普遍的一种。

(二)迂回运输

迂回运输是指舍近取远的运输方式，即不经过最短路径的绕道运输，也就是"近路不走，走远路"。由于增加了运输路线，延长了货物在途时间，迂回运输造成了运输能力的巨大浪费。

(三)倒流运输

倒流运输是指货物从销地向产地或其他地点向产地倒流的不合理运输方式。倒流运输会导致运力浪费、运费开支增加等问题。

(四)重复运输

重复运输是一种货物本可直达目的地，但因物流仓库设置不当或计划不周使其在中途卸下，导致增加了运输环节，浪费了运输设备和装卸运输能力，延长了运输时间的不合理运输方式。

(五)过远运输

过远运输是指对相同质量和价格的货物进行舍近求远的运输方式，即销地应由距离较近的产地购进所需相同质量和价格的货物，但却从远距离的地区运来，超出货物合理辐射的范围；或产地本应就近供应，却调到较远的销地。过远运输延长了货物运输距离和在途时间，导致了运力的浪费和资金的积压，增加了运输费用。

(六)无效运输

无效运输即不必要的运输，指没有任何经济社会效益的不合理运输。无效运输会使运输能力浪费。

(七)运力选择不当

运力选择不当为选择各种运输工具优势而不正确利用运输工具造成的不合理现象，常见的有以下形式。

1. 弃水走陆

弃水走陆指在同时可以利用水运及陆运时，不利用成本较低的水运或水陆联运，而选择成本较高的铁路运输或汽车运输，使水运优势不能发挥。

2. 铁路、大型船舶的过近运输

铁路、大型船舶的过近运输指不是铁路及大型船舶的经济运行里程却利用这些运力进行运输的不合理做法。主要不合理之处在于火车及大型船舶起运及到达目的地的准备、装卸时间长，且机动灵活性不足，在过近距离中发挥不了速度快的优势。相反，由于装卸时间长反而会延长运输时间。另外，和小型运输设备比较，火车及大型船舶装卸难度大、费用也较高。

(八)运输工具承载能力选择不当

不根据承运数量及重量选择，而盲目决定运输工具，造成过分超载、损坏车辆及货物不满载、浪费运力现象。尤其是"大马拉小车"现象较多。由于装货量小，单位货物运输成本必然增加。

(九)托运方式选择不当

托运方式选择不当指对于货主而言,在可以选择最好的托运方式时而未选择,造成运力浪费及费用支出加大的一种不合理运输。例如,应选择整车而采取零担托运,应当直达而选择了中转运输,应当中转运输而选择了直达运输等,都属于这一类型的不合理运输。

三、运输合理化的对策

(一)减少运输数量,缩短运输距离

减少运输数量、缩短运输距离,不仅可以节约人力、物力,还可以节约能源和动力,以此达到降低物流成本费用、提高经济效益的目的,这方面有许多成功的实例,如在煤炭基地建设发电厂,就地发电,再输送到其他地区,可以减少大量煤炭的运输;在林区建立木材加工厂,经过加工后的木材运输可以大大减少运量;在矿山附近建炼钢厂和在农副产品基地建食品厂,都是减少运输数量、缩短运输距离的有效方法。

(二)选择最佳运输方式,避免能源动力的浪费

铁路、公路、水运、航空、管道这五大运输方式,各有所长,也各有不足,要做到扬长避短,各取其优。在科学地选择运输方式时,必须要做到全方位地思考,不能只考虑一点或几点,一定要全面、具体地分析。例如,航空运输费用高,但时间短,仓储费、装卸费用、包装费用都有可能降低,物流总成本不一定比其他方式高太多,却能带来时间效益或形象效益。总之,科学地选择运输方式要全面考虑,因事而议,具体问题具体解决。

(三)增强运输科技含量、提高运输效益

在物流系统中,运输系统是一个子系统,在对运输系统进行合理化设计时,必须与企业的采购、销售、运输、配送等各个环节一同考虑。对企业运输网络格局进行合理化,必须充分考虑企业的各个环节,周密进行设计,并在周密计划的基础上尽量采用现代运输方法。例如,多式联运、一贯托盘运输、集装箱运输、门到门运输、散装化运输、智能化运输、全球化卫星定位,充分利用各种运输方法的优势,以适当的方法,运送相应的货物,取得最佳效益。而做到这些又免不了要提高运输装配的技术水平,因为这直接关系到运输作业的效益、质量和安全,这是一个十分值得重视的问题。在提高运输效益上,另一个值得推广的方式是配送与共同配送。配送与共同配送是运输合理化的主要途径之一,可以解决许多不合理的运输矛盾,避免无谓的浪费,将成为运输合理化的重要选择。

本章小结

运输是指利用载运工具、设备设施及人力等运力资源,使货物在较大空间上产生位置移动的活动。其中包括集货、分配、搬运、中转、装入、卸下、分散等一系列操作。物流的运输则专指"物"的载运及输送,运输是物流作业中最直观的要素之一,也是物流的中心环节之一。运输具有三大功能:物品位移,物品存储和"第三利润源"的主要源泉。指导运输管理和运营的两条基本原理是规模经济原理和距离经济原理。

五种基本运输方式为公路运输、铁路运输、水路运输、航空运输和管道运输,五种基

本运输方式具有不同的优点、缺点和适用情况。

运输合理化是指从物流系统的总体目标出发，按照货物流通规律，运用系统理论和系统工程原理和方法，选择合理的运输路线和运输工具，以最短的路径、最少的环节、最快的速度和最少的劳动消耗，组织好货物的运输与配送，以获取最大的经济效益。由于运输是物流中最重要的功能要素之一，物流合理化在很大程度上依赖于运输合理化。

合理运输的五要素为运输距离、运输环节、运输工具、运输时间和运输费用。不合理运输的类型主要有对流运输、迂回运输、倒流运输、重复运输、过远运输、无效运输、运力选择不当、运输工具承载能力选择不当和托运方式选择不当。

运输是物流的主要功能要素，也是物流合理化的关键。运输合理化的措施包括：减少运输数量，缩短运输距离；选择最佳运输方式，避免能源动力的浪费；增强运输科技含量，提高运输效益。

练习与思考

一、选择题

1. 能耗低、运输成本低、建设投资少、土地占用少的运输方式是（　　）。
   A. 水路运输　　　B. 道路运输　　　C. 铁路运输　　　D. 航空运输
2. 下列哪种类型的货运适用于公路运输？（　　）
   A. 近距离、小批量的短途货运　　　B. 长距离、大批量的货运
   C. 远距离、小批量的货运　　　D. 短距离、大批量的货运
3. 相对于其他运输方式，公路运输的最大特点是（　　）。
   A. 速度快　　　B. 成本低　　　C. 货损率低　　　D. 门到门服务
4. 在五种运输方式中，（　　）的运输成本最高。
   A. 铁路运输　　　B. 航空运输　　　C. 水路运输　　　D. 公路运输
5. （　　）是影响运输合理化最基本的因素。
   A. 运输环节　　　B. 运输工具　　　C. 运输距离　　　D. 运输时间
6. 同一货物在违背近产近销的情况下，沿两条平行线相对方向的运输是（　　）。
   A. 重复运输　　　B. 过远运输　　　C. 单程空载　　　D. 对流运输

二、简答题

1. 运输的概念、功能及运输的原理是什么？
2. 什么是运输合理化？运输合理化的措施有哪些？
3. 运输方式有哪些？各自的特点是什么？
4. 如何选择运输方式？
5. 影响运输合理化的因素有哪些？

第六章 仓储与库存管理

学习目标

1. 知识目标：掌握仓储与仓储管理的概念，了解仓储管理的内容和原则，了解仓储业务流程和仓储管理技术，了解仓库的分类，掌握仓库库区构成及布局，了解仓库布局规划步骤，掌握仓储合理化的途径。

2. 能力目标：掌握库存控制方法，掌握经济订货批量模型和经济生产模型。了解库存相关成本，能够对仓库进行合理布局并进行合理化仓储。

3. 素养目标：培养学生专业化职业素养，培养学生主动学习、沟通合作、分析归纳的能力，激发学生的创新思维。

知识导图

```
                        ┌─ 仓储概述
            ┌─ 仓储与    ├─ 仓储的地位和作用（重点）
            │  仓储管理概述├─ 仓储管理
            │            └─ 仓储管理的发展前沿
            │
            │  仓储管理的  ┌─ 仓储管理的业务流程 ┐
仓储与库存管理─┤  业务流程与 ┤                   ├ 重点
            │  技术       └─ 仓储管理技术      ┘
            │
            │            ┌─ 库存与库存管理概述
            │            │                    ┌─ ABC分析法 ┐
            │            ├─ 库存结构的控制    ┤            ├ 重点
            └─ 库存管理  │                    └─ CVA库存管理法 ┘
                         │                    ┌─ 经济订货批量模型 ┐
                         ├─ 库存控制模型（重点）┤                 ├ 难点
                         │                    └─ 经济生产模型    ┘
                         ├─ 仓库布局规划
                         └─ 仓储合理化（重点）
```

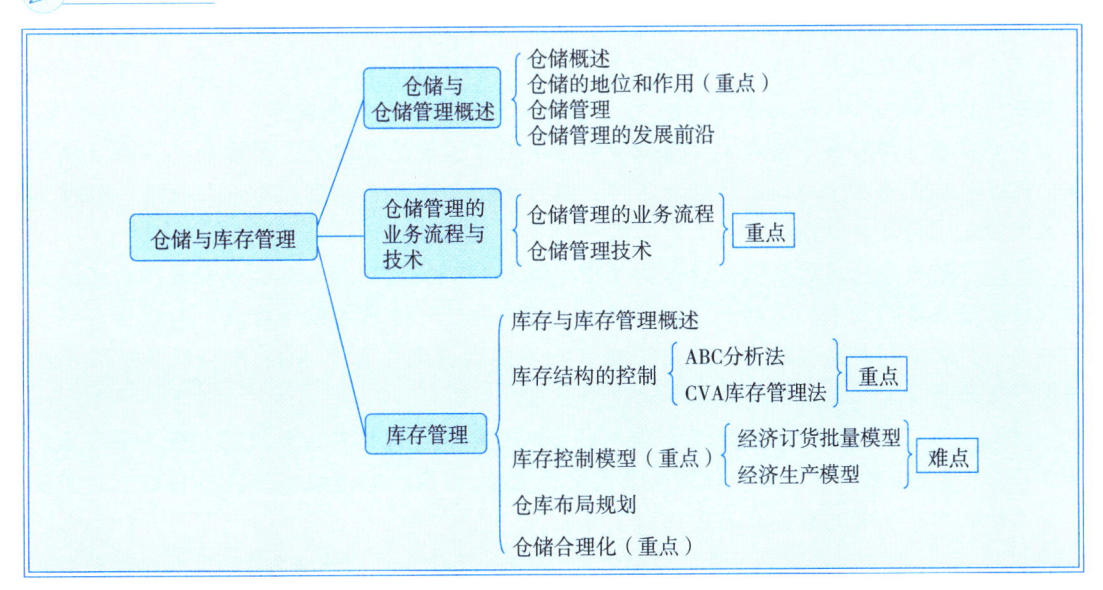

引导案例

打造数字化仓库，开启智能化监管新篇章

随着物流行业的快速发展，智能物流逐渐成为物流业发展的新型趋势，掀起机器换人的热潮。目前，广东某物流园区就在仓储物流方面采用专门的自动导引运输车（Automated Guided Vehide，AGV）等设备进行仓库货物的智能搬运和配送，如图6-1所示。

园区建筑面积约为6 636 m²，建筑整体分为1、2号两栋库房，包含数台四向小车、提升机、AGV运送车以及5 200个立体全封闭货架。智能仓储物资的搬运和配送主要通过输送线、提升机、重型堆垛机以及AGV运输车等设备完成。

要建设仓库的智能化系统，需要对AGV小车等设备进行调度、监控，需要精确定位AGV运输车及其他设备的位置，AGV运输车需要在仓库间往返，同时需要在仓库内执行运输任务。但因为仓库内卫星信号被遮挡，AGV运输车无法得到准确的位置信息，影响AGV运输车的室内调度、监控等数字化功能。因此，急需解决AGV等运输设备室内外一体化定位的问题。

图6-1 自动导航运输车

为实现室园区仓库室内外一体化定位，物流园区相关人员进行了室内外定位方案的市场调研，市场存在激光、视觉、UWB、蓝牙等多种不同的室内定位技术方案，各个方案都有相应的特点和相应的限制条件。激光、视觉等室内定位方案成本高，定位实时性不足，同时仓库存在货物密集等情况，部署数量也多。蓝牙室内定位方案，因为仓库存在货物密集、通道狭窄等情况，所以定位精度不足。基于园区管理的自动化和智能化发展，需要更高的室内定位精度和更高的室内外定位的实时性、连续性。

最终，物流园区通过上汽大通选择了中电昆辰"聚星"室内外一体化高精度融合定位系统。该系统具备低成本、高精度、高实用性、室内外实时连续定位等特点，为园区提供了室内外一体化高精度定位服务，解决了在室内不能精确定位各个AGV车辆及其他设备的问题，使各项设备的运输和调度更加迅速。

据悉，采用了"聚星"系统之后，仓库物资的运输和存储效率大大提高，现在每日出入库吞吐量可达60托，存储效率较传统方式提升200%以上，配送效率提高3倍以上，实现了仓库的数字化，开启智能化监管的新篇章。

资料来源：根据RFID世界网资料整理

第一节　仓储与仓储管理概述

一、仓储概述

仓储（Warehousing），传统观念是指对仓库中的物资进行仓储和保管。但现代物流中的"仓储"是一个非常广泛的概念，是包括仓储设备和方法、库存控制和存货管理在内的广义的概念。

仓储的概念，可借助道格拉斯·兰伯特在《物流管理》一书中所说的，"我们可以将仓储定义为公司物流系统的一部分，它从初始点到消费点存储产品（原料、半成品、成品），提供仓储状态、条件和处置等信息"。

在现实生活中，每个组织都持有存货，而只要组织有存货，就需要仓库来仓储。仓储既有为保障销售和供应而建立的仓储，也有为衔接各种运输方式而建立的物品仓储，还包括对生产企业的原材料、半成品、成品的仓储等。出于政治、军事的需要或为了防止地震、水灾、火灾、旱灾、风灾等自然灾害，进行的物资储备也属于仓储。

二、仓储的地位和作用

（一）仓储的地位

1. 仓储是现代物流不可缺少的重要环节

从供应链的角度出发，将一系列的"需求"与"供给"组成的每个过程进行有效整合，就构成了一整个物流系统。当供给与需求的过程不能够确保很好的衔接，而使节奏产生偏差时，就需要仓储发挥其调节作用。调节主要发挥在那些已经生产出来却没有被及时消耗的产品上。当市场中存在潜在需求却暂时无法提供产品时，仓储要提前做好储备方案，为未来需求做好保障工作。

由此可见，实物间的"流动"和"静止"状态，是需求与供给之间两种不同的表现形式。静止状态的表现方式就是确保存放在仓库的物品获得有效的保护和存储，静止的实物能够将需求与供给这两个动态过程进行更好的衔接。

2. 仓储是货物进入下一环节的质量保证

为了避免假冒伪劣产品流入市场，在货物的储藏阶段，可以对产品质量进行检验。开展产品检测，一方面保护了消费者利益，另一方面也对生产厂家的声誉起到维护作用。

运用仓储功能可以从两个环节入手为产品提供质量保证：一是对入库的货物进行质量检测，对不符合要求的货物进行筛选，保证所入库货物满足各种要求；二是在货物存储期间内，尽量保证产品不发生物理及化学变化，降低库存货物的损失率。

3. 仓储是确保社会再生产过程顺利、通畅的关键因素

货物的仓储过程，是确保商品流通过程顺利、通畅的重要保证，也是社会化再生产过程得以顺利进行的有效方式。

4. 仓储是节约流通费用，加快商品流通的重要手段

虽然存放于仓库中的货物是处于静止状态的，可能会使时间成本和财务成本随之增加。但是，从实际的流通过程来看，它能够推动流通的及时、快速，有效规避由时间延迟产生的损耗，推动财务成本下降，从而为企业的运营节约成本。

5. 仓储为货物进入市场起到了保障作用

在货物进入市场前，通过仓库可以完成对货物的整理、包装、质检、分拣等程序，大大节省了后续环节的工作时间，加快了货物的流转速度。

(二) 仓储的作用

1. 仓储可协调需求和供应的时间差

从消费需求看，一般情况下，生产与消费之间均存在时间差，有些产品的生产是季节性的、非连续性的，而消费是常年的、连续的；有些产品的生产是常年的、连续的，而消费却是季节性的、间断的。例如，人们吃的稻米大多是在秋天收获的，但要在全年食用；又如，空调、冷饮等产品多在暑期消费，如果只在夏季生产，需要过多的生产设备，那么消费量少的时候，生产设备势必闲置。因此，采用适当规模的生产设备，暑期前即扩大生产，将产品保存在仓库里以备夏日之需。生产和消费在时间上的差异，使物资储备成为可能与必然，所以，仓储的主要功能就是在供应和需求之间进行时间的调整。

2. 仓储支持生产正常进行

从社会再生产看，首先，仓储作为社会再生产各环节之中以及之间的"物"的停滞，构成了上一步活动和下一步活动衔接的必要条件。其次，上一道工序的半成品总是要到达一定批量之后才能经济合理地送给下一道工序，而下一道工序为了保持连续生产也总是要有一些储备保证。因此，这种仓储都是使生产各环节连续化、正常化作业的必要条件。

一些偶发事件的影响使供应上具有不确定性，需要仓储。例如，一个组装产品的生产流水线上有两个连续的操作环节，在理想状态下，第一个操作环节制造了一个部件，随后把该部件发送给第二个操作环节进行处理，随着部件的到来，第二个操作环节就会立即开展工作。但是，如果第一个操作环节生产出的是一个废品，或者这个部件有毛病，以及由于某种原因，该部件未能被及时地传递到第二个操作环节，第二个操作环节就会出现无事可做的情况。避免这种情况出现的办法就是储备一些上一环节生成的部件，一旦出现上述问题，下游的操作环节就可以利用这些存货进行工作，解决生产中"断顿"的问题。

为减少仓库占用的资金及资金利息，可以采用短期生产，通过使生产数量接近当前需求来使整个物流系统的存货最小化，但是这会使企业生产线变更频繁。生产线的变更有时会增加成本。如果一个工厂以接近或者达到生产能力的水平运转，则频繁的生产线变更可能使制造商不能生产出满足用户需要的产品。如果这样，损失的销售成本（未能实现销售而导致利润损失）可能会非常大。相对于变更生产线的短期生产，大量产品的生产导致生产能力有限的工厂能生产更多的产品，每一单位成本更低，但长期生产运转会导致更多的存货和不断增加的仓库需求。

3. 仓储在实物供应和实物配送中含有运输经济作用

从实物供应、实物配送或输出角度看，仓储除协调需求和供应之间存在的不确定性以

外,也有利于解决供应的最佳批量与需求的实际批量之间存在差异的矛盾。仓库可用来组合产品、合并或拆分输出。

众所周知,整车或整箱货物的平均运输费用比零担货物的平均运输费用低。当货物不足整车或整箱时,为了降低运输成本,把小批量的货物凑成整车或整箱运输,就可以大大减少平均运输费用,实现运输经济。仓库可以作为合并点,将大量小批量货运组合或合并成单一的大批量货运,对于原材料物流系统来说,仓库能将不同供货商的零担及拼箱货整合为整车(TL)及整箱(CL),然后送给收货人。产品组合混装过程如图6-2所示。

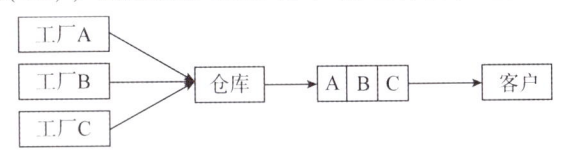

图6-2 产品组合混装过程

仓储可以按照顾客的需要进行产品组合混装。顾客下达的订单,要求的往往是产品线上各种产品的组合。例如,10组旅行器材,包括背包、帐篷、睡袋、望远镜、水和食品。这样的产品组合涉及多个生产工厂。因此,将各个工厂将产品通过TL或CL大量运至组合仓库(综合分库)。在组合仓库中按顾客要求将订购的产品进行组合,能高效地完成订单,由此节约的费用通常比因仓储和库存持有成本增加的成本多得多。产品组合混装过程如图6-3所示。

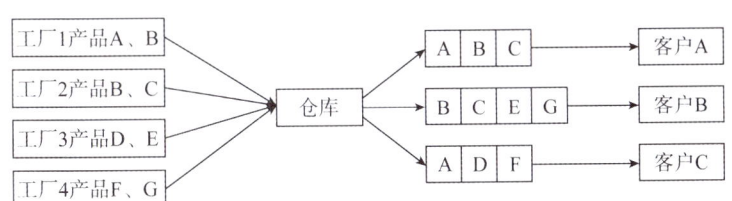

图6-3 产品组合混装过程

对产品物流系统来说,仓库也从事与拼装作业相反的拆分工作,即一个供应商把一个地区的所有订货都一次性地发运到当地的一间仓库,在仓库中根据订单对货物实施拆分作业,然后把拆分后的货物分别交付给每个客户,也即将大的货运分成许多小的货运来满足不同客户的需求。产品拆分过程如图6-4所示。

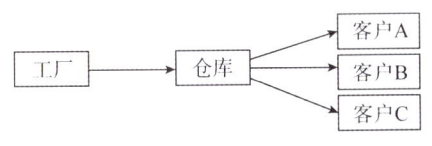

图6-4 产品拆分过程

还有一种极端情况,仓库根本就不对物料进行仓储,而只是担任中转站的角色。这种做法称为直接转运(越库作业)。直接转运是指货物到达仓库的时间和将此货物发给客户运输的时间经过协调,使得货物能够直接从发货区域被转移到收货区域,载入正在等待的货车,立刻发运给下游的客户。这种做法源于卡拉伯斯(Karabus)和克罗萨(Croza)于1995年提出的,产品永远都不应该进入仓库或被仓储起来,而是应该不断地移动着,并且尽可能地减少装卸的次数。这样既省去了把货物放入仓库再取出等非增值性操作,又降低了存货水平。

仓储在物流运输活动中还发挥调节作用。运输能力的大小会因运输工具的不同而千差万别。运输工具运量的不同，会给物资运输的衔接造成一定困难。这种由于运输能力的差异而造成的运输矛盾，可用仓储来解决，这便是仓储对运输的调节作用。例如，万吨巨轮载有上万吨的物资到港靠岸后，在较短的停泊期内，用火车和汽车直接将物资运离港口较困难，但在港口货场或仓库暂存待运，则可以解决压港问题。

三、仓储管理

仓储管理是指对仓库和仓库中仓储的货物进行管理。在现代物流中，仓储管理的概念包含两个方面，一是对仓库和仓库中仓储的货物进行仓储、保养、维护管理；二是为满足及时供应的需求而对库存的控制与管理，通常将对涉及仓储的货物进行的仓储、保养、维护等管理工作称为仓储，对存货的管理称为库存管理。仓储和库存管理的关系密切，以至于人们往往把二者当成是同一个概念。不过从根本上来说，库存管理是与有关存货的决策相关联的管理功能，而仓储是实际负责管理存货的操作功能。库存管理负责决定进货的内容，而仓储则是从供货商那里接收物料并负责其在仓库内的管理。

(一) 仓储管理的内容和原则

1. 仓储管理的内容

仓储管理的基本内容就是对"仓储"中涉及的"仓""储""物"这三个关键词的管理。仓储管理的对象是仓库及库存物资，管理活动范围较广，具体包括以下几个方面。

(1) 仓库运作类型选择：例如，公司应该拥有、租赁还是出租仓储，或者将这几者结合起来。也就是说，公司需要考虑是将仓储外包出去，还是安装新的物料处理设备或者继续雇用更多的劳动力。

(2) 仓库的选址与建筑问题：例如，仓库的选址原则，仓库建筑面积的确定，库内运输道路与作业区域的布置等。

(3) 仓库机械作业的选择与配置问题：例如，根据仓库作业特点和所储物资的种类及其理化特性，选择机械装备及应配备的数量，对这些机械进行管理等。

(4) 仓库的业务管理问题：例如，组织物资出入库，对在库物资进行仓储、保管与养护等。

(5) 仓库的库存管理问题：有效的仓储管理涉及不同层面的决策。仓储管理决策可能是战略层面上的，也可能是运作层面上的。战略层面管理者需要了解提高仓储绩效的方法和将仓库设在最佳位置的策略；运作决策用来管理或控制物流绩效，如何最好地利用仓库空间，提高利用率。这些决策以年、月或日进行，通常是一种常规决策，如接收的产品和物料应该置于仓库的哪个地方。运作决策实施期限短，较战略决策有更大的确定性。

2. 仓储管理的原则

物流管理的首要任务是通过物流活动的合理化降低物流成本，仓储也不例外。保证质量、注重效率、确保安全、注重服务质量是仓储管理的基本原则。

(1) 保证质量。

仓储管理中的一切活动，都必须保证在库物品的质量。没有质量的数量是无效的，甚至是有害的，因为这些物品依然占用资金、产生管理费用、占用仓库空间。因此，为了完成仓储管理的基本任务，仓储活动中的各项作业必须有质量标准，并严格按标准进行作业。

（2）注重效率。

仓储成本是物流成本的重要组成部分，因而仓储效率关系到整个物流系统的效率和成本。在仓储管理过程中要充分发挥仓储设施设备的作用，提高仓库设施和设备的利用率；要充分调动仓库生产人员的积极性，提高劳动生产率；要加速在库物品周转，缩短物品在库时间，提高库存周转率。

（3）确保安全。

仓储活动中不安全因素有很多。有的来自库存物，如有些物品具有毒性、腐蚀性、辐射性、易燃易爆性等；有的来自装卸搬运作业过程，如每一种机械的使用都有其操作规程，违反规程就要出事故；还有的来自人为破坏。因此，特别要加强安全教育，提高认识，制定安全制度，贯彻执行"安全第一，预防为主"的安全生产方针。

（4）注重服务质量。

客户服务是企业营销和物流系统的关键要素。较高的物流服务水平需要较高的物流成本支持。对于成本与服务总有一个平衡点。因此，企业应在既定客户服务水平下确定最佳仓储服务水平，做好仓储管理，提高经济效益。

四、仓储管理的发展前沿

（一）仓储智能化的定义

仓储智能化是指依托物联网、人工智能、大数据、云计算等技术，综合自动化控制，如自动输送、自动分拣、自动录入和查验货物信息的软件平台，实现仓库内货物的物理运动及信息管理的自动化和智能化。可广泛应用于医药、食品饮料、冷链物流、电子商务、跨境电商及保健品等行业。

（二）仓储智能化发展现状

智能仓储自动化是整个自动化中增长最稳定、成长空间最大的子板块之一。随着物联网、机器视觉、仓储机器人、无人机等新技术的应用，仓储智能化使得下游市场更稳定，能够适应新型物流方式的需求。

1. 仓储智能化系统

现代仓储物流设备正在向全智能化发展。典型的仓储智能化系统主要包括自动化立体仓储系统、自动输送系统、自动识别系统和自动分拣系统，以及机器人作业系统的其他辅助系统等。

自动化仓储系统是由高层立体货架、堆垛机、各种类型的叉车、出入库系统、无人搬运车、控制系统及周边设备组成的自动化系统。利用自动化仓储系统可持续检查过期产品或找库存的产品，防止不良库存，提高管理水平。自动化仓储系统能充分利用存储空间，通过计算机实现设备的联机控制，以先入先出的原则，迅速准确地处理物品，合理地进行库存管理及数据处理。自动化系统仓储一般包括堆垛机、数码化拣货系统、输送系统、货架系统等。

2. 基于RFID的仓储系统

基于RFID技术的仓储系统设计的目的是实现物品出／入库控制、物品存放位置及数量统计、信息查询过程的自动化，方便管理人员统计、查询和掌握物资流动情况，达到方便、快捷、安全、高效等要求。基于 RFID 的仓储系统架构如图 6-5 所示。

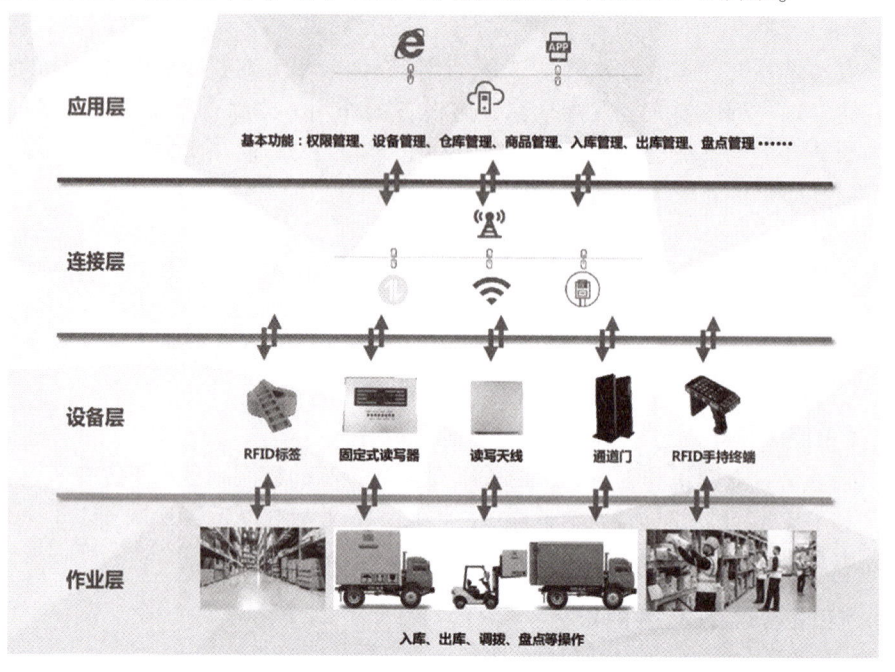

图 6-5　基于 RFID 的仓储系统架构

3. 智慧云仓储系统

作为全新的智慧仓储管理模式，智慧云仓储系统已经在社会中被广泛使用，并且处于不断变革和创新中。基于大数据、云计算、5G 等信息技术，智慧云仓储系统能实现物流数据分析、智能化分单、优选派送组合等功能，使众多企业实现线上线下一体化订单服务。

智慧云仓储系统分为以下三种形式。

（1）平台云仓。

平台云仓的主要代表有京东自营、亚马逊的自建云仓，它们都是通过多地仓储协同实现资源整合优化的，大大提升了时效性和准确性，并且通过大数据分析，建立准确的预测机制，能更好地实现快速反应，增强客户体验。

（2）快递云仓。

快递云仓主要是指物流快递企业自建的云仓，主要目标是建立仓配一体化，实现快递企业高效配送。

例如，"百世云仓"是百世汇通建设的"云仓"，如图 6-6 所示。供应链企业依托在全国 30 个中心城市建设的众多云仓，采用信息技术，从商品的订单接收开始，到订单分拣、验货包装、发运出库，避免货物的重复操作，将商品与消费者之间的距离缩到最短，最大化提升配送的效率。全国 100 个分拨中心，10 000 余个站点延伸至乡镇各级服务网点，超过 5 万人的速递团队全流程管理，通过近 1 500 条省际、省内班车，百世汇通构建了一个快速安全的信息化物流供应链，为国内外的上百家企业提供服务。而在这一过程中，传统物流产业升级也就实现了。

图 6-6　百世云仓

又如，顺丰组合实现信息、仓储、运输、配送全网协同，通过大数据驱动全网智能调拨，提升出货配送效率。另外，EMS 通过实施云仓战略，为电子商务企业和商家提供全景供应链协同服务，减少电商大型活动期间的"爆仓"风险。

（3）3PL 云仓。

3PL 云仓主要代表有发网、中联网仓等。在电商快速发展的同时，电商的竞争也越来越激烈，大型电商活动会产生海量需要在短时间内进行配送的快递邮件，在这种情况下，部分快递企业会出现爆仓的现象，或者货物迟迟无法发出，且货物漏发、错发、破损等的发生频率也大幅增加，为后续工作的开展带来很大麻烦。

因此，第三方物流服务商应运而生，其自动化、信息化、智能化和可视化的物流服务为上述问题提供了有效解决方案，虽然 3PL 在配送环节还相对较弱，但是通过与快递企业进行无缝对接，也能取得令人满意的效果。

（三）智慧云仓发展展望

综上所述，供应链协同环境下的资源整合、资源优化、仓配一体化已经是目前的主要形式。随着互联网和电商的发展，客户对物流的要求越来越高。通常，客户需求主要为两点："快速"和"准确"。要做到以上两点，就需要客户下单后，货物快速准确地从就近仓库出库，并以最优的线路和最短的时间送到客户手中。为实现此目标，需要"大数据+云计算"的支持，实现仓配一体化、智能化。实现供应链中不同环节数据实时共享、指令一步下达、自动匹配、智能优化、精准预测等目标。

因此，未来云仓便会向着分散集中化（仓库分散、数据集中）、智能化（自动分拣、预警预测、路径优化、信息反馈）、可视化（库存可视、状态可视信息跟踪）等方向发展，以适应不断严峻的物流市场新形势。

> **思考**：1. 简述仓储对现代物流的贡献与作用。
> 2. 什么是仓储管理？仓储管理应遵循哪些原则？

第二节　仓储管理的业务流程与技术

一、仓储管理的业务流程

商品入库、出库作业是商品进出仓库的两个关键环节。前者是仓储作业的开始，是商品保管工作的基础；后者是仓储作业的结束，是商品保管工作的实现和完成。商品入库、出库作业的内容有所不同，但它们的基本任务都一样，即审查凭证、核验出入库的商品；移动、搬运出入库的商品；办理出入库商品的入账、销账手续。

为了保证仓储作业的顺利进行和比较好地完成商品仓储任务，入库、出库作业应具备四项基本要求：出入库的单据、商品审核无误；出入库作业及时、迅速；商品出入库的账目清楚、准确；商品的装卸搬运轻稳、安全。

(一)商品接收入库

商品入库一般经过验单、接货、卸载、分类(分标记)、商品点验、签发入库凭证、商品入库堆码、登记入账等一系列作业环节。对这些作业活动要进行合理安排和组织。尤其要抓好以下几项工作。

1. 入库前的准备工作

做好入库前的准备工作，是保证商品入库做到快而不乱的重要条件。入库准备一般包括：仓位准备，即根据商品的性能、数量、体积、重量等确定商品堆放地点，并进行清理消毒等工作；接货人员、设备等的准备；作业操作顺序的安排，即根据商品入库的数量、时间、品种做好接货、验收、搬运、堆码等各环节的协调配合；在机器操作条件下，要事先安排好定人、定机的作业序列。

2. 入库验收

入库验收是对入库的商品按规定的程序和手续进行数量和质量的检验，以及检验方式的确定和验收中发现问题的处理。

(1)数量检验。

商品运到后，收货人员要按商品入库单清点商品数量。商品数量的计量分计数与计重。计数可采取大数点收、逐件计总，或集中堆码点数等方法。计重的商品若需要验收净重，可根据商品包装的具体情况，采用扣除平均皮重或除皮核实两种方法。

(2)质量检验。

质量检验用来鉴定商品的质量指标是否符合规定。质量鉴定分感官鉴定和理化鉴定。理化鉴定一般由技术检验部门进行取样测定。感官鉴定一般由仓库保管员在验收商品时凭感官检查商品的包装、外观等。

(3)商品检验方式。

商品的检验方式分全验和抽验。全验，主要是数量的全验，在批量小、规格尺寸和包装不整齐以及严格验收时采用。抽验，往往在批量大、规格尺寸和包装尺寸整齐、商品质量信誉较高以及验收条件有限的情况下采用。现在，商品检验方式一般由供货方和接货方通过签订协议或合同加以规定。

（4）验收中发现问题的处理。

为了准确划分存储单位、运输部门的职责和保证入库商品的质量，对验收中出现的问题要严格按照制度规定处理，主要有以下几种情况。

①商品入库凭证不齐或不符时，仓库有权拒收或要求重办入库凭证，将所到商品另行堆放，暂作待验处理。

②当验收中发现商品质量不符合规定时，应立即会同交货单位或有关人员作出详细记录，将有问题的商品单独存放，同时采取必要措施防止扩大损失，并迅速通知有关单位到现场查看，共同协商，及时处理。

③在数量检查中，计件商品一般不允许有短缺，对计重商品所发生的损益凡在规定标准以内的，仓库可按实际数量验收入库。超过规定时，应会同交货人员加以记录，分清责任，及时处理。

④在验收中对有索赔期的商品，应及时检验，发现问题时必须按照规定的手续，在规定的期限内，向有关部门提出索赔要求，否则责任部门对所形成的损失将不予受理。

（二）商品在库处理业务

1. 入库理货作业

入库理货指进货与仓储的货物装载单元的转换，即对进货物品进行拆箱、拆柜或堆垛作业，以便于入库。当进货和仓储货物形式相同时，可原封不动地转入仓储区；当进货装载形式大，而仓储装载形式小时，需要在理货区进行拆装作业；当进货装载形式小，而仓储装载形式大时，需要把小包或箱子放在托盘上，即进行码垛再仓储。

货物堆码是库存货物堆存的形式和方法。科学的物资堆码，有利于保证作业人员和建筑物的安全，有利于收发货的存取和库存维护的操作，有利于提高仓库利用率。在进行堆码作业之前，货物必须在数量和质量方面已验收合格，并且包装完好，标志清楚，包装外的尘土、雨雪已清扫干净。在堆码作业过程中应坚持"合理、牢固、定量、整齐、节约、方便"的原则。

常见的堆码方式有重叠式、交错式、压缝式、衬垫式、旋转式、俯仰相间式、栽桩式、直立式、五五化、中心留空通风式等。

常用的托盘堆码方式有重叠式堆码、正反交错式堆码、纵横交错式堆码、旋转交错式堆码，如图6-7所示。

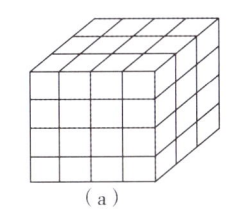

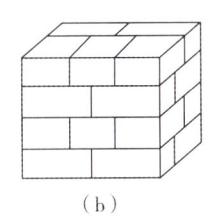

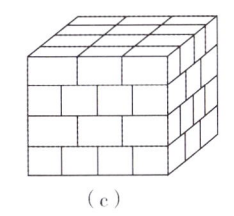

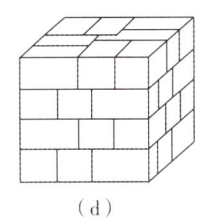

图6-7 常用的托盘堆码方式
(a)重叠式堆码；(b)正反交错式堆码；(c)纵横交错式堆码；(d)旋转交错式堆码

为了保证货垛的不偏不斜、不歪不倒，稳定牢固。必要时，还可以使用衬垫、绳网、木柱、钢柱等对货垛加以固定。

2. 入库上架作业

（1）入库上架及设备。

入库上架是将需要入库的货物在经过验收、理货后，放到目标储位的过程。入库上架作业设计的设备包括搬运工具、存储设备（货架等）以及数据采集设备。货架的主要类型主要有重力式货架、悬臂式货架、阁楼式货架、旋转式货架、驶入/出式货架、托盘式货架等。入库上架流程如图6-8所示。

确定货位 → 选择装卸搬运工具 → 读取搬运信息

进行上架操作 ← 读取上架信息 ← 进行搬运操作

图6-8　入库上架流程

（2）货位编码。

货位编号是将货位按照一定的方法编上顺序号码，并做出明显的标志，货位编号在商品的保管作业中具有重要的作用。按照货位编号对商品进行查找，可以提高作业效率，减少差错。

货位编号通常由通道编号、货架编号、列数、层数组成。通道编号一般采用英文字母，其他的用阿拉伯数字；编号位数视储位数确定，通道编号、货架编号、列数、层数应用醒目的字体制成标牌，装订在相应位置上。

在同一仓库中，货位编号要采取统一的原则和方法。首先，在同一仓库中，编号规则必须相同，以便于查找和防止混乱。其次，应采用统一的方法进行编号，每一货位的号码必须使用统一的形式、统一的层次和统一的含义。统一的形式指所用的代号和连接符号必须一致；统一的层次指货位编号中每种代号的先后顺序必须固定；统一的含义指货位编号中的每种代号必须代表特定的位置。例如，货位编号"4-3-2-1"，如果是平房（楼房）仓，则是指"库房-货区-段号-组号"；如果是高架仓储，则是指"库房-货架-货架层数-货架格数"。

仓储作业中要求在每一货架或货物托盘上放置一张"储位卡"。储位卡是一张用以反映所在货位存货情况的卡片，卡片通常记录所存货物的名称、存取时间、数量、批号及结数。每次存取货物的时间和数量，保管员均要在"储位卡"上做记录。在手工操作下，"储位卡"是有效的管理工具。

（3）货位分配。

良好的商品仓储场所的分配可以缩短出入库移动的距离，缩短作业时间，甚至能够充分利用仓储空间。商品仓储场所的分配常用以下仓储策略。

①定位仓储，即每一仓储商品都有固定储位，商品之间不能互用储位。因此，每一商品的储位容量不得小于其可能的最大在库量。定位仓储的管理容易，所需搬运距离短，适用于仓库空间大、商品品种多数量少的情况。

②随机仓储，即每一个商品被指派仓储的位置都是随机产生的，而且可经常改变。也就是说，任何商品都可以存放在任何可利用的位置。随机仓储存放空间利用率高，据模拟

统计，与定位仓储相比，随机仓储可节约35%的移动距离，增加30%的仓储空间，此方式适用于仓储商品品种少数量大的情况。

③分类仓储，即所有的仓储商品按照一定特性加以分类，每一类商品都有固定存放的位置，而同属一类的不同商品又按一定的规则来指派储位。分类仓储通常按商品的相关性、流动性，商品的尺寸、重量等特性来分类。与定位仓储缺点类似，但更有弹性，适用于产品尺寸相差大、周转率差别大、产品关联度大的情况。

④分类随机仓储，即每一类商品有固定存放区域，但每个存放区内，每个储位的分配是随机的。分类随机仓储具有分类仓储和随机仓储的优点，仓储空间利用介于两者之间。

⑤共同仓储，即在确定各类商品进出库存时间的情况下，不同商品共用相同储位的方式。共同储位能大大提高仓库利用率，但管理体制上较为复杂，适用条件也较为苛刻。

定位仓储、随机仓储、分类仓储的优缺点如表6-1所示。

表6-1 定位仓储、随机仓储、分类仓储的优缺点

分配方式	优点	缺点
定位仓储	便于拣货人员熟悉商品储位；储位可按周转率大小或出入库程度安排，搬运距离短；可针对商品特性调整储位，使商品特性间相互影响最小	储位容量必须按各项商品的最高在库量计算；仓库空间利用率低
随机仓储	储位共用，空间利用率高	出入管理、盘点工作难度增加；周转率高的商品可能仓储于离入口较远处，增加搬运距离；相互影响特性的商品相邻储放，使商品质量受损
分类存储	分类仓储区域可按商品特性设计，有助于商品在库管理	储位容量必须按各项商品的最高在库量计算；仓库空间利用率低

3. 货物盘点作业

盘点就是定期或不定期地对店内的商品进行全部或部分的清点，以确实掌握该期间内的经营业绩，并因此加以改善，加强管理；掌控货物的"进（进货）、销（销货）、存（存货）"情况等，可避免囤积太多货物或缺货的情况发生，对于计算成本及损失是不可或缺的数据。

(三) 商品出库业务

商品发货业务是根据业务部门开出的商品出库凭证，按其所列的商品编号、名称、规格、牌号、数量等项目组织商品出库。

1. 商品出库方式

送货与自提是两种基本的出库方式。此外，还有取样、移仓、过户等。

2. 商品出库作业

商品出库作业包括两个内容，即发货前的经常性准备和发放商品出库。发货前准备一般包括：原件商品的包装整理；零星商品的组配、备货和包装；待运商品或机具用品准备、组装的场地准备、劳动力的组织安排等。商品出库作业流程的一般程序：核单→记账→配货→复核→发货。

二、仓储管理技术

(一)自动化立体仓库技术

《物流术语》(GB/T 18354—2021)对立体仓库(Stereroscopic Warehouse)的定义是:"采用高层货架,可借助机械化或自动化等手段立体储存物品的仓库。"

自动化立体仓库一般由固定式多层立体货架、用于安放和取出物品的能上下左右移动的下垂式升降吊车、出入库搬运的自动化移动装置(传送带)以及管理和控制用的电子计算机组成,如图6-9所示。它的优点主要表现在三个方面:①节省人力,降低劳动强度,能准确、迅速地完成出入库作业;②确保仓储保管作业的安全性,防止在作业过程中损坏货物;③及时、清楚地知道仓储物品品种、数量、金额、位置、出入库时间等信息,为物流现代化管理提供保障。

图6-9 自动化立体仓库

自动化立体仓库将仓库功能从单纯地进行物品的仓储保管,发展到承担物资的接收、分类、计量、包装、分拣、配送和存档的多种功能。1963年,美国伊利诺伊州阿费尔特的Kitchens of Saro Lee 公司首先在立体仓库中采用电子计算机控制,之后自动化仓库的研制和技术日益受到人们的关注。

(二)箱柜委托租赁保管技术

箱柜委托租赁保管业务(Trunk Room)是仓库作业者以一般城市居民和企业为服务对象,向他们出租体积较小的箱柜来保管非交易物品的一种仓库业务,如图6-10所示。它主要面向一般居民,主要以家庭的贵重物品,如金银首饰、高级衣料、古董、艺术品等为对象来提供保管服务。面对企业,则主要以法律或规章制度等规定必须保存一定时间的文书资料、磁带记录资料等物品为对象提供保管服务。

箱柜委托租赁保管业务强调安全性和保密性,是一种城市型仓储保管业务。它具有以下几个方面的特点。

(1)注重仓储物品的保密性。在保管的企业资料中,有许多涉及企业的营业秘密,仓库有责任保护企业秘密,防止被保管的企业资料流失到社会中去。

(2)注重物品仓储保管的安全性。企业的这些资料,如账目发票、交易合同、会议记录、产品设计资料、个人档案等需要保管比较长的时间，在长时间的保管过程中必须防止发生仓储物品损坏变质的情况。

（3）注重快速服务反应。企业需要调用或查询保管资料时，仓库能迅速、准确地调出所要资料，及时地送达企业。

图 6-10　箱柜委托租赁保管业务

（三）货架仓储技术

1. 层架

层架由立柱、微梁、层板构成，层间用于存放物品，如图 6-11 所示。它简单、适用性强，有利于提高空间利用率，方便货物的存取，是人工作业仓库的主要存储设备。层架的应用范围非常广泛。按层架存放货物的重量可以分为重型层架和轻型层架，一般轻型层架主要适合人工存取作业，按结构特点可以分为层格式层架和抽屉式层架，层格式货架主要用于存放规格复杂多样、必须隔开的物品；抽屉式层架主要用于存放比较贵重或须防尘、防潮的小件物品。

图 6-11　层架

2. 托盘货架

托盘货架专门用于存放堆码在托盘上的物品。其基本形态与层架类似，但承载能力和每层空间适于存放整托盘货物。其结构多采用杆件组合，不仅拆卸容易，层间距还可依据码货高度调整，如图6-12所示。托盘货架具有如下特点：结构简单，可调整组合，安装简易，费用经济；出入库不受先后顺序限制；储物形态为托盘装载货物，配合升降式叉车存取等。

图6-12 托盘货架

3. 阁楼式货架

阁楼式货架是将仓储空间做上下两层规划，利用钢架和楼板将空间间隙隔为两层，下层货架结构支撑上层楼板。它可以有效地增加空间使用率，通常上层适用于存放轻型物品，不适合重型搬运设备行走，上层物品搬运需要配备垂直输送设备。阁楼式货架如图6-13所示。

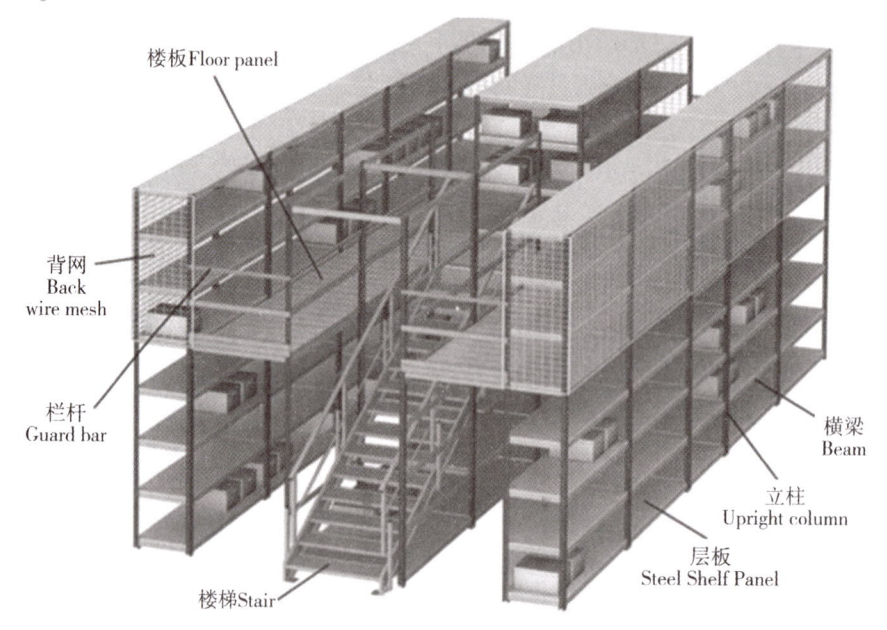

图6-13 阁楼式货架

4. 悬臂式货架

悬臂式货架是在立柱上装设杆臂构成的，悬臂常用金属材料制造，其尺寸一般根据所存放物料尺寸的大小确定。为防止物料损伤，常在悬臂上加垫木衬垫或橡胶带以起到保护作用。悬臂式货架为开放式货架，不便于机械化作业，需配合跨距较宽的设备。悬臂式货架如图 6-14 所示。

图 6-14 悬臂式货架

5. 移动式货架

移动式货架底部装有滚轮，通过开启控制装置，滚轮可沿道轨滑动。货架结构可以设计成普通层架，也可以设计成托盘货架。控制装置附加有变频控制功能，用来控制驱动、停止时的速度，以维持货架的货物稳定，同时还设有确定位置的光电感测器及制动电动机，以提高启动或停止时的稳定度和精确度。移动式货架平时密集相接排列，存取货物时通过手动或电荷驱动装置使货架沿轨道水平移动，可以大幅度减少通道面积，地面使用率可达 80%，而且可直接存放每一方向的货物，不受先进先出的限制。但相对来说，机电装置较多，建造成本较高，维护也比较困难。移动式货架如图 6-15 所示。

图 6-15 移动式货架

6. 重力式货架

重力式货架的基本结构与普通层架类似，不同的是其层间间隔由重力滚轮组成的滚筒输送装置组成，并且与水平面成一定的倾斜角度，低端作为出货端，而高端作为入货端。这样托盘或箱装货物便会由于重力作用自动向低端移动，还可以在滚轮下埋设充气软管控制倾斜角度，以调整货物移动的速度。重力式货架通常呈密集型配置，能够大规模密集存放货物，减少了通道数量，有效地节约了仓库面积。重力式货架能保证先进先出，并且方便拣货，普遍应用于配送中心作业，其拣货端与入货端分离，能提高作业效率和作业的安全性。重力式货架还可根据需要设计成适合托盘、纸箱、单件货物仓储的结构和形式。重力式货架如图 6-16 所示。

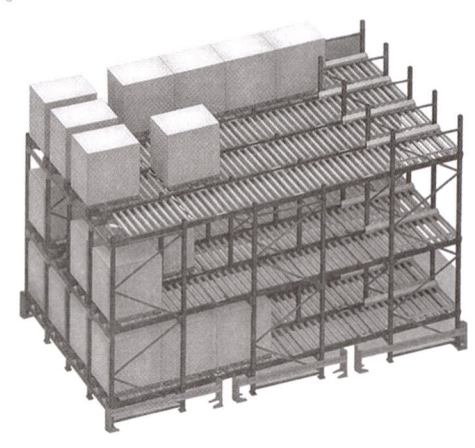

图 6-16 重力式货架

7. 驶入、驶出式货架

驶入、驶出式货架为钢质结构，钢柱上有向外伸出的水平的突出构件或悬轨，叉车将托盘送入，由货架两边的悬轨托住托盘及货物。货架上无货时可方便叉车及人出入。驶入式货架只有一端可以出入，驶出式货架则两端均可出入。驶入、驶出式货架属高密度配置，高度可达 100 米，库容利用率可达 90%，适用于大批量少品种的配送中心使用，但不太适合太长或太重的物品。驶入、驶出式货架存取货物时受先后顺序限制。驶入、驶出式货架如图 6-17 所示。

图 6-17 驶入、驶出式货架

8. 贯通式货架

贯通式货架又称通廊式货架或驶入式货架。其排列密集，有极高的空间利用率，是托盘式货架的两倍，但货物种类必须是少品种、大批量型，且先进后出。贯通式货架取消了两排货架之间的巷道，将所有货架合并在一起，使得同一层、同一列的货物相互贯通，叉车可以直接驶入货架，在存货通道内作业，适用于同类大批量货物的仓储。贯通式货架如图 6-18 所示。

图 6-18　贯通式货架

9. 旋转式货架

旋转式货架是将货架上的货物送到拣货点，再由人或机械将所需要的货物取出。它的优点主要表现在三个方面：拣货路线短，操作效率高；占地面积小，仓储密度大，易于管理；适用于以分拣为目的的小件物品的存取，尤其是多品种的货物。旋转式货架如图 6-19 所示。

图 6-19　旋转式货架

(四)堆码苫垫技术

1. 物资堆垛技术

由于物资性质不同,外形各异,因此堆码时就形成了各种不同的垛形,具体有以下几种堆码方法。

(1)重叠式:逐件、逐层向上重叠码高,特点是货垛各层的排列方法一致。尤其适用于钢板、箱装材料等质地坚硬、占地面积较大而不会倒塌的物品。

(2)纵横交错式:对于狭长且长短规格一致的物品或其包装箱体,将上一层放在下一层物资的上面,纵横交错地上码,形成方形垛。

(3)仰伏相间式:一层仰放、一层伏放,仰伏相间、相扣,使堆垛稳固。

(4)衬垫式:在每层或每隔两层物品之间夹进衬垫物,使货垛的横断面平整,物品间互相牵制,增强货垛的稳定性。

(5)串联式:利用物品之间的管道或孔,用绳子或其他工具按一定数量串联逐层上码。

(6)栽柱式:在货垛两旁各安装上两至三根木柱或钢棒,然后将材料平铺。每层或隔几层在两侧相对应的柱子上用铁丝拉紧,以防倒塌。

(7)压缝式:将垛底排列成正方形、长方形或环形,然后沿脊背压缝堆码。

2. 物资苫盖衬垫技术

(1)苫盖:在露天存放物品时,为防止物品受风吹雨淋及日光曝晒等危害,垛上须加适当的苫盖物。仓库中常用的苫盖物有芦席、油毡、油布、苫布、铁皮等。

(2)衬垫:在物品堆垛时,按照垛形的尺寸和负重情况,先在垛底放上适当的衬垫物,降低地面潮气对物品的影响,使物品与地面互有间隔,有利于垛底通风。衬垫物种类很多,最普遍的是枕木、垫板、水泥块、石墩等。

(五)物品检验技术

1. 计量技术

(1)液压传感器:一种以液体压力传导来反映物品重量的衡器。

(2)电子秤:电子秤属于衡器的一种,是利用胡克定律或力的杠杆平衡原理测定物体质量的工具。电子秤主要由承重系统(如秤盘、秤体)、传力转换系统(如杠杆传力系统、传感器)和示值系统(如刻度盘、电子显示仪表)组成。

(3)电子汽车衡:可对各种载货车辆进行称量的计量设备。它采用的是称重传感器和限位器等,称重台面的结构形式有钢结构和钢筋混凝土结构两种。

(4)天平:用于称量范围小、计量精度要求高的物品,如贵金属,单位一般用"克"或"毫克"。

(5)案秤:准确度较高,称量范围较小,最大称量为10千克和20千克。它有等臂式和不等臂式两种。

(6)轨道衡:如大型有轨式地下磅秤。

2. 质检技术

物资的物理、化学试验是在专业理化试验室进行的。试验室的设备取决于待验物资的品种、价值和使用的重要性。物资理化性能检验设备主要有以下几种。

（1）金相组织观察用的显微镜。
（2）材料力学试验用的各种试验机，如拉力试验机、压力试验机、弯曲试验机、硬度试验机、冲击试验机、磨耗试验机、疲劳试验机等。
（3）无损探伤仪，如超声波和磁性探伤仪等。
（4）电气性能的测量仪表，如电压、电流、电阻测量仪等。
（5）其他理化性能试验辅助设备，如热处理炉等。

3. 盘点技术

物资的盘点与检查是为了能及时掌握库存物资的变化情况，避免发生短缺和长期积压，保证卡、账、物相符。盘点形式主要有以下几种。
（1）永续盘点，又称动态盘点，即保管员每天对有收发情况的物资盘点一次，以便及时发现问题，防止收发差错。
（2）循环盘点，即保管员对自己所保管的物资，根据其性质特点，分轻重缓急，做出月盘点计划，然后按计划逐日轮番盘点。
（3）定期盘点，即在月末、季末、年中及年末按计划对物资进行的全面清查。
（4）重点盘点，即根据季节变化或工作需要，为某种特定目的而进行的盘点工作。

（六）温湿度控制技术

1. 温湿度观测技术

一般采用干湿球温度计、毛发湿度表、电子湿度表等。为了准确地测定库房的温湿，通常要根据库房面积、物资性质特点及季节气候情况，确定安置温湿度计的地方和数量。

2. 温湿度调节技术

（1）通风。

根据空气的流动规律，有计划地组织库内外空气的交换，以达到调节库内温湿度的目的。通风操作简单，对降低库内温湿度可以起到一定的效果，同时还可以排除库内污油容气。通风可采用自然通风、机械通风和两者结合的方式，其设备主要有轴流式局部扇风机、离心式通风机等。

（2）吸潮。

利用吸潮设备或吸潮剂吸附空气中的水蒸气，以达到降低空气湿度的目的。可利用机械吸潮（如空气去湿机等），效率高、操作简单、无污染；也可利用吸潮剂吸潮，吸潮剂主要有生石灰、氧化钙、硅胶等。

（3）密封。

采用一定的方式将物资尽可能地封闭起来，减弱外界空气的不良影响，以达到安全保管的目的。密封的方法常与通风和吸潮的方法结合使用，主要有货架密封、货垛密封、库内小空密封及整库密封等。

> **思考**：1. 简述仓储管理业务的流程。
> 2. 使用温湿度控制技术的目的是什么？

第三节　库存管理

一、库存与库存管理概述

(一)库存概述

1. 库存的含义

库存，指为了使生产正常而不间断地进行或为了及时满足客户的订货需求，必须在各个生产阶段或流通环节之间设置的必要的物品储备。

对于生产企业而言，为了保证生产活动的顺利进行，必须在各个生产阶段之间储备一定量的原材料、燃料、备件、工具、在制品、半成品等。对于销售商、物流公司等流通企业而言，为了能及时满足客户的订货需求，就必须经常保持一定数量的商品库存。如果企业的存货不足，会造成供货不及时，供应链断裂、丧失交易机会或市场占有率。然而，商品库存需要一定的维持费用，同时会存在由于商品积压和损坏而产生的库存风险。因此，在库存管理中既要保持合理的库存数量，防止缺货，又要避免库存过量，发生不必要的库存费用。换言之，就是通过适量的库存，用最低的库存成本，实现最佳或经济合理的供应，这就是现代库存管理的任务。

2. 库存的功能

在现实经济生活中，商品的流通并不是始终处于运动状态的，作为仓储的表现形态的库存是商品流通的暂时停滞。库存在商品流通过程中有其内在的功能。

(1)调节供需矛盾，消除生产与消费之间的时间差功能。

不同产品的生产和消费情况是不同的。有些产品的生产时间相对集中，而消费则是常年相对均衡的，如粮食、水果等农产品的生产(收获)有很强的季节性，但其消费在一年之中是均衡的；有些产品的生产是均衡的，但消费是不均衡的，如服装、取暖设备等产品一年四季都在生产，但其消费有明显的季节性。为了维持正常的生产秩序和消费秩序，尽可能地消除生产与消费上的不协调性，库存起到了调节作用，它能够很好地平衡供求关系和生产与消费关系，起到缓冲供需矛盾的作用。

(2)创造商品"时间效用"功能。

时间效用，就是同一种商品在不同的时间销售或消费，可以获得不同的经济效果或支出。例如，为了避免因商品价格上涨造成损失或为了从商品价格上涨中获利而建立的投机库存，就利用了库存的这一功能。

(3)降低物流成本功能。

对于生产企业而言，保持合理的原料和产品库存，可以避免因上游供应商原材料供应不及时而需要紧急订货所增加的物流成本，也可以避免下游销售商由于销售波动进行临时订货而增加的物流成本。当然通过库存管理来降低物流成本，必须从整条供应链出发，综合考虑运输成本、缺货损失和库存成本，使物流总成本最低。

(二)库存分类

按照企业库存管理的目的不同,库存可以分为以下几种类型。

1. 周转库存

周转库存又称经常库存,是指为了满足日常需求而建立的库存。这种库存是不断变化的,当物品入库时达到最高库存量,随着生产消耗或销售,库存量逐渐减少,直到下一批物品入库前降到最小。周转库存通常有三个来源:购买、生产和运输。这三个方面通常都存在规模经济,因而会导致暂不使用或售出的存货的累积。

不同购买数量的价格折扣,促使企业一次性大量采购,从而产生了周转库存。企业在购买原材料或物资时,特别是在经济全球化的条件下,购买的数量很大,通常都可以获得折扣。因此,只要因大量购买而获得的货款上的节约(折扣)大于因此而增加的存货持有成本,在市场需求量有保证的条件下,企业便会增加购买量,这就意味着将存在很长一段时间才能用尽或售出的周转存货。

大规模运输的价格折扣,会降低企业的采购运输成本,也会促使企业一次性大量采购,从而产生了周转库存。运输的数量越大,运输公司越能节省理货或相关的集货成本,往往给运输大规模数量的货物提供运费方面的价格折扣。因此,只要在运费支出方面的节约或运费与货款两项支出方面的节约大于由此而增加的存货持有成本,在市场需求量有保证的条件下,企业也会增加购买量,这也意味着将存在很长一段时间才能用尽或售出的周转存货。

生产方面的规模经济和生产工艺的特性要求生产必须保证一定的批量和连续性,要求企业的原材料或零部件保持一定的存货。

2. 安全库存

安全库存是指为了防止由于不确定因素(如突发性大量订货或供应商延期交货)影响订货需求而准备的缓冲库存。所有的业务都存在不确定性,这种不确定性来源各异。从需求或消费者一方来说,不确定性涉及消费者购买多少和什么时候进行购买。从供应来说,不确定性来自零售商或厂商的需要程度,以及完成订单所要的时间。就交付的可靠性来说,不确定性可能来源于运输,以及其他原因。处理不确定性的一个习惯做法是预测需求,但从来都不能准确地预测出需求的大小。不确定性带来的结果通常是一样的:企业要备有安全存货来进行缓冲处理。

3. 加工库存和运输过程库存

(1)加工库存。

加工库存是指处于加工或等待加工状态而暂时处于仓储状态的商品。大量的库存可能积聚于生产设备上,特别是在装配操作上。对加工库存停置在一个生产设备上,等待进入特殊产品流水线的时间长短的评价,应该在时间进度安排技术和实际的生产或装配技术的关系上仔细地进行。有些设备运营需要4~6小时的加工库存时间,而另外一些设备可能需要10~15天的加工库存时间,这两种设备的库存成本存在相当大的区别。

(2)运输过程库存。

运输过程库存是指处于运输状态(在途)而暂时处于仓储状态的商品。不同的运输方式,其速度和费用也不同。如速度最快的空运,其在途时间短,存货相应较小,但运输费用很高;而铁路或水运的运输费用相对较低,但在途时间较长,因此会产生较高的存货成本。

4. 季节性库存

季节性库存是指为了满足特定季节中出现的特定需求而建立的库存,或指对季节性生产的商品在出产的季节大量收储所建立的库存。

5. 促销库存

促销库存是指为了应对企业促销活动产生的预期销售增加而建立的库存。

6. 时间效用库存

时间效用库存是指为了避免商品价格上涨造成损失或者为了从商品价格上涨中获利而建立的库存。

7. 沉淀库存或积压库存

沉淀库存或积压库存是指因商品品质变坏或损坏或者因没有市场而滞销的商品库存,还包括超额仓储的库存。

(三)库存管理的概述

1. 库存管理的概念

库存管理又称存货管理或在库管理,是指在经济合理或某些特定的前提下,如不允许缺货与降低服务水平等,建立库存数量的界限,即库存量(需求量)、库存水平、订量等数据界限。库存管理要求既按质、按量、按品种规格并及时成套地供应生产所需的货品,又要保证库存资金最小,达到数量控制、质量控制和成本控制的目的。

2. 库存相关成本

库存管理的任务是用最低的费用在适当的时间和适当的地点取得适当数量的原材料、消耗品和最终产品。在许多企业中,库存成本是物流总成本的一个重要组成部分,物流成本的高低常常取决于库存管理成本的大小,而且,企业物流系统所保持的库存水平对于企业提供的客户服务水平起着重要作用。库存成本主要包括以下方面:库存持有成本、订货成本或生产准备成本、缺货成本等。

(1)库存持有成本。

库存持有成本是指为保持库存而发生的成本,它可以分为固定成本和变动成本。固定成本与库存数量的多少无关,如仓库折旧、仓库人员的固定工资等;变动成本与库存数量的多少有关,如库存占用资金的应计利息、破损和变质损失、保险费用等。库存持有成本主要包括以下四项成本:资金占用成本、仓库占用成本、库存服务成本和库存风险成本。

①资金占用成本。资金占用成本实际上就是存货所占用资金的机会成本。它是库存持有成本中最大的组成部分,通常用持有库存的货币价值的百分比来表示,也是较难量化的

部分，可以用银行利率或企业的资本回报率等多个指标来衡量。但有研究结果表明，以企业以往最好的投资回报率计算资金占用成本是一种较好的方法。

②仓库占用成本。仓库占用成本是与仓库空间使用有关的成本，在途库存不产生该项成本。该项成本包括与产品运入、运出仓库有关的搬运成本以及仓储成本，如租赁、取暖、照明费用等，即实物存储与搬运成本。

③库存服务成本。库存服务成本主要指保险及税金。根据产品的价值和类型，产品丢失或损坏的风险有高有低，就需要不同水平的风险金。另外，许多国家将库存列入应税的财产，高水平库存导致高税费。保险及税金将随产品不同而有很大变化，但在计算存货仓储成本时，必须要考虑它们。

④库存风险成本。库存风险成本指与产品仓储期间产生的产品变质、过时、灭失、损坏相关的成本，随产品种类的不同而有所差异。时令性强、价值高、易腐烂变质的产品的库存风险成本就较高。作为库存持有成本的最后一个主要组成部分的库存风险成本，也反映了一种非常现实的可能性，即由于企业无法控制的市场原因，造成的库存贬值。

（2）订货成本或生产准备成本。

订货成本或生产准备成本是指企业向外部的供应商发出采购订单的成本，或指企业内部的生产准备成本。

①订货成本。订货成本是指企业为了实现一次订货而进行的各种活动的费用，包括处理订货的差旅费、邮资、电报电话费、文书等支出。订货成本中有一部分与订货次数无关，如采购机构的基本开支等，称为订货的固定成本；另一部分与订货的次数有关，如差旅费、邮资等，称为订货的变动成本。具体来讲，订货成本包括与下列活动相关的费用：检查存货水平；编制并提出订货申请；对多个供应商进行调查比较，选择最合适的供货商；填写并发出订货单；填写、核对收货单；验收发来的货物；筹备资金并进行付款。这些成本很容易被忽视，但在考虑涉及订货、收货的全部活动时，这些成本也很重要。

②生产准备成本。生产准备成本是指当库存的某些产品不由外部供应而是企业自己生产时，企业为生产一批货物而进行改线准备的成本。生产准备成本也分固定成本和变动成本，例如，更换模、夹具需要的工时或添置某些专用设备等属于固定成本；与生产产品的数量有关的费用，如材料费、加工费等属于变动成本。

③库存持有成本与订货成本的关系。订货成本和库存持有成本随着订货次数或订货规模的变化而呈反方向变化，起初随着订货批量的增加，订货成本的下降比库存持有成本的增加要快，即订货成本的边际节约额比库存持有成本的边际增加额要多，使得总成本下降。当订货批量增加到某一点时，订货成本的边际节约额与库存持有成本的边际增加额相等，这时总成本最小。此后，随着订货批量的不断增加，订货成本的边际节约额比库存持有成本的边际增加额要小，导致总成本不断增加。

总之，随着订货规模（或生产数量）的增加，库存持有成本增加，而订货（或生产准备）成本降低，总成本线呈 U 形，其关系如图 6-20 所示。

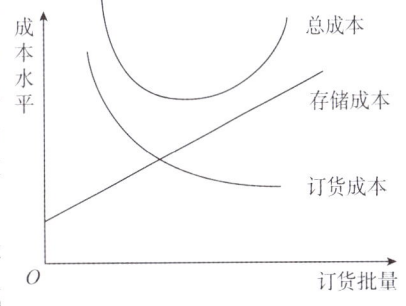

图 6-20 存货成本与订货规模关系

（3）缺货成本。

库存决策中另一项主要成本是缺货成本，它是指由于库存供应中断而造成的损失，包括原材料供应中断造成的停工损失、产成品库存缺货造成的延迟发货损失和丧失销售机会的损失（还应包括商誉损失）。如果生产企业以紧急采购代用材料来解决库存材料的中断之急，那么缺货成本表现为紧急额外购入成本（紧急采购成本大于正常采购成本的部分）。当一种产品缺货时，客户就会购买竞争对手的产品，那么就对企业产生直接利润损失，如果失去客户，还可能为企业造成间接或长期成本。在供应物流方面，原材料或半成品或零配件的缺货，意味着机器空闲，甚至全部生产设备都得关闭。

缺货成本是由于外部和内部中断供应所产生的。当企业的客户得不到全部订货时，叫作外部短缺；而当企业内部某个部门得不到全部订货时，叫作内部短缺。如果发生外部短缺，将导致以下情况发生。

①延期交货。延期交货可以有两种形式，一是缺货商品可以在下次规则订货中得到补充，二是利用快速延期交货。如果客户愿意等到下一个规则订货，那么企业实际上没有什么损失。但如果经常缺货，客户可能就会转向其他供货商。

如果缺货商品延期交货，那么就会发生特殊订单处理和运输费用，延期交货的特殊订单处理费用要比普通处理费用高。由于延期交货经常是小规模装运，运输费率相对要高，而且，延期交货的商品可能需要从另一地区的一个工厂仓库供货，进行长距离运输。另外，可能需要利用速度快、收费高的运输方式运送延期交货商品。因此，延期交货成本可根据额外订单处理费用和额外运费来计算。

②销售损失。尽管一些客户可以允许延期交货，但是仍有一些客户会转向其他供货商。许多企业有生产替代产品的竞争者，当一个供货商没有客户所需的产品时，客户就会从其他供货商那里订货，在这种情况下，缺货导致销售损失。对于卖方的直接损失是这种产品的利润损失。所以，可以通过计算这种产品的利润与客户的订货数量来确定直接损失。

③失去客户。第三种可能发生的情况是由于缺货而失去客户，客户永久转向另一个供货商。如果失去了客户，企业也就失去了未来一系列收入，这种缺货造成的损失很难估计，需要用管理科学的技术以及市场营销的研究方法来分析和计算。除了利润损失，还有由于缺货造成的信誉损失。信誉很难度量，在库存决策中常被忽略，但它对未来销售及企业经营活动非常重要。

二、库存结构的控制

（一）ABC 分析法

对于一家企业来讲，一般其库存物料、成品种类繁多，不同品种的价格各异，库存数量和价值也不尽相同。有的物资品种不多但价值很大，而有的物资品种很多但价值不高。由于企业的资源有限，所以，对所有的库存品种都给予相同程度的重视和管理是不太现实的。为了使有限的时间、资金、人力、物力等企业资源能得到更为有效的利用，应该对库存物资进行分类，将管理的重点放在重要的物资上，进行分类管理和控制。利用 ABC 分析法，企业可以了解库存各类商品结构关系，认识重点管理对象，采取相应技术或措施控制库存。ABC 分析法的应用，在仓储管理中可以取得以下成效：压缩总库存量，解放占压资金，使库存结构合理，提高管理效率。

1. ABC 分析法的原理

ABC 分析法是 19 世纪文艺复兴时期维尔弗雷多·帕累托（Vilfredo Pareto）发现的。他认为在很多情况下，关键事件、财富、重要性等掌握在一小部分人手中，如 20% 的人掌握着 80% 的财富，这一原理被称为帕累托定律。这一规律在很多情况下是成立的，当然也可以用于库存管理中。

2. ABC 分析法的一般步骤

（1）确定统计期。

（2）收集数据。按分析对象和分析内容收集有关数据。仓储管理中主要收集库存商品的平均库存量、每种商品的单价等。

（3）处理数据。对收集的数据进行整理，按要求计算和汇总，如根据各种商品平均库存占用资金量，计算库存品种累计与全部品种的比例，以及货物占用资金累计与全部资金的比例。

（4）制订 ABC 分析表，对库存商品进行排序。对库存货物按资金比例和品种项目比例这两个指标来排序，编制 ABC 分析表，具体如表 6-2 所示。

（5）根据 ABC 分析表分类。按 ABC 分析表，观察各品种累计百分数和平均资金占用额累计百分数，将商品累计百分数为 5%~15%、平均资金占用累计百分数为 60%~80% 的商品确定为 A 类，将商品累计百分数为 20%~30%、平均资金占用累计百分数为 60%~80% 的商品确定为 B 类；将商品累计百分数为 60%~80%、平均资金占用累计百分数为 5%~15% 的商品确定为 C 类，如表 6-2 所示。

表 6-2 仓储商品的 ABC 分析表

品种序号	品种数/个	品种累计数/个	占库存品种比例/%	占库存品种累计百分比/%	占用资金/万元	占用累计资金/万元	占用库存资金的比例/%	占用库存资金累计百分比/%	分类结果
1	260	260	7.60	7.60	5 800	5 800	69.13	69.13	A
2	68	328	1.99	9.59	500	6 300	5.96	75.09	A
3	55	383	1.61	11.20	250	6 550	2.98	78.07	A
4	95	478	2.78	13.97	340	6 890	4.05	82.12	B
5	170	648	4.97	18.94	420	7 310	5.01	87.13	B
6	352	1 000	10.29	29.23	410	7 720	4.89	92.01	B
7	2 421	3 421	70.77	100.00	670	8 390	7.99	100.00	C

注：表中各比例、累计百分比按四舍五入法取小数点后两位。

6）确定管理要求。按 ABC 分析的结果，只是分清了库存商品的结构，明确了重点。但必须得出解决问题的办法才能达到分析的目的。按 ABC 分析的结果，再权衡管理力量和经济效果，制定相应策略，对三类库存进行有区别的管理和控制，如表 6-3 所示。

表6-3 ABC分类管理和控制表

分类项目	A类货物	B类货物	C类货物
价值	高	中	低
管理要点	将库存压缩到最低水平	库存控制有时可严些，有时可松些	集中大量订货，以较高库存来节约订货费用
订货量	少	较多	多
订购量计算方法	按经济批量计算	按过去的记录计算	按经验估算
定额综合程度	按品种或规格	按大类品种	按总金额
检查库存情况	经常检查	一般检查	季度或年度检查
进出统计	详细统计	一般统计	按金额统计
保险储备量	低	较大	允许较高
控制程度	严格控制	一般控制	控制总金额
控制系统	连续型库存观测系统	综合控制法或连续、定期法	定期型库存观测系统

3. 三类货物的管理

（1）A类库存货物：这类货物属于重要的库存货物。虽然这类货物数量较少，但是占用资金大，必须严格管理和控制。企业必须对此类货物进行定时盘点，详细记录并经常检查、分析货物库存量的增减，在满足企业内部需要和顾客需要的前提下维持尽可能最低的经常库存量和安全库存量，加快库存周转。

（2）B类库存货物：这类货物属于一般重要的库存货物。这类货物的库存量介于A类货物和C类货物之间，一般进行正常的例行管理和控制。

（3）C类库存货物：这类货物数量最大，但占用资金相对少，对企业的重要性最低，因而被视为不重要的库存货物，一般进行简单的管理和控制。

（二）CVA库存管理法

CVA（Critical Value Analysis）库存管理法又称关键因素分析法。CVA库存管理法比ABC分析法有更强的目的性。在使用中，不要确定太多的高优先级物品，如高优先级物品太多，结果是哪种物品都得不到重视。在实际工作中如果把两种方法结合使用，效果会更好。CVA库存管理库存种类及其管理策略如表6-4所示。

表6-4 CVA库存管理库存种类及其管理策略

库存类型	特点	管理措施
最高优先级	经营管理中的关键物品或A类重点客户的存货	不可缺货
较高优先级	生产经营中的基础性物品或B类客户的存货	允许偶尔缺货
中等优先级	生产经营中比较重要的物品或C类客户的存货	允许合理范围内缺货
较低优先级	生产经营中需要，但可替代的物品	允许缺货

三、库存控制模型

(一)经济订货批量模型

订货批量是指花费一次订货费用所采购的某种产品的数量。经济订购批量(Economic Order Quantity,EOQ)就是从库存总费用最小的原则出发,确定的订货批量。

经济订货批量法是库存管理中最简单却最重要的内容,揭示了许多库存决策方面的本质。经济订货批量法基于如下假设进行讨论:需求是已知的常数;不允许发生缺货;订货提前期已知且为常数;瞬时交货;没有数量折扣,即产品成本不随批量而变化。

基于以上假设,参考经简化处理的经济订货批量图解模型(图6-21)进行讨论。为简化起见,考虑一个年度内的库存总费用公式为:

库存总费用=库存保管费用+订货费用+物资本身价值。

其中,库存保管费=$\frac{1}{2}Q \cdot C \cdot I$;订货费=$\frac{D}{Q} \cdot S$;物资本身价值=$C \cdot D$。式中,$\frac{1}{2}Q$为平均库存;$C$为单位产品成本;$I$为年度库存保管费率;$D$为年需求量;$S$为每次订货费用。

于是库存总费用 TC 公式就可以表示为:

$$TC = \frac{1}{2} \cdot Q \cdot C \cdot I + \frac{D}{Q} \cdot S + C \cdot D \tag{6-1}$$

经济订货批量模型如图6-22所示。

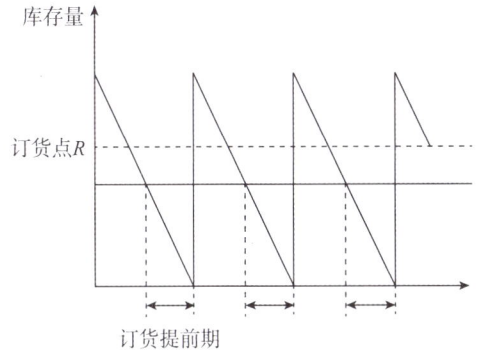

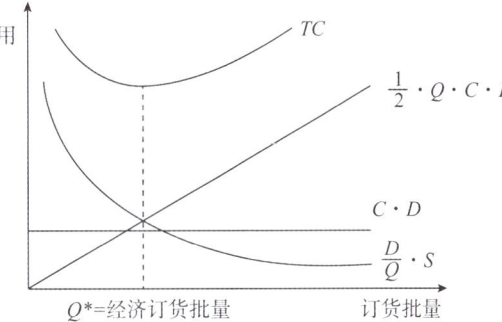

图6-21 简化后的经济订货批量图解模型

图6-22 经济订货批量模型

为求 TC 最小,求式(6-1)的一阶导数,并令 $\frac{dTC}{dQ}=0$,于是有 $\frac{dTC}{dQ}=\frac{1}{2} \cdot C \cdot I - \frac{D}{Q^2} \cdot S + 0 = 0$,则得到经济订货批量 $Q^* = \sqrt{\frac{2 \cdot D \cdot S}{C \cdot I}}$。

在经济订货批量为 Q^* 时的年订货次数 $n = D/Q^*$;订货点 $R = d \cdot LT$,其中 d 为平均的需求率。

【例6-1】某公司每年以单价10元购入某种零部件8 000个,每次订货费用为30元,资金年利息率为12%,单位部件年库存保管费率为18%,若每次订货提前期为2周,全年工作52周。试求经济订货批量、全年库存总费用、年订货次数和订货点。

解：这是基本经济批量 EOQ 问题，值得注意的是，这里的单位库存保管费由两部分组成，一是资金利息，二是存储费用，所以单位库存保管费 = $10×12\% + 10×18\% = 3$（元/年）。

代入 EOQ 公式得 $Q^* = \sqrt{\dfrac{2 \times 8\,000 \times 30}{3}} = 400$（个）

全年库存总费用：

$TC = \dfrac{1}{2} \times 400 \times 3 + \dfrac{8\,000}{400} \times 30 + 10 \times 8\,000 = 81\,200$（元）

年订货数 $n = \dfrac{8\,000}{400} = 20$（次）

订货点 $R = \dfrac{8\,000}{52} \times 2 = 308$（个）

（二）经济生产模型

经济订货批量模型有一个基本假设是库存的补充是瞬间到货，这显然是一种理想情况。一般来说，在实际库存管理活动中，库存往往是边消耗边补充，于是库存模型呈现出如图6-23所示的状态。

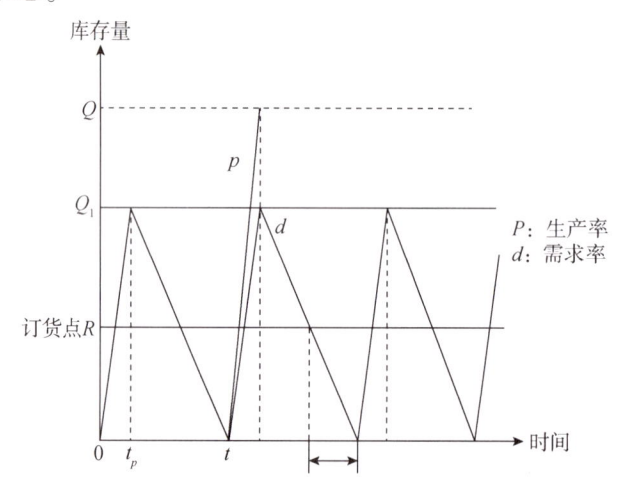

图 6-23　经济生产批量假设下的库存模型

当产品生产率大于销售需求率，在一定生产时间内就会积累起库存；如果生产率小于需求率就是供不应求，则不会出现库存。由图6-23可见，生产在时间0时开始进行，在 t_p 结束。由于生产率 p 大于需求率 d，随着生产的不断进行，库存逐渐增加，于 t_p 时刻达到最大值。于是库存不断减少并于 t 时刻为零，同时生产重新开始，进入下一个循环周期，周而复始。那么多大的生产批量最经济呢？这就是经济生产批量 EPQ（Economic Production Quantity）问题。

若图6-22中 Q 为生产批量，Q_1 为（t_p 时刻）生产结束时的实际库存量，S 为每次生产的调整准备费用，其余符号同 EOQ 模型，则有：

t_p 时刻实际库存量 $Q_1 = t_p(p-d) = \frac{Q}{p}(p-d)$；平均库存量 $\frac{1}{2}Q_1 = \frac{Q(p-d)}{2p}$

基于不允许缺货的假设，则有：

库存总费用 $TC = \frac{1}{2}Q_1 CI + \frac{D}{Q}S + CD = \frac{Q}{2p}(p-d)CI + \frac{D}{Q}S + CD$

令 $\frac{dTC}{dQ} = 0$，则 $Q^* = \sqrt{\frac{2DSp}{CI(p-d)}}$

【例6-2】 某公司产品的市场需求量为1万台每年，该公司工作日按250天计算，生产率为100台/天，生产提前期为7天。单位产品的生产成本为7元，单位产品的存储成本为0.5元，设备调整准备费为50元/次。求经济生产批量、每年生产次数、最大库存水平、一个周期内的生产时间和纯消耗时间的长度、订货点。

解：由 EPQ 模型可得：

$Q^* = \sqrt{\frac{2DSp}{CI(p-d)}} = \sqrt{\frac{2 \times 10\,000 \times 50 \times 100}{0.5 \times (100 - \frac{10\,000}{250})}} = 1\,826(台)$

每年生产次数 $n = \frac{D}{Q^*} = \frac{10\,000}{1\,826} = 6(次)$

最大库存水平 $Q_1 = Q^* \frac{(p-d)}{p} = \frac{1\,826}{100} \times (100 - \frac{10\,000}{250}) = 1\,096(台)$

生产时间 $t_p = \frac{Q^*}{p} = \frac{1\,826}{100} = 19(天)$

纯时间消耗 $(t - t_p) = \frac{Q^*}{d} - t_p = \frac{1\,826}{40} - 19 = 27(天)$

订货点 $= dLT = \frac{10\,000}{250} \times 7 = 280(台)$

可以看到 EPQ 模型比 EOQ 模型更具一般性，当生产率 p 趋于无穷大时，这两个模型就等同了。

> 💡 **思考**：
> 1. 四达公司每年要按单价4元购入54 000套轴承组合件，单位维持库存费为每年每套轴承9元，每次订货费用为20元。试求经济订货批量和年订货次数。
> 2. 某自行车公司计划下年度生产特种轮胎40 000只，生产率为每天200只，一年按250天计算，一次生产准备费用为200元，提前期为5天，单位生产费用为15元，单位维持库存费用为11.5元，试求经济生产批量和订货点。

四、仓库布局规划

(一)仓库的分类

仓库按不同的标准可划分为不同的类型,如按仓库的功能、用途、保管形态、结构等标准划分。

1. 按功能分类

(1)储备仓库。

储备仓库是指专门长期存放各种储备物资,以保证完成各项储备任务的仓库,如战略物资储备、季节物资储备、备荒物资储备、流通调节储备等。储备仓库的功能是较长时间的仓储保管,主要追求仓储效益。

(2)周转仓库。

周转仓库的主要功能是物资周转,主要用于暂时存放待加工、待销售、待运输的物资,包括生产仓库、流通仓库、集配仓库、加工仓库、中转仓库等。它的仓储时间短,主要追求周转效益,为生产、流通或运输服务。

①生产仓库处在生产领域,主要暂时存放待生产加工的原材料和在制品、待销售的产成品,包括原材料仓库、在制品仓库和成品仓库。

②流通仓库处在流通领域之中,专门存放待销售的货物,包括批发仓库、零售仓库等。

③集配(型)仓库(配送中心)是以组织物资集货配送为主要目的仓库。这种仓库将以物流手段筹集货物进行配送作为主要职能。仓库筹集并暂时存放待配送的各种物资,并具有包括拣选、配货、检验、分类等作业,多品种、小批量、多批次等收货配送以及附加标签、重新包装等流通加工功能。它是随着物流业的兴起而新出现的一种仓库形式。

④中转(分货型)仓库主要是在不同运输方式、不同运输方向的交接点用于重新组配、分货、暂存待运货物的仓库。

⑤加工(型)仓库,与生产仓库不是,加工仓库以流通加工为主要目的。一般的加工型仓库是集加工厂和仓库两种职能,将商品的加工业务和仓储业务结合在一起。

2. 按用途分类

(1)自营仓库。

自营仓库,指服务企业从事内部物流业务的仓库。仓库的建设、物品的管理以及进出库业务均属本公司的管理范畴。采用自营仓库的一个重要因素就是有效控制固定成本。因为自营仓库的固定成本与仓库的使用无关,所以企业必须拥有足够的存储量来分摊固定成本,从而使采用自营仓库的平均成本低于采用公共仓库的平均成本。采用自营仓库的另一个原因就是稳定的需求和市场的集中度,以及企业对安全、冷藏、客户服务等方面的控制能力。

(2)营业仓库。

营业仓库,指按照相关管理条例取得营业许可,向一般企业提供保管服务的仓库,是一种社会化的仓库。它面向社会,以经营为手段,以营利为目的。与自营仓库相比,营业仓库的使用效率较高。

(3) 公共仓库。

公共仓库,指国家和公共团体为了公共利益而建设的仓库。公共仓库正成为一个非常有活力、不断变化的行业,那些大公司进行大宗购物时经常采用。公共仓库最大的客户是连锁零售店,因为这些连锁店的货流量非常大,并且它们还将仓储同其他一些诸如采购和分销的职能联系起来。企业采用公共仓库的首要原因是资金,在采用公共仓库时不需或只需投入较少的资金,这样公司可以避免自己经营仓库带来的经济上的风险。企业采用公共仓库的第二个理由是利用它的灵活性优势。对仓储空间的租用,可使公司对运输服务的质量做出快速反应。公共仓库使公司可以快速进入或退出市场。公共仓库可完成测试、组装、标价、标号等工作,还可提供打包、分拣、完成订单以及EDI数据的发送等服务。

(4) 保税仓库。

保税仓库,指根据关税法保管从国外进口来而未纳税的进出口货物的仓库。在一些特殊情况下,货物可能进口后再出口而没有进入"商流"。这时,如果仓库以契约形式存储这些货物,商家就能避免交关税了。另一个办法是在货物出口后申请退税。利用自由贸易区或自由港的情况也基本相同。

3. 按保管形态分类

(1) 普通仓库:一般指具有常温保管、自然通风、无特殊功能的仓库。

(2) 冷藏仓库:一般指具有制冷设备,并有良好的保温隔热性能以保持较低温度的仓库,是专门用来仓储冷冻物资的仓库。

(3) 恒温仓库:指具有保持一定温度和保湿功能的仓库。

(4) 危险品仓库:指存放具有易燃性、易爆性、腐蚀性、有毒性和放射性等对人体或建筑有一定危险的物资的仓库。它在库房结构及库内布局等方面有特殊要求,还必须远离工厂和居民区。

4. 按结构分类

(1) 平房仓库。

平房仓库是指仓库建筑物是平房,结构简单,有效高度一般不超过6米的仓库。其建筑费用便宜,可以广泛采用。平房仓库如图6-24所示。

图6-24 平房仓库

(2) 多层仓库 (楼房仓库)。

多层仓库为两层以上的建筑物,是钢筋混凝土建造的仓库。楼房仓库各层间依靠垂直运输机械联系。也有的楼层间以坡道相连,称坡道仓库。多层仓库虽然存在货物会上下移动的缺点,但在土地受到限制的港湾、都市等地,可以扩大仓库实际使用面积。多层仓库如图 6-25 所示。

图 6-25 多层仓库

(3) 高层货架仓库 (立体仓库)。

高层货架仓库是一种常用的自动化仓库形式,一般由四个部分组成,即高层货架、巷道机、周围出入搬运系统和管理控制系统,是一种可以保管 10 层以上托盘的仓库棚。它是一种自动化程度较高、存货能力较强的仓库。采用高层货架配以货箱或托盘存储货物,用巷道堆垛起重机及其他机械进行作业,其货架的高度一般大于单层库房高度。高层货架仓库如图 6-26 所示。立体仓库由计算机自动控制与管理,能按指令自动完成货物的存取,并能对库存物资进行自动管理。立体仓库充分利用空间,集信息、存储、管理于一体,采用微电子技术,具有占地面积小、仓储作业迅速、准确的特点,在故障判断、参数记录、

图 6-26 高层货架仓库

报表打印等方面可实现全部自动化。与平房仓库相比,立体仓库可节约 70% 的占地面积和 70% 的劳动力。

(4) 散装仓库。

散装仓库指专门保管散粒状或粉状物资的容器式仓库，如对谷物、饲料、水泥等颗粒状、粉状货物的保管。散装货物的进出效率很高，可以配备空气输送等特殊装置。此类仓库大多是混凝土结构。

(5) 罐式仓库。

罐式仓库指以各种罐体为仓储库的大型容器型仓库。

(二) 仓库布局规划

好的仓库布局能提高产出，改善产品流，降低成本，改进客户服务，提供更好的员工工作条件。

1. 仓库库区构成及布局

仓库库区由储运生产区、辅助生产区和行政商务区构成。储运生产区主要进行装卸货、入库、拣选、流通加工、出库等作业，这些作业一般具有流程性的前后关系。辅助生产区和行政商务区内主要进行计划、协调、监督、信息传递、维修等活动，与各储运生产区有作业上的关联性。构成一个仓库运营的基本元素包括以下内容。

(1) 一个进货站台，供应商运来的物料将在这里被交付、检验和仓储。

(2) 一个仓储区域，物料被存放在这里。

(3) 一个发货站台，根据客户的订单在这里进行拼装和发运。

(4) 一套物料搬运系统，用于在仓库内处理货物搬运作业。

(5) 一套信息系统，用于记录所有货物的位置、来自供应商的进货、给予客户的发货及其他相关信息。

仓库布局有多种模式，其中最常见的一种模式包括两个仓储区域，供应商交付的货物到达后被直接存放在一个主要的大货仓储区。然后根据需要，将货物拆分成为独立单元送往一个较小的分拣区。当接到客户订单后，所需的货物从分拣区挑选出来送往一个个拼装区，等待被送往发货站台。当分拣区的存货过低时，就需要从大货仓储区补货。仓库布局示意如图 6-27 所示。

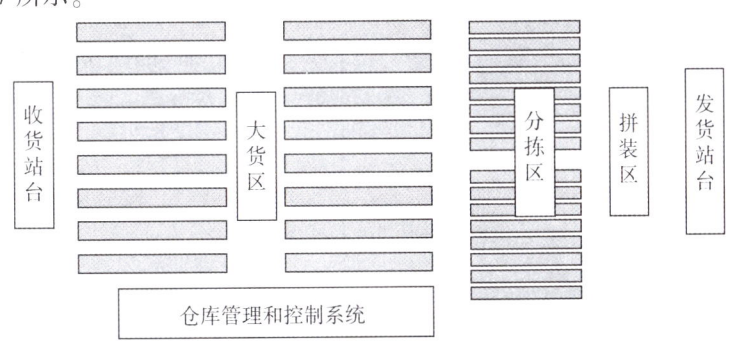

图 6-27 仓库布局示意

2. 仓库的整体布局规划步骤

实际操作中，仓库的整体布局主要取决于建筑物的实际形状、建筑师的意见、可使用区域、空间高度或其他一些实际条件。在这些条件许可的情况下，仓库管理需要规划出最适合操作的详细方案。而要制订出一个详细的方案，包括下列步骤。

（1）预估未来5年的物料需求。将上述需求转换成物料入库、库内周转以及出库的计划流程。

（2）比较各种搬运设备并选择最合适的设备，确定所需的仓储和搬运区域。

（3）设计货架的整体规划，考虑哪些货物需要被放置于相邻区域（如高周转率的货物要放在靠近运输站台的位置，冷冻货放在同一区域，高价值货放在安全区域等）及哪些货物要分开存放（如食品要远离化学品存放）；规划设备的整体布局；比较各种方案并挑选出最佳方案；添加细节以得到最终方案。

最基本的一类仓库包括一个用网格划定不同位置的区域，可以用叉车把较大、较重的货物放在专门区域。更加先进的仓库使用普通货架并带有过道的货架仓储区，货物一般置于托盘上。

五、仓储合理化

（一）不合理仓储

不合理仓储是在现有条件下可以达到的仓储水平而未达到，从而造成仓储资源浪费、仓储时间增加、结构失衡等问题的仓储形式。目前一般存在的不合理仓储形式有以下几种。

（1）仓储时间过长：从"时间效用"角度来考虑，仓储一定时间，效用可能增大；时间继续增加，效用增加的趋势就会减缓，甚至降低。对绝大多数物品而言，仓储时间过长都会影响总效益。

（2）仓储数量过大：仓储数量的增加会引起仓储损失增加，而管理能力却不能按比例增加，甚至还可能出现仓储量增加到一定程度损失陡增的现象。

（3）仓储数量过低：仓储数量过低，会严重降低仓储对供应、生产、消费的保证能力，当仓储量低到一定程度时，其带来的损失将远远超过库损、利息支出损失等。

（4）仓储条件不足或过剩：仓储条件不足往往造成仓储物品的损失；仓储条件大大超过需求，会使仓储物品不得不负担过高的仓储成本，出现亏损。

（5）储备结构失衡：储备结构失衡包括仓储物品的类型、品种、规格失调；仓储物品不同类型、品种、规格的仓储期、仓储量失调；仓储物品的仓储地域失调。

（二）合理仓储的标志

仓储合理化的含义是用最经济的办法实现仓储的功能。但是，仓储的不合理又往往表现在过分强调对仓储功能的实现，因而会过分投入仓储力量和其他仓储劳动。所以，合理仓储的实质是在保证仓储功能实现的前提下尽量少投入。一般来说，合理仓储的标志有以下六个方面。

（1）质量标志。保证仓储物品的质量，是完成仓储功能的根本要求。在仓储中增加了多少时间效用或得到了多少利润，都是以保证质量为前提的。因此，在仓储合理化的主要标志中，首要的应当是反映使用价值的质量。

（2）数量标志。在保证功能实现的前提下，应有一个合理的数量范围。目前管理科学的方法已能在各种约束条件下，对合理数量范围做出决策，但是较为实用的还是在消耗稳定、资源及运输可控的约束条件下所形成的仓储数量控制方法。

（3）时间标志。在保证功能实现的前提下，需寻求一个合理的仓储时间。这是和数量有关的问题，仓储量越大而消耗速率越慢，则仓储的时间必然长，相反则必然短。在具体衡量时往往用周转速度指标来反映时间标志，如周转天数、周转次数等。

（4）结构标志。结构标志是从仓储物品不同类型、品种、规格等的仓储数量比例关系对仓储合理性的判断，尤其是相关性很强的各种物资之间的比例关系更能反映仓储合理性。

（5）分布标志。分布标志是不同地区仓储的数量比例关系，以此判断当地需求比和对需求的保障程度，也可以此判断仓储对整个物流的影响。

（6）费用标志。合租费、维护费、保管费、损失费、资金占用利息支出等，都能从实际费用上判断仓储的合理性。

（三）仓储合理化的途径

（1）将静态仓储变为动态仓储。

首先，加快仓储的周转速度。周转速度加快，会带来一系列的好处，如资金周转快、资本效益高、货损降低、仓库吞吐能力增加、成本下降等。在网络经济时代，信息技术、现代管理技术和现代科技手段都可以有效地促进库存周转的加快。另外，应把视野从仓库仓储放大到整个物流系统。在整个物流系统的运行过程中，许多物资被动态地存在运输车辆或搬运装卸的过程中。我们可以把这看成一种形态的仓储，只要存在有效的信息管理技术的支持，这些动态的仓储完全可以起到一般仓储的作用，从而取代静态的库存。

（2）实施重点管理。

仓储是一个相当繁杂的经济活动。工业企业总是要处理上万种供应品和销售品的物流问题。仓储这么庞杂的体系，对于企业供应、企业经营和企业销售的影响是不同的，对于企业经济效益的贡献也是不同的。任何一家企业，即使采用最先进的信息技术和计算机管理手段，由于受到管理成本的约束，管理力量也是有限的。所以，采取重点管理的方法是使复杂物流系统合理化的手段之一。

（3）适度集中库存。

所谓适度集中库存，是指利用仓储的规模优势，以适度集中仓储代替分散的小规模仓储来实现合理化。若仓储过分分散，每一处仓储的保证对象十分有限，难以互相调度调剂，则每一处都需要按其保证对象的要求确定库存量。而集中仓储易于调度调剂，使得集中仓储总量可大大低于分散仓储的总量。但过分集中仓储，又会使仓储点与用户之间的距离拉长，运费支出加大，在途时间增加，导致周转储备增加。所以，适度集中主要是指当仓储费和运输费这两方面取得最优效果时的集中程度。

（4）提高仓储密度，提高仓容利用率。

这样做的主要目的是减少仓储设施的投资，提高单位存储面积的利用率，以降低成本、减少土地占用，具体有以下三种方法。

①采取高垛的方法，增加仓储的高度，如采用高层货架仓库、集装箱等。

②缩小库内通道宽度以增加仓储的有效面积。采用窄巷道式货架，配上轨道装卸机械，以减少机械运行所要求的宽度；采用侧叉车、推拉式叉车，以减少叉车转弯所需的宽度。

③减少库内通道数量以增加仓储的有效面积。具体方法有采用密集型货架、可进车的可卸式货架、各种贯通式货架和不依靠通道的桥式吊车装卸技术等。

(5)采用有效的仓储定位系统。

仓储定位的含义是指对被储物位置的确定。如果定位系统有效,则不但能大大节约寻找存放和取出的时间,减少很多物化劳动及活劳动,而且能防止差错,减少仓储空位,提高仓储物资的利用率。采取计算机仓储定位系统,尤其对于存储品种多、数量大的大型仓库而言,已成为必不可少的手段。

(6)采用虚拟仓库和虚拟库存。

采用虚拟库存的方式,可以避免实际库存带来的一切弊端。与此同时,它可以有效地实现仓储的功能,实现仓储对社会生产、社会流通的保证作用。在网络经济时代,虚拟仓库是信息技术、网络技术和市场经济条件下买方市场环境结合起来的一个创新,不但有利于解决仓储问题,而且对优化整个物流系统都有重大意义。

> **思考**:1. 经济订货批量模型有哪些假设条件?它如何应用在生产实际中?
> 2. 仓库布局规划需注意哪些问题?

文本:人物先进事迹

本章小结

仓储是公司物流系统的一部分,它从初始点到消费点存储产品(原料、半成品、成品),提供存储状态、条件和处置等信息。仓储是货物进入下一环节的质量保证,是确保社会再生产过程顺利、通畅的关键因素,具有消除供需差异、支持生产等作用。现代物流要求仓储不仅要完成存储等物流的基本功能,还要提供信息服务等增值服务。仓储管理包含对仓库和仓库中的货物进行存储、保养、维护管理。如今,仓储管理逐渐走向智能化发展,未来智慧云仓的发展便会向着分散集中化(仓库分散、数据集中)、智能化(自动分拣、预警预测、路径优化、信息反馈)、可视化(库存可视、状态可视、信息跟踪)等方向发展,以适应严峻的物流市场新形势。

仓储管理业务流程包括入库接收过程、商品在库处理和出库过程,为实现作业目标,运用到的保管技术包括自动化仓库技术、箱柜委托租赁保管技术、货架存储技术、堆码苫垫技术、产品检验技术和温湿度控制技术。

库存分为周转库存、安全库存、季节性库存等,具有降低物流成本的功能。库存管理要求既按质、按量、按品种规格并及时成套地供应生产所需要的货品,又要保证库存资金最小,达到数量控制、质量控制和成本控制的目的。通过采用经济订货批量模型或经济生产模型等库存控制的基本方法对库存进行合理的控制,以压缩总库存量,释放占压资金,使库存结构合理。

根据仓库类型对仓库布局进行规划,便于存储商品的收发、分拣、配送作业,有利于商品的保管保养、仓储作业顺畅。存储合理化有六方面的标志，即质量标志、数量标志、时间标志、结构标志、分布标志和费用标志，可通过将货物静态仓储变为动态仓储、实施重点管理、适度集中库存、提高仓储密度和仓容利用率、采用有效的仓储定位系统、采用虚拟仓库和虚拟库存等途径使仓库合理化。

练习与思考

一、选择题

1. 在物流系统中，起着缓冲、调节和平衡作用的物流活动是（　　）。
   A. 运输　　　　B. 配送　　　　C. 装卸　　　　D. 仓储
2. 将所有货物按一定特性分类，每一类货物都有其固定存放位置，而属同类的不同货品又按一定原则来指派货位，这种货位分配方式是（　　）。
   A. 定位储存　　B. 随机储存　　C. 分类储存　　D. 分类随机储存
3. 由计算机自动控制与管理，能按指令自动完成货物的存取，并能对库存物资进行自动管理的仓库是（　　）。
   A. 人工仓库　　B. 机械仓库　　C. 自动化仓库　　D. 自动化立体仓库
4. 以组织物资集货配送为主要目的仓库是（　　）。
   A. 恒温仓库　　B. 保税仓库　　C. 集配型仓库　　D. 自营仓库
5. 以下选项中，仓储合理化的标志是（　　）。
   A. 仓储时间过长　　　　　　　B. 仓储数量过大
   C. 采用有效的仓储定位系统　　D. 储备结构失衡

二、简答题

1. 比较仓储与库存管理的不同。
2. 不同仓储运作方式的优缺点有哪些？
3. 货位分配有哪几种方法？各有何特点？
4. 简述库存的分类。
5. 简述仓库布局规划步骤。
6. 论述库存的功能。

三、应用分析题

1. 某小型配送中心试图使用ABC分析法对其仓储物进行存货管理，10类商品的库存情况如表6-5所示。假如企业决定以20%的A类商品、30%的B类商品、50%的C类商品试建立ABC库存分析系统。请对此进行ABC分析。

表6-5　商品库存情况

商品类别	代号	平均单价/(元·件)	平均库存/件
×××	a	5	40 000
×××	b	8	190 000

续表

商品类别	代号	平均单价/(元·件)	平均库存/件
×××	c	7	4 000
×××	d	4	100 000
×××	e	9	2 000
×××	f	5	250 000
×××	g	6	15 000
×××	h	4	80 000
×××	i	5	10 000
×××	j	7	5 000

2. 某机械设备制造厂，每周需求量为500个某部件，部件单价为每个16元，库存成本中利息为单位成本的15%，保管成本为单位成本的15%，存货损失和保险共计为单位成本的20%，每次采购费用为100元，试计算经济批量、总成本，确定订货政策。

第七章　物流配送管理

学习目标

1. 知识目标：理解配送的概念、特点，了解配送的基本环节、模式，把握配送中心的概念、功能、作业流程。
2. 能力目标：掌握配送合理化措施，掌握配送路线确定的方法。
3. 素养目标：培养学生创新、协调、绿色、开放、共享的发展理念。

知识导图

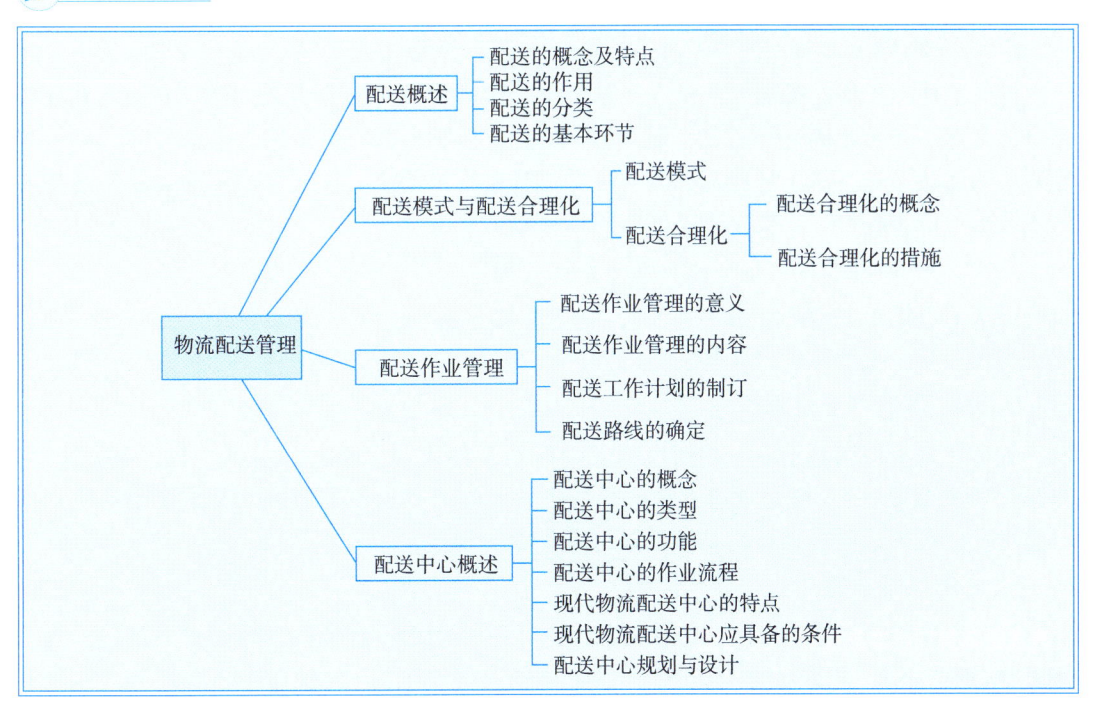

物流配送管理
- 配送概述
  - 配送的概念及特点
  - 配送的作用
  - 配送的分类
  - 配送的基本环节
- 配送模式与配送合理化
  - 配送模式
  - 配送合理化
    - 配送合理化的概念
    - 配送合理化的措施
- 配送作业管理
  - 配送作业管理的意义
  - 配送作业管理的内容
  - 配送工作计划的制订
  - 配送路线的确定
- 配送中心概述
  - 配送中心的概念
  - 配送中心的类型
  - 配送中心的功能
  - 配送中心的作业流程
  - 现代物流配送中心的特点
  - 现代物流配送中心应具备的条件
  - 配送中心规划与设计

第一节 配送概述

一、配送的概念及特点

(一)配送的概念

《物流术语》(GB/T 18354—2021)对配送的定义是:"根据客户要求,对物品进行分类、拣选、集货、包装、组配等作业,并按时送达指定地点的物流活动。"

目前世界各国对配送的定义还有不同的表述,如日本《物流手册》中的定义:生产厂到配送中心之间的物品空间移动叫"运输",从配送中心到顾客之间的物品空间移动叫"配送"。美国《物流管理:供应链过程的一体化》中的定义:实物配送这一领域涉及将制成品交给顾客的运输;实物配送过程,可以使顾客服务的时间和空间的需求成为营销的一个整体组成部分,等等。

(二)配送的特点

尽管上述对配送的定义不同,但对配送的理解是一致的,其主要特点包括以下几个方面。

1. 配送是面向终端用户的服务

配送作为对客户完成最终交付的一种活动,是从最后一个物流节点到用户之间的物品的空间移动过程。物流过程中的最后一个物流节点一般指配送中心或零售店铺。当然,最终用户是相对的,在整个流通过程中,流通渠道构成不同,供应商直接面对的最终用户也不一样。

2. 配送是末端运输

配送是相对干线运输而言的概念,从狭义上讲,货物运输分为干线部分的运输和支线部分的配送。与长距离运输相比,配送承担的是支线的、末端的运输,是面对客户的一种短距离的送达服务。从工厂仓库到配送中心的批量货物的空间位移称为运输,从配送中心到最终用户的多品种、小批量货物的空间位移称为配送。

3. 配送强调时效性

配送不是简单的"配货"加"送货",它有着特定含义,更加强调在特定的时间、地点完成交付活动,充分体现时效性。

4. 配送强调满足用户需求

配送是从用户利益出发,按用户要求进行的一种活动,因此,在观念上必须明确"用户第一""质量第一"。配送承运人的地位是服务地位而不是主导地位,因此必须从用户的利益出发,在满足用户利益的基础上取得本企业的利益。

5. 配送强调合理化

对于配送而言,应当从时间、速度、服务水平、成本、数量等多方面寻求最优。过分强调"按用户要求"是不妥的,受用户本身的局限,"要求"有时候存在不合理性,在这种情况下会损失单方或双方的利益。

6. 配送使企业实现"零库存"成为可能

企业为保证生产持续进行，依靠库存（经常库存和安全库存）向企业内部的各生产工位供应物资。如果社会供应系统既能实现对企业的外部物资供应，又能实现上述的内部物资供应，那么企业的"零库存"就成为可能。

（三）配送与运输的区别

配送与运输的区别如表7-1所示。

表7-1 配送与运输的区别

内容	运输	配送
运输性质	干线运输	支线运输、市区运输、末端运输
货物性质	少品种，大批量	多品种，小批量
运输工具	大型货车或铁路运输、水路运输	小型货车
管理重点	效率优先	服务优先
附属功能	装卸、捆包	装卸、保管、包装、分拣、流通加工等

相关学习视频：配送与运输的区别

二、配送的作用

（一）配送可以降低物资的库存水平

通过配送，企业的库存总量会低于分散库存总量。同时，配送有利于灵活调度，有利于发挥物资的作用。此外，配送中心的物流库存可以发挥规模经济优势，降低库存成本。

（二）配送可以提高物资供应保证程度

配送企业依靠自己联系面广、多方组织货源的优势，按用户的要求及时供应。若组织的货源不能满足用户的需要，配送企业还可以利用自己的加工能力进行加工改制，以适应用户的需求并及时地将货物送到用户手中。

（三）配送有利于提高物流效率，降低物流费用

采取配送方式批量进货、集中发货，以及将多个小批量集中在一起大批量发货，都可以有效地节省运力，实现经济运输，降低成本，提高物流经济效益。

（四）配送可以实现低库存

对生产企业来讲，实行高水平的定时配送方式之后，生产企业可以依靠配送中心准时配送而不需保持自己的库存。这就可以实现生产企业的"零库存"，节约储备资金，降低生产成本。

（五）配送可以简化手续，方便客户

每个用户由于自身的实际情况不同，对供应的要求也有所不同。物流节点按照服务范

围满足用户的需要，批量购进各种物资，与用户建立比较稳定的供需关系。一般实行计划配送，而对于少数用户的临时需要也进行即时配送服务。用户一次购买活动就可以买到多种商品，简化了交易次数及相应的手续。同时，由于配送的"送"的功能，用户不必考虑运输方式、路线及装卸货物等问题，就可在自己的工厂或流水线处接到所需的物品，大大减轻了客户的工作量，节约了开支，方便了客户，从而提高了物流服务质量。

三、配送的分类

配送的基本形式可以从配送对象、配送服务方式等角度进行分类。

(一) 按配送对象分类

配送供给与需求的双方是由实行配送的企业和接受配送服务的用户(企业或消费者)所构成的，有以下几种情况。

1. 企业对企业的配送

企业对企业的配送，即企业与企业之间的配送，属于社会开放系统的企业之间的配送。作为配送需求方的企业，有两种情况：①企业是最终的需求方；②企业在接受配送服务之后，还要对产品进行销售，这种配送一般称为"分销配送"。

2. 企业内部配送

企业内部配送，大多发生在大型企业之中，也有两种情况：第一，如果企业属于连锁型企业，各连锁商店经营的物品、经营方式、服务水平、价格水平相同，配送的作用是支持连锁商店经营，这种配送称为连锁型配送。连锁型配送的主要优势是：在一个封闭系统中运行，随机因素的影响比较小，计划性比较强，因此容易实现低成本的、精细的配送。第二，大型企业的内部配送，大型企业成本控制的一个重要方法是，由高层主管统一进行采购，实行集中库存，按车间或者分厂的生产计划组织配送，这种方式是现在许多企业采用的"供应配送"。

3. 企业对消费者配送

企业对消费者配送，即在社会中所运行的配送。虽然企业可以通过会员制、贵宾制等方式锁定一部分消费者，从而采用比较容易实施的近似于连锁配送的方式，但是，在多数情况下，消费者是一个经常变换的群体，需求的随机性非常强，服务水平的要求又很高，所以这是配送供给与配送需求之间最难协调的一种类型。最典型的是和B2C型电子商务相配套的配送服务。

(二) 按配送服务方式分类

1. 定时配送

定时配送是按规定时间和时间间隔进行的配送。定时配送的时间由配送的供给与需求双方通过协议确认，每次配送的品种及数量可预先在协议中确定，实行计划配送，也可以在配送之前以商定的联络方式(如电话、传真、计算机网络等)通知配送品种及数量。定时配送这种服务方式，由于时间确定，对用户而言，易于根据自己的经营情况按照最理想的时间进货，也易于安排接货力量(如人员、设备等)。对于配送企业而言，这种服务方式易于安排工作计划，有利于对多个用户实行共同配送以减少成本的投入，易于计划使用车辆和规划路线。定时配送有以下几种具体形式。

(1) 小时配。

小时配即接到配送订货要求之后，在 1 小时之内将货物送达。这种方式适用于一般消费者突发的个性化需求所产生的配送要求，也经常用作配送系统中应急的配送方式。

(2) 日配。

日配即接到订货要求之后，在 24 小时之内将货物送达。日配是定时配送中实行较为广泛的方式，一般而言，日配的时间要求大体上是：上午的配送订货，下午可送达；下午的配送订货，第二天早上送达。这样就可以使用户在实际需要的前半天得到送货服务。如果是企业用户，这可使企业的运行更加精密化。日配方式广泛而稳定地开展，使用户基本上无须保持库存，也即实现用户的"零库存"。

(3) 准时配送。

准时配送即按照双方协议时间，准时将货物配送到用户的一种方式。这种方式和小时配、日配的主要区别在于：小时配、日配是向社会普遍承诺的配送服务方式，针对的是社会上不确定的、随机性的需求。准时配送方式则是根据用户的生产节奏，按指定的时间将货送达。这种方式比日配方式更为精密，可实现零库存。准时配送的服务方式，可以通过协议计划来确定，也可以通过看板方式来实现。准时配送方式要求有很高水平的配送系统来实施。由于用户的要求独特，因而不大可能对多用户进行周密的共同配送。这种方式适用于装配型、重复、大量生产的企业用户，这种用户所需的配送物资是重复、大量而且没有太大变化的，因而往往是一对一的配送。

(4) 快递配送。

快递配送是一种快速配送方式。快递服务覆盖地区较为广泛，所以，服务承诺期限按不同地域会有所变化，这种快递方式，综合利用小时配、日配等在较短时间内实现送达的方式，但不明确送达的具体时间，所以一般用作向社会广泛服务的方式，而很少用作生产企业"零库存"的配送方式。快递配送面向整个社会企业型和个人型用户。日本的"宅急便"、美国的"联邦快递"、我国邮政系统的 EMS 快递都是非常成功的快递配送。

2. 定量配送

定量配送是按事先协议规定的数量进行配送。这种方式数量固定，备货工作有较强的计划性，容易管理。可以按托盘、集装箱及车辆的装载能力来有效地选择配送的数量，这样既能够有效地利用托盘、集装箱等集装方式，也可做到整车配送，配送的效率较高。定量配送有利于配送服务供给企业的科学管理，对用户来讲，每次接收同等数量的货物，有利于人力、装卸机具、存储设施的配备。定量配送适合在下述领域采用。

(1) 用户对库存的控制不十分严格，有一定的仓储能力，不施行"零库存"。

(2) 从配送中心到用户的配送路线保证程度较低，难以实现准时的要求。

(3) 难以对多个用户实行共同配送。只有达到一定配送批量才能使配送成本降到供需双方能接受的水平。

3. 定时定量配送

定时定量配送是指按照规定的配送时间和配送数量进行配送。定时定量配送兼有定时、定量两种优点，是一种精密的配送服务方式。这种方式计划难度较大，由于适合采用的对象不多，很难实行共同配送，因而成本较高。定时定量配送方式主要在大量且稳定生产的汽车、家用电器、机电产品的供应物流中取得了成功。

4. 定时定路线配送

定时定路线配送是指在规定的运行路线上，制订配送车辆到达的时间表，按运行时间表进行配送，用户可以按照配送企业规定的路线及规定的时间选择这种配送服务，并到指定位置及指定时间接货。采用这种方式有利于配送企业依次对多个用户实行共同配送，无须每次决定货物配装、配送路线、配车计划等，因此易于管理，配送成本较低。对用户而言，可以在确定的路线、确定的时间表上进行选择，有计划地安排接货力量，虽然配送路线可能与用户还有一段距离，但由于成本较低，用户也乐于接受这种服务方式。这种方式特别适合对小商业集中区的商业企业的配送。

5. 即时、应急配送

即时、应急配送是指完全按用户突然提出的配送要求随即进行配送的方式。这是对各种配送服务进行补充和完善的一种配送方式，这种配送方式主要针对用户由于事故、灾害、生产计划的突然变化等因素所产生的突发性需求。但配送服务实际成本很高，难以用作经常性的服务方式。

6. 共同配送

按照日本工业标准的解释，共同配送是"为提高物流效率，对许多企业一起进行配送"。共同配送有以下优势：降低配送成本；减少上路车辆，改善交通及环境；取得就近的优势，减少车辆行驶里程；减少配送网点及设施，节约社会财富。

> 思考：超市的生鲜食品适合采用哪种配送形式，为什么？

四、配送的基本环节

集货、分拣、配货、配装、送货和配送加工等是配送最基本的构成要素。

(一) 集货

集货是配送的首要环节，是将分散的、需要配送的货品集中起来，以便进行分拣和配货。为了满足特定用户的配送要求，有时需要把用户从几家甚至数十家供应商处预订的货品集中到一处。集货是配送的准备工作。配送的优势之一，就是通过集货形成规模效益。

(二) 分拣

分拣是将货品按品名、规格、出入库先后顺序等属性分门别类地进行作业，然后采用适当的方式和手段，从存储的货物中分出（或拣选）客户所需要的货物。分拣是保证配送质量的重要工作。成功的分拣，会大大减少差错，提高配送的服务质量。

(三) 配货

配货是把拣选出来的货品按客户要求进行必要的组合和集合，送到发货准备区。分拣和配货是不可分割的两个连续的环节，二者共同构成一个完整的作业。通常，在自动化程度高的情况下，这个部分的作业可以通过各种拣选设备和传输装置来完成。

(四)配装

配装也称配载,指充分利用运输工具(如货车、轮船等)的载重量和容积,合理安排货物的装载。把多个用户的货物或同一用户的多种货物合理地装载于同一辆车上,不但能降低送货成本,提高企业的经济效益,还可以减少交通流量,改善交通拥挤状况。配装是配送与一般送货的主要区别之一。

(五)送货

送货是将配好的货物按照配送计划确定的配送路线送达用户指定的地点,并与用户进行交接。如何确定最佳路线,如何使配装与路线有效结合起来,是配送运输的重点,也是难度较大的工作。

(六)配送加工

配送加工是按照配送客户的品种要求所进行的流通加工活动,它可以扩大配送品种的实用度,提高顾客的满意程度,提高服务水平,提高配送的吸引力。

> 思考:信息化时代、数字化背景下的配送应如何发展?

第二节 配送模式与配送合理化

一、配送模式

配送模式是企业对配送所采取的基本战略和方法。企业选择何种配送模式主要取决于配送对企业的重要程度、企业的配送能力、市场规模与地理范围、保证服务及配送成本等。根据国内外的发展经验及我国配送理论与实践,目前,主要形成了商流物流一体化、商流物流分离、共同配送等配送模式。

(一)商流物流一体化的物流配送模式

商流物流一体化的物流配送模式即自营配送模式,是指企业物流配送的各个环节由企业自身筹建并组织管理,实现对企业内部及外部货物配送的模式。

这种模式有利于企业供应、生产和销售的一体化作业,系统化程度相对较高,既可满足企业内部原材料、半成品及成品的配送需要,又可满足企业对外进行市场拓展的需求。

其不足之处表现在,企业为建立的配送体系的投资规模会大大增加,在企业配送规模较小时,配送的成本和费用也相对较高。

采取自营性配送模式的企业大都是规模较大的集团公司。有代表性的是连锁企业的配送业务,基本上是通过组建自己的配送系统来完成的,如沃尔玛。

(二)商流物流分离模式

商流物流分离模式即第三方配送模式,是指具有一定物流设施设备及专业经验技能的企业作为配送组织者，利用自身优势为其他企业提供配送服务的模式。

随着物流产业的不断发展，以及第三方配送体系的不断完善，第三方配送模式成为工商企业和电子商务网站进行货物配送的一个首选模式和方向。第三方配送模式的运作方式也有多种。

1. 企业销售第三方配送运作模式

这一模式是工商企业将销售物流外包给独立核算的第三方物流企业或配送中心运作，其配送运作模式如图7-1所示。

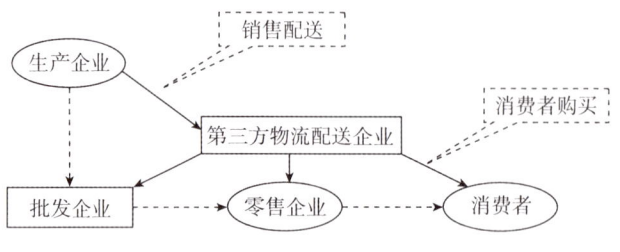

图7-1　企业销售第三方配送运作模式

2. 企业供应配送第三方物流化配送运作模式

这种配送组织管理方式是由社会物流服务商对某一企业或者若干企业的供应需求实行统一订货、集中库存、准时配送或采用代存代供等其他配送服务的方式。这种供应配送按客户送达要求的不同可以分为以下几种形式。企业供应配送第三方物流化配送运作模式如图7-2所示。

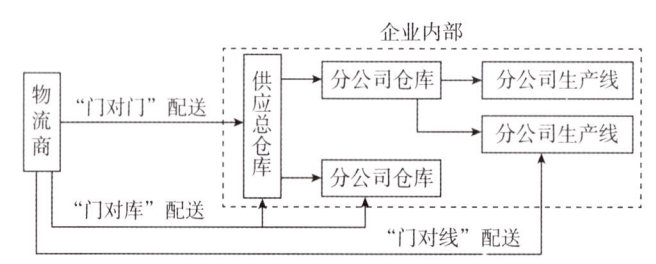

图7-2　企业供应配送第三方物流化配送运作模式

（1）"门对门"配送供应。由配送企业将客户供应需求配送到客户"门口"，以后的事情由客户自己去做。有可能在客户企业内部进一步延伸成企业内的配送。

（2）"门对库"配送供应。由配送企业将客户供应需求直接配送到企业内部各个环节的仓库。

（3）"门对线"配送供应。由配送企业将客户的供应需求直接配送到生产线。显然，这种配送可以实现企业的"零库存"，对配送的准时性和可靠性要求较高。

3. 供应销售物流一体化第三方物流配送运作模式

随着物流社会化趋势日益明显，企业供应链管理战略的实施，除企业的销售配送业务社会化外，企业供应配送也社会化，即由第三方物流公司来完成，特别是工商企业和专职的第三方物流企业形成战略同盟关系后，供应销售物流一体化所体现的物流集约化优势更为明显，即第三方物流在完成服务企业销售配送的同时，又承担客户物资商品内部供应的职能，也就是说，第三方物流既是客户企业产品销售的物流提供者，又是客户企业的物资商品供应代理人。以生产企业为例，企业供应销售物流一体化第三方物流配送运作模式如图 7-3 所示。

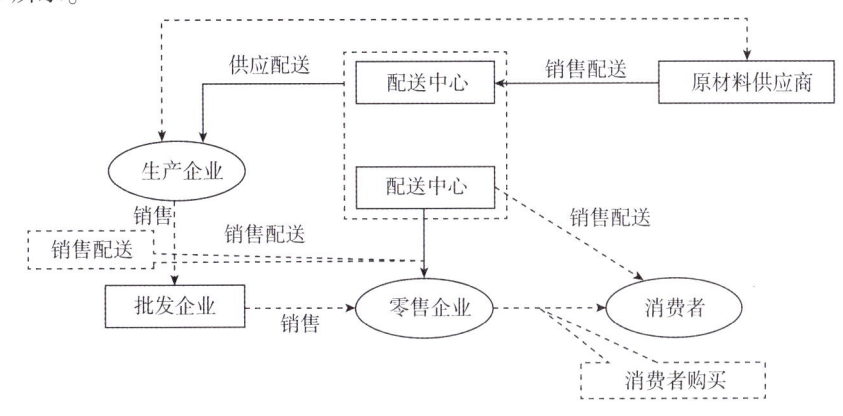

图 7-3　企业供应销售物流一体化第三方物流配送运作模式

供应销售物流一体化第三方物流配送运作模式是配送经营中的一种重要形式，它不仅有利于形成稳定的物流供需关系，更有利于工商企业专注于生产销售等核心业务的发展。同时，正因为长期稳定的物流供需关系，还有利于实现物流配送业务的配送中心化、配送作业计划化和配送手段的现代化，从而保持物流渠道的畅通稳定和物流配送运作的高效率、高效益、低成本。因此，供应销售物流一体化第三方物流配送运作模式备受关注。当然，超大型企业集团也可自己运作供应和销售物流配送，但中小企业物流配送走社会化之路，是绝对有利于降低供应成本、提升企业竞争力的。

（三）共同配送模式

1. 共同配送的含义

共同配送（Common Delivery）也称共享第三方物流服务，指多个客户联合起来共同由一个第三方物流服务公司来提供配送服务。它是在配送中心的统一计划、统一调度下展开的。共同配送是由多个企业联合组织实施的配送活动。简单来讲，共同配送是两个或两个以上的有配送业务的企业相互合作对多个客户共同开展配送活动的一种物流模式。

共同配送的本质是通过作业活动的规模化来降低作业成本，提高物流资源的利用效率。共同配送即企业采取多种方式进行横向联合、集约协调、求同存异及效益共享。

一般采取由生产、批发或零售、连锁企业共建一家配送中心来承担其配送业务或共同参与由一家物流企业组建的配送中心来承担其配送业务的运作方式，以获取物流集约化规模效益，从而解决个别配送效率低下的问题。其配送范围可以是生产企业生产所用的物料、商业企业所经销的商品的供应，也可以是生产企业生产的产品和经销企业的商品销售，具体根据商家参与共同配送的目的而定。

共同配送的优势在于有利于实现配送资源的有效配置，弥补配送企业功能的不足，促使企业配送能力的提高和配送规模的扩大，以更好地满足客户要求，提高配送效率，降低配送成本。

但共同配送也容易出现一些管理问题，如参与人员多而复杂，企业机密有可能泄露；货物种类繁多，产权多主体，服务要求不一致，难于进行商品管理，当货物破损或出现污溃时，易出现责任不清引发的纠纷，最终导致服务水准下降；运作主体多元化，主管人员在经营协调管理方面存在困难，可能会出现管理效率低下的情况；由于是合伙关系，管理难控制，物流设施费用及其管理成本易增加，并且收益的分配易出现问题。从国际情况来看，共同配送是配送发展的主要方向。

2. 共同配送产生的原因

共同配送产生的原因主要有以下四个方面。

(1) 自设配送中心规模难以确定。各行各业为保证生产供应或销售效率和效益，各自都想设立自己的配送中心以确保物流系统高效运作，但由于市场变幻莫测，难以准确把握生产、供应或销售的物流量。如规模建大了，则配送业务不足；如规模建小了，配送业务无法独立完成，达不到预期的目标。既然自己设立配送中心规模难以确定，那么利用社会化的物流配送中心或与其他企业合建开展共同配送则更为有效。

(2) 自设配送中心都会面临配送设施严重浪费的问题。在市场经济时代，每个企业都要开辟自己的市场和供销渠道。因此，不可避免地要分别建立自己的供销网络体系和自己的物流设施，这样一来便容易出现客户较多的地区设施不足、客户稀少的地区设施过剩的情况，造成物流设施的浪费，或出现不同配送企业重复建设配送设施的状况。何况配送中心的建设需要大量的资金投入，对众多的中小企业来说，其经营成本也是难以消化的，并且还存在着投资风险。因此，从资源优化配置角度考虑，共同配送自然成为最佳的选择。

(3) 大量的配送车辆集中在城市商业区，导致严重的交通问题。近些年出现的"消费个性化"趋势和强调"客户至上"要求采取准时送达的配送方式，送货或客户车辆的提运货额度很高，这就引发了交通拥挤、环境噪声及车辆废气污染等一系列社会问题。采取共同配送方式可以以一辆车代替原来的几辆或几十辆车，自然有利于缓解交通拥挤状况、减少污染。

(4) 企业追求利润最大化。企业配送的目的就是追求企业利润最大化。共同配送通过严密的计划安排提高车辆使用效率、设施使用效率以减少成本支出，增加利润，是企业追求利润最大化的有效途径。因此，企业逐渐意识到共同合作配送的重要性，于是大力开展社会化横向共同配送。

共同配送是企业在以上的社会经济背景下，为了适应企业生存发展需要而形成的一种重要配送模式。

3. 共同配送的具体方式

共同配送的目的主要是合理利用物流资源。因此，根据物流资源利用程度，共同配送大体上可分为以下几种具体形式。

(1) 系统优化型的共同配送。由一家专业物流配送企业综合各家客户的要求，对各个客户统筹安排，在配送时间、数量、数次、路线等方面做出系统最优的安排，在客户可以接受的前提下全面规划、合理计划地进行配送。这种方式不但可以满足不同客户的基本要求，又可以有效地进行分货、配货、配载，选择运输方式、选择运输路线，合理安排送达数量和送达时间。系统优化型的共同配送对多家客户的配送可充分发挥科学计划、周密计划的优势，实行起来较为复杂，但却是共同配送中水平较高的形式。

(2) 车辆利用型共同配送。车辆利用型共同配送又分为车辆混载运送型共同配送、利用客户车辆型共同配送、返程车辆利用型共同配送。

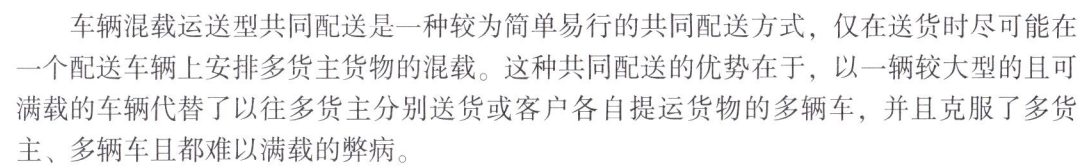

车辆混载运送型共同配送是一种较为简单易行的共同配送方式,仅在送货时尽可能在一个配送车辆上安排多货主货物的混载。这种共同配送的优势在于,以一辆较大型的且可满载的车辆代替了以往多货主分别送货或客户各自提运货物的多辆车,并且克服了多货主、多辆车且都难以满载的弊病。

利用客户车辆型共同配送,即利用客户采购零部件或采办原材料的车进行产品的配送。

返程车辆利用型共同配送,即为了不跑空车,让物流配送部门与其他行业合作,装载回程货或与其他公司合作进行往返运输。

(3)接货场地共享型共同配送。接货场地共享型共同配送是多个客户联合起来,以接货场地共享为目的的共同配送的形式。一般用于客户相对集中,并且客户所在地区交通、道路、场地较为拥挤,各个客户单独准备接货场地或货物处置场地有困难的情况。多个客户联合起来设立配送的接收点或货物处置场所,不仅解决了场地的问题,也大大提高了接货水平,加快了配送车辆运转速度,而且接货地点集中,可以集中处置废弃包装材料,减少接货人员数量。

(4)配送中心、配送机械等设施共同利用型的共同配送。在一个城市或一个地区中有数个不同的配送企业时,为节省配送中心的投资费用,提高配送运输的效率,多家企业共同出资合股建立配送中心进行共同配送或多家企业共同利用已有的配送中心、配送机械等设施,对不同配送企业客户共同实行配送。

> **思考**:哪种配送模式是物流配送发展的总体趋势?

二、配送合理化

(一)不合理配送的主要形式

不合理的配送主要有如下表现形式。

1. 资源筹措不合理

配送是利用较大批量筹措资源,通过筹措资源达到规模效益来降低资源筹措成本,使配送资源筹措成本低于用户自己筹措资源的成本,从而取得优势。如果不是集中多个用户需要进行批量筹措资源,而仅仅是为某一两户代购代筹,对用户来讲,就不仅不能降低资源筹措费,相反却要多支付一笔配送企业的代筹代办费,因而是不合理的。资源筹措不合理还有其他表现形式,如配送量计划不准,资源筹措过多或过少,在资源筹措时不考虑建立与资源供应者之间长期稳定的供需关系,不是多客户多品种联合送货、资源过多或过少等。

2. 库存决策不合理

配送应充分利用集中库存总量低于各用户分散库存总量,从而大大节约社会财富,同时降低用户实际平均分摊库存负担。因此,配送企业必须依靠科学管理来实现一个低总量的库存,否则就会在库存转移时未取得库存总量降低的效果。配送企业库存决策不合理还表现在存储量不足,不能保证随机需求,失去了应有的市场,如库存结构和库存量不合理等。

3. 价格不合理

总的来讲,配送的价格应低于不实行配送时用户自己进货的产品购买价格加上自己提货、运输、进货的成本总和，这样才会使用户有利可图。有时候，由于配送有较高服务水平，价格稍高，用户也是可以接受的，但这不是普遍的原则。如果配送价格普遍高于用户自己进货的价格，损害了用户利益，就是一种不合理表现。价格过低，使配送企业处于无利或亏损状态下运行，会损伤销售者，也是不合理的。

4. 配送与直送决策不合理

一般配送总是会增加环节，但是这个环节的增加，可降低用户平均库存水平，以此不但抵消增加环节的支出，而且能取得剩余效益。但是如果用户使用批量大，可以直接通过社会物流系统均衡批量进货，较之通过配送中转送货则可能更节约费用。所以，在这种情况下，不直接进货而通过配送，就属于不合理范畴，如大批量用户不直送、小批量用户不配送等。

5. 送货中运输不合理

配送与用户自提相比，尤其对于多个小用户来讲，可以集中配装一车送几家，这与一家一户自提相比，可大大节省运力和运费。如果不能利用这一优势，仍然是一户一送，而车辆达不到满载（即时配送过多、过频时会出现这种情况），则属于不合理配送。此外，不合理运输的表现形式，在配送中都可能出现，导致配送不合理，如不联合送货、不科学计划配送路线等。

6. 经营观念的不合理

在配送实施中，有许多经营观念不合理的情况，使配送优势无从发挥，损坏了配送的形象。这是开展配送时尤其需要注意的不合理现象。例如，配送企业利用配送手段，向用户转嫁资金、库存困难；在库存过大时，强迫用户接货，以缓解自己库存压力；在资金紧张时，长期占用用户资金；在资源紧张时，将用户委托的资源挪作他用获利等。

（二）合理配送的判断标志

对于配送合理与否的判断，是配送决策的重要内容。目前，国内外尚无统一的技术经济指标体系和判断方法，按一般认识，可考虑以下标志：库存标志；资金标志；成本和效益标志；供应保证标志；社会运力节约标志；物流合理化标志。

1. 库存标志

库存标志主要表现在两个方面。
(1) 库存总量降低：实行配送后库存量之和应低于实行配送前各客户库存量之和。
(2) 库存周转加快：一般总是快于原来各企业库存周转。
库存标志一般以库存储备资金计算，而不以实际物资数量计算。

2. 资金标志

资金标志主要表现在三个方面。
(1) 资金总量：用于资源筹措所占用的流动资金总量降低。
(2) 资金周转加快。
(3) 资金投向的改变：实行配送后，资金从分散投入改为集中投入，增加调控作用。

3. 成本和效益标志

由于总效益及宏观效益难以计量，在实际判断时，常按国家政策进行经营，缴纳国家税收，同时还以配送企业及客户的微观效益来判断。

4. 供应保证标志

供应保证标志包括：缺货次数；配送企业集中库存量；即时配送的能力及速度。

5. 社会运力节约标志

运力使用的合理化是依靠送货运力的规划和整个配送系统的合理流程，以及与社会运输系统合理衔接实现的。

6. 物流合理化标志

物流合理化的标志包括：物流费用降低；物流损失减少；物流速度加快；物流方式有效；有效衔接了干线运输和末端运输；物流中转次数减少；采用了先进的技术手段等。物流合理化是衡量配送能力的重要标志。

(三)配送合理化的措施

(1)推行一定综合程度的专业化配送。通过采用专业设备、设施及操作程序，降低配送综合化的复杂程度及难度，提高配送效率，追求配送合理化。

(2)加工配送。通过流通加工和配送的有机结合，实现配送增值。同时，加工借助于配送，加工目的更明确，与客户联系更紧密，避免了盲目性。

(3)共同配送。通过联合多个企业共同配送，充分利用运输工具的容量，提高运输效率，以最近的路程、最低的配送成本完成配送，从而追求合理化。

(4)实行双向配送。配送企业与客户建立稳定、密切的协作关系，配送企业不仅成为客户的供应代理人，而且成为客户的存储据点，甚至成为产品代销人。

(5)推行准时配送系统。配送做到准时，客户才有资源把握，才可以放心地实施低库存或零库存。准时供应配送系统是现在许多配送企业追求配送合理化的重要手段。

(6)推行即时配送。即时配送成本较高，但它是整个配送合理化的重要保证手段。此外，即时配送也是客户实行零库存的重要保证手段。

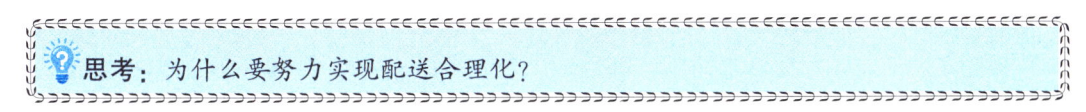

> 思考：为什么要努力实现配送合理化？

第三节 配送作业管理

一、配送作业管理的意义

(一)对于从事配送工作的企业的意义和作用

(1)科学合理的配送管理，有利于大幅提高企业的配送效率。配送企业通过对配送活动的合理组织可以提高信息的传递效率，提高配送决策的效率和准确性，提高各作业环节的效率，能有效地对配送活动进行实时监控，促进配送作业环节的合理衔接，减少失误，更好地完成配送的职能。

(2)科学合理的配送管理，有利于大幅提高货物供应的保证程度，降低因缺货而产生的风险，提高配送企业的客户满意度。

(3)科学合理的配送管理，有利于大幅提高配送企业的经济效益。一方面，货物供应保证程度和客户满意度的提高将会提高配送企业的信誉和形象，吸引更多的客户；另一方面，会使企业更科学合理地选择配送方式及配送路线，保持较低的库存水平，降低成本。

(二)对于客户的意义和作用

对于接受配送服务的客户而言，科学合理的配送管理有以下作用。

(1)对于需求方客户来说，可以通过配送管理降低库存水平，甚至实现零库存，减少库存资金，改善财务状况，降低经营成本。

(2)对于供应方客户来说，如果供应方实施自营配送模式，可以通过科学合理的配送管理提高配送效率，降低配送成本。如果供应方采取委托配送模式，可节约在配送系统方面的投资和人力资源的配置，提高资金的使用效率，降低成本开支。

(三)对于配送系统的意义和作用

对于配送系统而言，配送作业管理的意义与作用主要有以下几点。

(1)完善配送系统。配送系统是构成整个物流系统的重要系统，配送活动处于物流活动的末端，它的完善和发展将会使整个物流系统得以完善和发展。科学合理的配送管理有助于完善整个配送系统，从而达到完善物流系统的目的。

(2)强化配送系统的功能。配送作业管理将更强地体现出配送运作乃至整体物流运作的系统性，使运作之中的各个环节紧密衔接、互相配合，从而达到系统最优的目的。

(3)提高配送系统的效率。对于配送工作而言，与其他任何工作一样，需要进行全过程的管理，以不断提高系统运作效率，更好地实现经济效益与社会效益。

二、配送作业管理的内容

(一)配送作业管理的目标

配送作业的总体目标可以简单地概括为 7 个恰当(Right)，简称为 7R，即在恰当的时间、地点和恰当的条件下，将恰当的产品以恰当的成本和方式提供给恰当的消费者。为达到 7R，需提高配送的服务质量和客户的满意度，降低配送成本。在实际的配送作业过程中，还要建立具体目标：快捷响应、最低库存、整合运输。

(二)配送作业管理的内涵

虽然不同产品的配送业务之间可能存在部分差异，但大多数配送活动要经过进货、存储、分拣、配货、分放、配装与送货等作业活动，如图 7-4 所示。

进货 → 存储 → 分拣 → 配货 → 分放 → 配装 → 送货 → 送达

图 7-4 配送中心的作业流程

配送作业管理就是对图 7-4 所示流程之中的各项活动进行计划和组织。配送的对象、品种、数量等较为复杂，因此，为了做到有条不紊地组织配送活动，管理者必须遵照一定的工作程序对配送作业进行安排与管理。

(三)配送的工作步骤

1. 制订配送计划

配送是一种物流业务组织形式,而商流是拟订配送计划的主要依据。可以说,商流提出了何时何地向何处送货的要求,而配送则据此在恰当安排运力、路线、运量的基础上完成此项任务。配送计划的制订是既经济又有效地完成任务的主要工作。配送计划的制订应有以下几项依据。

(1)订货合同副本,由此确定用户的送达地、接货人、接货方式,用户订货的品种、规格、数量、送货时间及送(接)货的其他要求。

(2)所需配送的各种货物的性能、运输要求,以决定车辆种类及搬运方式。

(3)分时、分日的运力配置情况。

(4)交通条件、道路水平。

(5)各配送点所存货物的品种、规格、数量情况等。

充分掌握上述必需的信息资料之后,可以利用计算机,按固定的程序输入上述数据。计算机利用配送计划的专用软件自动处理数据后输出配送计划表,或由计算机直接向具体执行部门下达指令。当然,在不具备上述手段的情况下,也可以利用人力按下述步骤编制配送计划。

(1)按日汇总用户需要的物资品种、规格、数量,并详细弄清各用户的地址,也可在表格中列出。

(2)计算各用户运货所需时间,以确定起运的提前期,如果运距不长,则可不必考虑提前期。

(3)确定每日应从每个配送点发运物资的品种、规格、数量,此项工作可采用图上或表上作业法完成,也可通过计算,以吨公里数最低或总运距最小为目标函数求解最优配送计划。

(4)按计划的要求选择和确定配送手段。

(5)最后,以表格形式拟出详细配送计划,进行审批。

2. 下达配送计划

配送计划确定后,将到货时间、到货品种、规格、数量通知用户和配送点,以使用户按计划准备接货,使配送点按计划发货。

3. 按配送计划确定物资需要量

各配送点按配送计划审定库存物资的配送保证能力,对数量、种类不足的物资组织进货。

4. 配送点下达配送任务

配送点向各运输部门、仓储部门、分货包装及财务部门下达配送任务,各部门做配送准备。

5. 配送发运

配货部门按要求将各用户所需的各种货物进行分货及配货,然后进行适当的包装并详细标明用户名称、地址、配达时间、货物明细。按计划将各用户货物组合、装车,并将发货明细交给司机或随车送货人员。

6. 配达

车辆按指定的路线将货物运达用户,并由用户在回执上签字。配送工作完成后,通知财务部门结算。

三、配送工作计划的制订

由上文可知,一项较完整的计划应包括配送地点及数量,所需配送的车辆数量,运输路线,各环节的操作要求,时间范围,与客户作业层面的衔接。高效的配送工作计划是在分析外部需求和内部条件的基础上按一定程序制订的。配送计划的制订包括以下步骤。

1. 确定配送的目的

配送目的是一定时期的配送工作所要达到的结果。在这里主要注意:配送业务是服务于长期固定客户还是服务于临时性特定顾客,是为了满足长期稳定性需求还是为了满足短期实效性要求。配送目的不同,具体的计划安排就有所不同。

2. 进行调查,收集资料

要制订一定时期的配送计划,对未来一定时期的需求进行正确的预测与评估,就必须依据大量的数据。不了解客户的需求就无法满足客户需求。因此,这阶段是计划工作的基础。需要调查收集的资料包括:配送活动的主要标的物情况,如原材料、零部件、半成品、产成品等;当年销售计划、生产计划,流通渠道的规模及变化情况,配送中心的数量、规模,运输费用、仓储费用、管理费用等数据;竞争对手的情况。

3. 内部条件分析

配送往往受到自身的能力和资源的限制。因此,要对配送中心配送人员(司机或者配送业务员)、配送中心的车辆及其他配送设施进行分析,确定配送能力。

4. 整合配送要素

这些配送要素是指货物、客户、车辆、人员、路线、地点、时间等,这些也称为配送的功能要素。在制订计划时要对这些要素综合分析,进行整合。

5. 制订初步配送计划

在完成上述步骤之后,结合自身能力及客户需求便可以初步确定配送计划。这个计划精确到到达每一个配送地点的具体时间、具体路线,以及货运量发生突然变化时的应急办法等方面。

6. 进一步与客户协调沟通

在制订初步的配送计划之后,进一步与客户进行沟通,请客户充分参与,提出修改意见,共同完善配送计划。这一环节对于提高配送计划质量是非常重要的。

7. 确定正式配送计划

与客户协调沟通之后,初步配送计划经过反复修改最终确定,成为正式配送计划。如果是一对一的配送,此计划也是配送合同的组成部分。

四、配送路线的确定

(一)配送路线确定原则

配送路线合理与否对配送速度、成本、效益影响颇大。因此,采用科学合理的方法确定配送路线是配送活动中非常重要的一项工作。确定配送路线可以采用各种数学方法,但无论采用何种方法,首先应建立试图达到的目标,再考虑实现此目标的各种限制,在有约束的条件下寻找最优方案。

一般确定的目标可以是效益最高、成本最低、路程最短、准时性最高、运力利用最合理、劳动消耗最低。因效益是综合反映,配送线路中难反映,一般不用;成本对效益起决定作用,不常用;路程最短可以大大简化计算,但道路收费等有时不一定是最低成本;吨公里最小适合整车长途;准时性最高是配送的服务目标要求,但要有限度;运力利用最合理通过劳动消耗最低、油耗最低、司机工作时间短等目标实现。

相应的约束条件可以包括:满足所有收货人对货物品种、规格、数量的要求;满足收货人对货物发到时间范围的要求;在交通管制允许通行的时间中进行配送;各配送路线货物量不得超过车辆容积及载重量的限制;在配送中心现有运力允许的范围之中。计划制订要求在有约束条件下实现最优。

(二)配送路线确定方法

1. 数学计算法

可以利用经济数学模型进行数量分析。例如,应用线性规划的数学模型求解最佳运输路线方案。

2. 节约里程法

在实际工作中有时只要求近似解,不一定求得最优解,在这种情况下可采用节约里程法。它将运输距离长短作为确定配送路线的主要依据,它的基本思路是根据配送中心的运输能力及其到客户之间的距离,以及各用户间的相对距离来制订使总的配送车辆吨公里数达到接近最小的配送方案。它的基本原理是三角形两边之和大于第三边。往返发货与巡回发货车辆行走的距离如图7-5所示。

图7-5 往返发货与巡回发货车辆行走的距离

由配送中心 P 向两个用户 A、B 送货,P 到 A、B 的最短距离分别为 L_1、L_2,A、B 之间的最短距离为 L_3。用户 A、B 对货物的需求量分别为 q_1、q_2(假设 q_1+q_2 小于汽车载重量)。

若用两辆汽车(分别为甲、乙)向两个用户往返送货,汽车直行的总里程数 $L=2(L_1+L_2)$。

若改为由一辆车向 A、B 两个用户送货,汽车行走的里程 $L=L_1+L_2+L_3$,后一种节约里程 $\triangle L=L_1+L_2-L_3$。

如果在配送中心 P 的供货范围内还存在着 3, 4, 5, …, n 个用户, 在汽车载重允许的情况下可将其按节约量的大小依次连成巡回路线, 直至汽车满载为止。余下的用户按同样的方法确定巡回路线, 另外派车。

(三) 配送效益的评价

方案实施后是否实现配送目标, 可采用配送效益指标和服务质量指标进行衡量。

1. 配送效益指标

配送效益指标是用价值和数量来衡量判断配送单位的配送效益的指标, 主要包括以下几个指标。

物流吨费用指标 = 物流费用/物流总量;

满载率 = 车辆实际装载量/车辆装载能力;

运力利用率 = 实际吨公里数/运力往返总能力(吨公里)。

2. 服务质量指标

服务质量指标主要从客户的角度考核配送企业的绩效, 主要有以下几个指标。

缺货率 = 缺货次数/用户需求次数;

满足程度指标 = 满足用户要求数量/用户要求数量;

交货水平指标 = 按期交货次数/总交货次数;

交货期质量指标 = 规定交货期 – 实际交货期;

商品完好率指标 = 交货时完好商品量/物流总量;

正点运输率指标 = 正点运输次数/运输总次数。

第四节　配送中心概述

一、配送中心的概念

《物流术语》(GB/T 18354—2021)中对配送中心(Distribution Center)的定义是: 具有完善的配送基础设施和信息网络, 可便捷地连接对外交通运输网络, 并向末端客户提供短距离、小批量、多批次配送服务的专业化配送场所。

二、配送中心的类型

(一) 按配送中心的建立者分类

1. 生产企业配送中心

大型生产企业为了促进销售, 加强客户服务, 一般都构筑自己的销售网络和配送网络。中小型企业, 因财力有限, 自行投资构筑配送网络不经济, 更不符合社会分工细化的趋势, 所以, 大都委托第三方物流公司或专业物流企业进行配送。大型生产企业, 特别是超大型生产企业的做法是, 在生产厂集中的地区建立一个物流基地, 在消费者集中的地区建立若干个配送中心。各工厂生产的商品大批量、少批次、低频度地先运给物流基地, 然后根据各个消费地区的用量将商品从物流基地运至配送中心, 在配送中心再一次分类、分拣、组装、加工、配齐后，用小型卡车，多品种、小批量、高频度地送达最终用户。这类配送中心由于是本企业、本配送系统内配送，配送中心一般由自动化立体仓库、货架仓库、分类流水线、分拣系统、包装和流通加工作业区等部分构成。这类配送中心能反映企业的销售状况和市场需求状况，所以，企业能够通过对配送过程中各类数据的分析制订生产计划，采购原材料，安排生产，以避免盲目生产造成的浪费，生产企业自己建设配送中心有一定的投资风险，季节性波动和销售波动问题难以自行解决。

2. 流通企业配送中心

流通企业建设配送中心一般是大型第三方物流企业、仓储企业、批发商和经销商。流通企业为社会各行各业提供服务，项目多、范围广。但由于客户不固定、变动性大，所以，配送中心的规模不宜过大，不宜过于专用化。我国仓储企业的配送中心不少是由原来的保管型仓库演变而成的，建设成本小，地理位置优越，但需要加强设施、设备改造和提高服务意识。流通企业的配送中心应该进一步向生产领域延伸，与生产企业融合，提高全方位的服务。同时，必须树立良好的企业形象，重合同、守信誉。

(二)按配送中心的职能分类

1. 供应型配送中心

供应型配送中心是专门以向某些用户供应商品，提供后勤保障为主要特点的配送中心，如图7-6所示。在物流实践中，有许多配送中心与生产企业或大型商业组织建立起相对稳定的供需关系，为其供应原材料、零配件和其他商品，这类配送中心即属于供应型配送中心。供应型配送中心一般专门为固定用户，如连锁商店、便利店提供配送服务，定期、定时向连锁商店和便利店配送原材料、食品或零配件。供应型配送中心相对来讲供货批量比较固定，配送次数不是很频繁，路线稳定，配送对象单一，所以，这类配送中心比较经济，也便于管理。例如，我国上海地区6家造船厂共同组建的钢板配送中心、美国Suzuki Motor 洛杉矶配件中心，以及德国Suzuki Motor 配件中心等物流组织，就是这种配送中心的典型代表。

供应型配送中心担负着向多家用户供应商品的重任，起供应商的作用。因此，这类配送中心占地面积比较大，一般建有大型的现代化仓库并存储一定数量的商品。

图7-6 供应型配送中心

2. 销售型配送中心

销售型配送中心以促进销售为目的，物流服务商流，借助配送这一服务手段来开展经营活动的配送中心，典型代表有沃尔玛，如图7-7所示。在激烈的竞争市场环境下，商品生产者和经营者为促进商品的销售，通过为客户代办理货、加工和送货等服务手段来降低成本，提高服务质量，与此同时，改造和完善了物流设施，运用现代化配送理念组建了专门从事加工、分拣配货、送货等活动的配送中心。

由于配送对象零散、变动性大，数量有多有少，因而配送服务计划性差，临时配送作业多，难度也大。这类配送中心一般由立体自动化仓库、货架仓库、分类机械、分拣设备、传送轨道、识别装置、无线数据传输、无人搬运小车、托盘堆码机，以及计算机控制操作系统构成。这类配送中心主要有三种类型。

(1)生产企业为自身产品直装销售给用户的配送中心。在国内外，这种类型的配送中心很多。

(2)流通企业建立的配送中心。作为自身经营的一种方式，流通企业通过建立配送中心以扩大销售。国内已建或拟建的配送中心多属于这种类型。

(3)流通企业和生产企业联合建立的销售型配送中心。此类配送中心是未来的发展趋势。

图7-7　销售型配送中心

美国沃尔玛公司的配送中心是典型的销售型配送中心。该配送中心是沃尔玛公司独资建立的，专为本公司的连锁店按时提供商品，确保各店稳定经营。该中心的建筑面积为12万平方米，总投资7 000万美元，职工1 200多人；配送设备包括200辆车头、400节车厢、13条配送传送带，配送场内设有170个接货口。中心24小时运转，每天为分布在纽约州、宾夕法尼亚州等6个州的沃尔玛公司的100家连锁店配送商品。该中心设在100家连锁店的中央位置，商圈为320千米，服务对象的平均规模为1.2万平方米。中心经营商品达4万种，主要是食品和日用品，通常库存为4 000万美元，旺季为7 000万美元，年周转库存24次。在库存商品中，畅销商品和滞销商品各占50%，库存商品期限超过180天为滞销商品。各连锁店的库存量为销售量的10%左右。在沃尔玛各连锁店销售的商品，根据各地区收入和消费水平的不同，其价格也有所不同。总公司对价格差规定了上下限，原则上不能高于所在地区同行业同类商品的价格。

3. 存储型配送中心

存储型配送中心充分强化商品的存储功能，在充分发挥存储作用的基础上开展配送活动。从商品销售的角度来看，在买方市场条件下，企业商品的销售需要有较大的库存支持；在卖方市场条件下，生产企业需要存储一定数量的生产资料，以此保证生产连续运转，其配送中心需要有较强的存储功能。大范围配送的配送中心需要有较大的库存支持，即存储型配送中心。这类配送中心通常具有较大规模的仓库和存储场所。

4. 加工型配送中心

加工型配送中心的主要功能是对商品进行流通加工，在配送中心对商品进行清洗、组装、分解、集装等加工活动。例如，美国福来明公司的食品配送中心的建筑面积为7万平方米，其中包括4万平方米的冷库、3万平方米的杂货仓库，经营商品有8万多种。

（三）按配送中心的归属分类

1. 自有型配送中心

自有型配送中心是指隶属于某一个企业或企业集团，通常只为本企业提供配送服务，不对本企业或企业集团之外开展配送业务的配送中心。连锁经营的企业常常建有这类配送中心。例如，美国沃尔玛公司所属的配送中心，就是公司独资建立并专门为本公司所属的连锁企业提供商品配送服务的自有型配送中心。

2. 公共型配送中心

公共型配送中心是以营利为目的，面向社会开展后勤服务的配送组织。其特点是服务范围不限于某一个企业或企业集团内部。在配送中心总量中，这种配送组织占有相当大的比例，随着经济的发展，其比例还会提高。

3. 合作型配送中心

合作型配送中心由几家企业合作兴建、共同管理，多为区域性中心。合作型配送中心可以是企业联合发展，如中型零售企业联合兴建，实行共同配送；也可以是行业或地区规划建设，作为本行业或本地区内企业的共同配送中心；还可以是多个企业、系统、地区联合共建，形成辐射全社会的配送网络。

（四）按配送中心服务范围分类

1. 城市配送中心

城市配送中心是为城市范围内的用户提供配送服务的物流组织，其特点是多品种、小批量、配送距离短，要求反应能力强，提供门到门的配送服务，根据城市道路的特点，其运载工具通常为小型汽车。另外，城市配送的对象多为连锁零售企业的门店和最终消费者，我国很多城市的食品配送中心、菜篮子配送中心等都属于城市配送中心。

2. 区域配送中心

区域配送中心库存商品充分，辐射能力强，配送范围广，可以跨省、市开展配送业务，这种配送中心规模较大，客户较多，配送批量也较大，其服务对象经常是下一级的配送中心、零售商或生产企业用户，如前所述的美国沃尔玛公司的配送中心，建筑面积12万平方米，每天可为6个州100家连锁店配送商品。

(五)按配送商品的属性分类

按配送商品的属性划分,配送中心有医药品配送中心(图7-8)、化妆品配送中心、食品配送中心、家电配送中心、烟草配送中心、日用品配送中心、电子产品配送中心、书籍配送中心、服装鞋帽配送中心、汽车零配件配送中心、鲜花配送中心、水果蔬菜配送中心、海产品配送中心等。这些种类的配送中心因配送的商品类别不同,各种商品之间又有排他性或不可混淆性的要求,故所具有的设施、结构、设备以及管理方式等均有一定差异。

图7-8 医药品配送中心

> 思考:什么类型的企业适合建立自己的配送中心?

三、配送中心的功能

配送中心是专门从事货物配送活动的经济组织,具有如下功能。

(一)集散功能

配送中心凭借其在物流网络中的枢纽地位和拥有的各种先进设施设备,将分散在各地的生产厂商的产品集中到一起,经过分拣、配装后向众多用户发送。与此同时,配送中心也可以把各个用户所需要的多种货物进行有效组合、配载,形成经济合理的货运批量。

(二)衔接功能

通过开展货物配送活动,配送中心把各种产品送到广大用户手中,客观上起到了产品传输链的作用,在其间架起了相互沟通的桥梁。

(三)运输功能

配送中心是拥有一定规模的运输工具。具有竞争优势的配送中心不只是一个点,而是一个覆盖范围广的网络。因此,配送中心首先应该为客户选择满足其需要的运输方式,然后具体组织网络内部的运输作业，在规定的时间内将客户的货物运抵目的地。

（四）存储功能

为了顺利而有序地完成为用户配送货物的任务，配送中心要兴建现代化的仓库并配置一定数量的仓储设备，用于存储一定数量的货物。但客户需要的不是在配送中心存储货物，而是要通过仓储来保证市场销售活动的开展，同时尽可能降低库存占压的资金，减少存储成本。

（五）分拣功能

作为物流节点的配送中心，其服务对象有时能达到数百家。由于不同客户的经营特点和货物的物流方式不同，在订货或进货时会对货物的种类、规格、数量等提出不同的要求。为了能有效地开展配送活动，适应市场需要，配送中心必须采取适当的方式、技术和设备对配送中心的货物进行分拣作业，以便向不同的用户配送多种货物。

（六）流通加工功能

为了扩大经营范围和提高配送水平，许多配送中心都配备了各种加工设备，由此形成一定的加工能力。按照用户的要求与合理配送的原则，将组织进来的货物加工成一定规格、尺寸和形状的待送货品，这样既大大方便了用户，省却了用户不少劳动，又有利于提高资源利用率和配送效率。

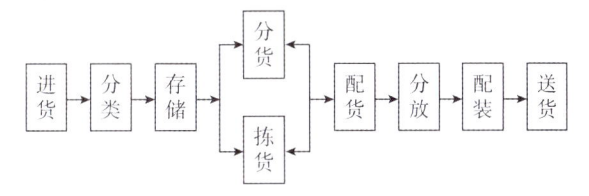

四、配送中心的作业流程

（一）配送中心的一般作业流程

不同功能的配送中心和不同商品的配送，其作业流程和作业环节会有所区别，但都是在配送中心一般作业流程的基础上对某些作业环节进行扩展和作出调整。所以，一般作业流程也是配送中心典型的作业流程，其主要特点是：有较大的存储、分拣、配货场所，装备、理货、分类、配货的功能较强，但流通加工功能相对较弱。

采用这种作业流程的配送中心以中、小件杂货配送为主，包括保质期较长的食品配送中心。由于货物品种繁多，为保证客户生产的连续性，配送中心需要一定的存储量，属于有存储功能的配送中心。配送中心的一般作业流程如图7-9所示。

图7-9 配送中心的一般作业流程

（二）转运型配送中心的作业流程

转运型配送中心不带存储库，其作业流程的最大特点就是没有大量库存，专以配送为职能，只有为一时配送准备的暂时性库存。暂存地点设在配货场地中，在配送中心不单设存储区。实际上，在配送中心内部，货物暂存和配货作业是同时进行的。使用这种配送流程的配送中心的主要场所都用于理货和配货，如配送生鲜食品的配送中心。转运型配送中心的作业流程如图 7-10 所示。

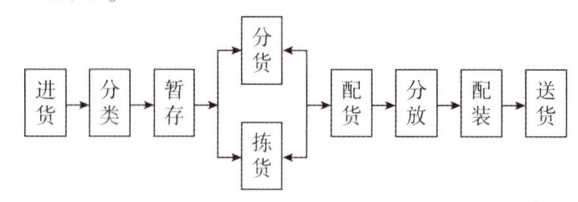

进货 → 分类 → 暂存 → 分货/拣货 → 配货 → 分放 → 配装 → 送货

图 7-10　转运型配送中心的作业流程

(三) 加工配送型配送中心的作业流程

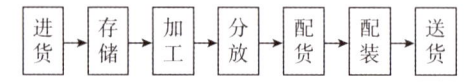

加工配送型配送中心的作业流程以流通加工为主，因此存储作业和流通作业居于主要地位。在这种流程中，一般按少品种或单一品种大批量进货，产品种类很少或无须分类存放，通常也不单独设立拣货、配货等环节，而是按照客户的要求进行加工，加工后直接按客户的要求配装，分放到为某个客户划定的存储区域。

加工配送型配送中心的作业流程有多个模式，随加工方式不同而有所区别。典型的加工配送型配送中心的作业流程如图 7-11 所示。

进货 → 存储 → 加工 → 分放 → 配货 → 配装 → 送货

图 7-11　加工配送型配送中心的作业流程

(四) 批量转换型配送中心的作业流程

批量转换型配送中心的作业流程以中转货物为其主要职能，产品以单一品种、大批量方式进货，在配送中心转换成小批量，然后分别配送到不同的客户。这种作业流程非常简单，基本不存在分类、拣货、分货、配货、配装等工序。但是，大批量进货使配送中心的存储区域变大，存储能力较强，所以存储工序及装货工序最为重要。采用这种流程的配送中心包括不需要进行加工的煤炭、水泥、油料等商品的配送中心。批量转换型配送中心的作业流程如图 7-12 所示。

进货 → 存储 → 装货或包装 → 送货

图 7-12　批量转换型配送中心的作业流程

五、现代物流配送中心的特点

根据国内外物流配送业发展情况，在电子商务时代，信息化、现代化、社会化的新型物流配送中心特征如下。

(一) 物流配送反应速度快

在电子商务背景下，新型物流配送服务提供者对上游、下游的物流配送需求的反应速度快，前置和配送时间短，物流配送速度快，商品周转次数多。

(二) 物流配送功能集成化

新型物流配送集成物流与供应链的其他环节，包括物流渠道与商流渠道的集成、物流渠道之间的集成、物流功能的集成、物流环节与制造环节的集成等。

(三)物流配送服务系列化

新型物流配送强调物流配送服务功能的恰当定位与完善化、系列化,除提供传统的存储、运输、包装、流通加工等服务外,还在外延上扩展至市场调查与预测、采购及订单处理,向下延伸至物流配送咨询、物流配送方案的选择与规划、库存控制策略建议、货款回收与结算、教育培训等增值服务,在内涵上提高了以上服务对决策的支持作用。

(四)物流配送作业标准化

电子商务背景下的新型物流配送强调功能作业流程化、标准化和程序化,使复杂的作业变成简单的易于推广与考核的运作。

(五)物流配送目标系统化

新型物流配送从系统角度统筹规划一个公司整体的各种物流配送活动,处理好物流配送活动与商流活动及公司目标之间、物流配送活动之间的关系,不求单个活动的最优化,但求整体活动的最优化。

(六)物流配送手段现代化

电子商务背景下的新型物流配送使用先进的技术、设备与管理为销售提供服务,生产、流通和销售规模越大、范围越广,物流配送技术、设备及管理越现代化。

(七)物流配送组织网络化

为了保证对产品促销提供快速、全方位的物流支持,新型物流配送要有完善、健全的物流配送网络体系,网络上点与点之间的物流配送活动保持系统性和一致性。这可保证整个物流配送网络有最优的库存总水平及库存分布,运输与配送快捷、机动,既能铺开又能收拢。分散的物流配送单体只有形成网络才能满足现代生产与流通的需要。

(八)物流配送经营市场化

新型物流配送的具体经营采用市场机制,无论是企业自己组织物流配送,还是委托社会化物流配送企业承担物流配送任务,都以最佳的物流服务为目标。

(九)物流配送流程自动化

物流配送流程自动化是指运送规格标准、仓储、货箱排列、装卸、搬运等按照自动化标准作业、最佳路线配送商品等。

(十)物流配送管理法制化

宏观上,要有健全的法规、制度和规则;微观上,新型物流配送企业要依法办事,按章行事。

六、现代物流配送中心应具备的条件

(一)高水平的企业管理

新型物流配送中心作为一种全新的流通模式和运作结构,要求达到科学和现代化的管理水平。只有通过合理的科学管理制度、现代化的管理方法和手段,才能充分发挥物流配送中心的基本功能和作用,从而保障相关企业和用户的整体效益。科学管理方法为流通管理的现代化、科学化提供了条件,促进了流通产业的有序发展。同时要加强对市场的监管和调控力度，使之有序化和规范化。总之，一切以市场为导向，以科学管理为保障，以服务为中心，加快科技创新，是新型物流配送中心的根本出路。

(二) 高素质的人员配置

新型物流配送中心能否充分发挥各项功能和作用，完成其应承担的任务，人才配置是关键。为此，新型物流配送中心必须配备数量合理，具有一定专业知识和较强组织能力的决策、管理、技术和操作等方面的人员，以确保新型物流配送中心的高效运转。新型物流配送中心的发展需要大量的各种专业人才，从事经营、管理、科研、仓储、配送、流通加工、通信设备和计算机系统维护、贸易等业务。因此必须加大人才培养的投入，培养和引进大批掌握先进科技知识的人才，并给予施展才华的机会。

此外，要对现有职工进行有计划的定期培训，形成系统的学习科技知识的制度，在企业内部引入竞争机制，形成能上能下的局面。要提高员工的科技创新意识，培养企业对知识的吸纳能力，促进物流产业人力资源的开发和利用，造就大批符合知识经济时代要求的物流配送人才。利用各种先进科学技术和科学方法，促进物流配送产业向知识密集型方向发展。

(三) 高水平的装备配置

新型物流配送中心面对庞大的供应厂商、消费者以及变化的市场，承担着为众多用户配送商品的任务。这就要求配备现代化装备和应用管理系统，具备必要的物质条件，尤其是要重视计算机网络的运用。通过计算机网络可以广泛收集信息，及时进行分析比较，通过科学的决策模型，迅速做出正确的决策。这是解决系统化、复杂化和紧迫性问题最有效的工具和手段。同时采用现代化的配送设施配送网络，将逐渐形成社会化大流通的格局。专业化的生产和严密组织起来的大流通要求拥有现代化物流手段。如自动分拣输送系统、自动化仓库、水平/垂直旋转货架、分层/分段旋转货架、AGV自动导引车、商品条码分类系统、悬挂式输送机。这些新型、高效、大规模的物流配送机械系统速度快、效率高、误检率小于万分之一。自动分拣输送系统能将不同方向、不同地点、不同渠道运来的不同物资，按照类型品种、尺寸重量及特殊要求分拣输送后，集中在指定的主自动化仓库或旋转货架式仓库上，其输送速度快(最高达 150 m/s)、分拣能力强(最高达 3 万件/h)、规模大(长度甚至有数百米)、卸货及分拣的通道多(最多在 200 个以上)、适用的货物范围广，这是面向 21 世纪配送网络的大型物流机器系统。自动分拣输送系统和自动化仓库、旋转货架式仓库等能满足市场需求，可以提供更完美的服务。在为多用户提供多品种、少批量、高频率、准确、迅速、灵活等服务方面具有独特的优势。

七、配送中心规划与设计

(一) 配送中心选址的原则

配送中心位置的选择，将显著影响实际营运的效率与成本，以及日后仓储规模的扩充与发展，因此，企业在决定配送中心设置的位置方案时，必须谨慎参考相关因素。配送中心选址时应该考虑的主要因素有以下几点。

1. 客户的分布

配送中心选址时首先要考虑的就是所服务客户的分布，对于供应型配送中心，其主要客户是超市和零售店，这些客户大部分分布在人口密集的地方或大城市，为了提高服务水平及降低配送成本，配送中心多建在城市边缘接近客户分布地的地区。

2. 供应商的分布

配送中心的选址还应该考虑的因素是供应商的分布地区。因为物流的商品全部是由供应商所供应的，中心越接近供应商，其商品的安全库存越可以控制在较低的水平。但是，因为国内一般进货的输送成本是由供应商负担的，因此有时不重视此因素。

3. 交通条件

交通条件是影响物流配送成本及效率的重要因素之一。交通运输不便将直接影响车辆配送的进行，因此必须考虑对外交通的运输通路，以及未来交通与邻近地区的发展状况等因素。配送中心地址的选择宜紧临重要的运输通路，以利配送运输作业的进行。考核交通方便程度的要素有高速公路、国道、铁路、快速道路、港口、交通限制规定等方面。一般配送中心应尽量选择建在交通方便的高速公路、国道及快速道路附近，如果以铁路及轮船作为运输工具，则要考虑靠近火车编组站、港口等。

4. 土地条件

土地条件，即要考虑土地与地形的限制。对于土地的使用，必须符合相关法令规章及城市规划的要求，尽量选在物流园区或经济开发区。用地的形状、面积与未来扩充的可能性，则与规划内容及实际建设的问题有密切的关系。因此，在选择场址时，有必要参考规划方案中仓库的设计内容，在无法完全配合的情形下，必要时应修改规划方案中的内容。另外，还要考虑土地大小与地价，在考虑现有地价及未来增值前景的情况下，配合未来可能扩充的需求程度，决定最合适的面积。

5. 自然条件

在物流用地的评估当中，自然条件也是必须考虑的，事先了解当地自然环境有助于降低建构的风险。例如，选址一定要考虑湿度、盐分、降雨量、台风、地震、河川等自然条件。有的地方靠近山区，湿度比较高，有的地方湿度比较低，而有的地方靠近海边，盐分比较高，这些都会影响商品的存储品质，尤其是服饰或电子产品等，对湿度及盐分都非常敏感。另外，降雨量、台风、地震及河川地形等自然条件，对配送中心的影响也非常大，必须特别留意并且避免因此遭到侵害。

6. 人力资源条件

在仓储配送作业中，最主要的资源需求为人力资源。由于一般物流作业仍属于劳动力密集的作业形态，在配送中心内部必须有足够的作业人力，因此在决定配送中心位置时必须考虑工人的来源、技术水平、工作习惯、工资水平等因素。人力资源的评估条件有附近人口、交通条件、工资水平等。如果物流的选址位置附近人口不多且交通不方便时，基层的作业人员不容易招募；如果附近地区的工资水平太高，也会影响到基层作业人员的招募，因为一般物流的作业属于服务行业，工资水平比工厂低且辛苦。因此，必须调查该地区的人力、交通及工资水平。

7. 政策条件

政策条件方面也是物流选址评估的重点之一，尤其是在取得物流用地比较困难的现在，如果有政府政策的支持，则更有利于物流经营者的发展。政策的条件包括企业优待措施(土地提供、减税)、城市计划(土地开发、道路建设)、地区产业政策等。许多交通枢纽城市如深圳、武汉等地设置了现代物流园区,这样除了提供物流用地外,也享受了赋税减免优惠,有助于降低物流经营者的营运成本。

(二)配送中心选址的方法

这里简单介绍一些常见的数学求解最优配送网点布局的方法,具体的数学建模和运算方法,有兴趣的同学可以参考物流工程及运筹学方面的相关书籍。

1. 解析法

解析法是通过数学建模进行配送中心网点布局的方法。采用这种方法,首先根据问题的特征、外部条件和内在联系建立起数学模型或图解模型,然后对模型求解,获得最佳布局方案。解析方法的特点是能获得精确的最优解,但这种方法对某些复杂问题难以建立起恰当的模型,或者由于模型太复杂,求解困难,要付出相当高的代价。因而,这种方法在实际应用中受到一定的限制。

2. 模拟法

模拟法是将实际问题用数学方程和逻辑关系的模型表示出来,然后通过模拟计算机逻辑推理确定最佳布局方案的方法。这种方法较前一种方法简单。采用这种方法进行配送中心网点布局时,分析者必须提供各种网点组合方案以供分析评价,从中找出最佳组合。因此,决策的效果依赖于分析者预期的组合方案是否接近最佳方案。

3. 逐次逼近法

逐次逼近法是对所求得的解进行反复判断、实践检验修正,直到满意为止。其特点是模型简单,需要进行方案组合的个数少,因此便于寻求最终答案。其步骤如下:首先定义一个计算总费用的方法;之后拟订判别准则,确定方案改选的路径;然后建立相应的模型;最后迭代求解。

(三)配送中心的总体规划

物流配送中心总体规划分为外部总体规划和内部区域规划。

1. 外部总体规划

物流配送中心的外部由物流生产区、办公区、生活区、辅助生产区构成,其中物流生产区是主体。具体而言,物流配送中心外部包括配送中心库区、办公楼、场区道路、停车场、场区大门、绿化区域和预留发展区域。

配送中心场区规划的原则和规定有以下几个方面。

(1)面积构成规定。要根据《物流建筑设计规范》(GB 51157—2016)等对面积的规定进行规划。

(2)建筑物总体尺寸要求。《物流建筑设计规范》(GB 51157—2016)分别对物流建筑的进深和物流建筑的室内高度作了要求。物流建筑的进深:当采用建筑单侧进出工艺流程时,不宜大于 60 m;当采用建筑双侧进出工艺流程时,不宜大于 120 m。物流建筑的室内高度:满足物流工艺对净高的要求;满足管线布置、运输通道高度、天然采光、自然通风的要求。

(3)结合地形进行设计,注意防洪、排水等要求。

(4)满足建筑消防、安全和环保等要求。《建筑设计防火规范》(GB 50016—2014)规定:对于作业型的物流建筑,由于其主要功能为分拣、加工等生产性质的活动,故其防火分区要根据其生产加工的火灾危险性,按本规范对火灾危险性类别厂房的规定进行划分。对于以仓储为主或分拣加工作业与仓储难以分清为主的物流建筑,则可以将加工作业部分采用防火墙分隔后,分别按照加工和仓储的要求确定。

(5)道路、停车场、出入口设置等要求。充分考虑道路设置单侧通道还是双侧车道,停车场设置几个出入口。

(6)合理利用风向、朝向等条件,减少污染,创造有利的装卸、通风条件。作业型物流建筑和综合性物流建筑优先考虑天然采光。

(7)注意一些技术指标的要求,常用技术指标如下。
①总用地面积,即场区地块的总面积;
②总建筑占地面积=建筑物占地面积+构筑物占地面积+堆场占地面积;
③总建筑面积,即建筑物各层面积之和;
④建筑密度=总建筑占地面积/总用地面积;
⑤容积率=总建筑面积/总用地面积;
⑥绿化率=绿化面积/总用地面积。

2. 内部区域规划

物流配送中心内部区域由物流作业区、配合作业区和办公区构成,其中物流作业区是主体,配合作业区主要管理进出车辆停放,提供动力,存放维修设备等。

(1)物流作业区能力规划。
①仓储区能力规划,主要是估算仓储区域能存放货物的容量,常用以下几种方法。

A. 周转率计算法:此方法简单、快速,适用于数据不足的情况。规划仓容量=年运转量放宽比/周转次数。

B. 送货频率法:此方法要明确知道顾客的送货周期。规划仓容量=年运转量/发货天数×送货周期×放宽比。

C. 实际库存量法:明确知道仓库库存时优先使用。
②拣选区能力规划。规划依据:拣货区规划以单日出货货品所需的拣货空间为主,故以品项数及作业面为主要考虑因素。日均拣选量=年拣选量/年发货天数;拣选区能力=日均拣货量/日均补货次数。

(2)物流作业区域面积估算方法。
①荷重计算法,也叫配送中心/(仓库)总面积估算法,其计算公式如下。

$$S = \frac{QT}{\alpha T_0 N_d}$$

式中,S 为仓库总面积(m^2);Q 为全年物流入库量(t);T 为物流平均储备期(天);α 为仓库面积利用系数,取值 0.3~0.4;T_0 为年有效工作日数;N_d 为有效面积上的平均货重(t/m^2)。

②类比法,总面积各区域均可用,其计算公式如下。

$$S = S_0 \times \frac{Q}{Q_0} \times k$$

式中，S 为区域面积，S_0 为已建同类面积，Q 为拟建最高存储量，Q_0 为已建最高存储量，k 为调整系数。

③定额计算法，各区域面积分别估算，其计算公式如下。

$$S = \frac{Q}{N_d}$$

式中，Q 为典型日作业区域物流作业量(t)；N_d 为单位作业面积作业量定额(t/m^2)，这里为一定条件下单位面积上能处理的最大物流作业量。N_d 取值根据以下指标来概算物流生产区的建筑面积：存储保管作业区单位面积作业量为 $0.7\sim0.9(t/m^2)$；收验货作业区单位面积作业量为 $0.2\sim0.3(t/m^2)$；拣选作业区单位面积作业量为 $0.2\sim0.3(t/m^2)$，配送集货作业区单位面积作业量为 $0.2\sim0.3(t/m^2)$。

④堆垛机算法，各区域面积分别估算，其计算公式如下。

$$S = \frac{A}{\alpha}$$

式中，S 为区域面积(m^2)；A 为计算所得地面上货物、托盘或货架实际占地面积(m^2)；α 为面积利用系数：货架为 $0.25\sim0.3$，堆存为 $0.45\sim0.6$；托盘堆存为 $0.4\sim0.5$；混合存储为 $0.35\sim0.4$。

(3)区域布置方法。

流程式区域布置法：以物流移动路线为布置的主要依据，适用于物流作业区域的布置。作业区域位置布置的基本步骤如下。

①确定配送中心对外连接道路的形式，即确定道路布置的具体位置。

②确定配送中心各区域的大致面积和长宽比例。面积根据上述面积估算方法得到。

③决定配送中心内部的主要动线形式。物流动线即设备、人员和货物行走的轨迹。配送中心内部的主要动线形式有六种：①直线型，即入口和出口在相对面，如南面和北面，物流活动贯穿整个配送中心，适用于小型配送中心；②双直线型，即在直线型的基础上增加一条直线，适用于托盘或货箱同时在两条路线上作业的情形；③锯齿型或 S 型，适用于多排货架并列的情况；④U 型，出入口设置在同一端，物流作业量大的物品应放在靠近出入口的货架；⑤分流式，适用于多家货主同时拣货；⑥集中式，适用于拣选不同区域的货物再集中起来。各种动线形式分别如图 7-13~图 7-18 所示。通常配送中心的物流动线形式并不是单一的，而是多种动线形式的混合。

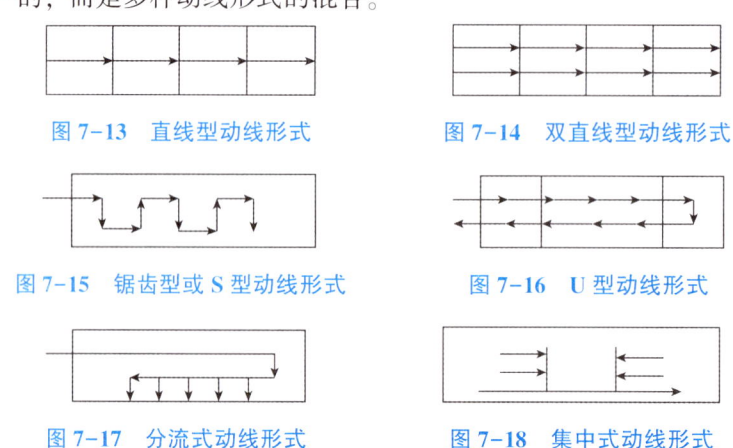

图 7-13　直线型动线形式

图 7-14　双直线型动线形式

图 7-15　锯齿型或 S 型动线形式

图 7-16　U 型动线形式

图 7-17　分流式动线形式

图 7-18　集中式动线形式

④插入刚性区域,即面积大、长宽比例不易调整的区域,如自动化立体仓库和分拣输送机。因为物流作业流程以送货作业开始,以发货作业结束,所以可以根据作业流程的先后顺序安排各区域的相对位置。

⑤插入柔性区域,即面积大、长宽比例容易调整的区域,如托盘货架区和流动货架区。

⑥把面积较小、长宽比例容易调整的活动区域填满,如进货暂存区、发货暂存区和流通加工区。

⑦确定行政办公区与存储区的关系,办公区可设立在出入口旁边。

本章小结

配送是根据客户要求,对物品进行分类、拣选、集货、包装、组配等作业,并按时送达指定地点的物流活动。

配送模式有商流物流一体化的物流配送模式、商流物流分离模式、共同配送模式。

配送合理的判断标志有库存标志、资金标志、成本和效益标志、供应保证标志、社会运力节约标志、物流合理化标志。

配送效益的评价分为配送效益和服务质量,其中配送效益从以下几个方面来衡量。

1. 物流吨费用指标=物流费用/物流总量;
2. 满载率=车辆实际装载量/车辆装载能力;
3. 运力利用率=实际吨公里数/运力往返总能力(吨)。

服务质量从以下几个方面来衡量:

1. 缺货率=缺货次数/用户需求次数;
2. 满足程度指标=满足用户要求数量/用户要求数量;
3. 交货水平指标=按期交货次数/总交货次数;
4. 交货期质量指标=规定交货期-实际交货期;
5. 商品完好率指标=交货时完好商品量/物流总量;
6. 正点运输率指标=正点运输次数/运输总次数。

配送中心(Distribution Center)是指具有完善的配送基础设施和信息网络,可便捷地连接对外交通运输网络,并向末端客户提供短距离、小批量、多批次配送服务的专业化配送场所。

练习与思考

一、多选题

1. 配送的主要特点有( )。
   A. 配送以终端用户为出发点
   B. 配送是末端运输
   C. 以满足用户需求为出发点
   D. 配送追求综合的合理效用
2. 判断配送合理化的标志是( )。

A. 库存总量　　　B. 成本　　　　　C. 仓库面积　　　D. 价格
E. 库存周期

3. 从总体上看，配送是由(　　)等基本环节组成的。
A. 备货　　　　　B. 理货　　　　　C. 送货　　　　　D. 流通加工

4. 下列区域中，属于配送中心库区刚性区域的有(　　)。
A. 自动立体仓库　B. 理货区　　　　C. 暂存区　　　　D. 分拣输送机

5. 下列关于配送中心总体设计指标的描述中，正确的有(　　)。
A. 容积率是总建筑占地面积与总建筑面积之比
B. 总建筑面积是建筑物各层面积之和
C. 绿化率是绿化面积与总用地面积之比
D. 建筑密度是总建筑面积与总用地面积之比

6. 配送中心总体由(　　)三大部分构成。
A. 物流生产区　　B. 辅助生产区　　C. 办公生活区　　D. 商务活动区

二、简答题

1. 简述配送与运输的区别。
2. 简述配送中心的主要功能。
3. 简述配送合理化的判断标志及其实现途径。
4. 简述不同配送方式的优缺点。

三、思考题

1. 结合我国的现状，分析提高配送效率的途径。
2. 结合某一个配送企业实例，分析配送计划的制订和实施。

第八章　包装技术与管理

学习目标

1. 知识目标：了解包装的概念以及包装和物流之间的关系，熟悉包装的功能，了解常见的包装技术和常见的包装材料。
2. 能力目标：应用包装的功能最大限度地发挥包装在物流活动中的作用，掌握各包装技术的包装方法，掌握包装材料的优缺点及适用性。
3. 素养目标：了解包装前沿技术，减少资源浪费，树立成绿色观念。

知识导图

```
                    ┌─ 包装概述 ─┬─ 包装的含义
                    │            └─ 包装的功能
包装技术与管理 ─────┼─ 包装技术
                    │
                    └─ 包装材料
```

引导案例

红星青花瓷珍品二锅头

——创意包装改变品牌形象

作为一家有着50多年历史的酿酒企业，北京红星股份有限公司（以下简称"红星公司"）生产的红星二锅头历来是北京市民的餐桌酒，一直受到老百姓的喜爱。然而，由于产品包装一直是一副"老面孔"，使得红星二锅头始终走在白酒低端市场，无法获取更大的经济效益。

随着红星青花瓷珍品二锅头的推出（图8-1），红星二锅头第一次走进了中国的高端白酒市场。红星青花瓷珍品二锅头在产品包装上融入中国古代文化的精华元素，酒瓶采用仿清乾隆青花瓷官窑贡品瓶型，酒盒图案以中华龙为主体，配以紫红木托，整体颜色构成以红、白、蓝为主，具有典型中华文化特色。该包装在中国第二届外观设计专利大赛颁奖典礼上荣获银奖。

红星青花瓷珍品二锅头酒是红星公司 50 多年发展史上具有里程碑意义的一款重要产品。它的推出，使得红星二锅头单一的低端形象得到了彻底的颠覆，不仅创造了优异的经济效益，还提高了公司形象、产品形象和品牌形象。据悉，目前红星青花瓷珍品二锅头在市场上的销售价格为 200 多元，而普通的红星二锅头酒仅为 5~6 元。据某负责人介绍，除了红星青花瓷珍品二锅头以外，红星公司还推出了红星金樽、金牌红星、百年红星等多款带有中国传统文化元素包装的高档整白酒。

图 8-1 红星青花瓷二锅头

案例来源：《销售与市场》——十大经典创意包装营销案例

思考：红星青花瓷珍品二锅头酒通过包装成功走进中国高端白酒市场，这一营销策略对我们有什么启示？

第一节 包装概述

随着经济的发展，市场竞争日趋激烈，包装已成为刺激消费、扩大销售、使产品增值的秘密武器，成为与经济发展、科技进步和提高人民生活质量密切相关的重要因素。包装的好坏，关系到商品能否完好无损地到达消费者手中；包装的装潢和造型水平，也影响到商品的竞争力。

一、包装的含义

包装（Packaging）是指为在流通过程中保护产品、方便储运、促进销售，按一定技术方法而采用的容器、材料及辅助物等的总体名称，也指为了达到上述目的而在采用容器、材料和辅助物的过程中施加一定技术方法等的操作活动。包装一般分为销售包装和运输包装。

包装影响着物流过程中的各个活动和物流系统的生产力。运输和仓储的费用与包装的大小和堆放的密度有关；装卸搬运费用取决于单位装载技术；库存费用的高低取决于如何通过人工和自动识别外包装上的信息来精确地管理库存；客户服务质量的提高取决于提供的包装能否给产品提供最佳的保护，同时在包装上所消耗的材料费用最小；延缓包装决策能够影响整个物流系统的费用。进一步而言，物流系统中各个活动的特征决定着包装的要求和费用，并且好的包装可以节省整个物流系统的费用。

包装在物流系统中的应用范围相当广泛，能够使在生产和配送中的物资流动更加便利，其中包括货物集装箱运输包装，从汽车零件到食品的工业包装，企业产品配送包装，车辆货物装卸包装和集装化的联合运输包装。在物流系统的各个活动中，需要不断地接收和发送货物，在这些活动中需要购买包装材料、拆开包装、重新包装、重新捆扎、废弃包装等。

包装通过在物流过程中保护产品、方便储运、促进销售来增加整个物流系统的价值，同时也影响着物流系统中各个活动，如运输和仓储活动。

二、包装的功能

现阶段，很多专家学者认为包装的价值是以包装在物流系统中的作用来衡量的，而不是用包装所使用材料的价值来衡量的。包装是物流活动中的一个子活动，既要减少物品在流动过程中的成本，也要增加物品的销售量。包装的目标是在节约包装材料的同时最大限度地发挥包装在物流活动中的功能，减少产品在转移过程中的损耗。包装的保护功能、便利功能和促销功能增加了整个物流系统的价值。

(一) 保护功能

包装的保护功能在于保证产品在物流系统中的质量和数量不发生变化。运输途中的破坏因素有时可以将产品整个损坏，这些损坏浪费了生产和物流的资源，替换损坏产品也要花费额外的成本，同时造成延迟交货，甚至会使客户流失。

包装的保护作用是通过研究产品转移过程中各种损坏、环境因素对产品包装的影响、包装损坏分析、被包装产品的特性和是否是易碎品以及包装性能测试，来提供给产品的包装，用以保护产品。包装最重要的目的是使用最经济的材料来满足产品保护的要求。在物流过程中，受温度、氧气、湿度或虫害的影响，食品和相关产品会腐败变质，某些产品在运输过程中受到振动会磨损，某些电子产品容易受到静电的影响而性能下降，易碎产品在装卸搬运的过程中容易被打碎。在设计产品包装之前，需要考虑产品的物流环境(条件)和相应的破坏因素的影响。对于易碎品，特别是电子和机械产品，可以通过冲击试验来测定环境对产品的破坏范围，按照临界加速度确定产品的易碎性，从而根据易碎性的评价决定产品包装需要多少衬垫。此外，也可改变产品的外形结构等特性来降低产品的易碎性，而不是增加产品包装的衬垫。

经济的方法是在设计产品的时候就考虑产品在物流过程中所要遭受的损伤。某些制造商在设计产品的时候就考虑了物流过程中包装的要求，以减少后期的损失。产品设计的改变可以是微小处的改变，也可以是整体改变。抗冲击的产品能够减少衬垫，同时减少材料的浪费、缩小包装的体积和降低包装的成本，比易碎产品更经久耐用。

物流系统对包装的损害取决于所采取的运输、仓储和装卸搬运的类型。例如，货车车厢装满货物时对货物的损坏比不装满货物时小，此时，当货物没装满车厢时，货物位置的改变可能会对货物造成损伤。仓储环境决定货架高度、虫害和灰尘的影响。在物流系统中，温度和相对湿度由气候决定。因此，对于不同的物流过程，包装需要考虑不同的情况。物流活动中的各种操作都会对产品包装造成损坏，越易损坏的操作，包装要求就越高，但是并不是包装的成本越高越好，而是通过包装材料和方法的性能测试，在增强产品包装保护能力的同时降低包装的成本。

在一些情况下，减少损坏因素比改进产品包装所花的费用更少。例如，使用托盘能够降低人工装卸搬运，从而减少搬运过程中产品的损耗。在运输过程中，冷藏车或特殊专用运输设备能够减少运输过程中的损坏，在仓储管理中，货架货位可以减少货物彼此之间的压力影响，运输过程中保持环境卫生可以降低虫害的影响。

(二)便利功能

便利功能即物品包装具有便利流通、方便消费的功能。包装便利的功能主要与生产力、效率和物流操作成本有关。几乎所有的物流操作成本都与包装便利有关，如从卸货和货位捡货到运输和货位利用率，再到顾客服务性和包装废弃物的产生。

1. 便利物流生产力的提高

生产力在物流中是非常重要的一个方面，物流要耗费大量的人力和资金。物流生产力可以简单地用实际输出和实际输入之间的比例来计算，其计算公式如下：

$$物流生产力 = 输出包装的数量/输入包装的数量$$

集装化和体积缩小能够增加物流操作的输出。几乎所有的物流操作输出都是以包装件的数量来计算的，例如单位时间内上货到货车上的硬纸箱的数量，在仓储系统中单位时间上架的包装货物和单位时间内填入集装箱的包装件的数量。

测试不同物流包装的生产力是提高物流效率的措施之一。例如，使用集装箱比使用小型运输袋更能提高生产力，因为集装箱的装卸货一般采用机械设备，而不像人工搬运那么缓慢。托盘化提升装卸搬运的效率，单个人使用叉车可以在一小时内装卸搬运上千件的包装货物。同样，包装可以在客户服务方面提高生产力。客户服务方面生产力的提高表现在包装的易用性、能否给客户带来好感和满足，以及包装废弃后的再生利用。包装的易用性可以通过减少开启成本、产品展示成本和产品的安装成本来获取更大的产品利润。展示成本取决于所占有的超市的货架位置，经过调查发现，包装过大会浪费25%的货架空间。

2. 便利运输

通过缩小包装体积可以便利运输，采取的措施有浓缩产品、运输未装配产品和嵌套产品。在很多情况下，缩小包装盒的体积可以减少内装防震填充物的数量。专家认为，包装箱的空间利用率可以增加物流价值，并能将包装箱的体积缩小50%，因而可以增加运输效率。

对于比较轻的产品，包装箱空间的缩小意义重大，例如组合家具，运输时所占的空间很大，但是远远低于货车的载重量。一般美国的货车大约14.6 m长和2.6 m宽，载重量大约是18 143 kg。车辆的整个长度是车辆的实际长度加上拖车的长度，对于有拖车的车辆而言，长度大约为15.5 m。欧盟(除英国)货车的最大总质量是44吨。

对于比较重的产品，如装满液体的玻璃瓶，当货车满载时往往会超重。那么通过改变产品或产品包装来减轻质量，如使用塑料瓶代替玻璃瓶，使满载时所装的瓶数量更多。

包装的大小取决于物流系统中装卸搬运和运输中托盘、集装箱的大小。当包装件大小和数量与托盘刚好吻合时，托盘的利用率最大。美国托盘的大小一般为40 in×48 in(1 in = 2.54 cm)，欧洲托盘的标准为1 200 mm×800 mm。大量的计算机程序可以用来优化填充托盘的包装件的大小。有些设定托盘的大小，然后进行包装件的填充，有些根据包装件的大小来设计托盘的大小。经过研究发现，对于较轻的产品包装，宽度只要减少1 mm就能增加5%的利用空间。一种刮胡刀的制造商使用托盘后节省了2.8万美元，同时减少了运输过程中的损坏，另一家玩具制造商使用托盘每年节省25万美元。

在仓储管理中，托盘的规格不会造成空间利用率不同的问题，解决方法是使用标准化的托盘和集装箱，例如美国的汽车工业就制作了模数化的托盘和集装箱。托盘和集装箱模数化的缺点是很多包装件的尺寸不符合模数化的要求，造成在托盘里有很多空余的空间。在物流过程中，制造商一般不会考虑在销售商处包装的大小，认为包装的大小主要影响物流运输和仓储活动。

包装的便利性还体现在材料方面，包括托盘和平台以及其他材料，如将产品固定在包装箱中的薄膜等，价格便宜的塑料和不占空间的纸板等材料也得到大量的使用。

3. 便利装卸

在一些发展中国家，由于包装的标准没有统一，因此要求包装必须有足够的强度，并且可以进行人工装卸搬运。这种装卸搬运的损坏性很大，包装设计时要尽量保护装卸搬运工人的安全。在某些装卸搬运环节中，除了对人体造成伤害外，还会有生命危险，如要装卸搬运很重的货物到很高的货架上。很多国家都制定了装卸搬运中的包装规定来保护工人的安全，如美国制定了装卸搬运过程中包装的重量大小和适于搬运的环境。伤害可以通过事故预测、采用合适的包装和装卸搬运培训来避免，企业特别要从以前的伤害事故中取得经验教训，避免同类事故的发生。

（三）促销功能

在现代市场营销过程中，商品包装对产品的促销作用日益重要。特别是对无人售货的自选商场的出现，商品包装将直接影响商品的销售量。

1. 传达功能

包装设计是传达信息的媒介，是商品最直接的广告，有独特的造型、新型的材料与精美的印刷，可以引起消费者的视觉愉悦。图形设计逼真或富有情趣地传达出商品的质感、形状、用途及使用对象、效果等。

文字设计则详细说明了商品的牌号、品质、价格、成分、保存方法、制造与有效时间，以及一般技术性指标、用后处理方法等。色彩设计更有效地渲染了商品的特质与韵味、整体构成关系，最终传达出一种独特的文化氛围。

可以说，包装的视觉传达设计是整个包装设计中的精华部分，最具商业性功能。

包装设计的根本目的是促进销售，传达信息是包装的主要功能。一件优秀的包装能以准确的定位，科学合理的结构，新颖的构图，优美动人的形象，醒目的文字，简洁明快的色彩，迅速无误地传达商品信息，也能引起消费者的购买欲望和购买行动，并经得起时间的考验。好的包装设计如同一件精美的工艺品，能使人产生情感的共鸣，给人以美的享受，起到潜移默化的宣传教育作用。

2. 宣传功能

包装设计，不仅使消费者熟悉商品，而且能增强消费者对商品品牌的记忆与好感。包装画面快速、直接地反映了企业的品牌，可提升消费者对生产商品企业的信任度。包装设计计已成为市场与各种消费因素、消费环节进行全方位渗透的最直接有效的工具。

3. 美化功能

包装设计除考虑一般性功能与特定性功能外，还要有美化作用与装饰作用。例如，化妆品造型多样，给人以美感。包装设计不仅给人以观赏性的视觉享受，还体现出浓郁的文化氛围。

4. 启示功能

在包装的促销功能中，不仅有物质性、经济性因素，同时也具有精神性、说服性作用。例如，在少儿用品上经常印上一些智能性的内容，在使用它们的过程中让人受到智慧启迪。在食品包装上，关于食品卫生方面的教育内容也屡见不鲜。从广义上看，现代包装设计中的图形、文字、色彩等装饰效果，也能起到潜移默化的作用。

5. 广告功能

文本：商品包装案例

包装广告可使消费者对企业和产品具有良好的印象，诱使消费者心动，引起购买欲望，促使消费者采取购买行为。成功的包装广告，可以提高消费者对企业和产品的偏爱程度，增加习惯性购买，防止销路缩短。

"包装广告"是商品和顾客最接近的广告，它比远离商品本身的其他广告媒介更有亲切感，能深入每个消费者家中。

第二节　包装技术

包装技术和方法随着包装材料和包装机械的进步而向前发展，且不同领域的包装的专业化程度在不断提高。现阶段，包装技术主要分为防震包装技术、防破损包装技术、防锈包装技术、防霉腐包装技术、防虫包装技术、危险品包装技术、特种包装技术等。

一、防震包装技术

防震包装又称缓冲包装，在各种包装方法中占有重要的地位。产品从生产出来到开始使用要经过一系列的运输、保管、堆码和装卸过程，并置于一定的环境之中。由于在任何环境中都可能有外力作用在产品之上，并使产品发生机械性损坏，为了防止产品遭受损坏，就要设法减小外力的影响。所谓防震包装，就是指为减缓内装物受到的冲击和震动，保护其免受损坏所采取的一定防护措施的包装。防震包装主要有以下三种方法。

1. 全面防震包装技术

全面防震包装技术是指内装物和外包装之间全部用防震材料填满进行防震的包装方法。

2. 部分防震包装技术

对于整体性好的产品和有内装容器的产品，仅在产品或内包装的拐角或局部地方使用防震材料进行衬垫即可。所用包装材料主要有泡沫塑料防震垫、充气型塑料薄膜防震垫和橡胶弹簧等。

3. 悬浮式防震包装技术

对于某些贵重易损的物品，为了有效地保证在流通过程中不被损坏，外包装容器比较坚固，然后用绳、带、弹簧等将被装物悬吊在包装容器内，在物流中，无论是什么操作环节，内装物都被稳定悬吊而不与包装容器发生碰撞，从而减少损坏。

二、防破损包装技术

缓冲包装具有较强的防破损能力，除此之外，还有以下几种防破损包装技术。

1. 捆扎及裹紧

捆扎及裹紧能使杂货、散货形成一个牢固整体，以增强整体性，便于处理及防止散堆，从而减少破损。

2. 集装

利用集装减少与货体的接触，从而防止破损。

3. 选择高强保护材料

通过高强度的外包装材料来防止内装物受外力作用而破损。

三、防锈包装技术

防锈包装技术就是防止空气中的氧、水蒸气及其他有害气体等作用于金属表面引起电化学作用，而将金属涂封、包裹以防止锈蚀的一种技术。防锈包装技术包括清洗、干燥、防锈处理与包装等步骤。

目前防锈包装技术主要包括防锈油脂、气相防锈和可剥离性塑料技术等。

四、防霉腐包装技术

在储运食品和其他有机碳水化合物物品时，物品表面可能生长霉菌。在流通过程中如遇潮湿，霉菌生长繁殖极快，会从产品中吸收营养物质产生霉物，使产品腐烂、变质。一些机械、电工、仪器、仪表产品表面长霉，不但影响外观，还会导致机械故障，引发金属产品的腐蚀加快。防霉腐包装方法就是为了防止内装物霉烂造成变质、失效而采用的一系列防护措施和方法。目前防霉腐包装方法主要包括冷冻包装、真空包装、高温灭菌包装等。

五、防虫包装技术

防虫包装技术是使用驱虫剂，即在包装中放入有一定毒性和臭味的药物，利用药物在包装中挥发气体杀灭和驱除各种害虫。常用驱虫剂有苯、樟脑精等。也可采用真空包装、充气包装、脱氧包装方法，使害虫无生存环境，从而防止虫害。

六、危险品包装技术

危险品有上千种，按其危险性，交通运输及公安消防部门规定分为十大类，即爆炸性物品、氧化剂、压缩气体和液化气体、自燃物品、遇水燃烧物品、易燃液体、易燃固体、毒害品、腐蚀性物品、放射性物品等，有些物品同时具有两种以上危险性能。对有毒商品的包装要明显地标明有毒标志。防毒包装要严密不漏气。对具有腐蚀性的商品，要注意商品和包装容器的材质发生化学变化。金属类的包装容器，要在容器壁涂上涂料，防止腐蚀性商品对容器的腐蚀。对于易燃易爆的商品，一般采用塑料桶包装，然后将塑料桶装入铁桶或木箱中，每件净重不超过 50 千克，并应有自动放气的安全阀，当桶内达到一定气体压力时，能自动放气。

七、特种包装技术

（一）充气包装

将产品装入包装容器后，用氮、二氧化碳等气体置换容器中的空气并完成封口的包装方法。这种包装方法是基于好氧性微生物需氧代谢的特性，在密封的包装容器中改变气体的组成成分，降低氧气的浓度，抑制微生物的生理活动、酶的活性和鲜活商品的呼吸强度，达到防霉、防腐和保鲜的目的。

（二）真空包装

将物品装入气密性容器后，在容器封口之前抽成真空，使密封后的容器内基本没有空气的一种包装方法。对肉类、谷物等加工产品采用真空包装，可以避免或减少脂肪氧化，而且能抑制某些霉菌和细菌的生长。同时在对其进行加热杀菌时，由于容器内部气体已排除，因此加速了热量的传导，既提高了高温杀菌效率，也避免了加热杀菌时由于气体的膨胀而使包装容器破裂。

（三）收缩包装

用收缩薄膜裹包内装物，然后对薄膜进行适当加热处理，使薄膜收缩而紧贴于内装物品的包装方法。收缩薄膜是一种经过特殊拉伸和冷却处理的聚乙烯薄膜，由于薄膜在定向拉伸时产生残余收缩应力，这种应力受到一定热量后便会消除，从而使其横向和纵向均发生急剧收缩，同时使薄膜的厚度增加，收缩率通常为30%～70%，收缩力在冷却阶段达到最大值，并能长期保持。

（四）拉伸包装

拉伸包装是20世纪70年代开始采用的一种新包装技术，它是由收缩包装发展而来的。拉伸包装是依靠机械装置在常温下将弹性薄膜围绕被包装件拉伸、紧裹，并在其末端进行封合的一种包装方法。由于拉伸包装不需进行加热，所以消耗的能源只有收缩包装的5%。拉伸包装可以捆包单件物品，也可用于托盘包装之类的集合包装。

（五）脱氧包装

脱氧包装是继真空包装和充气包装之后出现的一种新型除氧包装方法。脱氧包装在密封的包装容器中，使用能与氧气起化学作用的脱氧剂与之反应，从而除去包装容器中的氧气，以达到保护内装物的目的。脱氧包装方法适用于某些对氧气特别敏感的物品，用于那些即使有微量氧气也会使品质变坏的食品包装中。

第三节　包装材料

常用的包装材料有纸、塑料、木材、金属、玻璃等。使用最为广泛的是纸及各种纸制品，其次是木材、塑料材料。

一、包装用纸和纸制品

纸和纸板具有很多优良性能,如适宜的坚牢度、耐冲击性、耐磨擦性、易于消毒、易于成型、经济、重量轻、便于加工,等等。

1. 常用的包装用纸

(1) 普通纸张:牛皮纸、纸袋纸、中性包装纸、玻璃纸、羊皮纸。
(2) 特种纸张:高级伸缩纸、湿强纸、保光泽纸、防油脂纸、袋泡茶滤纸。
(3) 装潢用纸:胶版纸、铜版纸、压花纸、表面涂层纸。
(4) 二次加工纸:石蜡纸、沥青纸、防锈纸、真空镀铝纸。

2. 常用的包装用纸板

(1) 普通纸板:箱纸板、黄板纸、白板纸。
(2) 二次加工纸板:瓦楞原纸、瓦楞纸板。

二、塑料

塑料具有机械性能好、阻隔性好、化学稳定性好、加工成型简单、透明性好等优良性能。常用的塑料包装材料有以下几种。

1. 聚乙烯塑料(PE)

聚乙烯塑料按其密度分高、中、低三种。聚乙烯塑料已被广泛用来制造各种瓶、软管、壶、薄膜和粘合剂等。若加入发泡剂,还可以制成聚乙烯泡沫塑料。

2. 聚氯乙烯塑料(PVC)

聚氯乙烯是由单体氯乙烯加聚而成的高分子聚合物。聚氯乙烯的可塑性强,具有良好的装饰和印刷性能。聚氯乙烯是用途非常广泛的通用热塑性材料,不仅可以制作软的、硬的包装容器,还可以制作聚氯乙烯薄膜,更适合制作各种薄膜包装制品。

3. 聚丙烯塑料(PP)

聚丙烯是丙烯单体聚合而成的高分子化合物。聚丙烯和聚乙烯一样,属韧性塑料。聚丙烯塑料可用于吹塑和真空成型制造瓶子、器皿、包装薄膜以及打包带与编织袋。双向拉伸聚丙烯薄膜可用来代替玻璃纸,包装糖果和食品,成本低于玻璃纸。

4. 聚苯乙烯塑料(PS)

聚苯乙烯塑料由乙烯加聚而成。在常温下,聚苯乙烯高聚物为无定形的玻璃态物质。聚苯乙烯可用作盛食品或盛装酸、碱的容器。聚苯乙烯泡沫塑料常用作仪器、仪表、电视机和高级电器产品的缓冲包装材料。

5. 聚酯(PET)

聚酯是一种无色透明又有光泽的薄膜,它和其他薄膜比较,有着较好的韧性与弹性。聚酯薄膜的主要缺点是不耐碱,热封性和防止紫外线透过性较差。聚酯包装用薄膜,一般不使用单层薄膜,而是与聚乙烯、聚丙烯等热封性能较好的树脂共聚,或涂层复合薄膜,以便用于制作冷冻食品及需加热杀菌包装的材料。

三、木材及木制品

木材是一种优良的包装材料，长期用于制作运输包装物，如今有被取代的趋势，但仍在一定范围内使用。木材的种类繁多，用途也各不相同。包装用木材一般分为天然木材和人造板材，人造板材又有胶合板、纤维板等。木材常用于那些批量小或体积小、质量大或体积大、质量大的产品，制作小批量、强度高的包装物。

四、金属材料

包装所用的金属材料主要有钢材和铝材，其形态为薄板和金属箔，前者为刚性材料，后者为软性材料。金属材料具有较强的塑性与韧性，光滑，延伸率均匀，有良好的机械强度和抗冲击力，不易破损。

但金属材料具有导电、导热性，价格较高。钢材中常用的有薄钢板（俗称"黑铁皮"）和镀锡低碳薄钢板（俗称"马口铁"）。薄钢板主要用于制作桶状容器。镀锡低碳薄钢板，是在薄钢板的两面镀上耐腐蚀的锡层而成。马口铁基本无毒、无害，主要用于食品包装。

铝材有纯铝板、合金铝板和铝箔。纯铝板用作制桶，具有重量轻、耐腐蚀性强的特点，一般用于盛装酒类。合金铝板作包装材料时要求其表面不能有粗槽、斑瘢、粗细划痕、裂缝、气泡和凹陷等质量缺陷。铝箔多用于复合软包装、硬包装及包装衬里等，也常用于食品、卷烟、药品、化妆品与化学品的包装，特别是广泛用于现代方便食品的包装。铝箔还可与上胶层复合（纸与铝箔胶粘），可用作包装标签、包裹或包装。铝箔最大的缺点是不耐酸、不耐强碱、撕裂强度较低。

五、玻璃

玻璃材料可用于运输包装和销售包装。用作运输包装时，主要是存装化工产品，如强酸类；其次是玻璃纤维复合袋，存装化工产品和矿物粉料。用作销售包装时，主要是玻璃瓶和玻璃罐，用来存装酒、饮料或其他食品、药品、化学试剂、化妆品和文化用品等。

六、复合材料

复合材料是将几种材料复合在一起，使其兼具有不同材料的优良性能，正在被广泛地采用。现在使用较多的是薄膜复合材料，主要有纸基复合材料、塑料基复合材料、金属基复合材料等。

本章小结

包装是指为在流通过程中保护产品、方便储运、促进销售，按一定技术方法而采用的容器、材料及辅助物等的总体名称。包装影响着物流过程中的各个活动和物流系统的生产力，物流系统中各个活动的特征决定着包装的要求和费用，好的包装可以节省整个物流系统的费用。

包装的目标是在节约包装材料的同时最大限度地发挥包装在物流活动中的功能，减少产品在转移过程中的损耗。包装通过保护产品、方便储运和促进销售三大主要功能来增加整个物流系统的价值。

包装技术主要分为防震包装技术、防破损包装技术、防锈包装技术、防霉腐包装技术、防虫包装技术、危险品包装技术、特种包装技术等。常用的包装材料有纸、塑料、木材、金属、玻璃等。

练习与思考

一、选择题

1. 用于包装冰淇淋、调味品、饮料的复合包装材料主要是(　　)。
   A. 玻璃纸、聚乙烯　　　　　　　B. 聚酯、聚乙烯
   C. 聚酯、镀铝、聚乙烯　　　　　D. 纸、聚乙烯
2. 塑料包装材料应用最普遍的是(　　)。
   A. PE　　　　B. PP　　　　C. PS　　　　D. PVC
3. 影响包装性能的因素不包括(　　)。
   A. 气候　　　B. 压力　　　C. 生物　　　D. 化学
4. 危险货物包装标志必须指出危险货物的类别及(　　)。
   A. 危险等级　B. 货物名称　C. 危险性　　D. 注意问题
5. (　　)被广泛地应用于集装箱、海运、拖车、火车等各种运输方式中。
   A. 充气袋　　B. 泡沫　　　C. 废纸和纸板　D. 发泡材料

二、判断题

1. 包装的目的就是保护产品，便于储存和运输。　　　　　　　　　　　(　　)
2. 物流包装设计中考虑的首要因素是货物的保护作用，包装设计基本上决定了货物的保护程度，因此包装设计应尽量符合保护货物的要求，其他因素可不考虑。(　　)
3. 在常用的包装材料中，使用最广泛的是纸制材料。　　　　　　　　　(　　)
4. 马口铁是镀锌薄钢板的俗称。　　　　　　　　　　　　　　　　　　(　　)
5. 聚氯乙烯具有良好的装饰和印刷性能，是用途非常广泛的通用热塑性材料，适合制作各种薄膜包装制品。　　　　　　　　　　　　　　　　　　　　　(　　)

三、简答题

1. 包装的功能有哪些？
2. 塑料包装材料有哪些优点？
3. 金属包装材料的特点是什么？
4. 物流包装标准化的含义是什么？
5. 危险货物包装标志的使用方法是什么？

第九章　装卸搬运与流通加工

学习目标

1. 知识目标：了解装卸搬运的概念和特点，装卸搬运的技术与设备；了解流通加工的定义、作用、类型，理解流通加工与生产加工的区别。
2. 能力目标：掌握合理选择装卸搬运设备的方法，了解装卸搬运机械种类，掌握流通加工合理化的途径。
3. 素养目标：了解装卸搬运前沿技术，培养学生有效沟通、团队合作精神，培养学生安全规范作业的意识。

知识导图

装卸搬运与流通加工
- 装卸搬运概述
  - 装卸搬运的含义
  - 装卸搬运的特点
  - 装卸搬运的分类
- 装卸搬运技术与设备
  - 集装化装卸搬运技术
  - 自动导引搬运技术
  - 装卸搬运设备
- 流通加工概述
  - 流通加工的作用
  - 流通加工和生产加工的区别
  - 流通加工的类型

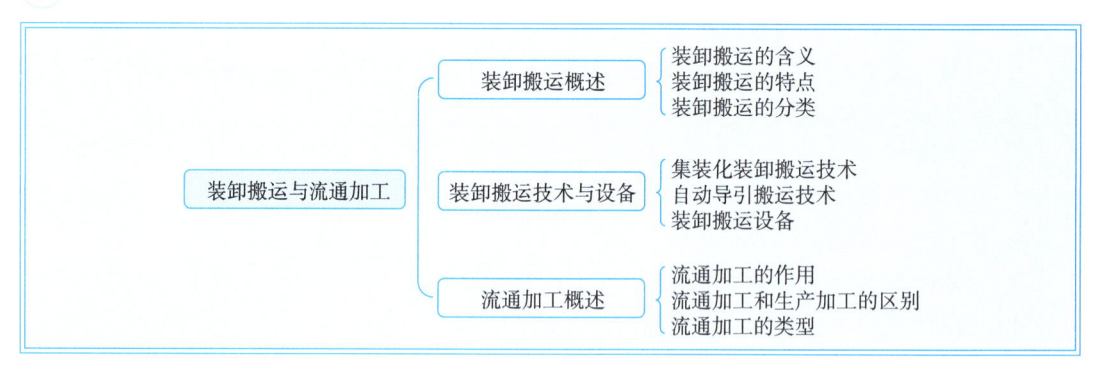

引导案例

云南双鹤医药有限公司是北京双鹤这艘"医药航母"部署在西南战区的一艘"战舰"，是一个以市场为核心、现代医药科技为先导、金融支持为框架的新型公司，是西南地区经营药品品种较多、较全的医药专业公司。

虽然云南双鹤已形成规模化的产品生产和网络化的市场销售，但其流通过程中物流管理严重滞后，造成物流成本居高不下，不能形成价格优势。这严重阻碍了物流服务的开拓与发展，成为公司业务发展的"瓶颈"。

装卸搬运活动是物流各环节活动衔接的关键，而云南双鹤忽视了这一点，由于搬运设备的现代化程度低，只有几个小型货架和手推车，大多数作业仍处于人工作业为主的原始状态，工作效率低，且易损坏物品。另外，仓库设计得不合理，造成长距离的搬运。并且库内作业流程混乱，形成重复搬运，这种过多的搬运次数，损坏了商品，也浪费了时间。

思考：装卸搬运环节对企业发展的影响。

第一节　装卸搬运概述

一、装卸搬运的含义

在运输工具间或运输工具与存放场地（仓库）间，以人力或机械方式对物品进行载上载入或卸下卸出的作业过程称为装卸，在同一场所，以人力或机械方式对物品进行空间移动的作业过程称为搬运，两者全称装卸搬运。有时候或在特定场合，单称"装卸"或单称"搬运"也包含了"装卸搬运"的完整含义。

按习惯，物流领域（如铁路运输）常将装卸搬运这一整体活动称作"货物装卸"，生产领域中常将这一整体活动称作"物料搬运"。实际上，活动内容都是一样的，只是领域不同而已。

在实际操作中，装卸与搬运是密不可分的，两者是相伴在一起发生的。因此，在物流活动中并不过分强调两者的差别而是作为一种活动来对待。

搬运的"运"与运输的"运"，区别之处在于，搬运是在同一地域的小范围内发生的，而运输则是在较大范围内发生的，两者是量变到质变的关系，中间并无绝对的界限。

二、装卸搬运的地位

装卸活动的基本动作包括装车（船）、卸车（船）、堆垛、入库、出库以及连接上述各项动作的短程输送，是随运输和保管等活动而产生的必要活动。

在物流过程中，装卸活动是不断出现和反复进行的，它出现的频率高于其他各项物流活动，每次装卸活动都要花费很长时间，所以往往成为决定物流速度的关键。装卸活动所消耗的人力也很多，所以装卸费用在物流成本中所占的比重也较高。以我国为例，铁路运输的始发和到达的装卸作业费占运费的20%左右，船运占40%左右。因此，为了降低物流费用，装卸是个重要环节。

此外，进行装卸操作时往往需要接触货物，因此，这是在物流过程中造成货物破损、散失、损耗、混合等损失的主要环节。例如，袋装水泥纸袋破损和水泥散失主要发生在装卸过程中。玻璃、机械、器皿、煤炭等产品在装卸时也容易造成损失。

由此可见，装卸活动是影响物流效率、决定物流技术经济效果的重要环节。为了说明上述看法，列举如下数据。

（1）据统计，火车货运以500千米为分歧点，运距超过500千米，运输在途时间多于起止的装卸时间；运距低于500千米，装卸时间则超过实际运输时间。

（2）美国与日本之间的远洋船运，一个往返需 25 天，其中运输时间 13 天，装卸时间 12 天。

（3）我国对生产物流的统计结果为，机械工厂每生产 1 吨成品，需进行 252 吨次的装卸搬运，其成本为加工成本的 15.5%。

三、装卸搬运的特点

（一）装卸搬运是附属性、伴生性的活动

装卸搬运是每一项物流活动开始及结束时必然发生的活动，有时被看作是其他操作不可缺少的组成部分，但常被人忽视。例如，一般而言的"汽车运输"，实际上就包含了相随的装卸搬运；仓库中泛指的保管活动，也含有装卸搬运活动。

（二）装卸搬运是支持、保障性活动

装卸搬运的附属性不能理解成被动的，实际上，装卸搬运对其他物流活动具有一定的决定性。装卸搬运会影响其他物流活动的质量和速度。例如，装车不当，会引起运输过程中的损失；卸放不当，会引起货物转换成下一步运动的困难。许多物流活动在有效的装卸搬运的支持下，才能实现高效率。

（三）装卸搬运是衔接性的活动

任何其他物流活动互相过渡时，都是以装卸搬运来衔接的，因而，装卸搬运是物流各功能之间形成有机联系和紧密衔接的关键，而这又是一个系统的关键。建立一个有效的物流系统，关键看这一衔接是否有效。

相关学习视频：装卸搬运的特点

四、装卸搬运的分类

（一）按装卸搬运施行的物流设施、设备对象分类

按装卸搬运施行的物流设施、设备对象分类可分为仓库装卸、铁路装卸、港口装卸、汽车装卸、飞机装卸等。仓库装卸配合出库、入库、维护保养等活动进行，并且以堆垛、上架、取货等操作为主。这里重点介绍铁路装卸和汽车装卸。

铁路装卸是对火车车皮的装进及卸出，特点是一次作业就实现一车皮的装进或卸出，很少有像仓库装卸时出现的整装零卸或零装整卸的情况。港口装卸包括码头前沿的装船，也包括后方的支持性装卸搬运，有的港口装卸还采用小船在码头与大船之间"过驳"的办法，因而其装卸的流程较为复杂，往往经过几次的装卸及搬运作业才能实现船与陆地之间货物过渡的目的。

汽车装卸一般一次装卸批量不大，由于汽车的灵活性，可以少或无须搬运活动，而直接单纯地利用装卸作业达到车与物流设施之间货物过渡的目的。

（二）按装卸搬运的机械及机械作业方式分类

按装卸搬运的机械及机械作业方式分类可分成吊上吊下方式，叉上叉下方式，滚上滚

下方式，移上移下方式及散装散卸方式等。

1. 吊上吊下方式

采用各种起重机械从货物上部起吊，依靠起吊装置的垂直移动实现装卸，并在吊车运行的范围内或回转的范围内实现搬运或依靠搬运车辆实现小搬运。由于吊起及放下属于垂直运动，这种装卸方式属垂直装卸。

2. 叉上叉下方式

采用叉车从货物底部托起货物，并依靠叉车的运动进行货物位移。搬运完全靠叉车本身，货物可不经中途落地直接放置到目的处。这种方式垂直运动不大而主要是水平运动，属水平装卸方式。

3. 滚上滚下方式

利用叉车或半挂车、汽车承载货物，连同车辆一起开上船，到达目的地后再从船上开下，称滚上滚下方式，它是港口装卸的一种水平装卸方式。利用叉车的滚上滚下方式，在船上卸货后，叉车必须离船；利用半挂车、平车或汽车，则用拖车将半挂车、平车拖拉至船上后，拖车开下离船而载货车辆连同货物一起运到目的地，原车再开下或拖车上船拖拉半挂车、平车开下。

滚上滚下方式需要有专门的船舶，对码头也有不同要求，这种专门的船舶称"滚装船"。

4. 移上移下方式

移上移下方式是在两车之间(如火车及汽车)进行靠接，然后利用各种方式，不使货物垂直运动，而靠水平移动从一辆车上推移到另一辆车上。移上移下方式需要使两种车辆水平靠接，因此，对站台或车辆货台需进行改变，并配合移动工具实现这种装卸。

5. 散装散卸方式

散装散卸方式是对散装物进行装卸的一种方式，一般从装点直到卸点，中间不再落地，这是集装卸与搬运于一体的装卸方式。

(三)按装卸搬运的作业特点分类

按装卸搬运的作业特点分类可分成连续装卸与间歇装卸。连续装卸主要是同种大批量散装或小件杂货通过连续输送机械，连续不断地进行作业，中间无停顿，货间无间隔。在装卸量较大、装卸对象固定、货物对象不易形成大包装的情况下适用。间歇装卸有较强的机动性，装卸地点可在较大范围内变动，主要适用于货流不固定的各种货物，尤其适于包装货物、大件货物。散粒货物也可采取此种方式。

第二节　装卸搬运技术与设备

一、集装化装卸搬运技术

集装化是用集装器具或采用捆扎方式，把物品组成标准规格的货物单元，以便进行装卸、搬运、存储、运输等物流活动的作业方式。货物集装后还要注意防止在运输过程中散架，需要采取必要的捆束等措施。常见的集装化装卸搬运系统是集装箱装卸搬运系统。

集装化物流是现代物流和社会供应链中应用最广、适应性最强的一种先进物流运输和装卸搬运方式，货物集装化后更便于计算机管理，体现了现代物流信息化的重要特征。集装化物流这种成组化、规格化、标准化的运输和装卸搬运方式适合机械化、标准化操作，便于大量运输，能大幅提高运输和装卸搬运的效率，减少货损货差，节省人力物力，降低运输成本。特别是集装箱物流，中途无须开箱，通过连续的运输和装卸搬运即可直接送达收货人。

集装化物流大体可分为集装箱物流、集装袋物流和托盘成组式物流等不同类型，其中集装箱物流最具代表性，在集装化物流中占有主导地位；集装袋物流主要用于邮政物流；托盘成组式物流主要用于配送中心、自动化立体仓库等场合。若有需要，三种物流方式也可集成在一起同时出现，例如，可将装有货物的托盘直接装入集装箱，也可将集装箱装在托盘上。

集装化的优势主要在于：装卸效率高；汽车、货车的使用效率提高；可以防止物品的破损、污损、丢失；容易进行物品的数量检验；货物包装简单，可以减少包装费用；装卸机械的机动性增高；无论对什么物品，都能使作业标准化等。

(一) 集装技术

集装技术的要求很多，此处仅从包装货物和袋装货物两个方面进行说明。

1. 包装货物

以包装货物的物流合理化为目的的包装，度量标准尺寸已经有所规定（参见 GB/T 4892—2021）。我国的硬质直方体运输包装的模数尺寸与 ISO 及德国、法国等相同，均为 600 mm×400 mm，以能有效地装载为前提。在托盘上进行数层堆积时，要考虑把堆积形式交叉重合，以防止货物散乱。另外，关于集装的高度，以 1 900 mm 的高度为基准。

2. 袋装货物

化学工业原料以及制品、饲料、粮食等，多适合袋装包装。为了对此进行集装，把袋装货物按包装货物作为参考，进行平托盘的堆积。但是，为了尽量减少堆积作业，提高装卸效率，采取的方法是：一面设计出筒式托盘或池罐式托盘，一面利用称作柔性袋的容积为 $1\sim1.5\ m^2$ 的布制袋（以免分割成一个个小容量袋）。在这种情况下，由于内容物呈颗粒状，形状难以固定，所以集装时限制在堆积两层的程度。

饲料和化学原料等用柔性袋盛装时，实行各种专业化管理，内容每变化一次，都要进行洗涤。

对粮食等散装物原封不动地进行集装时，必须考虑堆积方法。如果要抑制植物的呼吸作用而进行长期保管，品质就会劣化。所以在收货之后，为了防止虫害，要进行燃气熏蒸，而且要用通气性良好的材质做袋；在熏蒸仓库内堆积还要考虑通风透气等问题。

(二) 防止散架技术

考虑货物包装后在运输途中会因颠簸等原因导致货物散架，为防止货物散架，不同类型的货物要采取相应的对策。

1. 码货模型

货物堆码要求合理配搭兼顾密实、防撞、防损、防污染，常见的托盘码货模型有一般块式、砖堆式、交替排列式、销轮式等，分别如图 9-1(a)、图 9-1(b)、图 9-1(c)、图

9-1(d)所示。这四种堆放模型是最基本的方法。应该进一步考虑货物的物性、外装状态和条件等,致力于找到同基本模型相似的有效方法。

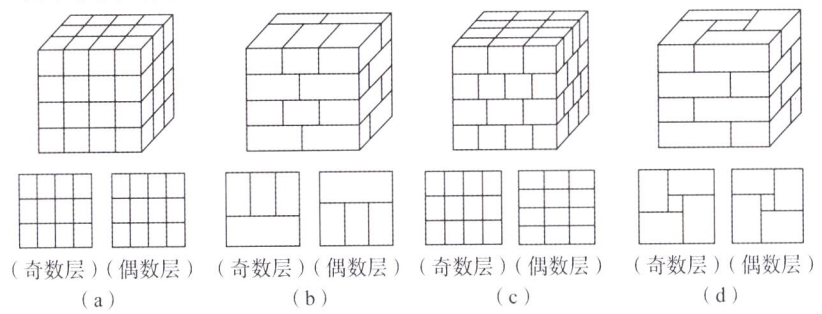

图 9-1　常见的托盘码货模型
(a)一般块式；(b)砖堆式；(c)交替排列式；(d)销轮式

2. 集装的捆束

目前集装的捆束方式一般也有带式捆束、打框式捆束、平托盘集中堆装捆束、箱式货架捆束四种,分别如图 9-2(a)、图 9-2(b)、图 9-2(c)、图 9-2(d)所示。如果还要预想因长距离输送和中途装卸等发生散货,除上述方法外,可以考虑以下方法。

(1)在每个上部接触面,喷上极稀薄的橡胶糊以防止滑动。

(2)在每个单位部件的中间部分,垫入一块薄布,把部件分割开,以增加单个集装箱的摩擦力。

(3)增高货架的外围高度,降低中心部位,形成围绕中心的倾斜面,使堆积的单个集装箱向货架中心部位倾斜。

(4)把每个接触部分,用塑料或金属钩以不损伤内部物为基准结合起来。

(5)用经过延伸加工的热收缩性塑料膨胀薄膜,做成摩擦外套,用这种薄膜,裹紧堆装的部件。

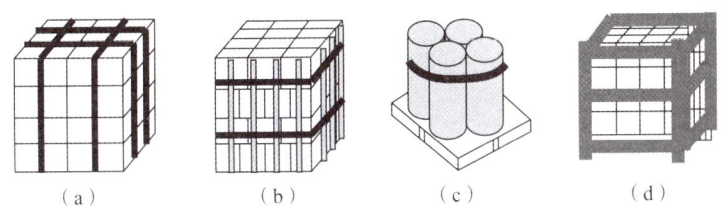

图 9-2　常见的几种捆束示样
(a)带式捆束；(b)打框式捆束；(c)平托盘集中堆装捆束；(d)箱式货架捆束

3. 零散货物的集装

在少数场合,把用袋子之类容纳不了的块状零散物进行集装时,必须在充分研究各种形状、物性的基础上,设计出恰当的方法。对精密机械部件,可使用相互不接触的呈排状的辅导器具(附件或者支撑件),要尽量减少使用可能成为废弃物的填充材料。机械部件的原材料一般为锻造品或压力机械部件之类的金属制品,要谋求不造成损伤、防水或防滴油。要达到这种程度,最好是用波纹钢箱和箱式货架堆装。例如,马铃薯和洋葱之类的农产品,在从菜场被集中堆放,到农民仓库或挑选作业场的搬运过程中,大量使用箱式托盘。

二、自动导引搬运技术

物流中心装卸搬运的发展经过了人力、机械化、自动化、集成化和智能化物品搬运几个阶段。我国多数物流中心采用人工搬运和机械化搬运相结合的手段,而以信息化为前提的智能化和集成化是物流中心搬运作业的发展方向。在发达国家,自动搬运车被广泛应用于装卸搬运系统。自动搬运车如图9-3所示。

图9-3 自动搬运车

(一)自动搬运车概述

自动搬运车在英美等国称为自动导引车(Automatic Guided Vehicle,AGV),在日本称为无人搬运车,我国一般称为自动搬运车。

AGV是在车体上装备有电磁学或光学等引导装置、计算机装置、安全保护装置,能够沿设定的路径自动行驶,具有物品移载功能的搬运车辆。AGV能自动地和不受机械约束地从一个地点把载荷移送到另一个指定地点,这个系统采用先进电子控制系统或计算机运行系统管理并形成一个功能网络,具有一定的柔性程度。目前已进入广泛的产业领域,引起了工业界和其他行业的兴趣。

自动搬运车根据日本工业标准JISD—6801—2019,被分为无人搬运车、无人牵引车和无人叉车,这里所述的无人搬运车实际上是指能装载、运输货物的自动化台车,它也是目前使用最多的一类自动搬运车。据日本通产省的调查,在现在使用的自动搬运车中,无人搬运车占84%,无人牵引车和无人叉车则分别占10%和6%。因此,在述及自动搬运车时,一般以自动化的台车为主。

自动搬运车的载重量在50~20 000千克,但以中小型居多。根据日本通产省的调查,目前使用的自动搬运车载重量在100千克以下的占19%,载重量在100~300千克的占22%,300~500千克的占9%,500~1 000千克的占18%,1 000~2 000千克的占21%,2 000~5 000千克的占8%,而5 000千克以上的为少数。

(二)自动搬运车的工作过程

控制台通过计算机网络接受立体仓库管理系统下达的AGV输送任务,通过无线局域网通信系统实时采集各 AGV、拆箱机器人的状态信息。根据需求情况和当前 AGV 运行情况，将调度命令传递给选定的 AGV。AGV 完成一次运输任务，在托盘回收站待命，等待下次任务。

各立体仓库出货口和拆箱机器人均有光导通信装置。对运行中的 AGV，控制台将通过无线局域网通信系统与 AGV 交换信息。实现 AGV 间的避碰调度、工作状态检测、任务调度。

在立体仓库和拆箱机器人处通过光导通信与 AGV 交换任务和状态，完成移载。自动导航系统完成 AGV 的导引。充电系统由充电器和充电控制器组成，完成在线快速自动充电。AGV 接受控制台的任务，完成运输。地面移载设备可实现 AGV 的自动移载、加载、交换空托盘。

(三) 自动搬运车系统的技术组成

AGV 通常具有四个子系统，即自动导向系统、动力系统、控制与通信系统及安全系统。

1. 自动导向系统

目前有九种导向方法，包括电磁感应导向、惯性导向、红外线导向、激光导向、光学导向、示教型导向、磁性式导向、直线感应电机导向、反射式导向。这些不同的导向方式可根据不同的使用环境来选择。这些现代的 AGV 导向系统已经被采用，并越来越受欢迎，因为它们改变路径方便。其中，电磁导向系统被认为是可靠的和令人满意的。

2. 动力系统

小车由电机驱动，以工业上常用的铅酸蓄电池作为动力源，小车应有自动电源状况报告装置，通过与主控计算机通信，使电源用完以前由主控计算机指定到维修区充电或更换电源。

由于需要实现连续生产方式，AGV 充电可以采用在线自动快速充电方式。AGV 根据电池容量表的数据，在需要充电时报告控制台执行充电任务。AGV 进入充电站自动完成充电。快速充电池的充电、放电比一般充电快 10%～12.5%。

3. 控制与通信系统

(1) 控制台。

由于采用集中控制，控制台是 AGV 系统的核心。它与自动立体仓库管理的计算机一起，共同接受调度任务。作为 AGV 系统的控制中心，控制台采集 AGV 运行情况，它的计算机满足工业环境要求，有足够的运算速度和管理能力。控制台主要包括通信管理设备和 AGV 运行状态数据采集系统。控制台计算机实时调度在线 AGV，同时显示系统工作状态，包括在线 AGV 的数量、位置、状态。控制台计算机负责 AGV 运行中的交通管理。

AGV 运行中清楚地将所在位置及时报告控制台，为控制台进行交通管理与任务调度提供数据。

(2) 控制台与 AGV 间的通信。

控制台与 AGV 间采用定点光导通信和无线局域网通信两种方式。采用无线方式时，控制台和 AGV 构成无线局域通信网。控制台移载站都有红外线通信系统，其主要功能是完成移载任务的通信。无线通信主要完成 AGV 调度和交通管理。当 AGV 需要和系统中的其他装置接口时，还需要配置物料自动装卸与定位装置，其定位精度可达±3 mm，定位精度也是由主控计算机控制的。

4. 安全系统

为确保 AGV 在运行过程中的安全，特别是现场人员及各类设备的安全，AGV 将采取基于硬件、软件的安全措施。在 AGV 的前面设有红外光非接触式防碰传感器和接触式防碰传感器——保险杠。非接触式传感器在预定距离内检测障碍物，并控制 AGV 减速至停止。在最大工作速度 70 m/min 的情况下，直线段检测设定在 4 m 以外。AGV 刹车距离不大于 2.5 m。如果红外线器未检测到障碍物，则由保险杠检测，保险杠受到一定的压力后报警并控制 AGV 停止。在 AGV 四角设有急停开关，任何时间按下开关，AGV 立即停止动作。AGV 安装醒目的信号灯和声音报警装置，以提醒周围的操作人员。一旦发生故障，AGV 自动用声光报警，同时通过无线通信系统通知 AGV 监控系统。

三、装卸搬运设备

装卸搬运设备是装卸作业现代化的重要标志之一。对设备的类型、主要参数以及各种类型机械特征的了解，是使用和选择装卸搬运设备必须具备的条件。合理配备装卸搬运机械设备后，还要使装卸搬运组织合理化。常用的装卸搬运设备主要有装卸搬运机械和装卸搬运容器。

(一) 装卸搬运机械

1. 起重机类

起重机是将货物吊起在一定范围内作水平移动的机械，是在采用输送机之前曾被广泛使用的具有代表性的装卸搬运机械。按其构造或形状可分为天车、悬臂起重机、桥形起重机、集装箱起重机、巷道堆垛机或库内理货机、汽车起重机、龙门起重机等各种悬臂(转管)式起重机。图 9-4 和图 9-5 是不同类型的起重机。

图 9-4 起重机类型 1 示意　　　　图 9-5 起重机类型 2 示意

2. 输送机类

输送机依自动化水平可分为无动力式(重力式)、半自动化、自动化及无人化。若依形

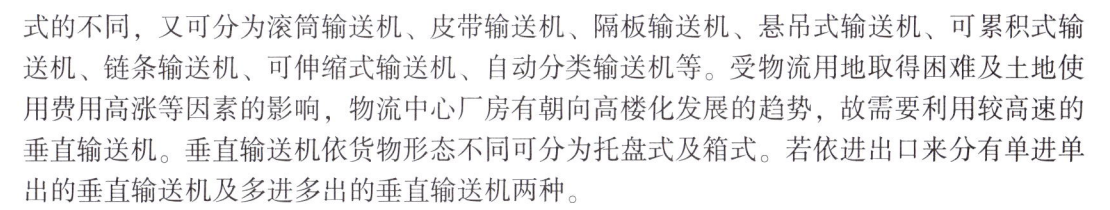

式的不同，又可分为滚筒输送机、皮带输送机、隔板输送机、悬吊式输送机、可累积式输送机、链条输送机、可伸缩式输送机、自动分类输送机等。受物流用地取得困难及土地使用费用高涨等因素的影响，物流中心厂房有朝向高楼化发展的趋势，故需要利用较高速的垂直输送机。垂直输送机依货物形态不同可分为托盘式及箱式。若依进出口来分有单进单出的垂直输送机及多进多出的垂直输送机两种。

3. 升降机类和绞车类

升降机和绞车是使物体做垂直方向移动的机械。升降机广泛用于多层楼房仓库，绞车是使用缆绳和链条吊升重物的装置，有电动和手动两种。

4. 车辆类

在厂区、仓库、运输的起讫点内专用于搬运的车辆统称为工业车辆，有用内燃机作动力的，也有使用电池组驱动的，主要有叉车、拖车、卡车、手推车、单轮手推车、手推托盘车等搬运车或跨运车（将集装箱等大型货物吊在门形架内进行搬运的车辆，常用在集装箱码头上）等。如图9-6是常见的叉车类型。

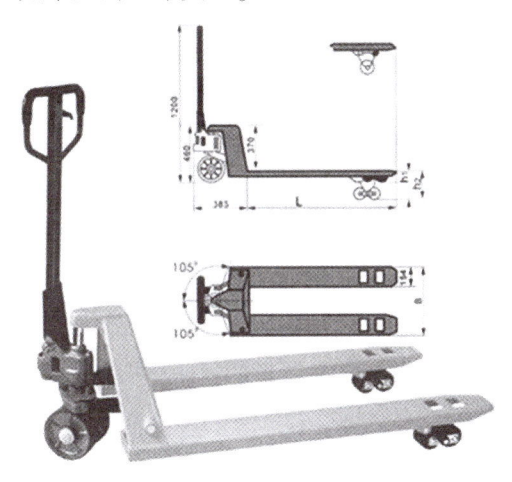

图9-6 叉车类型

5. 其他机械

其他机械包括托盘码垛机、托盘卸垛机、跳板、跳板调平器以及无人搬运车。无人搬运车用在物流中心的内部搬运作业中，搬运速度快、噪声低，且可以降低人工费用，甚至可以完全由计算机的搬运车系统直接控制。依其轨道设计的不同，大致可分为有轨道无人搬运车、无轨道无人搬运车、空中单轨无人搬运车等。

(二) 装卸搬运容器

在搬运作业中，大多会使用容器。由于处理的时段、产业的不同，所使用的搬运容器也不同，较常见的有以下几种。

1. 包装纸箱

包装纸箱使用不同的材质及瓦楞纸板（A楞、B楞、C楞、D楞、E楞）。

2. 塑料箱

塑料箱种类也很多，有固定式的，也有折叠式的，最重要的是其强度及平面度不同，如果强度及平面度不佳，容易在搬运时出现问题。

3. 托盘

托盘是在运输、搬运和存储过程中，将物品规整为货物单元时，作为承载面并包括承载面上辅助结构件的装置，是物流领域中为适应装卸机械化而发展起来的一种集装器具。为了使物品有效地装卸、运输、保管，要将各种物品按一定数量组合放置于一定形状的台面上，这种台面有供叉车或堆垛机从下部叉入并将台板托起的叉入口，以便于叉车和堆垛机叉取和存放。以这种结构为基本结构的平板、台板和各种形式的集装器具都可统称为托盘。托盘根据其结构特征，可分为平托盘、网箱托盘、箱式托盘、柱式托盘、轮式托盘等。

第三节　流通加工概述

一、流通加工的含义

流通加工是流通中的一种特殊形式。商品流通是以货币为媒介的商品交换，它的重要职能是将生产及消费（或再生产）联系起来，起桥梁和纽带作用，完成商品所有权利实物形态的转移。因此，流通与流通对象的关系，一般不是改变其形态而创造价值，而是保持流通对象的已有形态，完成空间的他移，实现其时间效用及场所效用。流通加工与此有较大的区别，总的来讲，流通加工在流通中，仍然和流通总体一样起桥梁和纽带作用。但是，它不是通过保护流通对象的原有形态而实现这一作用的，它和生产一样，是通过改变或完善流通对象的原有形态来实现桥梁和纽带作用的。流通加工是在物品从生产领域向消费领域流动的过程中，为促进销售、维护产品质量和提高物流效率，对物品进行加工，使物品发生物理、化学或形状的变化。

二、流通加工的作用

流通加工的主要作用在于优化物流系统，表现在以下几方面。

(1)通过流通加工，物流系统服务功能大大增强。从工业化时代进入新经济时代，一个重要标志是出现"服务社会"，增强服务功能是所有社会经济系统必须要做的事情。在物流领域，流通加工在这方面有很大的贡献。

(2)使物流系统可以成为"利润中心"。流通加工提高了物流对象的附加价值，使物流系统可能成为新的"利润中心"。

(3)通过流通加工，物流过程中可减少损失、加快速度、降低操作成本，因而可能降低整个物流系统的成本。

三、流通加工和生产加工的区别

流通加工和一般的生产加工在加工方法、加工组织、生产管理方面并无显著区别，但在加工对象、加工程度、附加价值、加工责任人、加工目的方面差别较大。

1. 加工对象的区别

流通加工的对象是进入流通过程的商品，具有商品的属性，以此来区别多环节生产加工中的一环。而生产加工的对象不是最终产品，而是原材料、零配件、半成品。

2. 加工程度的区别

流通加工程度大多是简单加工，而不是复杂加工。一般来讲，如果必须进行复杂加工才能形成人们所需的商品，那么，这种复杂加工应专设生产加工过程，生产过程理应完成大部分加工活动，流通加工对生产加工则是一种辅助及补充。特别需要指出的是，流通加工绝不是对生产加工的取消或代替。

3. 附加价值的区别

从价值观点看，生产加工的目的在于创造价值及使用价值，而流通加工在于完善商品使用价值，并在不做大改变的前提下提高价值。

4. 加工责任人的区别

流通加工的组织者是从事流通工作的人，能密切结合流通的需要进行这种加工活动。从加工单位来看，流通加工由商业或物资流通企业完成，而生产加工由生产企业完成。

5. 加工目的的区别

商品生产是为交换消费而生产的，流通加工一个重要目的是为消费（或再生产）而进行加工，这一点与商品生产有共同之处。但是流通加工有时候也是以自身流通为目的，纯粹为流通创造条件，这种为流通所进行的加工与直接为消费进行的加工从目的上来讲是有区别的，这又是流通加工不同于一般生产加工的特殊之处。

四、流通加工的类型

（一）为弥补生产领域加工不足的深加工

有许多产品在生产领域的加工只能到一定程度，这是由于存在许多限制因素，导致生产领域不能完全实现终极的加工。例如，钢铁厂的大规模生产只能按标准规定的规格生产，以使产品有较强的通用性，使生产能有较高的效率和效益；木材如果在产地制成木制品的话，就会造成运输的极大困难，所以原生产领域只能加工到圆木、板方材这种程度，进一步的下料、切裁、处理等加工则由流通加工完成。这种流通加工实际是生产的延续，是生产加工的深化，对弥补生产领域加工的不足有重要意义。

（二）为满足需求多样化进行的服务性加工

从需求角度看，需求存在着多样化和变化两个特点，为满足这种要求，经常是用户自己设置加工环节。例如，生产消费型用户的再生产往往从原材料初级处理开始。

就用户来讲，在现代生产的要求下，生产型用户愿意尽量减少流程，尽量集中力量从事较复杂的技术性较强的劳动，而不愿意将大量初级加工包揽下来。这种初级加工带有服务性，由流通加工来完成，生产型用户便可以缩短自己的生产流程，使生产技术密集程度提高。

对一般消费者而言，则可省去烦琐的预处置工作，而集中精力从事较高级的能直接满足需求的劳动。

（三）为保护产品所进行的加工

在物流过程中，直到用户投入使用前要对产品加以保护，防止产品在运输、储存、装卸、搬运、包装等过程中遭到损失，使使用价值能顺利实现。和前两种加工不同，这种加工并不改变进入流通领域的"物"的外形及性质。这种加工主要采取稳固、改装、冷冻、保鲜、涂油等方式。

（四）为提高物流效率，方便物流的加工

有一些产品本身的形态使之难以进行物流操作。如鲜鱼的装卸，过大设备的搬运，气体物的运输、装卸都很困难。进行流通加工，可以使物流各环节易于操作，如鲜鱼冷冻、过大设备解体、气体液化等，这种加工往往改变"物"的物理状态，但并不改变其化学特性，并最终仍能恢复原物理状态。

（五）为促进销售的流通加工

流通加工可以从若干方面起到促进销售的作用。例如，将过大包装或散装物分装成适合一次性销售的小包装的分装加工；将原以保护产品为主的运输包装改换成以促进销售为主的装潢性包装，以起到吸引消费者、指导消费的作用；将零配件组装成用具、车辆，以便于直接销售；将蔬菜、肉类洗净切块，以满足消费者要求；等等。这种流通加工可能是不改变"物"的本体，只进行简单改装的加工，也有许多是组装、分块等深加工。

（六）为提高加工效率的流通加工

许多生产企业的初级加工由于数量有限，加工效率不高，也难以投入先进的科学技术。流通加工以集中加工形式，解决了单个企业加工效率不高的弊病。以一家流通加工企业代替了若干生产企业的初级加工工序，促使生产水平提升。

（七）为提高原材料利用率的流通加工

流通加工利用其综合性强、用户多的特点，可以实行合理规划、合理套裁、集中下料的办法，这就能有效提高原材料利用率，减少损失浪费。

（八）衔接不同运输方式，使物流合理化的流通加工

在干线运输及支线运输的节点，设置流通加工环节，可以有效解决大批量、低成本、长距离干线运输多品种、少批量、多批次末端运输和集货运输之间的衔接问题，在流通加工点与大生产企业间形成大批量、定点运输的渠道，又以流通加工中心为核心，组织对多用户的配送。也可在流通加工点将运输包装转换为销售包装，从而有效衔接不同目的的运输方式。

（九）以提高经济效益，追求企业利润为目的流通加工

流通加工的一系列优点，可以形成一种"利润中心"的经营形态，这种类型的流通加工是经营的一环，在满足生产和消费要求基础上取得利润，同时在市场和利润引导下使流通加工在各个领域中能有效发展。

（十）生产—流通一体化的流通加工形式

依靠生产企业与流通企业的联合，或者生产企业涉足流通，或者流通企业涉足生产，形成对生产与流通加工的合理分工、合理规划、合理组织，统筹进行生产与流通加工的安排，这就是生产—流通一体化的流通加工形式。这种形式可以促成产品结构及产业结构的调整，充分发挥企业集团的经济技术优势，是流通加工领域的新形式。

本章小结

在同一地域范围内以改变"物"的存放、支撑状态的活动称为装卸，以改变"物"的空间位置的活动称为搬运，两者全称装卸搬运。装卸搬运是附属性、伴生性的活动，是支持、保障性活动，是衔接性的活动。

集装化物流是现代物流和社会供应链中应用最广、适应性最强的一种先进物流运输和装卸搬运方式。集装化物流大体可分为集装箱物流、集装袋物流和托盘成组式物流等不同类型。

目前我国多数物流中心采用人工搬运和机械化搬运相结合的手段。以信息化为前提的智能化和集成化是物流中心搬运作业的发展方向。在发达国家，自动搬运车被广泛应用于装卸搬运系统。

装卸搬运设备是装卸作业现代化的重要标志之一，常用的装卸搬运设备主要有装卸搬运机械和装卸搬运容器。

流通加工是在物品从生产领域向消费领域流动的过程中，为促进销售、维护产品质量和提高物流效率，对物品进行加工。流通加工的主要作用在于优化物流系统，表现为使物流系统服务功能大大增强，成为新的"利润中心"，降低整个物流系统的成本。流通加工可以分为为弥补生产领域加工不足的深加工，为满足需求多样化进行的服务性加工，为保护产品所进行的加工，为提高物流效率的加工，为促进销售的流通加工，为提高加工效率的流通加工，为提高原材料利用率的流通加工，使物流合理化的流通加工，为提高经济效益的流通加工，生产—流通一体化的流通加工。

练习与思考

一、选择题

1. 为加速出入库而采用托盘堆叠存储时，一般用（　　）存取。

A. 人工　　　　　B. 叉车　　　　　C. 吊车　　　　　D. 堆垛机

2. 下列不属于装卸搬运特点的是（　　）。

A. 附属性　　　　B. 不均衡性　　　C. 复杂性　　　　D. 机动性较差

3. 装卸搬运是指在同一地域范围内进行的、以改变物品的（　　）为主要内容的物流活动。

A. 存放状态　　　　　　　　　　　B. 移动状态

C. 空间位置　　　　　　　　　　　D. 时间价值

4. 下列关于流通加工的理解，正确的是（　　）。

A. 流通加工的对象不进入流通过程，不具有商品的属性，因此流通加工的对象不是最终产品，而是原材料、零配件、半成品

B. 一般来讲，如果必须进行复杂加工才能形成人们所需的商品，那么这种复杂加工应专设生产加工过程，而流通加工大多是简单加工，而不是复杂加工，因此流通加工可以是对生产加工的取消或代替

C. 从价值观点看，生产加工的目的在于创造价值及使用价值，而流通加工则在于完

善其使用价值，并在不做大改变的情况下提高价值

D. 流通加工的组织者是从事流通工作的人，能密切结合流通的需要进行这种加工活动，从加工单位来看，流通加工与生产加工都由生产企业完成

5. 根据流通加工的定义，下列属于流通加工的是(　　)。

A. 某工厂采购布匹、纽扣等材料，加工成时装并在市场上销售

B. 某运输公司在冷藏车皮中保存水果，使之在运到目的地时更新鲜

C. 杂货店将购买时的西红柿按质量分成每千克2元和每千克4元两个档次销售

D. 将马铃薯通过洗涤、破碎、筛理等工艺加工成淀粉

二、判断题

1. 装卸搬运是一种伴随性的物流活动，它本身不具有明确的价值。（　　）
2. 严格地讲，装卸和搬运是两个相同概念的组合。（　　）
3. 起重机械只能用于垂直升降货物，以满足货物的装卸作业要求。（　　）
4. 生产加工和流通加工都是创造商品的价值，只是前者是在生产过程中，而后者是在流通过程中。（　　）
5. 流通加工的对象主要是进入流通领域的商品，包括各种原材料和产品。（　　）

三、简答题

1. 结合装卸搬运的特点，谈谈装卸搬运在物流中的地位和作用。
2. 叉车与其他装卸搬运工具相比，其优点主要体现在哪些方面？
3. 如何做到搬运合理化？搬运有哪些方式？
4. 流通加工有哪些类型？
5. 流通加工与生产加工的区别是什么？

第十章 物流成本管理

学习目标

1. 知识目标：了解物流成本的构成与特性，了解物流成本决策的步骤，了解物流成本控制的内容和程序。
2. 能力目标：掌握物流成本决策常用的定量分析方法，能根据不同的情况采取不同的措施控制物流成本。
3. 素养目标：培养学生以宏观角度看待问题的习惯，提升职业道德与职业素养。

知识导图

物流成本管理
- 物流成本概述
  - 物流成本的概念
  - 物流成本的构成
  - 物流成本的特性
- 物流成本决策
  - 物流成本决策的步骤
  - 企业物流成本的决策方法
  - 企业物流成本的决策方法应注意问题
- 物流成本控制
  - 物流成本控制的内容
  - 物流成本控制的程序
  - 以物流功能为对象的物流成本控制
  - 以物流成本形成过程为对象的物流成本控制

引导案例

布鲁克林酿酒厂在美国分销布鲁克林拉格和布朗淡色啤酒，并且已经经营了十几年。虽然在美国还没有成为国家名牌，但在日本市场却已创建了一个每年200亿美元的市场。

Hiroyo贸易公司建议布鲁克林酿酒厂将啤酒航运到日本，并通过广告宣传其进口啤酒具有独一无二的新鲜度。这是一个营销战略，也是一种物流作业，因高成本使得目前还没有其他酿酒厂通过航运将啤酒出口到日本。

布鲁克林酿酒厂于1987年11月装运了它的第一箱布鲁克林拉格到达日本，并在最初的几个月里使用了各种航空承运人。最后，日本金刚砂航空公司被选为布鲁克林酿酒厂唯一的航空承运人，金刚砂公司之所以被选中，是因为它向布鲁克林酿酒厂提供了增值服务。金刚砂公司在其肯尼迪国际机场的终点站交付啤酒，并在飞往东京的商务班上安排运输。金刚砂公司通过其日本报关行办理清关手续。这些服务有助于保证产品完全符合新鲜要求。

此啤酒之所以能达到新鲜要求，是因为这样的物流作业可以在啤酒酿造后的一周内将啤酒从酿酒厂直接运到顾客手中，而海外装运啤酒的平均订货周期为40天。新鲜的啤酒能够超过一般价值定价，高于海运装运的啤酒价格的5倍。虽然布鲁克林拉格在美国是一种平均价位的啤酒，但在日本，它是一种溢价产品，获得了极高的利润。

布鲁克林酿酒厂改变了自己在美国一贯的包装，通过装运小桶装啤酒而不是瓶装啤酒来降低运输成本。虽然小桶重量与瓶装啤酒相等，但减少了因玻璃破碎而使啤酒损毁的机会。此外，小桶啤酒对保护性包装要求也比较低，这进一步降低了装运成本。出格的高价并没有成为布鲁克林啤酒在日本销售的障碍。1988年，在布鲁克林进入日本市场的第1年，布鲁克林酿酒厂获得了50万美元的销售额。1989年销售额增加到100万美元，而1990年则为130万美元，其出口销售额总量占布鲁克林酿酒厂总销售额的10%。

来源：物流产品网

思考：从物流成本控制方面分析布鲁克林酿酒厂成功的原因。

第一节　物流成本概述

一、物流成本的概念

根据《物流术语》(GB/T 18354—2021)，物流成本可定义为"物流活动中所消耗的物化劳动和活劳动的货币表现"，是指物品在时间和空间的位移(含静止)过程中所耗费的各种劳动和资源的货币表现。具体地说，它是物品在实物劳动，如包装、运输、存储、装卸搬运、流通加工等各种活动过程中所支出的人力、财力和物力的总和。

二、物流成本的构成

从不同的角度对物流成本进行观察和分析，由于考虑的角度不同，对物流成本的认识不同，物流成本的含义也就不同。按照人们进行物流成本管理和控制的不同角度，把物流成本分成社会物流成本、货主企业(包括制造企业和商品流通企业)物流成本和物流企业物流成本。社会物流成本是宏观意义上的物流成本，而货主物流成本以及物流企业物流成本是微观意义上的物流成本。

(一) 社会物流成本

社会物流成本是核算一个国家在一定时期内发生的物流总成本，是不同性质企业微观物流成本的总和，人们往往用社会物流成本占国内生产总值(GDP)的比重来衡量一个国家的物流管理水平。

(二)货主企业物流成本

制造企业物流是物流业发展的源动力,而商品流通企业是连接制造业和最终客户的纽带,制造企业和商品流通企业是物流服务的需求主体。人们常说的物流成本往往是指货主企业的(制造企业和商品流通企业)物流成本。

(三)物流企业物流成本

物流企业物流成本是指提供功能性物流服务业务的物流企业(如仓储服务企业、运输服务企业等)和提供一体化物流服务的第三方物流企业在运营过程中发生的各项费用。

三、物流成本的特性

从当今企业的物流实践中反映出来的物流成本的特征有以下几种。

(一)物流成本的隐藏性

物流活动是企业生产经营管理活动的组成部分,大多数的物流成本隐藏在其他费用之中,很难掌握其全貌。西泽修教授提出的物流成本冰山说认为,物流成本就像冰山一样,看到的只是其很小的部分,更大的部分隐藏在海面之下。企业的物流活动除了委托外部物流企业完成的部分以外,还有企业自己从事的业务部分,如利用企业自有运输工具运货,设置自有仓库和由本企业职工进行包装和装卸作业等,此外还有配备物流管理人员和进行大量的物流信息处理的业务,这些业务都是有成本的。而从目前企业的财务会计报表来看,其所反映出来的物流成本确实只是冰山的一角。企业大多数物流成本根据现有成本核算制度没有被反映出来,而是混在其他费用科目之中。

(二)物流成本削减的乘法效应

物流成本削减的乘法效应,是指物流成本的增减不仅带来直接的收益增减,还带来间接的收益增减。例如,如果销售额为100万元,物流成本为10万元,那么物流成本削减1万元,不仅直接产生了1万元的利益,还因为物流成本占销售额的10%,间接增加了10万元的利润。可见,物流成本的下降会产生极大的效益。

(三)物流成本的效益悖反性

效益悖反即改变系统中任何一个要素,会导致其他要素的改变。也就是说,系统中任何一个要素增益,必将会对系统中其他要素产生减损作用。物流成本的效益悖反性主要表现在两个方面。一方面,物流成本与服务水平的效益悖反。在一定技术条件下,高水平的物流服务需要较高的物流成本来保证。如果技术没有取得较大进步,企业很难在提高物流服务水平的同时降低物流成本。一般情况下,提高物流服务水平,物流成本也会上升。另一方面,物流业务活动的成本效益悖反。任何物流活动都是运输、仓储、搬运、装卸、包装、流通加工、物流信息等物流业务活动的集合,企业要想降低其中某项物流业务的成本,往往会增加另外某项物流业务的成本。例如,减少库存,库存成本降低,但却会使库存补充更频繁,运输频次增加,导致运输成本上升;简化包装,包装成本降低,但包装强度可能下降,在运输和装卸中的破损率可能会增加,低强度的包装在仓库中不能堆放过高,保管效率也会下降;等等。

由于物流成本的效益悖反性，企业对物流成本的管理应该从全局角度，综合各方面因素通盘考虑。追求物流总成本的最低才是企业物流成本管理的目标。

第二节　物流成本决策

一、物流成本决策的步骤

1. 收集有助于决策的相关资料

收集与进行该项物流成本决策有关的所有成本资料及其他资料，是决策可靠的基础。一般来说，全面、真实、具体是这种收集工作的基本要求。

2. 拟订可行性方案

物流成本决策的可行性方案就是指保证成本目标实现和具备实施条件的措施。进行决策时，必须拟订多个可行性方案，才能通过比较择优。换言之，一个成功的决策应该有一定数量的可行性方案来保证。

3. 做出择优决策

对各种可行性方案，应在比较分析之后根据一定的标准，采取合理的方法，做出成本最优化决策。

二、企业物流成本的决策方法

企业物流成本决策常用的定量分析方法有以下几种。

1. 本量利分析法

本量利分析法，即以成本特性（即成本总额对业务量总数的依存关系）分析为基础，确定产品保本点，进而分析有关因素变动对企业盈亏的影响，从而选出最佳方案。

2. 差量分析法

差量分析法，即在比较不同备选方案的预期收入与预期成本之间差别的基础上，选出最佳方案。

3. 差异成本法

差异成本法，即将各种备选方案中的成本数值进行比较，计算出不同方案的成本差额，选出最佳方案。

4. 边际贡献分析法

边际贡献分析法，即通过比较备选方案的边际贡献，来选出最佳方案。

5. 最优经济批量法

最优经济批量法，即在产品批量生产或原料批量采购时要决定一个合理的批量，使生产成本（或订货成本）与存储成本之和最小。经济订货批量模型是最经典的进行物流成本决策的数量模型。

6. 线性规划法

在生产多品种产品的企业中，线性规划法可以用来分析如何把有限的经济资源加以充分利用，以求得可使利润最大化或成本最小化的产品最优组合。

7. 决策树法

决策树法，即以决策树的形式将成本决策的各个要点、可能事件或机遇顺序展开，并以定量方法计算和比较各个抉择方案的结果，以选取最优方案。

三、企业物流成本的决策方法应注意的问题

对于企业物流成本决策，一般要考虑以物流总成本最低为依据的决策方法，并注意以下问题。

(一) 物流成本与客户服务水平之间的关系

物流系统的目标是向客户提供适当的物流服务。在物流管理中，"适当"的观点很重要，因为没有一个物流系统既可以做到提供最高的客户服务水平，使客户的满意程度最高，又可以做到物流成本之和最低。一般来说，随着物流客户服务水平的提高，物流成本将加速增长。以物流总成本最低为依据的决策方法，是在物流系统所要提供的客户服务水平既定的前提下，对各类物流成本进行权衡，将能够实现物流成本之和最小的方案作为最佳方案。

(二) 各类物流成本之间的悖反关系

各类物流成本之间有着密切的关联，总的说来就是悖反关系，即一种物流成本的下降，往往以其他几种物流成本的上升为代价。物流成本之间的悖反关系决定了企业管理层在进行物流决策时，必须在各类物流成本之间进行权衡，并以物流总成本最小作为选择物流运作方案的依据。

第三节 物流成本控制

一、物流成本控制的内容

在实际工作中，物流成本的控制可以按照不同的对象进行。一般来说，物流成本的控制对象可以分为以下两种主要形式。

1. 以物流成本的形成过程为控制对象

该形式即从物流系统(或企业)投资建立，产品设计(包括包装设计)，材料物资采购和存储，产品制成入库和销售，一直到售后服务，凡是发生物流成本费用的环节，都要通过各种物流技术和物流管理方法，实施有效的成本控制。

2. 以包装、运输、存储、装卸、配送等物流功能作为控制对象

该形式就是通过对构成物流活动的各项功能进行技术改善和有效管理，降低其所消耗的物流成本费用。

除了以上两种成本控制对象划分形式外，物流系统还可以按照各责任中心（运输车队、装卸班组、仓库等）、各成本发生项目（人工费、水电气费、折旧费、利息费、委托物流费等）进行成本控制，而这些成本控制的方式往往是建立在前面所述的物流成本管理系统的各种方法基础上的，需要与物流成本的经济管理技术有效结合起来运用。

二、物流成本控制的程序

物流成本控制应该贯穿于企业生产经营的全过程。

（一）物流成本的全过程控制观念

物流成本控制按控制时间来划分，具体可分为物流成本事前控制、物流成本事中控制和物流成本事后控制。

1. 物流成本事前控制

物流成本事前控制是指在进行物流技术或物流管理改善前，预测每种决策方案执行后的物流成本情况，对影响物流成本的经济活动进行事前的规划、审核，确定目标物流成本。它是物流成本的前馈控制。

2. 物流成本事中控制

物流成本事中控制是在物流成本形成过程中，随时对实际发生的物流成本与目标物流成本进行对比，及时发现差异并采取相应措施予以纠正，以保证物流成本目标的实现。它是物流成本的过程控制。

物流成本事中控制应在物流成本目标的归口分级管理的基础上进行，严格按照物流成本目标对一切生产经营耗费进行随时随地的检查审核，把可能产生损失、浪费的苗头消灭在萌芽状态，并且把各种成本偏差的信息及时反馈给有关的责任单位，以利于及时采取纠正措施。

3. 物流成本事后控制

物流成本事后控制是在物流成本形成之后，对实际物流成本的核算、分析和考核。它是物流成本的反馈控制，也是对各项物流决策的正确性和合理性作出事后评价的重要环节。

物流成本事后控制通过对决策执行前和决策实施后发生的实际物流成本进行比较，也可以通过与预计的物流成本或其他标准进行比较，确定物流成本的节约或浪费，并进行深入的分析，判断决策的正确性，并查明物流成本节约或超支的主客观原因，确定其责任归属，对物流成本责任单位进行相应的考核和奖惩。通过物流成本分析，企业为日后的物流成本控制提出积极改进意见，进一步修订物流成本控制标准，改进各项物流成本控制制度，以达到降低物流成本的目的。

（二）物流成本控制的基本程序

一般来说，物流成本的控制包括以下几项基本程序。

1. 制定物流成本标准

物流成本标准是物流成本控制的准绳，是对各项物流成本开支和资源耗费所规定的数量限度，是检查、衡量、评估实际物流服务成本水平的依据。物流成本标准包括物流成本计划中规定的各项指标，这些指标通常比较综合，不能满足具体控制的要求，因此必须规定一系列具体的标准。确定这些标准可以采用计划指标分解法、预算法、定额法等。在采取这些方法确定物流成本标准时，一定要进行充分的调查研究和科学计算，同时还要正确处理物流成本指标与其他技术经济指标的关系（如与质量、生产效率等的关系），从完成企业的总体目标出发，经过综合平衡，防止片面性，必要时还应进行多种方案的择优选用。

2. 监督物流成本的形成

根据控制标准，对物流成本形成的各个项目经常性地进行检查、评比和监督，不仅要检查指标本身的执行情况，而且要检查和监督影响指标的各项条件，如物流设施设备、工具、工人技术水平、工作环境等。所以，物流成本控制要与企业整体作业控制等结合起来进行。

物流相关费用的控制不仅要有专人负责，而且要使费用发生的执行者实行自我控制，还应当在责任制中加以规定。只有这样，才能调动全体员工的积极性，使成本的控制有群众基础。

3. 及时揭示并纠正不利偏差

揭示物流成本差异即核算确定实际物流成本脱离标准的差异，分析差异的成因，明确责任的归属。针对物流成本差异发生的原因，分析情况的轻重缓急，提出改进措施，加以贯彻执行。对于重大差异项目的纠正，一般采用下列步骤。

（1）提出降低物流成本的课题：从各种物流成本超支的原因中提出降低物流成本的课题。这些课题首先应当是那些成本降低潜力大、各方关心、可能实行的项目。要提出课题的要求，包括课题的目的、内容、理由、根据和预期达到的经济效益。

（2）讨论和决策：课题选定以后，应发动有关部门和人员进行广泛的研究和讨论。对重大课题，可以提出多种解决方案，然后进行各种方案的对比分析，从中选出最优方案。

（3）确定方案实施的方法、步骤及负责执行的部门和人员。

（4）贯彻执行确定的方案：在执行过程中也要及时加以监督检查。方案实现以后，还要检查其经济效益，衡量其是否达到预期的目标。

4. 评价和激励物流成本的控制效果

评价物流成本目标的执行结果，根据物流成本绩效实施奖惩。

三、以物流功能为对象的物流成本控制

（一）运输成本的控制

运输成本的控制是使总运输成本最低，但又不影响运输的可靠性、安全性和快捷性要求。运输成本的组成内容主要包括人工费、燃油费、运输杂费、运输保险费以及外包运输费等。据日本有关部门的统计，企业为进行运输活动而支付的费用占物流成本总额的53%以上。影响运费的因素很多，主要有商品运输量、运输工具、运输里程、装卸技术改进程度和运输费率等。因此，运输成本控制要根据不同的情况采取不同的措施。

1. 减少运输环节，节约成本

运输是物流过程中的一个主要环节，围绕着运输活动，还要进行装卸、搬运、包装等工作，多一道环节，须花费许多的劳动，增加不少成本。因此，在组织运输时，对有条件

直运的，应尽可能直运，减少中间环节，使物资不进入中转仓库，越过不必要的环节，由产地直接运到销售地或用户，减少二次运输。同时，更要消除相向运输、迂回运输等不合理现象，以减少运输里程，节约运费开支。

2. 合理选择运输方式和运输工具

根据不同货物的形状、价格、运输批量、交货日期、到达地点等，选择适当的运输工具。运输工具的经济性与速度性、安全性、便利性之间存在相互制约的关系，因此，在目前多种运输工具并存的情况下，在控制运输成本时，必须注意根据不同货物的特点及对物流时效性的要求，对运输工具的特征进行综合评价，以便确定科学选择运输工具的策略。一般来说，空运比较贵，公路运输次之，铁路运输便宜，水运最廉价。因此，在保证物流时效性，不使商品损失的情况下，应尽可能选择廉价的运输工具。

3. 合理选择运输组织形式

企业可以选择自营运输，也可以选择外包运输。而对于不同的产品，由于客户需求特点不同，以及货物价值量大小不一，在仓储和运输模式的选择上也会有很大的不同。

4. 通过合理装卸，降低运输成本

在单位运输费用一定时，通过改善装卸方式，提高装卸水平，充分利用运输车辆的容积和额定载重量，可以使单位运输成本降低，最终减少总运输成本。

5. 用现代技术降低运输成本

各种新技术在物流实践中得到推广使用，如托盘化运输、集装箱化运输、特殊运输工具和运输技术等的应用，也可以使运输成本得到降低。

6. 用线性规划、非线性规划技术制订最优运输计划，实现运输优化

在企业到消费地的单位运费和运输距离，以及各企业的生产能力和消费量都已确定的情况下，可用线性规划技术来解决运输的组织问题；如果企业的生产量发生变化，生产费用函数是非线性的，就应该使用非线性规划来解决问题。属于线性规划类型的运输问题，常用的方法有单纯形法和表上作业法。

7. 搞好自有运输工具的维修、保管和管理工作，严格控制各项费用支出

运输工具的维修、保管费用也是物流成本的一大来源，通过加强对运输工具的管理来降低成本。

8. 加强运输途中的货物保管工作，减少运输途中损耗

货物在运输过程中，如果管理不善，会产生不必要的货物损失或损耗，需要通过加强在途货物管理来降低成本。

（二）仓储成本的控制

仓库成本控制的目的就是要实行货物的合理库存，不断提高保管质量，加快货物周转，发挥物流系统的整体功能。仓储成本控制应抓好如下方面的工作。

1. 优化仓库布局，减少库存点

许多企业通过建立大规模的物流中心，把过去零星的库存集中起来进行管理，对一定

范围内的用户进行直接配送。这是优化仓储布局的一个重要表现。仓库的减少和库存的集中，又可能会增加运输成本。因此，要从运输成本、仓储成本和配送成本的总和角度来考虑仓库的布局问题，使总物流成本最低。

2. 自有仓库与租用仓库的战略选择

企业需要仓库存储存货，可以自建也可以租用。在这两者中进行合理选择，才能使仓库战略既经济又合理。

3. 采用现代化库存计划技术来控制合理库存量

例如，采用物料需求计划（MRP）、制造资源计划（MRPⅡ）以及及时制（JIT）生产和供应系统等，来合理地确定原材料、在制品、半成品和产成品等每个物流环节最佳的库存量。在现代物流理念下指导物流系统的运行，才能使库存水平最低、浪费最少、空间占用最小。

此外，还可以运用存储论确定经济合理的库存量，实现货物存储优化；采用 ABC 等库存管理方法，加强仓库内部管理，降低日常开支。

(三) 配送成本的控制

为了提高对客户的服务水平，越来越多的企业建立了配送中心进行配送作业，但是配送作业的实施往往会导致成本居高不下，从而使企业的竞争力降低。因此，对配送成本的控制就显得非常重要。对配送成本的控制从配送中心选址、配送中心内部的布局开始，一直到配送运营过程。配送中心的选址实际上也就是仓库的选址，它涉及配送范围和配送路线等，对配送成本的影响很大。对配送成本的控制方法包括以下几种。

(1) 配送中心的合理选址。
(2) 优化配送作业，降低配送成本。
(3) 运用系统分析技术，选择配送线路，实现货物配送优化。
(4) 通过自动化技术，提高配送作业效率。
(5) 建立通畅的配送信息系统。

(四) 包装成本的控制

包装成本控制应采取如下几项措施。

(1) 所有包装物品购入时，主管部门必须登账掌握，根据领用凭证发料，并严格控制使用数量，以免损失、浪费。
(2) 各使用部门应按照需要的时间提出使用数量计划，交主管部门据以加工、购置；逾期没计划或数字庞大造成浪费或供应不及时的，均应追究责任。
(3) 加强包装用品规格质量的验收和管理，注意做好包装用品的回收利用。
(4) 在保证商品运输、装卸、保管、销售过程中质量、数量不受损失的前提下，适当采用包装代用品，选择质好价廉的包装材料，节约费用开支。
(5) 加速包装物的周转，延长使用年限和使用次数，克服损失、浪费现象。
(6) 根据产品的特点、运输距离的远近，研究包装物的要求，改善包装方法。
(7) 了解用户情况，改进不必要的装潢，力求包装简单化、朴素化。

四、以物流成本形成过程为对象的物流成本控制

(一) 投资阶段的物流成本控制

投资阶段的物流成本控制主要是指企业在厂址选择、物流系统布局等过程中对物流成本所进行的控制。

1. 合理选择厂址

厂址选择合理与否，往往在很大程度上决定了以后物流成本的高低。例如，把廉价的土地使用费和人工费作为选择厂址的第一要素，可能会在远离原料和消费地的地点选点建厂，这对物流成本会造成很大的影响。这样的厂址除了运输距离长以外，还需在消费地点设置大型仓库，运输工具的选择也受到了限制。如果在消费地附近有同行业的企业存在，在物流成本上就很难与之竞争，即使考虑到人工费和土地使用费的因素，也很难断定这样的厂址是否有利。

所以，工厂选址时应该重视物流这一因素，事先要做好可行性研究，谋求物流成本的最低。

2. 合理设计物流系统布局

物流系统布局的设计对于物流成本的影响是非常大的，特别是对于全国性甚至是全球性的物流网络设计而言，物流中心和配送中心的位置、运输和配送系统的规划、物流运营流程的设计等，对于整个系统投入运营后的成本耗费有着决定性的影响。在进行物流系统布局规划时，应通过各种可行性论证，比较选择多种方案，确定最佳的物流系统结构和业务流程。

(二) 产品设计阶段的物流成本控制

物流过程中发生的成本与物流系统中服务产品的形状、大小和重量等密切相关，而且不仅局限于某一种产品的形态，同时还与这些产品的组合、包装形式、重量及大小有关。为此，实施物流成本控制有必要从设计阶段抓起，特别是对于制造企业来说，产品设计对物流成本的重要性尤为明显。

1. 产品形态的多样性

耐用品消费，特别是家用电器制品，在产品的形态设计上可以考虑多样化。例如，如果将电炉和电风扇设计成折叠形式，就易于保管和搬运；如果将机床设计带有把柄，就能为搬运和保管过程中的装卸作业的顺利进行提供方便。

2. 产品体积的小型化

体积的大小在很大程度上决定了物流成本的高低。例如，要把一个体积大的产品装到卡车车厢里，如果这个产品的底面积占整个车厢底面积的51%，一辆卡车就只能装一件，其余49%的底面积若不装其他东西，就只能空着。如果要以同样的方法运送两件这种产品，就需要两辆卡车，花双倍的费用。如果设计时考虑这一点，按照卡车车厢底面积50%的大小设计制造该产品，则一辆卡车就可运送两件，运输费用就可以得到有效节约。

3. 产品批量的合理化

当把数个产品集合成一个批量保管或发货时，就要考虑到物流过程中比较优化的容器

容量。

4. 产品包装的标准化

各种产品的形状是多种多样、大小不一的，大多数在工厂进行包装。包装时通常需要结合产品的尺寸等选择包装材料。但是，多种多样的包装形态在卡车装卸和仓库保管时就容易浪费空间。根据物流管理的系统化观点，应该使包装尺寸规格化、形状统一化，有时即使需要增加包装材料用量，或者另外需要填充物，但总的物流成本可能会降低。综上可知，产品的设计决定着物流的效率、物流的成本，这就要求在设计阶段就必须扎实地掌握和分析本企业由上（零部件、原材料的供应商）到下（产品销售对象、最终需要者）的整个流程，弄清产品设计对整个物流过程各个环节成本的影响，从整体最优的原则出发，做好产品设计，实施物流成本的事前控制。

（三）采购供应阶段的物流成本控制

供应与销售阶段是物流成本发生的直接阶段，也是物流成本控制的重要环节。采购供应阶段的物流成本控制主要包括以下内容。

1. 优选供应商

企业应该在比较多个供应商的供货质量、服务水平和供货价格的基础上，充分考虑其供货方式、运输距离等对企业物流成本的综合影响，从多个供货对象中选取综合成本较低的供货厂家，以有效地降低企业的物流成本。

2. 运用现代化的采购管理方式

JIT 采购和供应是一种有效降低物流成本的物流管理方式，它可以减少供应库存量，降低库存成本，而库存成本是供应物流成本的一个重要组成部分。另外，MRP 采购、供应链采购、招标采购、全球采购等采购管理方式的运用，也可以有效地加强采购供应管理工作。对集团企业或连锁经营企业来说，集中采购也是一种有效的采购管理模式。这些现代化采购管理方式的运用，对于降低供应物流成本是十分重要的。

3. 控制采购批量和再订货点

采购批量的大小，对订货成本与库存成本有着重要的影响，采购批量大，则采购次数减少，总的订货成本就可以降低，但会引起库存成本的增加；反之亦然。因此，企业在采购管理中，对订货批量的控制是很重要的。企业可以通过对相关数据分析，估算其主要采购物资的最优竞争订货批量和再订货点，从而使订货成本与库存成本之和最小。

4. 供应物流作业的效率化

企业的采购对象及其品种很多，接货设施和业务处理要讲求效率。例如，同一企业不同分厂需采购多种不同物料时，可以分别购买、各自进货，也可以由总厂根据分厂的进货要求，由总厂统一负责进货和仓储的集中管理，在各分厂有用料需求时，总厂仓储部门按照固定路线，把货物集中配送到各分厂。这种有效组织的采购、库存管理和配送管理，可使企业物流批量化，减少事务性工作，提高配送车辆和各分厂的进货工作效率。

5. 采购途耗的最省化

供应采购过程中往往会发生一些途中损耗，运输途耗也是本企业供应物流成本的一个组成部分。运输中应采取严格的预防保护措施，尽量减少途耗，避免损失、浪费，降低物流成本。

6. 供销物流交叉化

销售和供应物流经常发生交叉，这样可以采取共同装货、集中发送的方式，把外销商品的运输与从外地采购物流结合起来，利用回程车辆运输的方法，提高货物运输车辆的使用效率。同时，这样还有利于解决交通混乱现象，促进发货进货业务集中化、简单化，促进搬运工具、物流设施和物流作业的效率化。

（四）生产过程的物流成本控制

生产物流成本也是物流成本的一个重要组成部分。生产物流的组织与企业生产的产品类型、生产业务流程以及生产组织方式等密切相关。因此，生产物流成本的控制是与企业的生产管理方式不能分割的。在生产过程中有效控制物流成本的方法主要包括以下几点。

1. 生产工艺流程的合理布局

生产车间和生产供给流程的合理布局，对生产物流会产生重要影响。通过合理布局，减少物料和半成品的迂回运输，提高生产效率和生产过程中的物流运转效率，降低生产物流成本。

2. 合理安排生产进度，减少半成品和在制品库存

生产进度的安排合理与否，会直接或间接地影响生产物流成本。例如，生产安排不均衡，产品成套性不好，生产进度不一，必然会导致库存半成品、成品的增加，从而引起物流成本的上升。生产过程中的物流成本控制，其主要措施是采用"看板管理方式"，这种管理方式的基本思想是力求压缩生产过程中的库存，减少浪费。

3. 实施物料领用控制，节约物料

物料成本是企业产品成本的主要组成部分，控制物料消耗、节约物料，直接关系到企业生产经营成果和经济效益。物料领用的控制，可以有效降低企业的物料消耗成本。物料的领用控制可以通过限额领料单来实现，它是一种对指定的材料在规定的限额内多次使用的领发料凭证。使用限额领料单，必须为每种产品、每项工程确定一个物料消耗数量的合理界限，即物料消耗量标准，作为控制的依据。

（五）销售阶段的物流成本控制

销售物流活动作为企业市场销售战略的重要组成部分，不仅要考虑提高物流效率，降低物流成本，还要考虑企业销售政策和服务水平，在保证客户服务质量的前提下，通过有效的措施，推进销售物流的合理化，以降低销售物流成本。其主要措施包括以下几点。

1. 商流与物流相分离

在许多商品分销企业和特约经销商的产品销售过程中，大部分是采取商流和物流管理合一的方式，即销售公司各分公司、经营部、办事处既负责产品的促销、客户订货、产品价格管理、市场推广、客户关系管理等与商品交易相关的商流业务，也负责仓储、存货管理、物品装卸、搬运、货物配送等与实物库存、移动有关的物流业务，这样做在企业产品品种单一、经营渠道单一和信息化水平不高的条件下是有一定道理的。然而，随着企业产品品种多样化、销售渠道多元化趋势的发展和信息系统建设的逐步完善，这种管理模式将越来越不适应社会专业化分工和市场竞争发展的需要。由于商物合一，库存随销售业务的

扩展而增加，也导致公司物流成本居高不下、库存管理混乱、存货积压严重，同时销售费用和物流成本不易区分，也不利于各部门专业化水平的提高。

现在，商流和物流分离的做法已经被越来越多的企业所接纳。其具体做法是订货活动与配送活动相分离，由销售系统负责订单的签订，而由物流系统负责货物的运输和配送。运输和配送的具体作业，可以由自备车完成，也可以通过委托运输的方式来实现，这样可以提高运输效率，节省运输费用。此外，还可以把销售设施与物流设施分离开来，如把同一企业所属的销售网点的库存实行集中统一管理，在最理想的物流地点设立仓库，集中发货，以压缩物流库存，解决交叉运输问题，减少中转环节。这种商物分流的做法，把企业的商品交易从最大的物流活动中分离出来，有利于销售部门集中精力做销售；而物流部门也可以实现专业化的物流管理，甚至面向社会提供物流服务，以提高物流的整体效率。

2. 加强订单管理，与物流相协调

订单的重要特征表现在订单的大小、订单交货时间等要素上。订单的大小和交货的时间要求往往有很大的差别，在有的企业中，很多小订单往往会在数量上占订单总数的大部分，它们对物流和整个物流系统的影响有时也会很大。因此，有的企业为了提高物流效率，降低物流成本，在订单量上必须充分考虑商品的需求特征和其他经营管理要素的需要。

3. 销售物流的大量化

这是通过延长备货时间，以增加运输量，提高运输效率，减少运输总成本。许多企业把产品销售送货从"当日配送"改为"周日指定配送"，就属于这一类。这样可以更好地掌握配送货物量，大幅提高配货装载效率。为了鼓励运输大量化，日本采取一种增加一次物流批量折扣收费的办法，实行"大量（集装）发货减少收费制"，因实行物流合理化而节约的成本由双方分享。现在，这种以延长备货时间来加大运输或配送量的做法，已经被许多企业所采用。需要指出的是，这种做法必须在能够满足客户对送货时间要求的前提下进行。

4. 增强销售物流的计划性

以销售计划为基础，通过一定的渠道把一定量的货物送达指定地点。例如，某些季节性消费的产品，可能出现运输车辆过剩或不足，货装载效率下降等现象。为了调整这种波动性，可事先同买主商定时间和数量，制订运输和配送计划，使生产厂按计划供货。在日本啤酒行业，这种方法被称为"定期、定量直接配送系统"的计划化物流。

5. 实行差别化管理

这是指根据商品流转快慢和销售对象规模的大小，把保管场所和配送方法区别开来。对周转快的商品分散保管，反之集中保管，以压缩流通库存，有效利用仓库空间；对供货量大的实行直接送货，供货量小而分散的实行营业所供货或集中配送。差别化方针必须既要节约物流成本，又要提高服务水平。

6. 物流的共同化

物流的共同化是实施物流成本控制的最有效措施。超出单一企业物流合理化界限的物流，是最有前途的物流发展方向。一方面，通过本企业组合而形成的垂直方向的共同化，可以实现本企业内的物流一元化、效率化，如实行同类商品共同保管、共同配送；另一方面，通过与其他企业之间的联系而形成的水平方向的共同化，解决了两个以上产地和销售地点相距很近而又交叉运输的企业如何加强合作以提高装载效率、压缩物流设备投资的问

题，如解决长途车辆空载和设施共同利用的问题。

文本：T公司物流成本的分类与管理

本章小结

物流成本指物品在时间和空间的位移（含静止）过程中所耗费的各种劳动和资源的货币表现，按照人们进行物流成本管理和控制的不同角度，把物流成本分成社会物流成本、货主企业物流成本和物流企业物流成本。

物流成本决策常用的定量分析方法有本量利分析法、差量分析法、差异成本法、边际贡献分析法、最优经济批量法、线性规划法、决策树法。对于企业物流成本决策，一般要考虑以物流总成本最低为依据的决策方法，并注意物流成本与客户服务水平之间的关系和各类物流成本之间的悖反关系。

物流成本控制按控制时间来划分，具体可分为物流成本事前控制、物流成本事中控制和物流成本事后控制。物流成本的控制包括以下几项基本程序：制定物流成本标准，监督物流成本的形成，及时揭示并纠正不利偏差，评价和激励物流成本的控制效果。运输成本、仓储成本、配送成本、包装成本的控制是以物流功能为对象的物流成本控制。

运输成本的控制可以通过减少运输环节、合理选择运输方式和运输工具、合理选择运输组织形式、合理装卸、用现代技术等方式降低运输成本；仓储成本控制可以通过优化仓库布局、自有仓库与租用仓库的战略选择、采用现代化库存计划技术来控制合理库存量等方式降低仓储成本；配送成本的控制可以通过合理选址、优化配送作业、运用系统分析技术等方式降低配送成本；包装成本控制可以通过严格控制使用数量、做好包装用品的回收利用、选择质好价廉的包装材料的方式降低包装成本。物流成本控制还可以在投资阶段、产品设计阶段、采购供应阶段、生产过程中、销售阶段采取相应措施。

练习与思考

一、选择题

1. 从原材料入库开始，经过出库，产品制造，产品进入成品库，直到产品从成品库出库为止的物流过程中发生的物流费用是（　　）。

　　A. 供应物流成本　　　　　　　　　B. 企业内物流成本
　　C. 销售物流成本　　　　　　　　　D. 回收物流成本

2. 成本的动因是（　　）。

　　A. 将作业成本库的成本分配到成本对象中去的标准
　　B. 把资源库的资源分配到各作业成本库的依据
　　C. 资源被各项作业消耗的方式和原因

D. 为了生产产品或提供服务而发生的各类成本、费用项目
3. ( )是物流成本管理的中心环节。
A. 物流成本核算　　　　　　　　B. 物流成本控制
C. 物流成本分析　　　　　　　　D. 物流成本预测
4. 降低物流成本是企业的( )。
A."第一利润源泉"　　　　　　　B."第二利润源泉"
C."第三利润源泉"　　　　　　　D."第四利润源泉"
5. 根据物流成本冰山说，露在水面之上的部分是( )。
A. 企业内部消耗的物流费用　　　B. 制造费用
C. 委托的物流费用　　　　　　　D. 自家物流费用

二、判断题

1. 目前，作业成本法是被确认为确定和控制物流成本最有前途的方法。（　　）
2. 物流成本可以定义为物流活动中消耗的物化劳动和活劳动。（　　）
3. 物流服务水平与物流成本之间并非呈线性关系，在没有很大技术进步的情况下，企业很难做到同时提高物流服务水平和降低物流成本。（　　）
4. 库存水平越低，则库存成本越低，因此总成本越小。（　　）
5. 订货周期、库存水平和运输属于影响物流成本因素中的管理因素。（　　）

三、简答题

1. 什么是物流成本？
2. 物流成本具有哪些特性？简述物流成本与产品成本的联系。
3. 物流成本管理的意义是什么？
4. 降低销售物流成本的措施有哪些？
5. 如何进行配送成本控制？

第十一章 物流信息管理

学习目标

1. 知识目标：掌握物流信息的内容、分类特点和功能，了解物流信息管理的内容、特点和功能，了解常用物流信息技术，了解物流信息系统的功能和业务模块；了解电子商务商业模式。

2. 能力目标：掌握在物流作业各环节选择适用的物流信息技术，掌握 EDI、条码、RFID 在物流中的应用，掌握各电子商务商业模式交易的过程。

3. 素养目标：了解前沿物流信息技术，培养学生系统分析思维和创新精神。

知识导图

物流信息管理
- 物流信息管理概述
  - 物流信息
  - 物流信息管理
- 现代物流信息技术
  - 电子数据交换技术
  - 条码技术
  - 无线射频技术
  - 物联网技术
- 物流信息系统
  - 物流信息系统概述
  - 物流信息系统的类型
  - 物流信息系统的层次结构
  - 物流信息系统的功能
  - 物流信息系统的业务模块
- 电子商务物流管理
  - 电子商务概述
  - 电子商务与物流的关系
  - 电子商务物流系统

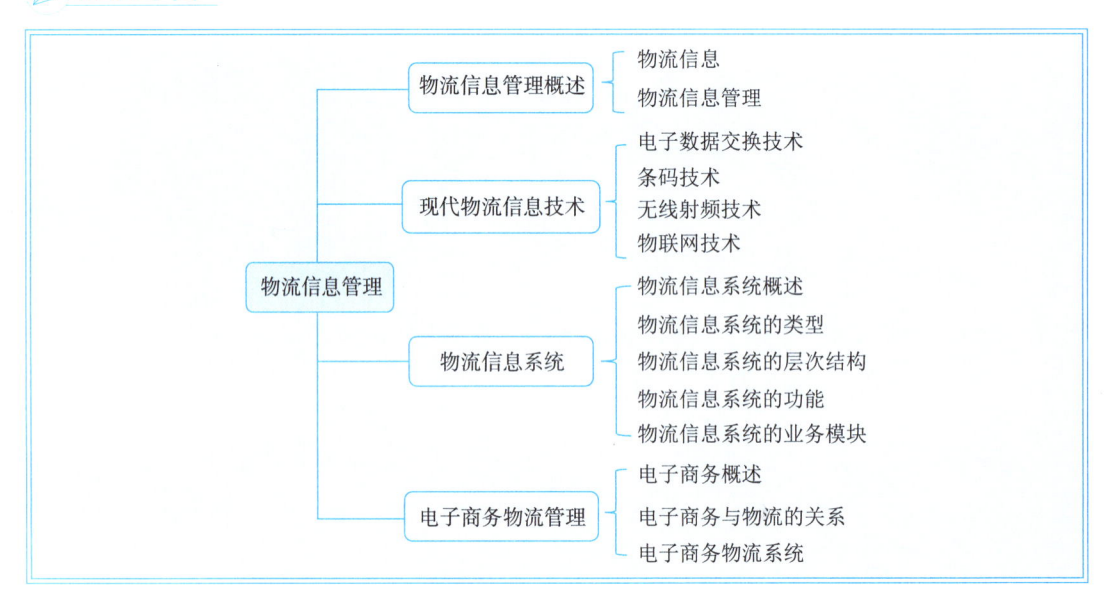

第十一章　物流信息管理

引导案例

成立于1907年的美国联合包裹公司(United Parcel Service，UPS)是世界上最大的配送公司。2000年，联合包裹公司年收入接近300亿美元，其中包裹和单证流量大约35亿件，平均每天向遍布全球的顾客递送1 320万件包裹。公司向制造商、批发商、零售商、服务公司以及个人提供各种范围的陆路和空运的包裹和单证的递送服务，以及大量的增值服务。表面上联合包裹公司的核心竞争优势来源于其由15.25万辆卡车和560架飞机组成的运输队伍，而实际上联合包裹公司今天的成功并非仅仅如此。

20世纪80年代初，联合包裹公司以其大型的棕色卡车车队和及时的递送服务，控制了美国路面和陆路的包裹速递市场。然而，到了80年代后期，随着竞争对手利用不同的定价策略以及跟踪和开单的创新技术对联邦快递的市场进行蚕食，联合包裹公司的收入开始下滑。许多大型托运人希望通过单一服务来源提供全程的配送服务，进一步，顾客们希望通过掌握更多的物流信息，以利于自身控制成本和提高效率。随着竞争的白热化，这种服务需求变得愈来愈迫切。正是基于这种服务需求，联合包裹公司从90年代初开始了致力于物流信息技术的广泛利用和不断升级。今天，提供全面物流信息服务已经成为包裹速递业务中的一个至关重要的核心竞争要素。

联合包裹公司通过应用三项以物流信息技术为基础的服务提高了竞争能力。

第一，条形码和扫描仪使联合包裹公司能够有选择地每周七天、每天24小时地跟踪和报告装运状况，顾客只需拨个免费电话号码，即可获得"地面跟踪"和航空递送这样的增值服务。司机只需扫描包裹上的条形码，获得收件人的签字，输入收件人的姓名，并按动一个键，就可同时完成交易并送出数据。Ⅲ型DIAD(第三代速递资料收集器)的内部无线装置还在送货车司机和发货人之间建立了双向文本通信。专门负责某个办公大楼或商业中心的司机可缩短约30分钟的上门收货时间。每当接收到一条条信息，DIAD角上的指示灯就会闪动，提醒司机注意。这对消费者来说，不仅意味着所寄送的物品能很快发送，还可随时"追踪"到包裹的行踪。

第二，在信息系统上，联合包裹公司将应用在美国国内运输货物的物流信息系统扩展到了所有国际运输货物上。这些物流信息系统包括署名追踪系统、比率运算系统等，其解决方案包括自动仓库、指纹扫描、光栋技术、产品跟踪和决策软件工具等。这些解决方案从商品原起点流向市场或者最终消费者的供应链上帮助客户改进了业绩，真正实现了双赢。

第三，在信息管理上，最典型的应用是联合包裹公司在美国国家半导体公司位于新加坡仓库的物流信息管理系统，该系统有效地减少了仓储量及节省货品运送时间。今天我们可以看到，在联合包裹公司物流管理体系中的美国国家半导体公司新加坡仓库，一位管理员像挥动树枝一样将一台扫描仪扫过一箱新制造的电脑芯片。

随着这个简单的举动，他启动了高效和自动化、几乎像魔术般的送货程序。这座巨大仓库是由联合包裹公司的运输奇才们设计建造的。联合包裹公司的物流信息管理系统将这箱芯片发往码头，而后送上卡车和飞机，接着又是卡车，在短短的12个小时内，这些芯片就会送到美国国家半导体公司的客户——远在万里之外(硅谷)的个人电脑制造商手中。在整个途中，芯片中嵌入的电子标签将让客户以高达3英尺(1英尺约等于0.3米)的精确度跟踪订货。

以现代物流信息技术为核心竞争力基础的联合包裹公司已经在我国北京、上海、广州开办了代表处。1996年6月，联合包裹与中方合作伙伴中国外运集团共同在北京成立其在中国的第一家合资企业。2001年1月，联合包裹公司的飞机被允许直飞中国，自从其首班飞机飞抵了上海后，联合包裹公司在北京、上海、深圳等地都建立了自己的航空基地，每周都有货运航班飞往中国。就此，世界物流业巨头联合包裹公司参与到了中国快递行业的激烈竞争中来。

案例来源：物流天下全国信息网，编者整理

思考： 联合包裹公司的信息技术应用体现在哪些作业场所？

第一节　物流信息管理概述

一、物流信息

（一）物流信息的内容及分类

物流信息是反映物流各活动内容的知识、资料、图像、数据的总称。《物流术语》（GB/T 18354—2021）中，物流信息的内容及分类从狭义的范围来看，物流信息是指与物流活动（如运输、保管、包装、装卸、流通加工等）有关的信息。在物流活动的管理与决策中，如运输工具的选择、运输路线的确定、每次运送批量的确定、在途货物的跟踪、仓库的有效利用、最佳库存数量的确定、订单管理、如何提高顾客服务水平等，都需要详细和准确的物流信息，因为物流信息对运输管理、库存管理、订单管理、仓库作业管理等物流活动只有支持保证的功能。

从广义的范围来看，物流信息不仅指与物流活动有关的信息，而且包括与其他流通活动有关的信息，例如，商品交易信息和市场信息等。商品交易信息是指与买卖双方的交易过程有关的信息，如销售和购买信息，订货和接受订货信息，发出货款和收到货款信息等。市场信息是指与市场活动有关的信息，如消费者的需求信息、竞争者或竞争性商品的信息、销售促销活动信息、交通等基础设施信息等。

在现代经营管理活动中，物流信息与商品交易信息、市场信息相互交叉融合。例如，零售商根据对消费者需求的预测并结合库存状况制订订货计划，向批发商或直接向生产商发出订货信息，批发商在接到零售商的订货信息后，在确认现有库存水平能满足订单要求的基础上，向物流部门发出发货、配货信息。如果发现现有库存不能满足订单要求，就马上组织生产，再按订单上的数量和时间要求向物流部门发出发货配送信息。由于物流信息与商品交易信息与市场信息相互交融、密切联系，所以广义的物流信息还包含与其他流通活动相关的信息。

广义的物流信息不仅能起到连接整合生产厂家、经过批发商和零售商最后到消费者的整个供应链的作用，而且能在应用现代信息技术（如EDI、EOS、POS、互联网、电子商务等）的基础上实现整个供应链活动的效率化，能利用物流信息对供应链各企业的计划、协调、顾客服务和控制活动进行有效的管理。

物流信息可按以下几类标准进行分类。

（1）按信息产生的领域和作用的领域，物流信息可分为物流活动所产生的信息和其他信息源产生的供物流使用的信息。前一类是发布物流信息的主要信息源，后一类则是信息工作收集的对象，是其他经济领域产生的对物流活动有作用的信息，用于指导物流。

（2）按物流信息作用的不同，物流信息可分为计划信息、控制及作业信息、统计信息和支持信息。

①计划信息：如物流量计划、仓库吞吐量计划、与物流活动有关的国民经济计划、工农业产品产量计划等。许多具体工作的计划、安排，甚至是带有作业性质的，如协议、合同、投资等信息，只要尚未进入具体业务操作，都可归入计划信息之中。这种信息的特点是带有稳定性，信息更新速度较慢。

②控制及作业信息：这种信息是物流活动过程中发生的信息，带有很强的动态性，是掌握物流现实活动状况不可缺少的信息，如库存量、在运量、运输工具状况等。

③统计信息：这种信息是物流活动结束后，针对整个物流活动的一种终结性、归纳性信息，有很强的针对性。

④支持信息：这是指能对物流计划、业务、操作有影响或有关的文化、科技、产品、法律等方面的信息。

（3）按不同功能要素领域分类，有采购供应信息、仓库信息、运输信息等，甚至更细化地分成集装箱信息、托盘交换信息、库存量信息、汽车运输信息等。

(二) 物流信息的特点

1. 物流信息的数据量大，涉及面广

现代物流涉及多品种、小批量、多层次、个性化服务，使得货物在运输、仓储、包装、装卸、搬运、加工、配送等环节会产生大量的物流信息，且分布在不同的厂商、仓库、货场、配送中心、运输线路、运输商、中间商、客户等处。随着物流产业的发展，这种量大而广的特征将更趋明显，会产生越来越多的物流信息。

2. 物流信息的动态性、适时性强

各种物流作业活动的频繁发生，加之市场竞争状况和客户需求的变化，使物流信息瞬息万变，呈现出一种动态性；物流信息的价值也会随时间的变化而不断贬值，表现出一种适时性。物流信息的这种动态性和适时性，要求我们必须及时掌握变化多端的物流信息，为物流管理决策提供依据。

3. 物流信息的种类繁多，来源复杂

物流信息不仅包括企业内部产生的各种物流信息，还包括企业间的物流信息以及与物流活动有关的法律、法规、市场、消费者等诸多方面的信息。随着物流产业的发展，物流信息的种类更多，来源也更趋复杂多样，这给物流信息的分类、处理和管理带来了困难。

4. 物流信息要能够实现共享、准确、统一的标准

物流信息涉及国民经济各个部门，在物流活动中，各部门之间需要进行大量的信息交流。为了实现不同系统间物流信息的贡献，必须采用国际和国家信息标准，如不同系统的不同物品必须采用统一的物品编码规则和条码规则等。

(三) 物流信息的功能

物流信息在物流活动中起着神经中枢的作用，在物流活动中具有十分重要的作用。物

流企业通过对物流信息的收集、传递、存储与处理，让这些信息成为决策依据，对整个物流活动起指挥、协调、支持和保障作用。物流信息的功能主要表现在以下几个方面。

1. 沟通联系的作用

物流信息是沟通物流活动各环节之间联系的桥梁。物流系统是由许多个行业、部门以及众多企业群体构成的经济大系统，系统内部正是通过各种指令、计划、文件、数据、报表、凭证、广告、商情等物流信息，建立起各种纵向和横向的联系，沟通生产厂、批发商、零售商、物流服务商和消费者，满足各方的需要。

2. 引导和协调的作用

物流信息随着物资、货币及物流当事人的行为等信息载体进入物流供应链中，同时信息的反馈也随着信息载体反馈给供应链上的各个环节，依靠物流信息及其反馈可以引导供应链结构的变动和物流布局的优化；协调物资结构，使供需之间平衡；协调人、财、物等物流资源配置，促进物流资源的整合和合理使用等。

3. 管理控制的作用

通过移动通信、计算机信息网、电子数据交换（EDI）、全球定位系统（GPS）等技术实现物流活动的电子化，如货物实时跟踪、车辆实时跟踪、库存自动补货等，用信息化代替传统的手工作业，实现物流运行、服务质量和成本等的管理控制。

4. 缩短物流管道的作用

为了应付需求波动，在物流供应链的不同节点上通常设置有库存，包括中间库存和最终库存，如零部件、在制品、制成品的库存等，这些库存增加了供应链的长度，提高了供应链成本。但是，如果能够实时地掌握供应链上不同节点的信息，如知道在供应管道中，什么时候、什么地方、多少数量的货物可以到达目的地，那么就可以发现供应链上的过多库存并进行缩减，从而缩短物流链，提高物流服务水平。

5. 辅助决策分析的作用

物流信息是制订决策方案的重要基础和关键依据，物流管理决策过程本身就是对物流信息进行深加工的过程，是对物流活动的发展变化规律进行认识的过程。物流信息可以协助物流管理者鉴别、评估经比较物流战略和策略后的可选方案。例如，车辆调度、库存管理、设施选址、资源选择、流程设计，以及有关作业比较和安排的成本—收益分析等，均在物流信息的帮助下才能作出科学决策。

6. 支持战略计划的作用

作为决策分析的延伸，物流战略计划涉及物流活动的长期发展方向和经营方针的制订，如企业战略联盟的形成，以利润为基础的顾客服务分析，以及能力和机会的开发和提炼。作为一种更加抽象、松散的决策，它是对物流信息进一步提炼和开发的结果。

7. 价值增值的作用

物流信息本身是有价值的，而在物流领域中，流通信息在实现其使用价值的同时，自身的价值又呈现增长的趋势，即物流信息本身具有增值特征。另外，物流信息是影响物流的重要因素，它把物流的各个要素及有关因素有机地组合并联结起来，以形成现实的生产力和创造出更高的社会生产力。同时，在社会化大生产条件下，生产过程日益复杂，物流

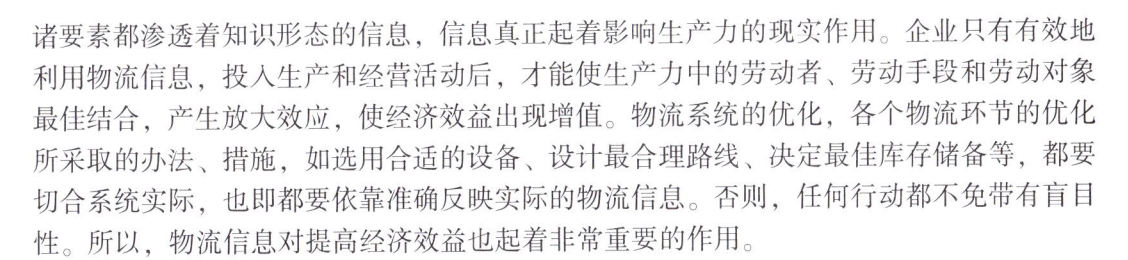

诸要素都渗透着知识形态的信息，信息真正起着影响生产力的现实作用。企业只有有效地利用物流信息，投入生产和经营活动后，才能使生产力中的劳动者、劳动手段和劳动对象最佳结合，产生放大效应，使经济效益出现增值。物流系统的优化，各个物流环节的优化所采取的办法、措施，如选用合适的设备、设计最合理路线、决定最佳库存储备等，都要切合系统实际，也即都要依靠准确反映实际的物流信息。否则，任何行动都不免带有盲目性。所以，物流信息对提高经济效益也起着非常重要的作用。

二、物流信息管理

(一)物流信息管理的内容

物流信息管理(Logistics Information Management)就是对物流全过程的相关信息进行收集、整理、传输、存储和利用的活动过程，也就是物流信息从分散到集中，从无序到有序，从产生、传播到利用的过程。同时，对涉及物流信息活动的各种要素，包括人员、技术、工具等进行管理，实现资源的合理配置。

物流信息管理不仅包括采购、销售、存储、运输等物流活动的信息管理和信息传送，还包括对物流过程的各种决策活动(如采购计划、销售计划、供应商选择、顾客分析等)提供决策支持，并充分利用计算机的强大功能，汇总和分析物流数据，进而做出更好的进、销、存决策。物流信息管理也会充分利用企业资源，加强对企业的内部挖掘和外部利用，从而大大降低生产成本，提高生产效率，增强企业竞争优势。

物流信息管理是为了有效地开发和利用物流信息资源，以现代信息技术为手段，对物流信息资源进行计划、组织、领导和控制的社会活动。

物流信息管理的主体一般是与物流信息管理系统相关的管理人员，也可能是一般物流信息操作控制人员。这些人员要从事物流业务操作、管理、承担物流信息技术应用和物流信息基础系统开发、建设、维护、管理，以及物流信息资源开发利用等工作。与物流信息管理系统相关的管理、操作人员必须具备物流信息系统的操作、管理以及规划和设计等能力。

与信息管理的对象一样，物流信息管理的对象包括物流信息资源和物流信息活动。物流信息资源主要是直接产生于物流活动(如运输、保管、包装、装卸、流通加工等)的信息和其他流通活动有关的信息(如商品交易信息、市场信息等)。而物流信息活动是指物流信息管理主体进行物流信息收集、传递、存储、加工、维护和使用的过程。

信息管理不仅需要现代信息技术，还需要利用管理科学、运筹学、统计学、模型论和各种最优化技术来实现对信息的管理以辅助决策。物流信息管理除具有一般信息管理的要求外，还要通过物流信息管理系统的查询和统计、数据的实时跟踪和控制来管理、协调物流活动。利用物流信息管理系统是进行物流信息管理的主要手段。

总之，物流信息管理是开发和利用物流信息资源，以现代信息技术为手段，对物流信息资源进行计划、组织、领导和控制，最终为物流相关管理提供计划、控制、评估等辅助决策服务。

(二)物流信息管理的特点

物流信息管理是通过对与物流活动相关信息的收集、处理、分析来达到对物流活动的有效管理和控制的过程，并为企业提供各种物流信息分析和决策支撑。物流信息具有以下四个特点。

1. 强调信息管理的系统化

物流是一个大范围内的活动，物流信息源点多、分布广、信息量大、动态性强、信息价值衰减速度快，所以物流信息管理要求能够迅速进行物流信息的收集、加工、处理。物流信息管理系统可以利用计算机的强大功能汇总和分析物流数据，并对各种信息进行加工、处理，从而提高物流活动的效率和质量，而网络化的物流信息管理系统可以实现企业内部、企业间的数据共享，从而提高物流活动的整体效率。

2. 强调信息管理各基本环节的整合和协调

物流信息管理的基本环节包括物流信息的获取、传输、存储、处理和分析，在管理过程中强调物流信息管理各基本环节的整合和协调，可以提高物流信息传递的及时性和顺畅程度。

3. 强调信息管理过程的专业性和灵活性

物流信息管理是专门收集、处理、存储和利用物流全过程的相关信息，为物流管理和物流业务活动提供信息服务的专业管理活动。物流信息管理过程涉及仓储、运输、配送、货代等物流环节；涉及的信息对象则包括货物信息、作业人员信息，所使用的设施设备信息，操作技术和方法信息，物流的时间和空间信息等。物流信息的规模、内容、模式和范围，根据物流管理的需要，可以有不同的侧重面和活动内容，以提高物流信息管理的针对性和灵活性。

4. 强调建立有效的信息管理机制

物流信息管理强调信息的有效管理，即强调信息的准确性、有效性、及时性、集成性、共享性。在物流信息的收集和整理中，要避免信息的缺损、失真和失效，强化物流信息活动过程的组织和控制，建立有效的管理机制。同时通过制定企业内部、企业之间的物流信息交流和共享机制来加强信息的传递和交流，以便提高企业自身的信息积累，并进行相应的优势转化。

（三）物流信息管理功能

物流作为一个复杂的社会系统工程，它的运作流程是通过输入社会需求文件信息和供应商货源文件信息，形成产品生产计划、生产能力计划、送货计划和订货计划、运输计划、仓储计划、物流能力计划，并进行成本核算等。要使这样一个纵深庞杂、涉及面广的物流体系快速、高效和经济地运行，没有信息这一"润滑剂"的作用是不可想象的。现代物流信息在物流活动中起着神经系统的作用，主要通过物流信息管理的几项基本功能来实现。

1. 记录交易活动功能

物流信息的记录交易活动功能就是记录物流活动的基本过程和内容，主要包括记录采购过程、价格及相关人员和供求信息、储运任务、生产作业程序、销售等整个物流活动的内容。

2. 物流业务服务功能

物流服务的水平和质量以及现有管理个体和资源的管理，要有信息管理做相关的协调和控制，充分利用计算机的强大功能，汇总和分析各种物流数据，形成信息资源，为物流管理及其业务活动提供信息服务，使管理者做出合适的决策，增强了企业的竞争优势。

3. 物流工序协调功能

在物流运作中，加强信息的集成与传递，有利于提高工作的时效性，提高工作的质量与效率。

4. 支持物流决策和战略功能

物流信息管理协调工作人员和管理员通过其服务功能，充分利用企业内外部物流数据信息资源，进行物流活动的评估和成本收益分析，从而做出更好的物流决策。

第二节　现代物流信息技术

物流信息技术是以计算机和现代通信技术为主要手段实现对物流各环节中信息的获取、处理、传递和利用等功能技术的总称，是物流现代化极为重要的领域之一，尤其是飞速发展的计算机网络技术的应用使物流信息技术达到新的水平。物流信息技术是物流现代化的重要标志，也被视为提高生产率和竞争能力的主要来源。与其他资源不同，信息技术正在不断提高其自身的速度和能力，同时又在降低成本。有许多信息技术已经显示其在物流方面的广泛应用。目前，这些技术包括电子数据交换（EDI）、个人电脑、人工智能专家系统、通信技术、条形码和扫描仪、电子订货系统（EOS）和销售时点、物联网技术等。本书着重介绍其中的EDI技术、条码技术、射频技术和物联网技术。

一、电子数据交换技术（EDI）

（一）EDI的定义

电子数据交换技术（Electronic Data Interchange，EDI）是公司间计算机与计算机交换商业文件的标准形式。EDI用电子技术，而不是通过传统的邮件、快递，或者传真来描述两个组织之间传输信息的能力和实践。在这里，能力指计算机系统有效传输的能力，实践指两个组织有效利用信息交换的能力。对于EDI的定义，概括起来有以下几种不同的表述。

1. 国际标准化组织（ISO）的定义

将商业或行政事务交易按照一个公认的标准，形成结构化的事务交易或信息报文格式，实现从计算机到计算机的数据传输。

2. 国际电信联盟（CCITT）的定义

计算机到计算机之间的结构化的事务数据交换。

3. 联合国使用的定义

用约定的标准编排有关的数据，通过计算机向计算机传送业务往来信息。

4. EDIFACT标准中的定义

计算机到计算机以标准格式进行的业务数据传输。

5. 国际数据交换协会（DEA）的定义

通过电子方式，采用约定的报文标准，从一台计算机向另一台计算机进行结构化数据传输就可以称为 EDI。

（二）EDI 的主要特征

从以上组织对 EDI 定义的表述中可以得出，EDI 的基本特征如下。

1. 结构化数据

EDI 用于交易双方交换的数据是按照规范与标准格式组织的，以便于计算机处理和信息交换，而不是一种非标准规范的自由格式。交易双方传递的交易文件有特定的格式，现在采用的是联合国 UN/EDIFACT 的报文标准。

2. 约定的公认标准

在电子数据交换中，贸易伙伴在进行交换数据之前，必须就他们希望交换的数据格式和使用何种标准预先达成协议。

3. 由计算机（系统）与计算机（系统）交换业务数据

这些计算机（系统）归属于不同组织，交易双方交换的数据是不同组织间交易往来的商业数据文件，双方各自拥有自己的计算机管理信息系统。双方的计算机信息系统能发送、接收并处理符合约定标准的交易报文的数据信息，使数据在计算机与计算机之间能被信息系统读运，进而可以自动处理。强调信息处理是由计算机借助于计算机网络自动进行的，无须人工干预。

以上所说的数据或信息是指交易双方互相传递具备法律效力的文件资料，可以是各种商业单证，如订单、回执、发货通知、运单、装箱单、收据、发票、保险单、进出口申报单、报税单、缴款单等，也可以是各种凭证，如进出口许可证、信用证、配额证、检疫证、商检证等。与其说 EDI 是一项技术，不如说是一项严谨的规范与作业流程，这项流程的完成需要计算机系统和超过技术以外的组织间各部门的配合，来完成数据传输的作业流程。

（三）实现 EDI 的环境和条件

要实现 EDI 的全部功能，需要具备以下四个方面的条件，其中包括 EDI 通信标准和 EDI 语义语法标准。

1. 数据通信网是实现 EDI 的技术基础

为了传递文件，必须有一个覆盖广、高效、安全的数据通信网作为其技术环境。由于 EDI 传输是具有标准格式的商业或行政有价文件，因此除了要求通信网具有一般的数据传输和交换功能之外，还必须具有格式校验、确认、跟踪、防篡改、防被窃、电子签名、文件归档等一系列安全保密功能，并且在用户间出现法律纠纷时，能够提供法律依据。消息处理系统（MHS）为实现 EDI 提供了最理想的通信环境。为了在 MHS 中实现 EDI，ITU-TI（国际电信联盟电信标准分局）根据 EDI 国际标准 EDIFACT 的要求，于 1990 年提出了 EDI 的通信标准 X435，使 EDI 成为 MHS 通信平台的一项业务。

2. 计算机应用是实现 EDI 的内部条件

EDI 不是简单地通过计算机网络传送标准数据文件，它还要求对接收和发送的文件进

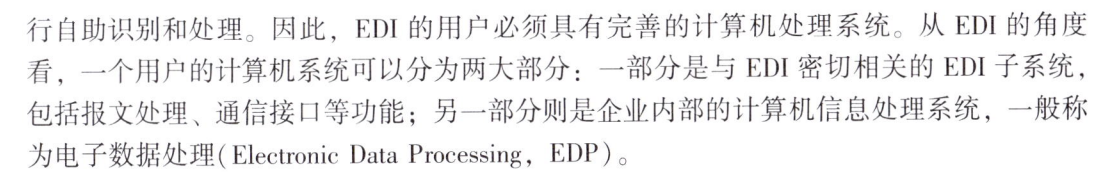

行自助识别和处理。因此，EDI 的用户必须具有完善的计算机处理系统。从 EDI 的角度看，一个用户的计算机系统可以分为两大部分：一部分是与 EDI 密切相关的 EDI 子系统，包括报文处理、通信接口等功能；另一部分则是企业内部的计算机信息处理系统，一般称为电子数据处理（Electronic Data Processing，EDP）。

3. 标准化是实现 EDI 的关键

EDI 是为了实现商业文件、单证的互通和自助处理，这不同于人机对话方式的交互式处理，而是计算机之间的自助应答和自助处理。因此，文件结构、格式、语法规则等方面的标准化是实现 EDI 的关键。当前 UN/EDIFACT 标准已经成为 EDI 标准的主流。但是仅有国际标准是不够的，为了适应国内情况，各国还需制定本国的 EDI 标准。

4. EDI 立法是保障 EDI 顺利运行的社会环境

EDI 的使用必将引起贸易方式和行政方式的变革，也必定产生一系列的法律问题。例如，电子单证和电子签名的法律效力问题，发生纠纷时的法律证据和仲裁问题等。因此，为了全面推行 EDI，必须制定相关的法律法规，只有如此，才能为 EDI 的全面使用创造美好的社会环境和法律保障。然而，制定法律是一个漫长的过程。在 EDI 法律正式颁布之前如何处理法律纠纷？发达国家一般的做法是：在使用 EDI 之前，EDI 贸易各方共同签订一份协议，以保证 EDI 的使用，如美国律师协会的《贸易伙伴 EDI 协议》等。

（四）EDI 在物流中的应用

近年来，EDI 在物流中广泛应用，物流 EDI 参与单位有货主（如生产厂家、贸易商、批发商、零售商等）、承运业主（如独立的物流承运企业等）、实际运送货物的交通运输企业（铁路企业、水运企业、航空企业、公路运输企业等）、协助单位（政府有关部门、金融保险机构等）和其他的物流相关单位（如仓储业主、专业报关者等）。物流 EDI 的框架结构如图 11-1 所示。

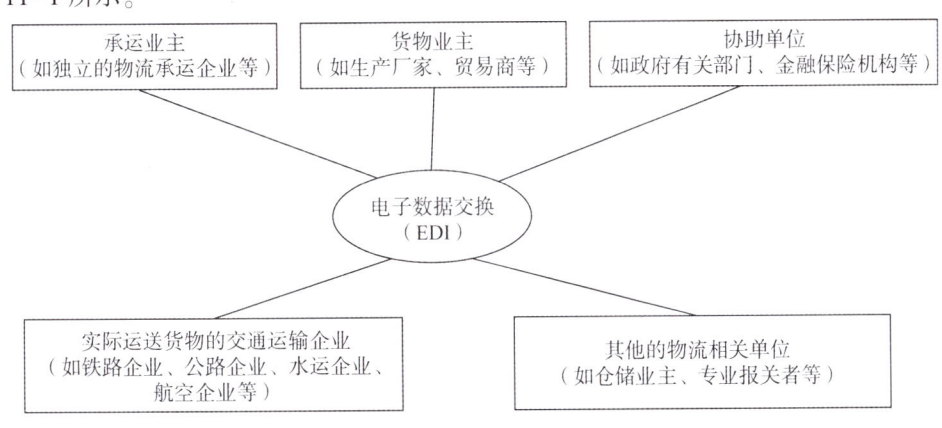

图 11-1 物流 EDI 的框架结构

一个由发送货物业主（发货业主）、物流运输业主和接收货物业主（收货业主）组成的物流模型，其活动步骤如下。

第一步，发送货物业主（如生产厂家）在接到订货后制订货物运送计划，并把运送货物的清单及运送时间安排等信息通过 EDI 发送给物流运输业主和接收货物业主（如零售商），以便物流运输业主预先制订车辆调配计划和接收货物业主制订货物接收计划。

第二步，发送货物业主依据顾客订货的要求和货物运送计划下达发货指令、分拣配货、打印出物流条形码的货物标签(Shipping Cargo Marking, SCM)并贴在货物包装箱上，同时把运送货物品种、数量、包装等信息通过EDI发送给物流运输业主和接收货物业主。

第三步，物流运输业主在向发货业主取运货物时，利用车载扫描读数仪读取货物标签的物流条形码，并与先前收到的货物运输单据进行核对，确认运送货物。

第四步，物流运输业主在物流中心对货物进行整理、集装，做成送货清单并通过EDI向收货业主发送发货信息。在货物运送的同时进行货物跟踪管理，并在货物交给收货业主之后，通过EDI向发货业主发送完成运送业务信息和运费请示信息。

第五步，收货业主在货物到达时，利用扫描读数仪读取货物标签的条形码，并与先前收到的货物运输数据进行核对确认，开出收货发票，货物入库，同时通过EDI向物流运输业主和发送货物业主发送收货确认信息。

二、条码技术

(一)条码概述

条码技术诞生于20世纪40年代，但是得到实际应用和迅速发展还是在近20年间，条码技术现已应用在计算机管理的各个领域，渗透到商业、工业、交通运输业、邮电通信业、物资管理、仓储、医疗卫生、安全检查、餐饮旅游、票证管理以及军事装备、工程项目等国民经济各行各业和人民日常生活中。

条码是由宽度不同、反射率不同的条和空，按照一定的编码规则(码制)编制成，用以表达一组数字或字母符号信息的图形标识符，即条形码是一组粗细不同，按照一定的规则安排间距的平行线条图形。常见的条形码是由反射率相差很大的黑条(简称条)和白条(简称空)组成的，这种用条、空组成的数据编码可以供机器识读，而且很容易译成二进制数和十进制数。这些条和空可以有各种不同的组合方法，构成不同的图形符号，适用于不同的场合。由于不同颜色的物体，其反射的可见光的波长不同，白色物体能反射各种波长的可见光，黑色物体则吸收各种波长的可见光，所以当条形码扫描器光源发出的光照射到黑白相间的条形码上时，反射光聚焦后，照射到条码扫描器的光电转换器上，于是光电转换器接收到与白条和黑条相应的强弱不同的反射光信号，并转换成相应的电信号输出到条码扫描器的放大整型电路上。白条、黑条的宽度不同，相应的电信号持续时间也不同。

(二)条码的基本特性

1. 码制

条码的码制是指条码符号的类型，每种类型的条码符号都是由符合特定编码规则的条和空组合而成的。每种码制都具有固定的编码容量和所规定的条码字符集。条码字符中字符总数不能大于该种码制的编码容量。

2. 条码字符集

条码字符集是指某种码制所表示的全部字符的集合。有些码制仅能表示10个数字字符0~9，如EAN码、UPC码，交插25码；有些码制除了能表示10个数字字符外，还可以表示几个特殊字符，如库德巴码。39 码可表示数字字符 0~9，26 个英文字母 A~Z，以及一些特殊符号。EAN 码如图 11-2 所示。

3. 连续性与非连续性

条码符号的连续性是指每个条码字符之间不存在间隔，相反，非连续性是指每个条码字符之间存在间隔。从某种意义上讲，由于连续性条码不存在条码字符间隔，即密度相对较高，而非连续性条码的密度相对较低。但非连续性条码字符间隔引起误差较大，一般规范不给出具体指标限制。而对连续性条码除了控制尺寸误差外，还需控制相邻条与条、空与空的相同边缘间的尺寸误差及每一条码字符的尺寸误差。

图 11-2　EAN 码

4. 定长条码与非定长条码

定长条码是指仅能表示固定字符个数的条码。非定长条码是指能表示可变字符个数的条码。例如：EAN 码、UPC 码是定长条码，它们的标准版仅能表示 12 个字符；39 码为非定长条码。

定长条码由于限制了表示字符的个数，即密码的无视率相对较低，因为就一个完整的条码符号而言，任何信息的丢失总会导致密码的失败。非定长条码具有灵活、方便等优点，但受扫描器及印刷面积的控制，它不能表示任意多个字符，并且在扫描阅读过程中可能产生因信息丢失而引起错误密码，这些缺点在某些码制（如交插 25 码）中出现的概率相对较大，这个缺点可通过识读器或计算机系统的校验程度克服。

5. 双向可读性

条码符号的双向可读性，是指从左右两侧开始扫描都可被识别的特性。绝大多数码制可双向识读，所以具有双向可读性。事实上，双向可读性不仅仅是条码符号本身的特性，它也是条码符号和扫描设备的综合特性。对于双向可读的条码，识读过程中译码器需要判别扫描方向。有些类型的条码符号，其扫描方向的判定是通过起始符与终止符来完成的，如 39 码、交插 25 码、库德巴码。有些类型的条码，由于从两个方向扫描起始符和终止符所产生的数字脉冲信号完全相同，所以无法用它们来判别扫描方向，如 EAN 和 UPC 码。在这种情况下，扫描方向的判别是通过条码数据符的特定组合来完成的。对于某些非连续性条码符号，如 39 条码，由于其字符集中存在着条码字符的对称性（如字符"＊"与"P"，"M"与"—"等），在条码字符间隔较大时，很可能出现因信息丢失而引起译码错误。

6. 自校验特性

条码符号的自校验特性是指条码字符本身具有校验特性。若在条码符号中，印刷缺陷（例如，因出现污点把一个窄条错认为宽条，而相邻宽空错认为窄空）不会导致替代错误，那么这种条码就具有自校验功能。例如，39 码、库德巴码、交插 25 码都具有自校验功能，而 EAN 码、UPC 码、93 码等都没有自校验功能。自校验功能可以校验出一个印刷缺陷。对于大于一个的印刷缺陷，任何自校验功能的条码都不可能完全校验出来。某种码制是否具有自校验功能，是由其编码结构决定的。码制设置者在设置条码符号时，均须考虑自校验功能。

(三)条形码技术的优点

条形码是迄今为止最经济、实用的一种自动识别技术。条形码技术具有以下几个方面的优点。

(1)输入速度快。与键盘输入相比,条形码输入的速度是键盘输入的5倍,并且能实现"即时数据输入"。

(2)可靠性高。键盘输入数据出错率为三百分之一,利用光学字符识别技术出错率为万分之一,而采用条形码技术误码率低于百万分之一。

(3)采集信息量大。利用传统的一维条码一次可采集几十位字符的信息;二维码更可以携带数千个字符的信息,并有一定的自动纠错能力。

(4)灵活实用。条形码标识既可以作为一种识别手段单独使用,也可以和有关识别设备组成一个系统实现自动化识别,还可以和其他控制设备连接起来实现自动化管理。条形码标签易于制作,对设备和材料没有特殊要求,识别设备操作容易,不需要特殊培训,且设备也相对便宜。

(四)条码的分类

条码可分为一维条码(One Dimensional Barcode,1D)和二维码(Two Dimensional Code,2D)。一维条码是仅在一个维度方向上表示信息的条码符号,二维码是在两个维度方向上都表示信息的条码符号。目前在商品上的应用仍以一维条码为主,故一维条码又被称为商品条码。一维条码只是在一个方向(一般是水平方向)表达信息,而在垂直方向则不表达任何信息,其一定的高度通常是为了便于阅读器的对准。一般较流行的一维条码有39码、EAN码、UPC码、128码等。

EAN码是国际物品编码协会(International Article Numbering Association)在全球推广应用的商品条码,是定长的纯数字型条码,它表示的字符集为数字0~9。在实际应用中,EAN码有标准版和缩短版两种版本。标准版EAN码由13位数字组成,称为EAN-13码或长码;缩短版EAN码由8位数字组成,称为EAN-8码或者短码。

EAN-13码是按照"模块组合法"进行编码的。它的符号结构由十部分组成:符号结构、左侧空白区、起始符、左侧数据符、中间分隔符、右侧数据符、校验符、终止符、右侧空白区、模块数。EAN-13码由13位数字组成。根据EAN规范,这13位数字分别被赋予了不同的含义。

厂商识别代码由7~9位数字组成,用于对厂商的唯一标识。厂商代码是各国的EAN编码组织在EAN分配的成员前缀码(X13,X12,X11)的基础上分配给厂商的代码。前缀码是标识EAN所属成员的代码,由EAN统一管理和分配,以确保前缀码在国际范围内的唯一性。商品项目代码由3~5位数字组成,用以标识商品的代码。商品项目代码由厂商自行编码。在编制商品项目代码时,厂商必须遵守商品编码的基本原则:对同一商品项目的商品必须编制相同的商品项目代码;对不同的商品项目必须编制不同的商品项目代码;保证商品项目与其标识代码一一对应,即一个商品项目只有一个代码,一个代码只标识一个商品项目。

校验码用以校验代码的正误,是由一位数字组成。校验码是根据条码字符的数值按一定的数学算法计算得出的。中国于1991年加入了国际物品编码协会,EAN分配给中国的前缀码是690~692。以690、691为前缀码的EAN-13码只能分别对10 000个制造厂商进行编码。每一个制造厂商可以对自己生产的 10 万种商品进行编码。在这种结构的代码中，厂商识别代码由 7 位调整为 8 位，相应的制造厂商识别代码的容量就由 1 万家扩大到 10 万家；商品项目的识别代码由 5 位调整为 4 位。

EAN-8 码是 EAN-13 码的压缩版，由 8 位数字组成，用于包装面积较小的商品上。与 EAN-13 码相比，EAN-8 码没有制造厂商代码，仅有前缀码、商品项目代码和校验码。在中国，凡需使用 EAN-8 码的商品生产厂家，需将本企业欲使用 EAN-8 码的商品目录及其外包装（或设计稿）报至中国物品编码中心或其分支机构，由中国物品编码中心统一赋码。

UPC 码是美国统一代码委员会 UCC 制定的商品条码，它是世界上最早出现并投入应用的商品条码，在北美地区有广泛应用。UPC 码在技术上与 EAN 码完全一致，它的编码方法也是模块组合法，也是定长、纯数字型条码。

39 码是 1974 年发展出来的条码系统，是一种可供使用者双向扫描的分散式条码，也就是说相邻两资料码之间，必须包含一个不具任何意义的空白，且其具有对 26 个英文大写字母（A～Z）、10 个数字（0～9）、连接号（-）、空格、英文的句号（.）、星号（*）、加号（+）、斜杠（/）、百分号（％）以及美元符号（$）共 43 个字符任意长度的数据进行编码，故应用较一般一维条码广泛，目前主要使用于工业产品、商业资料及医院用的保健资料。

（五）条码在物流中的应用

从物流的概念可知，物流要在满足客户的需求的同时，以提高物品流动的效率和效益为目的。条码在物流中的应用可以有效地提高物品的识别效率，提高物流的速度和准确性，从而减少库存，缩短物品流动时间，提高物流效益，满足现代物流高速、高效的要求，更好地服务于客户。客户满意度的提高有助于物流企业提高客户规模效益，创造企业收益。

物流与信息流配合并不完全取决于企业内部的管理系统。ERP 强调对供应链的整体管理，是整合企业资源的信息平台；物流管理是货物在流动过程中的管理，要保证货物即时、准确地流动，必须实现实时记录数据，真实反映货物的流通过程。而物流行业的特性要求物流中心必须在短时间内完成货物数据收集、勾核、分拣等作业，对数据的准确性和工作效率的要求都非常高。如何高效、快速地采集物质流中的信息，ERP 等是无能为力的，这就需要更能渗透到业务环节末梢的手段的加入。条码在物流管理中的引入，有效地提高了物质流中的信息采集效率和范围，使实时数据采集和处理达到了业务边界，ERP 发挥其效力，解决了物流与信息流的配合问题。

1. 条码在仓储、运输、配送中的应用

在物品到达物流企业的同时，物流企业可以在物品上粘贴特定的唯一条码标识以跟踪该物品在物流中的位置，从而进行实时监控。在发货时，通过扫描该物品上的条码标识，将解释出的信息与物品的配送单据进行比对，实现货物的分拣和装箱，并同时打印出装箱单条码标识，方便在运输中实现货物监控。装车时，通过扫描装箱单上的条码标识，并记录装车的车号。货物在运输途中，在每一个关键的监控点，扫描装箱单的条码标识记录该货物的相应状况，就可以在管理系统中获得该货物的运输路径和流通速度，从而为物流管理提供具体细节，方便提高物流效率，降低物流成本。货物抵达目的地后，扫描装箱单条

码将解释出的信息与物品的配送单据进行比对，确认该货物的目的地是否正确，并记录该货物的入库状态。随后，进行开箱操作，扫描箱内货物的条码标识，根据解释出的配送信息将货物放置在相应的送货区。此操作信息返回给管理系统，此时货物的状态就是"抵达"目的仓库了。在物流中，物品完成了从源客户到目的客户的一个流转过程。从中可以看出，物流效率的提高应着重在物流管理效率的提高和物流准确性的提高上。而条码这种手段，帮助物流企业在准确性和操作效率上提高，从而提高了整个物流的效率。高效准确的物流，带给客户更好服务的同时，也为企业赢得了利润。当条码帮助物流企业在各个环节上实现高效、准确地监控货物时，物流管理的透明度也提高了，物流企业也实现了从单据到实物的有效管理。

2. 条码在生产过程中的应用

为了在激烈的市场竞争中进一步以质量取胜，可以将条码应用于生产质量管理跟踪系统。通过这一技术的应用，企业可以实时动态跟踪生产状况，随时从计算机中得知实际生产的情况及生产的质量情况，例如，可以跟踪整机、部件的型号、生产场地、生产日期、班组生产线、版本号、批量和序号等信息。

再如，美国福特汽车公司的工厂把条码刻在车体底部的金属件上，通过装配线上扫描装置可以对车辆自总装开始到发货出厂的全过程进行跟踪。在通用汽车公司，用条码来区分动力机各主要部件，如阀门、汽化器等。这些部件可组成 1 550 万种不同型号的动力机，但通用公司只需要其中的 438 种，通过向计算机输入条码，则可以避免出现那些无用的机型结构。

综上所述，在一个完整的物流过程中，条码可以在各个关键环节采集相应的物品信息，以实现实时监控和跟踪的目的。

三、射频识别技术

RFID 是射频识别（Radio Frequency Identification）技术的英文缩写。射频识别技术是 20 世纪 90 年代开始兴起的一种自动识别技术。该技术在世界范围内正被广泛地应用。

（一）RFID 的概述

射频识别技术是频谱的射频部分，利用电磁耦合或感应耦合，通过各种调试和编码方案，与射频标签交互通信的唯一读取射频标签身份的技术。1948 年哈里·斯托克曼发表的《利用反射功率的通信》奠定了射频识别技术的理论基础。

2000 年后标准化问题日趋为人们所重视，射频识别产品种类更加丰富，源电子标签、无源电子标签及半无源电子标签均得到发展，电子标签成本不断降低，规模应用行业扩大。至今，射频识别技术的理论得到丰富和完善。单芯片电子标签、多电子标签识读、无线可读可写、无源电子标签的远距离识别、适应高速移动物体的射频识别技术与产品正在成为现实并走向应用。与目前广泛使用的自动识别技术如摄像、条码、磁卡、IC 卡等相比，射频识别技术具有很多突出的优点。

(1)非接触操作，长距离识别（几厘米至几十米），因此完成识别工作时无须人工干预，应用便利。

(2)无机械磨损，寿命长，并可工作于各种油渍、灰尘污染等恶劣的环境。

(3)可识别高速运动物体并可同时识别多个电子标签。

(4)读写器具有不直接对最终用户开放的物理接口,保证其自身的安全性。
(5)数据安全方面除电子标签的密码保护外,数据部分可用一些算法实现安全管理。
(6)读写器与标签之间存在相互认证的过程,实现安全通信和存储。

目前,射频识别技术在工业自动化、物体跟踪、交通运输控制管理、防伪和军事用途方面已经有广泛的应用。

(二)RFID系统的组成与原理

在具体的应用过程中,根据不同的应用目的和应用环境,RFID系统的组成会有所不同,但从RFID系统的工作原理来看,一般都由信号发射机、信号接收机、编程器、天线等组成。

(1)信号发射机。

在RFID系统中,信号发射机为了不同的应用目的,会以不同的形式存在,典型的形式是标签Tag。标签相当于条码技术中的条码符号,用来存储需要识别传输的信息,与条码不同的是,标签必须能够自动或在外力的作用下,把存储的信息主动发射出去。标签一般是带有线圈、天线、存储器与控制系统的低电集成电路。按照不同的分类标准,标签也有许多不同的分类。

(2)信号接收机。

在RFID系统中,信号接收机一般叫作阅读器。根据支持的标签类型不同与完成的功能不同,阅读器的复杂程度是显著不同的。阅读器基本的功能就是提供与标签进行数据传输的途径。另外,阅读器还提供相当复杂的信号状态控制、奇偶错误校验与更正功能等。标签中除了存储需要传输的信息外,还必须含有一定的附加信息,如错误校验信息等。识别数据信息和附加信息按照一定的结构编制在一起,并按照特定的顺序向外发送。阅读器通过接收到的附加信息来控制数据流的发送。一旦到达阅读器的信息被正确地接收和译解,阅读器便通过特定的算法决定是否需要发射机对发送的信号重发一次,或者直到发射器停止发信号,这就是"命令响应协议"。使用这种协议,即便在很短的时间、很小的空间的情况下阅读多个标签,也可以有效地防止"欺骗问题"的产生。

(3)编程器。

只有可读可写标签系统才需要编程器。编程器是向标签写入数据的装置。编程器写入数据一般来说是离线(Off-line)完成的,也就是预先在标签中写入数据,等到开始应用时直接把标签黏附在被标识项目上。也有一些RFID应用系统,写数据是在线(On-line)完成的,尤其是在生产环境中作为交互式便携数据文件来处理时。

(4)天线。

天线是标签与阅读器之间传输数据的发射、接收装置。在实际应用中,除了系统功率,天线的形状和相对位置也会影响数据的发射和接收,需要专业人员对系统的天线进行设计、安装。当装有电子标签的物体在距离10米范围内接近阅读器时,阅读器受控发出微波查询信号,安装在物体表面的电子标签收到阅读器的查询信号后,将此信号与标签中的数据信息合成一体反射回电子标签读出装置。反射回的微波合成信号,已携带有电子标签数据信息。阅读器接收到电子标签反射回的微波合成信号后,经阅读器内部微处理器处理后即可将电子标签储存的识别代码等信息分别读取出来,如图11-3所示。

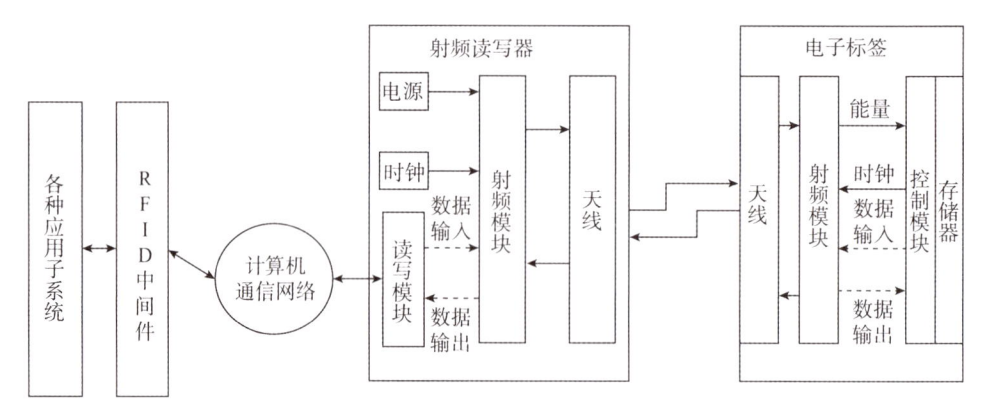

图 11-3　RFID 的工作原理

(三) RFID 系统的类型

根据 RFID 系统完成的功能不同，可以粗略地把 RFID 系统分成四种类型：EAS 系统、便携式数据采集系统、物流控制系统、定位系统。

1. EAS 系统

Electronic Article Surveillance(EAS)是一种设置在需要控制物品出入的门口的 RFID 技术。这种技术的典型应用场合是商店、图书馆、数据中心等，当未被授权的人从这些地方非法取走物品时，EAS 系统会发出警告。在应用 EAS 技术时，首先在物品上黏附 EAS 标签，当物品被正常购买或者合法移出时，在结算处通过一定的装置使 EAS 标签失活，物品就可以取走。物品经过装有 EAS 系统的门口时，EAS 装置能自动检测标签的活动性，若发现活动性标签，EAS 系统会发出警告。EAS 技术的应用可以有效地防止物品被盗，不管是大件的商品，还是很小的物品。应用 EAS 技术，物品不用再被锁在玻璃橱柜里，可以让顾客自由地观看、检查，这在自选日益流行的今天有着非常重要的现实意义。典型的 EAS 系统一般由三部分组成：附着在商品上的电子传感器；便于授权商品能正常出入的电子标签灭活装置；在出口监测一定区域的监视器。

EAS 系统的工作原理：在监视区，发射器以一定的频率向接收器发射信号。发射器与接收器一般安装在零售店、图书馆的出入口，形成一定的监视空间。当具有特殊特征的标签进入该区域时，会对发射器发出的信号产生干扰，这种干扰信号也会被接收器接收，再经过微处理器的分析判断，就会控制警报器的鸣响。根据发射器所发出的信号的不同以及标签对信号干扰原理的不同，EAS 可以分成许多种类型。关于 EAS 技术最新的研究方向是标签的制作，人们正在讨论 EAS 标签能不能像条码一样，在产品的制作或包装过程中加进产品，成为产品的一部分。

2. 便携式数据采集系统

便携式数据采集系统是使用带有 RFID 阅读器的手持式数据采集器采集 RFID 标签上的数据。这种系统具有比较大的灵活性，适用于不宜安装固定式 RFID 系统的应用环境。手持式阅读器(数据输入终端)可以在读取数据的同时，通过无线电波数据传输方式(RFDC)实时地向主计算机系统传输数据，也可以暂时将数据存储在阅读器中，再分批向主计算机系统传输。

第十一章　物流信息管理

3. 物流控制系统

在物流控制系统中，固定布置的 RFID 阅读器被分散布置在既定的区域，并且阅读器直接与数据管理信息系统相连，而信号发射机是移动的，一般安装在移动的物体上面。当物体流经阅读器时，阅读器会自动扫描标签上的信息并把数据信息输入数据管理信息系统进行存储、分析、处理，达到控制物流的目的。

4. 定位系统

定位系统用于自动化加工系统中的定位以及对车辆、轮船等进行运行定位支持。阅读器放置在移动的车辆、轮船上或自动化流水线中移动的物料、半成品、成品上，信号发射机嵌入操作环境的地表下面。信号发射机上存储有位置识别信息，阅读器一般通过无线的方式或者有线的方式连接到主信息管理系统。

（四）RFID 在物流中的应用

采购、存储、生产制造、包装、装卸、运输、流通加工、配送、销售与服务，是供应链上环环相扣的业务环节和流程。在供应链运作时，企业必须实时地、精确地掌握整个供应链上的商流、物流、信息流和资金流的流向和变化，使这四种流以及各个环节、各个流程都协调一致、相互配合，发挥最大经济效益和社会效益。然而，由于实际物体的移动过程中各个环节都处于运动和松散的状态，信息和方向常常随实际活动在空间和时间上变化，影响了信息的可获性和共享性。而 RFID 正是有效解决供应链上各项业务运作数据的输入/输出、业务过程的控制与跟踪，以及减少出错率等难题的一种新技术。由于 RFID 标签具有可读写能力，对于需要频繁改变数据内容的场合尤为适用，它发挥的作用是数据采集和系统指令的传达，广泛用于供应链上的仓库管理、运输管理、生产管理、物料跟踪、运载工具和货架识别以及商店、特别是超市中商品防盗等。RFID 在物流的诸多环节上发挥重大的作用。其具体应用价值，主要体现在以下几个环节。

1. 零售环节

RFID 可以改进零售商的库存管理，实现适时补货，有效跟踪运输与库存，提高效率，减少差错。同时智能标签能对某些时效性强的商品的有效期进行监控。商店还能利用 RFID 系统在付款台实现自动扫描和计费，从而取代人工收款。RFID 标签在供应链终端的销售环节，特别是在超市中免除了跟踪过程中的人工干预，并能够生成 100% 准确的业务数据，因而具有巨大的吸引力。

2. 存储环节

在仓库里，射频识别技术最广泛的使用是存取货物与库存盘点，它能用来实现自动化的存货和取货等操作。在整个仓库管理中，将供应链计划系统制定的收货计划、取货计划、装运计划等与射频识别技术相结合，能够高效地完成各种业务操作，如指定堆放区域、上架取货和补货等。这样增强了作业的准确性和快捷性，提高了服务质量，降低了成本，节省了劳动力和库存空间，同时减少整个物流中由于商品误置、送错、偷窃、损坏和出货错误等造成的损耗。RFID 技术另一个好处在于在库存盘点时降低了人力。RFID 设计就是要让商品的登记自动化，盘点时不需要人工的检查或扫描条码，更加快速、准确，并且减少了损耗。RFID 解决方案可提供有关库存情况的准确信息，管理人员可由此快速识别并纠正低效率运作情况，从而实现快速供货，并最大限度地减少存储成本。

3. 运输环节

在运输管理中，在途运输的货物和车辆贴上 RFID 标签，运输线的一些检查点上安装上 RFID 接收转发装置。接收装置收到 RFID 标签信息后，连同接收地的位置信息上传至通信卫星，再由卫星传送给运输调度中心，送入数据库中。

4. 配送/分销环节

在配送环节，采用射频技术能大大加快配送的速度和提高拣选与分发过程的效率与准确率，并能减少人工、降低配送成本。如果到达中央配送中心的所有商品都贴有 RFID 标签，在进入中央配送中心时，托盘通过一个阅读器，读取托盘上所有货箱上的标签内容。系统将这些信息与发货记录进行核对，以检测可能的错误，然后将 RFID 标签更新为最新的商品存放地点和状态，这样就确保了精确的库存控制，甚至可确切了解目前有多少货箱处于转运途中、转运的始发地和目的地，以及预期的到达时间等信息。

5. 生产环节

在生产环节应用 RFID 技术，可以完成自动化生产线运作，实现在整个生产线上对原材料、零部件、半成品和产成品的识别与跟踪，减少人工识别成本和出错率，提高效率和效益。特别是在采用 JIT 生产方式的流水线上，原材料与零部件必须准时送到工位上。采用了 RFID 技术之后，就能通过识别电子标签来快速从品类繁多的库存中准确地找出工位所需的原材料和零部件。RFID 技术还能帮助管理人员及时根据生产进度发出补货信息，实现流水线均衡、稳步生产，同时也加强了对质量的控制与追踪。以汽车制造业为例，目前在汽车生产厂的焊接、喷漆和装配等生产线上，都采用了 RFID 技术来监控生产过程。比如，通过对电子标签读取信息，再与生产计划、排程、排序相结合，对生产线上的车体等给出一个独立的识别编号，实现对车辆的跟踪；在焊接生产线上，采用耐高温、防粉尘/金属、防磁场、可重复使用的有源封装 RFID 标签，通过自动识别作业件来监控焊接生产作业；在喷漆车间采用防水、防漆 RFID 标签，对汽车零部件和整车进行监控，根据排程安排完成喷漆作业，同时减少污染；在装配生产线上，根据供应链计划器编排出的生产计划、生产排程与排序，通过识别 RFID 标签中的信息，完成混流生产。

6. 食品质量控制环节

近年来涌现出的食品安全问题主要集中在肉类及肉类食品上。由于牲畜的流行病时有发生，如疯牛病、口蹄疫、禽流感等，如果防控不当，将给人们的健康带来危害。采用 RFID 系统之后，可提供食品链中的肉类食品与其动物来源之间的可靠联系，从销售环节就能够追查到它们的历史与来源，并能一直追踪到具体的养殖场和动物个体。在对肉类食品来源识别的解决方案中，可以应用 RFID 芯片来记载每个动物的兽医史，在养殖场中对每个动物建立电子身份，并将所有信息存入计算机系统，直到它们被屠宰。然后，所有数据被存储在出售肉类食品的 RFID 标签中，随食品一起送到下游的销售环节。这样，通过在零售环节中的超市、餐馆等对食品标签的识别，人们在购买时就能清楚地知道食品的来源、时间、中间处理过程的情况等信息，就能放心地购买。RFID 技术能有效解决供应链上各项业务运作数据的输入/输出、业务过程的控制与跟踪，减少出错率。

总之，射频识别技术在物流中的应用非常广泛，在其他行业的应用也深受好评，它的发展潜力是巨大的，前景非常诱人。射频识别技术具有自动感知、信息识别速度快、准确率高等特点,它的应用提高了整个社会的工作效率和经济效益。

四、物联网技术

(一)物联网概述

物联网就是"物品的互联网"(The Internet of Things),也称为 MZM,是传统的物流信息化工作的进一步深化与综合,也是传统互联网的使用对象在应用范围上的延伸和扩展(由人及物),将互联网的用户终端由个人电脑延伸到任何需要实时管理的物品,其目的是要让没有生命、为人服务的物品也能"开口说话",从而加强人与物的信息交流,实现更高的工作效率,节省操作成本,体现"科技为人服务"的本质。国际电信联盟(ITU)2005 年的一份报告曾描绘了物联网时代的场景:当司机出现操作失误时汽车会自动报警;公文包会提醒主人忘带了什么东西;回家前先发条短信,浴缸就能自动放好洗澡水等。

1999 年,在美国召开的移动计算和网络国际会议上提出的"传感网是下一个世纪人类面临的又一个发展机遇"是物联网概念的起源;2003 年,美国《技术评论》将传感网络技术列为未来改变人们生活的十大技术之首;2005 年,在突尼斯举行的信息社会世界峰会(WSIS)上,国际电信联盟(ITU)发布了《ITU 互联网报告 2005:物联网》,正式提出了"物联网"的概念。

物联网至今没有统一的定义,大家众说纷纭。有的认为 RFID 的互联就是物联网,有的认为传感网络就是物联网,有的认为 M2M(Machine to Machine)就是物联网,有的认为把互联网的用户端延伸和扩展到任何物品与物品之间就是物联网。国际通用的物联网的定义是:通过射频识别(RFID)、红外感应器、全球定位系统、激光扫描器等信息传感设备,按约定的协议,把任何物品与互联网连接起来,进行信息交换和通信,以实现智能化识别、定位、跟踪、监控和管理的一种网络。欧盟关于物联网的定义是:物联网是未来互联网的一部分,能够被定义为基于标准和交互通信协议的具有自配置能力的动态全球网络设施,在物联网内物理和虚拟的"物件"具有身份、物理属性、拟人化等特征,它们能够被一个综合的信息网络所连接。

2010 年,我国的政府工作报告所附的注释中对物联网有如下说明:物联网是指通过信息传感设备,按照约定的协议,把任何物品与互联网连接起来,进行信息交换和通信,以实现智能化识别、定位、跟踪、监控和管理的一种网络。邬贺铨院士认为,物联网的特征是对每一个物件都可以寻址,连网的每一个物件都可以控制,连网的每一个空间都可以通信。邓中翰院士认为,物联网只是把过去很多区域化的专门应用的网络和互联网再进一步渗透、连接起来,是很多新一代增值服务在更广泛的网络平台上的集合。不应将物联网仅当作一个技术热点来看,因为物联网不是一个独立的网络,它是对现在的互联网进一步发展、泛在的一种形式。从技术手段上来说,它将传感器、传感器网络及射频识别等感知技术、通信网与互联网技术、智能运算技术等融为一体,实现全面感知、可靠传送、智能处理,是连接物理世界的网络,"智能化""高清"等将成为物联网的关键词。

出现物联网没有统一定义这种局面的原因是物联网还处于初级的概念阶段和探索阶段,还没有具有说服力的完整的大规模应用。互联网是先发展起来,后有"互联网"这个名词术语的;而物联网是先提出名词概念,希望通过这个名词概念来推动实际网络的发展。

(二)物联网技术体系结构

虽然物联网的定义目前没有统一的说法,但物联网的技术体系结构基本得到统一认识,还包括了感知层、网络层、应用层三个大层次,如图11-4所示。

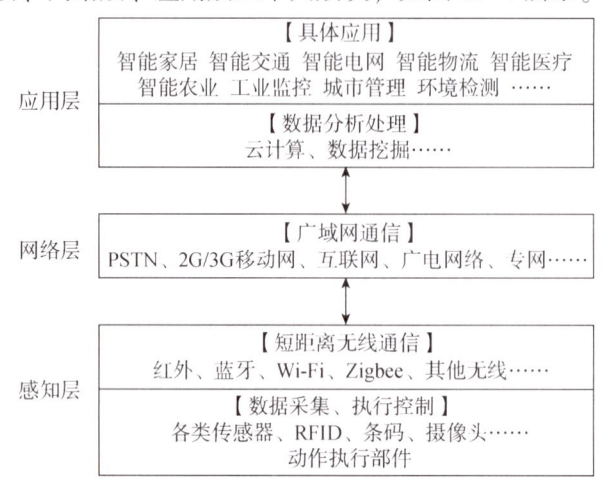

```
应用层
  【具体应用】
  智能家居 智能交通 智能电网 智能物流 智能医疗
  智能农业 工业监控 城市管理 环境检测 ……
  【数据分析处理】
  云计算、数据挖掘……

网络层
  【广域网通信】
  PSTN、2G/3G移动网、互联网、广电网络、专网……

感知层
  【短距离无线通信】
  红外、蓝牙、Wi-Fi、Zigbee、其他无线……
  【数据采集、执行控制】
  各类传感器、RFID、条码、摄像头……
  动作执行部件
```

图 11-4　物联网的典型技术体系架构

1. 感知层

感知层是让物品说话的先决条件,主要用于采集物理世界中发生的物理事件和数据,包括各类物理量、身份标识、位置信息、音频、视频数据等。物联网的数据采集涉及传感器、RFID、多媒体信息采集、二维码和实时定位等技术。感知层又分为数据采集与执行、短距离无线通信两个部分。数据采集与执行主要是运用智能传感器技术、身份识别以及其他信息采集技术,对物品进行基础信息采集,同时接收上层网络送来的控制信息,完成相应执行动作。这相当于给物品赋予了嘴巴、耳朵和手,既能向网络表达自己的各种信息,又能接收网络的控制命令,完成相应动作。短距离无线通信能完成小范围内的多个物品的信息集中与互通功能,相当于物品的脚。

2. 网络层

网络层完成大范围的信息沟通,主要借助于已有的广域网通信系统(如 PSTN 网络、2G/3G 移动网络、互联网等),把感知层感知到的信息快速、可靠、安全地传送到地球的各个地方,使物品能够进行远距离、大范围的通信,以实现在地球范围内的通信。这相当于人借助火车、飞机等交通工具在地球范围内"行走"。当然,现有的公众网络是针对人的应用而设计的,当物联网大规模发展之后,能否完全满足物联网数据通信的要求还有待验证。即便如此,在物联网的初期,借助已有公众网络进行广域网通信也是必然的选择,如同 20 世纪 90 年代中期,在非对称数字用户线路(ADSL)与小区宽带发展起来之前,用电话线进行拨号上网一样,它也发挥了巨大的作用,完成了其应有的阶段性历史任务。

3. 应用层

应用层完成物品信息的汇总、协同、共享、互通、分析、决策等功能,相当于物联网的控制层、决策层。物联网的根本还是为人服务，应用层完成物品与人的最终交互，前面两层将物品的信息大范围地收集起来，汇总在应用层进行统一分析、决策，用于支撑跨行业、跨应用、跨系统之间的信息协同、共享、互通，提高信息的综合利用度，最大限度地为人类服务。其具体的应用服务又回归到前面提到的各个行业应用，如智能交通、智能医疗、智能家居、智能物流、智能电力等。

(三) 物联网的关键技术

从前面的技术体系架构上看，每一层都有针对物联网的关键技术需要解决。从感知层的基础传感器到应用层的海量数据整合与挖掘，以及对整个架构进行支撑的安全问题、标准问题等，都存在有待解决的关键技术问题，主要涉及信息感知与处理、短距离无线通信、广域网通信系统、数据融合与挖掘、安全、标准、如何降低成本等。

1. 信息感知与处理

要让物品说话，人要听懂物品的话，看懂物品的动作，传感器是关键。传感器有三个关键问题：一是物品的种类繁多，各种各样，千差万别，物联网末端的传感器也就种类繁多，不像电话网、互联网的末端是针对人的，种类可以比较单一；二是物品的数量巨大，远远大于地球上人的数量，其统一编址的数量巨大，IPv4 针对人的应用都已经地址枯竭，IPv6 地址众多，但它是针对人用终端设计的，对物联网终端，其复杂度、成本、功耗都是有待解决的问题；三是成本问题，互联网终端针对人的应用，成本可在千元级，物联网终端由于数量巨大，其成本、功耗等都有更加苛刻的要求。

2. 短距离无线通信

短距离无线通信也是感知层中非常重要的一个环节，由于感知信息的种类繁多，各类信息的传输对所需通信带宽、通信距离、无线频段、功耗要求、成本敏感度等都存在很大的差别，因此在无线局域网方面与以往针对人的应用存在巨大不同，如何适应这些要求也是物联网的关键技术之一。

3. 广域网通信系统

现有的广域网通信系统也主要是针对人的应用模型来设计的，在物联网中，其信息特征不同，对网络的模型要求也不同。物联网中的广域网通信系统如何改进、如何演变，是需要在物联网的发展中逐步探索和研究的。

4. 数据融合与挖掘

现有网络主要还是起信息通道的作用，对信息本身的分析处理并不多，目前各种专业应用系统的后台数据处理也是比较单一的。物联网中的信息种类、数量都成倍增加，其需要分析的数据量成级数增加，同时还涉及多个系统之间各种信息数据的融合，如何从海量数据中挖掘隐藏信息等问题，这都给数据计算带来了巨大挑战。云计算是当前能够看到的一个解决方法。

5. 安全

物联网的安全与现有信息网络的安全问题不同，它不仅包含信息的保密安全，同时还新增了信息真伪鉴别方面的安全。互联网中的信息安全主要是信息保密安全，信息本身的真伪还主要是依靠信息接收者(人)来鉴别。

6. 标准

不管哪种网络技术，标准是关键，物联网涉及的环节终端种类多，其标准也多。只有标准才能使各个环节的技术互通，才能融入更多的技术，才能把这个产业做大。在国家层面，标准更是保护国家利益和信息安全的最佳手段。

7. 如何降低成本

成本问题，表面上看不是技术问题，但实际上成本最终是由技术决定的，是更复杂的技术问题。相同的应用，用不同的技术手段，不同的技术方案，成本千差万别。早期的一些物联网应用，起初想象得都很美好，但实际市场推广却不够理想，很重要的一个原因就是受成本的限制。因此，降低物联网各个网元和环节的成本至关重要，甚至是决定物联网推广速度的关键，应该作为最重要的关键技术之一来对待和研究。

(四)物联网的机遇与挑战

物联网满足了人类对物质世界实现网络化、信息化、智能化沟通的需求，又得到了全球各界人士的热捧，其机遇不言而喻。从经济角度看，据美国研究机构 Forrester 预测，物联网所带来的产业价值要比互联网大 30 倍，物联网将会形成下一个万亿元级别的通信业务。发展物联网对调整经济结构、转变经济增长方式具有积极意义，因为物联网自身就能够打造一个巨大的产业链，新的产业促进新的商机，促进新的商业模式。从技术角度看，应用场景、应用模型、应用需求的变化，会给物联网技术发展带来新的机遇。

机遇的普遍规律是机遇与挑战并存。物联网机遇是大家的、共有的，是全球性的，而挑战更多是对自己而言的，当前主要有来自核心技术、安全问题、商业模式问题三个方面的挑战。

1. 核心技术

中国的信息产业目前非常缺乏核心专利，半导体专利国外企业占 85%；电子元器件、专用设备、仪器和器材专利国外企业占 70%；无线电传输专利，国外企业所占比例高达 93%；移动通信和传输设备专利，国外企业也占到了 91% 和 89%。目前国内很多物联网应用涉及的芯片、传感器、核心软件是国外的产品，很多还是处于应用集成的初级阶段。这从信息安全和经济利益上来看都是巨大的挑战。

2. 安全问题

物联网所涉及的都是核心软硬件领域(如操作系统、数据库、中间件软件、嵌入式软件、集成电路等)，如果通过物联网网络覆盖医疗、交通、电力、银行等关系国计民生的重要领域，以现有的信息安全防护体系，难以保证敏感信息不外泄。一旦遭遇某些信息风险，更可能造成灾难性后果，小到一台计算机、一台发电机，大到一个行业甚至本国经济都会被别人控制。

3. 商业模式问题

任何产业的发展，最终还是需要用户愿意买单才能得到持续的发展和真正意义上的壮大。除了政策和技术层面的支持外，最重要的是有能够持续盈利的商业模式，否则，物联网产业就只能停留在概念、实验室阶段，难于走向真正的产业应用。

第三节　物流信息系统

一、物流信息系统概述

物流信息系统是计算机管理信息系统在物流领域的应用，是通过对物流相关信息的加工处理来达到对物流、资金流的有效控制和管理，并为企业提供信息分析和决策支持的人机系统。物流信息系统内部相关衔接是通过信息进行沟通的，资源的调度也是通过信息共享来实现的，组织物流活动必须以信息为基础。

随着社会经济的发展、科技的进步，物流信息管理系统正在向业务活动的集成化、系统功能的模块化、信息采集的实时化、信息存储的大型化、信息传输的网络化、信息处理的智能化以及信息处理界面的图形化方向发展。

物流信息系统的特点主要表现在以下四个方面。

1. 管理性和服务性

物流信息系统的目的是辅助物流企业的管理者进行物流运作的管理和决策，提供与此相关的信息支持。因此，物流信息系统必须同物流企业的管理体制、方法和风格相结合，遵循管理与决策行为理论的一般规律。为适应管理物流活动的需要，物流信息系统必须具备处理大量物流数据和信息的能力，具备各种分析物流数据的分析方法，拥有各种数学和管理工程的模型。

2. 适应性和可扩展性

物流信息系统应具有对环境的适应性，即在环境变化时，系统无须进行太大的变化就能适应新环境。一般认为，模块式的系统结构相对易于修改。当然，适应性强就意味着系统变化小，对用户来说自然方便、可靠。

3. 集成化和模块化

集成化是指物流信息系统将相互衔接的各个物流环节连接在一起，为物流企业进行集成化的信息处理工作提供了平台。物流信息系统的各个子系统的设计，应按模块化的设计方法，遵循统一的标准和规范，以便于系统内部信息共享。各子系统遵循统一的标准开发功能模块，各功能模块开发完成后，再按照一定的规范进行集成。

4. 网络化和智能化

随着互联网技术的迅速发展，在物流信息系统的设计过程中也广泛地应用网络化技术，支持远程处理。物流网络将分散在不同地理位置的物流分支机构、供应商、客户等连为一体，形成了一个信息传递和共享的信息网络，从而提高了物流活动的运转效率。智能化是物流信息系统正在努力的另一发展方向。

二、物流信息系统的类型

物流信息系统根据分类方法的不同，可分为不同类型的系统，如图11-5所示。

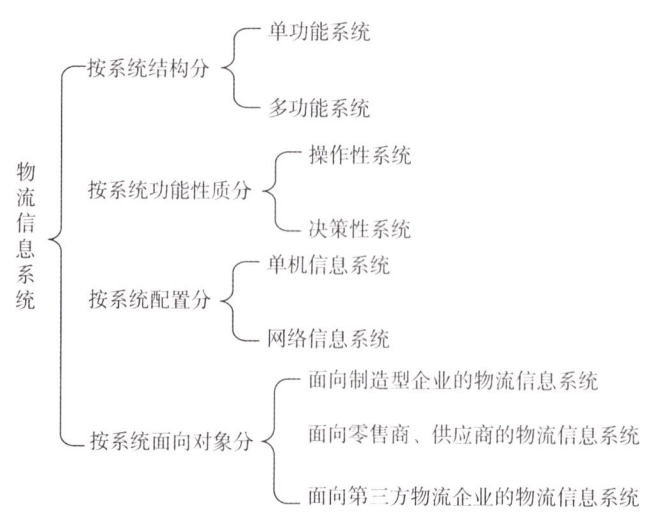

```
                        ┌─ 按系统结构分 ┬─ 单功能系统
                        │              └─ 多功能系统
          物流信息系统 ─┤─ 按系统功能性质分 ┬─ 操作性系统
                        │                  └─ 决策性系统
                        ├─ 按系统配置分 ┬─ 单机信息系统
                        │              └─ 网络信息系统
                        └─ 按系统面向对象分 ┬─ 面向制造型企业的物流信息系统
                                            ├─ 面向零售商、供应商的物流信息系统
                                            └─ 面向第三方物流企业的物流信息系统
```

图 11-5　物流信息系统的类型

三、物流信息系统的层次结构

处于物流系统中不同管理层次上的物流部门或人员，需要不同类型的物流信息。因此，一个完善的物流信息系统，应该包括以下四个层次。

（1）基层作业层：将收集、加工的物流信息以数据库的形式加以存储。

（2）数据处理层：对合同、票据、报表等业务表现形式进行日常处理。

（3）计划控制层：包括仓库作业计划、最优路线选择、控制与评价模型的建立，根据运行信息检测物流系统的状况。

（4）管理决策层：建立各种物流系统分析模型，辅助高层管理人员制订物流战略计划。

物流信息系统的层次结构是金字塔结构，如图 11-6 所示。

```
                    ╱╲
                   ╱规划╲
         管理决策层 ╱管理、╲
                 ╱战略决策╲
                ╱──────────╲
         计划控制层 ╱物流作业计划╲
              ╱────────────────╲
         数据处理层 ╱事务数据处理与查询╲
            ╱────────────────────╲
         基层作业层 ╱货运受理、车辆调度、仓库管理、库存╲
                  ╱管理、车辆和货物跟踪、财务结算等  ╲
                 ╱────────────────────────────────╲
```

图 11-6　物流信息系统的层次结构

四、物流信息系统的功能

物流系统的不同阶段和不同层次之间通过信息流紧密地联系在一起，因而在物流系统中总存在着对物流信息进行采集、存储、处理、传输、显示和分析的物流信息系统。因此，物流信息系统可以看成是各个物流活动与某个过程连接在一起的通道。其基本功能可以归纳为以下几个方面。

1. 信息采集

信息采集就是将以某种方式记录下来的物流信息系统内外的有关数据集中起来，并转化为系统能够接受的形式输入系统中。物流信息的采集，是信息的采集是信息系统运行的起点，也是重要的一步。收集信息的质量（评价标准为真实性、可靠性、准确性、及时性）决定着信息的价值，是信息系统运行的基础。

2. 信息存储

数据进入系统之后，经过整理和加工，成为支持物流系统运行的物流信息，这些信息被暂时或永久存储，以供使用。

3. 信息传输

物流信息来自物流系统内外，又为不同的物流职能所用，因而克服空间障碍的信息传输是物流信息系统的基本功能之一。物流信息传输是指从信息源出发，经过一定的媒介和信息通道输送给接收者的过程。信息传递方式有如下几种：①从传递方向看，有单向信息传递方式和双向信息传递方式；②从传递层次看，有直接传递方式和间接传递方式；③从传递媒介看，有人工传递和非人工的其他媒介传递方式。

4. 信息处理

物流信息系统的最基本目标是将输入数据加工处理成物流信息。由于收集到的物流信息大都是零散的、形式各异的，对于这些不规范信息，要存储和检索，就必须经过一定的整理加工程序。信息处理可以是简单的查询、排序，也可以是复杂的模型求解和预测。信息处理能力是衡量物流信息系统能力的一个重要方面。

5. 信息输出

物流信息系统的目的是为各级物流人员提供相关的物流信息。为了便于理解，系统输出的形式应力求易读易懂、直观醒目，它是评价物流信息系统的主要标准之一。

当前，物流信息系统正在向信息采集的在线化、信息存储的大型化、信息传输的网络化、信息处理的智能化以及信息输出的图形化方向发展。

五、物流信息系统的业务模块

（一）进、销、存管理系统

进货、销售、存储管理是企业经营管理的核心环节，也是企业取得经济效益的关键。若能实现合理进货、及时销售、库存最小，企业自然能取得最佳效益。进、销、存决策支持系统由三部分组成，分别用于物流活动的三个环节，如图11-7所示。

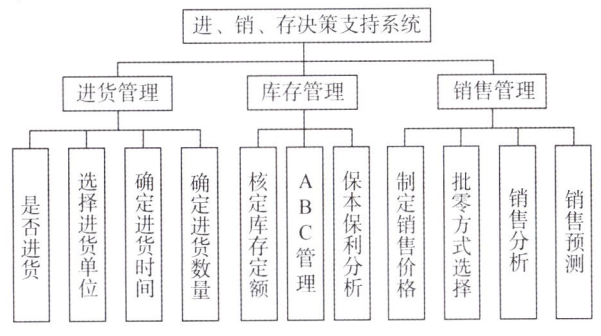

图11-7　进、销、存管理系统

(二)订单管理系统(OMS)

订单管理系统(Order Management System,OMS)代替了传统的纸面配送。

1. OMS 的功能

订单管理主要功能包括:网上下单,EDI 接受电子订单,销售人员定期访问客户下的订单;订单的预处理,包括同一用户的多个订单合并及由于库存不足对订单的拆分;支持客户从网上对订单状态的查询;支持紧急插单。

2. OMS 的设计要点

订单处理系统设计要点包括:①输入数据包括客户资料、商品规格资料、商品数量等;②日期及订单号码、报价单号码由系统自动填写,但可修改;③具备按客户名称、客户编号、商品号码、商品编号、订单号码、订货日期、出货日期等查询订单内容的功能;④具备客户的多个出货地址记录,可根据不同交货地点开发票;⑤可查询客户信用度、库存数量、产能分配状况、设备工具使用状况及人力资源分配;⑥具备单一订单、批次订单的打印功能;⑦报价系统具备由客户名称、客户编号、商品名称、商品编号、最近报价日期、最近订货数据等查询该客户的报价历史、订购出货状况和付款状况的资料,作为对客户进行购买分析及信用评估的标准;⑧可由销售主管或该层主管随时修改客户信用额度;⑨具备相似产品、可替代产品资料,当库存不足无法出货时,可向客户推荐替代品以争取销售机会;⑩可查询未结订单资料,以利于出货作业的跟催。

(三)仓储管理系统(WMS)

仓储管理是现代物流的核心环节之一,随着客户要求的不断提高,仓储管理在整个物流管理当中占有越发重要的地位。仓储管理系统(Warehouse Management System,WMS)一般包括以下功能模块:入库作业、存货管理、出库作业、查询报表、财务结算。

(四)运输配送管理系统(TMS)

运输配送管理系统(Transportation Management System,TMS)是现代物流的重要环节之一,随着客户配送要求的不断提高,运输配送管理在整个物流管理当中占有越发重要的地位。运输配送管理一般包括运输管理系统和配送管理系统。

1. 运输管理系统

运输管理的主要功能包括资源管理、客户委托、外包管理、运输调度、费用控制。运输管理系统不仅仅是一个车辆调度系统,还包含了运输计划、配载、资源分配等。在运输管理过程中,常常涉及货物跟踪、车辆管理、配车配载等功能。

2. 配送管理系统

配送管理的主要功能包括商品集中、分类、车辆调度、车辆配装、配送路线规划及配送途中的跟踪管理等功能。配送管理系统还应具备配送途中数据传输及控制的功能,以跟踪货物动向、控制车辆及车上设备;在配送途中有意外情况发生时,还可通过通信系统取得新的配送途径,并告知配送人员,使配送工作能顺利完成。

车辆配送中遇到困难或其他不能完成任务的原因,也应将问题和原因反馈回配送系统知识库,使配送系统更加智能。

(五)货代管理系统

货代管理系统(Freight Management System，FMS)，是针对货代行业所特有的业务规范和管理流程，利用现代信息技术以及信息化的理论和方法，开发出的能够对货代企业的操作层、管理层和战略决策层提供有效支持与帮助的管理系统，其主要包含空运管理系统和海运管理系统。

1. 空运管理系统

一般空运(作业)管理系统包含以下几个主要的功能：客户委托；制单作业；集货作业；订舱；预报；POD(客户接收确认)；运价管理。

2. 海运管理

海运(作业)管理系统与空运(作业)管理系统有相近的地方，但也存在许多不同之处。一般海运作业管理系统的主要功能包括：客户委托；制单作业；订舱；调箱作业；集装/拼箱作业。

(六)财务管理系统

财务(信息)管理系统是专注财务信息处理、监控的一种信息管理系统，能够处理应收、应付、成本、各项费用等，财务信息管理系统为企业的管理者提供了比较全面、详尽的财务信息。

财务管理部分主要包括下列功能：总账管理；应收账款管理；应付账款管理；财务预算管理；固定资产管理；财务分析管理；客户化财务报表。

(七)结算管理系统

结算管理系统是供公司财务部或结算中心使用的系统，主要结算内容包括：合同客户运费收入及货物损失结算；零担客户货运收入及其他收入结算；代办托运运费收入及其收入结算；承运费支出结算；承运人其他费用结算；托运费及其他支出结算等。

第四节 电子商务物流管理

一、电子商务概述

电子商务代表的是买卖各方之间展开的交易活动。我国的电子商务商业模式大致可以按照交易对象分为五类：企业对企业的电子商务，即 B2B；企业对消费者的电子商务，即 B2C；企业对政府部门的电子商务，即 B2G；消费者对政府部门的电子商务，即 C2G；消费者对消费者的电子商务，即 C2C。

(一)B2B

企业之间的电子商务活动(Business to Business，B2B)模式是各类电子商务活动中最值得关注和探讨的，因为它最具有发展潜力。企业与企业之间的电子商务活动可以按以下四个阶段进行。

1. 交易前的准备工作

这一阶段主要指参加交易的各方在签约前的工作。通常买方要根据需要，制订购买计划，进行市场调查分析，了解交易对方的情况。这时可利用互联网及其他网络查询信息，寻找满意的商品和商家。卖方根据所销售的产品，进行一系列的促销活动，也可利用互联网等电子商务网络发布商品广告，寻找贸易伙伴和交易时机。其他参加交易的各方，如金融机构、信用卡公司、海关、税务部门等也将利用电子工具及手段为交易做好准备。

2. 谈判和签订合同

这一阶段主要是交易双方就交易中的细节进行磋商、谈判，并将结果以文件的形式确定下来。电子商务的特点是可以鉴定电子合同。交易各方利用电子工具和通信手段对谈判的内容，如交易各方的权利、义务，交易商品的数量、质量、价格、交易方式以及违约和索赔等以电子合同的方式做出规定。然后，交易各方可以利用电子数据交换进行签约，也可以通过数字签名(Digital Signature)方式签约。

3. 办理交易前的手续

这一阶段是参加交易的各方签订合同后办理各种手续的过程。交易进行时会涉及有关的各方，如银行、海关、商检系统、保险公司、税务系统以及运输公司等，交易各方可利用电子工具，如电子数据交换与上述各方进行电子票据和电子单证的交换。

4. 交易合同的履行和索赔

交易各方手续完备以后，开始履行合同。买卖双方可以通过电子商务服务器跟踪发出的货物，金融机构也将按合同处理双方收付款，进行结算，出具相应的单据。索赔是在交易过程中出现违约时，受损方向违约方索赔。这一切都可以通过电子手段进行。企业之间的电子商务活动，提高了企业与银行、海关、保险、商检、运输等部门的集成度，使合作伙伴之间的协作更加协调、有序，缩短了交易活动的周期，因而可以降低成本。同时，企业的商务活动范围也不再局限于有限的时间和空间。网上资金流动加快，信息传递准确、及时，这一切都有助于企业之间的合作与共同发展。

(二) B2C

企业与消费者之间的电子商务(Business to Consumer，B2C)，即企业通过互联网为消费者提供一个新型的购物环境——网上商店。消费者通过网络选择商品、支付货款。B2C模式是我国最早产生的电子商务模式，以8848网上商城正式运营为标志。随着用户消费习惯的改变，我国网上购物用户迅速增长。

(三) C2C

C2C(Consumer to Consumer)电子商务模式是一种个人对个人的网上交易行为。C2C电子商务企业采用的运作模式是通过为买卖双方搭建拍卖平台，按比例收取交易费用，或者提供平台方便个人在上面开店铺，以会员制的方式收费。这种模式需要交易集市的提供者处于主导地位，并建立起一套合理的交易机制，一套有利于交易在线达成的机制。由于C2C是个人之间的交易，信用问题的解决就成为诸多制约条件中最突出的方面，我国电子商务网站已推出"支付宝""安付通"等支付工具以及相关赔付制度，在很大程度上改善了这种购买信任危机，但C2C市场要想彻底突破这些制约仍需较长时间的培育过程。消费者与消费者之间的交易过程是由第三方交易平台制定的。这里以淘宝为例，来介绍C2C模式的交易过程。

（1）注册成为淘宝会员。

（2）建立"支付宝"账户并对账户充值，直到有足够金额购买所看中的物品。

（3）选择所需要的物品，与卖家交流沟通并确定是否购买。

（4）一旦成交，即通过支付宝向淘宝付款，由淘宝通知卖家发货。收到货认为没有问题，立即向淘宝支付宝确认收货并同意向卖家放款。

（5）最后，不要忘记给卖家做出适当的评价，这可以帮助完善交易平台的信用制定，以利于 C2C 更好地服务消费者。

这种模式虽然涉及的单笔交易量相对很小，但其联系了更多的消费者，有更广阔的市场空间和发展潜力。采用 C2C 模式的主要有淘宝、拍拍等公司。

（四）其他模式

B2G 模式，是企业对政府部门的交易模式，该模式的典型代表是政府的企业纳税电子商务平台。

C2G 模式，是消费者对政府部门的交易模式，该模式的典型代表是政府的海关电子商务平台。

G2G 模式，是政府对政府的交易模式，比如政府有些部门的网站，就需要有上下级政府、不同地方政府和不同政府部门之间的电子商务数据交流。企业与政府之间的许多事务都可以涵盖在电子商务中，包括政府采购、税收、商检、管理条例的发布等。例如，政府的采购清单可以通过互联网发布，企业可以以电子的方式作出反应，整个采购过程均可以在互联网上完成。

二、电子商务与物流的关系

电子商务的出现和兴起对现代物流业的发展和物流企业的运作产生了深远的影响。

（1）电子商务为物流企业提供了良好的运作平台，大大节约了社会总交易成本。尽管物流管理同样具有一般企业管理的共性，它也有其独特的个性。物流管理的大部分内容涉及企业内部各个部门之间的衔接和协调，因此，物流管理是企业管理的盲区和难点，运作不好，将导致企业物流效率乃至整个企业运作效率的低下。在电子商务环境下，供应链中的各个节点企业能更好地实现信息共享，加强供应链中的联系，从而提高生产力，为产品提供更大的附加值。

（2）电子商务极大地方便了物流信息的收集和传递，信息对于企业经营的重要意义不言而喻。在电子商务环境下，包括 EDI、条形码、POS 系统等先进的信息交换手段得到广泛应用，大大提高了工作效率，减少了手操工作带来的失误，降低了运营费用。更为重要的是，电子商务系统能够收集到大量的市场信息，通过对这些信息的加工和处理，很容易得到富有价值的商业资讯和情报，比如客户的订购数量、购买习惯、商品的需求变化特征等，这些资料对企业制定营运管理政策、商品开发和销售具有重要的价值。

三、电子商务物流系统

随着计算机技术、网络技术的飞速发展，电子商务逐渐成为现代社会一种新贸易模式,在这一新模式下,传统物流面临着新的发展机遇。在电子商务环境下,物流的运作是以信息为中心的,信息不仅决定了物流运动方向,而且也决定了物流运作方式。

信息子系统在整个物流系统中被喻为神经系统,是现代物流活动的基础。在电子商务时代,信息是企业的命脉。建立一体化的物流信息系统,可以做到对数据的管理持续、简便、无差错、实时、自动地更新数据,并且实现物流全过程监控,实现物流合理化。

面向电子商务的企业物流,是在信息技术支持下,把准确数量的准确产品在准确的时间内,以最低的费用送到客户指定的地点。

电子商务物流系统包括两个网络:一是物流实体网络,即由物流设施、交通工具、交通枢纽等在地理位置上合理布局而形成的网络;二是物流信息网络,即通过互联网等现代信息技术把生产企业、流通企业、物流企业等实体连接起来而形成的共享信息网。通过信息网络可实现物流活动的管理,如运输工具调配、物流活动安排、在途货物实时查询等。

面向电子商务的企业物流与以往传统物流相比,具备以下特点。

1. 信息化

物流信息化主要表现为物流商品的信息化、物流信息收集的数据化、物流信息处理的计算机化、物流信息传递的实时化。因此,条码技术(Bar Code)、数据库技术(Database)、电子订货系统(EOS)、电子数据交换(EDI)、快速反应(QR)及有效客户反应(ECR)、企业资源计划(ERP)等技术在物流中得到普遍的应用。

2. 自动化

自动化的基础是信息化,自动化的核心是机电一体化,自动化的外在表现是无人化,自动化的效果是省力化。另外,自动化还可以扩大物流作业能力、提高劳动生产率、减少物流作业的差错等。物流自动化的设施非常多,如条码/语音/射频识别系统、自动分拣系统、自动存取系统、自动导向车、货物自动跟踪系统等。

3. 网络化

物流领域网络化的基础也是信息化。这里的网络化有两层含义。一是物流系统的计算机通信网络,如物流配送中心与供应商或制造商的联系要通过计算机网络。另外,与下游顾客之间的联系也要通过计算机网络通信,如物流配送中心向供应商提出订单这个过程,就可以使用计算机通信方式,借助电子订货系统(EOS)和电子数据交换技术(EDI)来自动实现。物流配送中心通过计算机网络收集下游客户订货的过程也可以自动完成。二是组织的网络化,物流组织网络化是物流信息化的必然,是电子商务下物流活动的主要特征之一。

4. 智能化

这是物流自动化、信息化的一种高层次应用,物流作业过程中大量的运筹和决策,如库存水平的确定、运输(搬运)路径的选择、自动导向车的运行轨迹和作业控制、自动分拣机的运行、物流配送中心经营管理的决策支持等问题都需要借助大量的知识才能解决。在物流自动化的进程中,物流智能化是不可回避的技术难题,好在专家系统、机器人等相关技术在国际上已经有比较成熟的研究成果。为了提高物流现代化的水平,物流的智能化成为电子商务环境下物流发展的一个新趋势。

5. 柔性化

柔性化本来是为实现"以顾客为中心"的理念而在生产领域提出的，但要真正做到柔性化，没有配套的柔性化的物流系统是不可能达到目的的。

20 世纪 90 年代，国际生产领域纷纷推出弹性制造系统（FMS）、计算机集成制造系统（CIMS）、制造资源系统（MRP）、企业资源计划（ERP），以及供应链管理的概念和技术，这些概念和技术的实质是要将生产、流通进行集成，根据需求端的需求组织生产，安排物流活动。因此，柔性化的物流是适应生产、流通与消费的需求而发展起来的一种新型物流模式，它要求物流配送中心要根据消费需求"多品种、小批量、多批次、短周期"的特色，灵活组织和实施物流作业。

另外，物流设施、商品包装的标准化，物流的社会化、共同化也都是电子商务下物流模式的新特点。

文本：案例分析

本章小结

物流信息具有数据量大、涉及面广，动态性、适时性强，种类繁多、来源复杂，能实现共享、准确、统一的标准等特点。物流信息在物流活动中起着神经中枢的作用，表现为具有沟通联系、引导和协调、管理控制、缩短物流管道、辅助决策分析、支持战略计划、价值增值等的作用。

物流信息管理就是对物流全过程的相关信息进行收集、整理、传输，为企业提供各种物流信息分析和决策支撑。物流信息管理具有记录交易活动、物流业务服务、物流工序协调、支持物流决策和战略等功能。

物流信息技术是物流现代化的重要标志，也被视为提高生产率和竞争能力的主要来源，目前包括电子数据交换（EDI）、个人电脑、人工智能专家系统、通信技术、条形码和扫描仪、电子订货系统（EOS）和销售时点、物联网等。

物流信息系统通过对物流相关信息的加工处理来达到对物流、资金流的有效控制和管理，并为企业提供信息分析和决策支持。具有管理性和服务性、适应性和可扩展性、集成化和模块化、网络化和智能化等特点；具有信息采集、存储、传输、处理、输出等基本功能。通过进、销、存管理系统，订单管理系统，仓储管理系统，运输配送管理系统，货代管理系统，财务管理系统，结算管理系统等进行业务运作。

电子商务代表的是买卖各方之间展开的交易活动，电子商务商业模式有 B2B、B2C、B2G、C2G、C2C。电子商务为物流企业提供了良好的运作平台，大大节约了社会总交易成本，也极大地方便了物流信息的收集和传递信息。电子商务物流系统包括物流实体网络和物流信息网络。

练习与思考

一、选择题

1. 下面(　　)不是物流信息的特征。
   A. 信息量大　　　B. 更新快　　　C. 来源多样化　　　D. 单向流动
2. 汽车通过自动缴费通道是通过(　　)来实现自动缴费的。
   A. 人工远距离控制　　　　　　　B. 条码识别技术
   C. 射频识别技术　　　　　　　　D. 遥感控制技术
3. 一维条码前三个数字表示的是(　　)。
   A. 商品代码　　　B. 国家代码　　　C. 厂商代码　　　D. 检验码
4. 以下不属于电子商务商业模式的是(　　)。
   A. B2B　　　B. B2C　　　C. C2D　　　D. C2G
5. 下列关于物流信息系统的描述,错误的是(　　)。
   A. 提供迅速、准确、及时、全面的物流信息是现代企业获得竞争优势的必要条件
   B. 具有实时化、网络化、系统化、规模化、专业化、集成化、智能化等特点
   C. 完整的结构应该是"信息采集—简单处理—传输—处理—决策—传输"
   D. MIS是由人和计算机设备或其他信息处理手段组成的,以计算机应用为主导,并用于管理信息的系统

二、判断题

1. 在物流技术中应用最广泛的自动识别技术是条码技术和射频识别技术。(　　)
2. 库存管理系统的主要功能是库存数量控制和库存量规划。(　　)
3. RFID与条码相比,其最大优势是可以同时识别多个标签。(　　)
4. 二维条码主要用于对物品的标识,一维条码用于物品的描述。(　　)
5. 物流信息系统能缩短从接受订货到发货的时间,防止发货、配送出现过失。(　　)

三、简答题

1. 什么是物流信息,它有何特点和作用?
2. 常用的物流信息技术有哪些?
3. 什么是RFID,它在物流中如何应用?
4. 物流信息系统有哪些功能?
5. 电子商务的商业模式有哪些,分别代表什么?

第十二章 第三方物流

学习目标

1. 知识目标：了解第三方物流的定义和作用，了解物流业务外包的关键问题，了解第三方物流的经营模式和优势，了解第四方物流的定义、特点、功能和运作模式。

2. 能力目标：掌握第三方、第四方物流企业运作平台的构建，具备选择、评估、管理物流企业合作伙伴的能力。

3. 素养目标：培养学生分析问题、解决问题的能力，培养开拓创新能力和科学决策精神。

知识导图

```
              ┌─ 第三方物流概述 ─┬─ 第三方物流的定义
              │                  └─ 第三方物流的作用
              │
              │                  ┌─ 核心竞争力
              ├─ 第三方物流的产生─┼─ 物流业务外包
              │                  ├─ 物流业务如何外包
第三方物流 ───┤                  └─ 物流业务外包中的关键问题
              │
              ├─ 第三方物流的经营─┬─ 第三方物流的经营模式
              │                  └─ 第三方物流的优势
              │
              │                  ┌─ 第四方物流的定义
              │                  ├─ 第四方物流的特点
              └─ 第四方物流 ─────┼─ 第四方物流企业的条件
                                 ├─ 第四方物流的运作模式
                                 └─ 第四方物流的功能
```

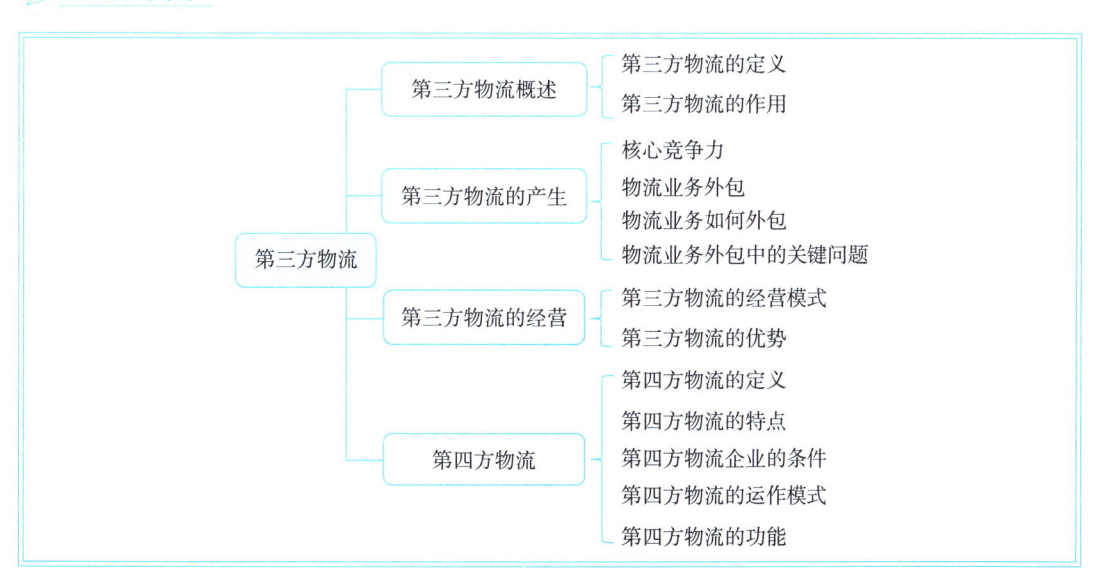

引导案例

冠生园集团是国内唯一一家拥有"冠生园""大白兔"两个驰名商标的老字号食品集团。近几年大白兔奶糖、蜂制品系列、和酒、冷冻微波食品、面制品等新产品市场需求逐步增加,集团生产的食品总计达到了2 000多个品种,其中糖果销售近4亿元。市场需求增大了,但运输配送跟不上。集团拥有的货运车辆近100辆,要承担上海市3 000多家大小超市和门店的配送,还有北京、太原、深圳等地的运输。长期运输配送效率低下,导致淡季运力空放、旺季忙不过来的现象出现,加上车辆的维修更新,每年维持车队运行的成本费用要上百万元。为此集团专门召开会议,研究如何改革运输体制,降低企业成本。

对于在上海市拥有3 000多家网点并经营市外运输的大型生产企业冠生园集团而言,物流管理工作是十分重要的。冠生园通过使用第三方物流,消除了自己因运输配送带来的弊端,加快了产品流通速度,增强了企业的效益,使产品更多更快地进入了千家万户。2002年年初,冠生园集团下属合资企业达能饼干公司率先做出探索,将公司产品配送运输全部交给第三方物流。物流外包试行后,不仅配送准时准点,而且费用要比自己做节省许多。达能公司把节约下来的资金投入开发新品与改进包装上,使企业又上了一个新台阶。为此,集团销售部门专门组织各企业到达能公司去学习,决定在集团内系统推广达能的做法。经过选择比较,集团委托上海虹鑫物流有限公司作为第三方物流机构。虹鑫物流与冠生园签约后,通过集约化配送,极大地提高了效率。

据统计,冠生园集团自委托第三方物流以来,产品的流通速度加快,原来铁路运输发往北京的货途中需7天,现在虹鑫物流运输只需2~3天,而且实行的是门对门的配送服务。由于第三方物流配送及时周到、保质保量,商品的流通速度加快,集团的销售额有了较大增长。此外,更更要的是,企业的领导从非生产性的后道工序——包装、运输中解脱出来,集中精力抓好生产,更好地开发新品、提高质量、改进包装。第三方物流机构能为企业节约物流成本,提高物流效率,这已被越来越多的企业,尤其是中小企业所认识。在欧洲,很多仓储和运输业务也是由第三方物流来完成的。

作为老字号企业的冠生园集团,产品规格品种多、市场辐射面广,靠自己配送运输成本高、浪费大,为此,集团实行物流外包战略。签约虹鑫公司,搞门对门物流配送,结果5个月就节约了40万元的费用,产品流通速度加快,销售额和利润有了较大增长。按照供应链的理论来说,当今企业之间的竞争实际上是供应链之间的竞争,企业之间的产品、规格,谁的成本低、流通速度快,谁就能更快赢得市场。因此,物流外包充分利用了外部资源,也是增强企业核心竞争力的一个有效举措。

案例来源:物流天下全国物流信息网

思考:结合冠生园集团从物流外包中得到的好处,分析工商企业物流外包的意义,以及第三方物流需求的来源和决策。

第一节　第三方物流概述

一、第三方物流的定义

第三方物流（Third-Party Logistics），简称3PL，是相对于"第一方"发货人和"第二方"收货人而言的。3PL既不属于第一方，也不属于第二方，而是通过与第一方或第二方的合作来提供其专业化的物流服务，它不拥有商品，不参与商品的买卖，而是为客户提供以合同为约束、以结盟为基础的，系列化、个性化、信息化的物流代理服务。

常见的3PL服务包括设计物流系统、EDI能力、报表管理、货物集运、选择承运人、货代人、海关代理、信息管理、仓储、咨询、运费支付、运费谈判等。由于服务业的方式一般是与企业签订一定期限的物流服务合同，所以有人称第三方物流为"合同契约物流（Contract Logistics）"。

第三方物流内部的构成一般可分为两类：资产基础供应商和非资产基础供应商。资产基础供应商有自己的运输工具和仓库，通常实实在在地进行物流操作。而非资产基础供应商则是管理公司，不拥有或租赁资产，仅提供人力资源和先进的物流管理系统，专业管理顾客的物流功能。

在《物流术语》（GB/T 18354—2021）中，第三方物流是由独立于物流服务供需双方之外且以物流服务为主营业务的组织提供物流服务的模式。和社会经济领域许多经济概念一样，第三方物流有广义和狭义的理解，因而在不同的领域涵盖的范围也就不同。

（1）广义的第三方物流。

广义的第三方物流是相对于自营物流而言。凡是由社会化的专业物流企业按照货主的要求所从事的物流活动，都可以包含在第三方物流范围之内。至于第三物流是从事的哪一个阶段的物流，物流服务的深度和服务水平如何，要看货主的要求。

（2）狭义的第三方物流。

狭义的第三方物流主要是指能够提供现代的、系统的物流服务的第三方的物流活动。其具体标志是：有提供现代化的、系统物流服务的企业素质；可以向货主提供包括供应链物流在内的全程物流服务和特定的、定制化服务的物流活动；不是货主向物流服务商偶然的、一次性的物流服务购销活动，而是采取委托承包形式的业务外包的长期物流活动；不是向货主提供的一般性物流服务，而是提供增值物流服务的现代物流活动。

一般而言，我们在研究和建立现代物流系统时，第三方物流不是按照自营物流与否来进行区分。尤其在我国，小生产式的物流服务活动还相当多，并且还不能在很短的时间内消失，如果把这些企业都包括在第三方物流企业之中，显然会混淆人们对第三方物流的认识。所以，在学习第三方物流时，应当从狭义的角度来理解，把它看成是一种高水平、现代化的物流服务方式，看成是网络经济时代社会物流服务发展方向。

二、第三方物流的作用

（一）第三方物流可以帮助企业降低成本

第三方物流公司可以使企业不再保有仓库、车辆等物流设施，对物流信息系统的投资也可转嫁给第三方物流企业，从而减少运营物流的成本；还可以减少直接从事物流的人员，从而削减工资支出；可以降低存货水平，削减存储成本；通过第三方物流企业配送渠道，可大大提高运输效率，减少运输费用等。因此，使用第三方物流可以帮助企业降低成本。

（二）第三方物流可以提高企业的服务水平和质量

服务水平和质量是企业成功的关键。第三方物流企业的信息网络能加快对顾客订货的反应能力，加快订单处理，缩短从订货到交货的时间，提高顾客的满意度。产品的售后服务，送货上门，退货处理，废品回收等也可以由第三方物流企业完成，保证企业为顾客提供稳定、可靠的高水平服务。

（三）第三方物流可以帮助企业降低风险

如果企业自营物流，要面临投资的风险和存货的风险。如果企业使用第三方物流，那么企业就将投资风险转嫁给了物流公司，从而可以规避投资风险。此外，为了及时对顾客订货作出反应，防止缺货和快速交货，企业必须提高库存量。存货不仅占用了企业大量资金，还有贬值的风险。第三方物流企业的专业化配送加快了存货的流动速度，减少了企业的库存量，从而降低企业的库存风险。

（四）第三方物流可以提高企业竞争力

随着外部市场环境的变化，企业的生产经营活动变得越来越复杂。企业不仅要把大量精力投入生产经营活动中，还要处理复杂的人际关系。如果企业使用第三方物流，就可以避免直接与众多顾客打交道，简化了关系网，从而把更多的精力投入自身的生产经营中。

第二节　第三方物流的产生

一、核心竞争力

核心竞争力的定义是：在一个组织内部经过整合了的知识和技能，尤其是关于怎样协调多种生产技能和整合不同技术的知识和技能。从与产品或服务的关系角度来看，核心竞争力实际上是隐含在公司核心产品或服务里面的知识和技能，或者知识和技能的集合体。

在普拉哈拉德和哈梅尔看来，核心竞争力首先应该有助于公司进入不同的市场，它应成为公司扩大经营的能力基础。其次，核心竞争力对创造公司最终产品和服务的顾客价值贡献巨大，它的贡献在于实现顾客最为关注的、核心的、根本的利益，而不仅仅是一些普通的、短期的好处。最后，公司的核心竞争力应该是难以被竞争对手所复制和模仿的。

核心竞争力是一个企业能够长期获得竞争优势的能力，是企业所特有的、经得起时间考验的、具有延展性并且是竞争对手难以模仿的技术或能力。

现代企业的核心竞争力是一个以知识、创新为基本内核的企业某种关键资源或关键能力的组合,是能够使企业、行业和国家在一定时期内保持现实或潜在竞争优势的动态平衡系统。

二、物流业务外包

外包是一种长期的、战略的、相互渗透的、互利互惠的业务委托和合约执行方式。所谓物流业务外包(Logistics Business Outsourcing),即制造企业为集中资源、节省管理费用、增强核心竞争能力,将其物流业务以合同的方式委托给专业的物流公司(第三方物流)运作。

随着市场竞争的不断激烈和信息技术的快速发展,企业为了取得竞争上的优势,利用第三方物流服务供应商所能提供的所有服务。因此,第三方物流业悄然兴起,并在物流业中占据越来越重要的作用,它已成西方国家物流业发展的有效运作模式。

物流已经成为新经济时代企业模型的一个不可缺少的部分。然而,市场对物流系统的要求超越了目前许多公司物流部门分配资源的功能和能力。因此,外包——由外部公司提供所需要的功能和服务,作为物流系统的一个可行选择已经得到广泛应用。

三、物流业务如何外包

物流服务供应商和需求商的联合和协同,将促进物流业务外包市场的发展。对于需方,产品的生产和交付的方式正在发生结构性转变,业务全球化趋势的发展、对供应商依赖程度的提高、生产制造过程中部分功能外包率的上升、直销渠道的发展以及对市场快速反应的需求,都将使物流管理工作比以前更为复杂和充满挑战。

对于供方,物流外包服务逐步趋于一体化和系统化,服务提供商正在加紧进行创新和技术变革,强化竞争力,利用技术提高物流管理的效率,快速延伸全球业务链和扩展服务功能链,为使企业进驻不同的细分市场做准备。

随着经济全球化进程的加快、信息技术在物流领域的应用和发展、对一体化多渠道市场的需求的增长,以及物流服务供应商服务能力的扩充和完善,物流业务外包服务逐步被社会认识、了解、认可和进一步采用。

物流外包作为一个提升物资流通速度、节省物流费用和减少在途资金积压的有效手段,确实能够给供需双方带来较多的收益。尽管供需双方均有信心和诚意,但是,在实践的过程中,物流外包又举步维艰,常常出现中断,甚至失败。阻碍物流外包发展的因素既有体制的制约、人为的失误,也有观念的陈旧和技术的缺陷,这些因素既存在于物流供应商方面,也存在于物流需求商方面。

随着物流行业的进一步整合和物流服务逐步走向一体化和系统化,物流业务技术含量将成为供应商获取市场份额的关键因素,仅仅靠功能性的专业知识取得竞争优势将日趋艰难。为维持并增加市场份额、提高客户满意度,使需求商了解企业的特色,认可企业的价值,供应商必须塑造个性化的核心竞争能力,明确、清晰地宣传企业能够为客户的物流管理带来战略价值和管理效率。

四、物流业务外包中的关键问题

良好的外包合作关系是建立在相互信任和尊重的基础上的,物流作业一体化的程度决定着物流供应商的服务水平和需求商的满意度。需求商如要成功实施外包,并与供应商建立良好、互利、长期的外包合作关系,应注意以下几个方面的问题。

(一)正确理解物流外包

虽然"外包"是一个计较流行的词语,但并不是每一家企业都应该采用外包,企业应深入分析内部物流状况,并探讨物流是否是企业的核心能力,物流是否能为企业带来外部战略经济利益;如何在无缝衔接的基础上调整业务流程,进行职能变革;如何对外包的物流功能进行持续有效的监控;企业文化是否鼓励创新与变革;企业领导和员工对变革持何种态度;等等。外包本身并不是企业发展战略,它仅仅是实现企业战略的一种方式,企业应确定在行业中是否存在有能力和可供选择的供应商,否则,实施外包不仅不能成功,反而会带来一系列问题。只有企业拥有了合适的合作伙伴,企业内部管理层也认识到外包的重要性,而且清楚针对外包应做的准备工作,企业才能决定是否实施外包。

(二)严格筛选物流供应商

在选择供应商时,首先要改变现有的观点,即仅着眼于企业内部核心竞争能力的提升,而置供应商的利益于不顾。需求商应以长远的战略思想来对待外包,通过外包既实现需求商利益最大化,又有利于供应商持续稳定的发展,达到供需双方双赢的局面。在深入分析企业内部物流状况和员工心态的基础上,调查供应商管理深度和幅度、战略导向、信息技术支持能力、自身的可塑性和兼容性、行业运营经验等,其中战略导向尤为重要,确保供应商有与企业相匹配的或类似的发展战略。供应商的承诺和报价,需求商务必认真分析、衡量。报价应根据供应商自身的成本确定,而非依据市场价格,报价不仅仅是一个总数,应包括各项作业的成本明细。对于外包的承诺尤其是涉及政府政策或供应商战略方面的项目,必须来自供应商企业最高管理者,避免在合约履行过程中出现对相关条款理解不一致的现象。

(三)明确列举服务要求

许多外包合作关系不能正常维持的主要原因是服务要求模糊。由于服务要求没有量化或不明确,导致供需双方理解出现偏差,供应商常常认为需求商要求过高,需求商认为供应商未认真履行合约条款。例如,供应商在没有充分了解货物流量、货物类别、运输频率的情况下就提交了外包投标书,或者供应商缺乏应有的专业理论知识,不能对自身的物流活动予以正确的、详细的描述等。需求商应该详细列举供应商应该具备的条件,包括生产能力、服务水平、操作模式和财务状况,例如,订单是否能够100%完成,准时率是否能够达到100%等。

(四)合理选择签约方式

分别签订仓库租赁合约和操作合约,这样两个合约单独履行,互不影响,即使取消了操作合约,仓库租赁合约仍然生效。要注意不同企业的文化差异,特别是企业的上游和下游,对两者都要提前进行判断,从而有效协调沟通,确保与供应商签订的合约满足各方的需求,实现各自的目标。

合约不可能对环境变化做出全面准确的预测,签订前后的各种情况会有所不同,诸如行业政策、市场环境、供应商内部发展状况等,同时,供应商签订合约的成员不再是合约的执行者,合约执行时间越长,需求商会越不满意。在某种情况下,即使供应商的操作方式或理念比较超前，但并不一定适合需求商发展的需要。

（五）共同编制操作指引

需求商不能认为外包作业是供应商单方面的工作，而应与供应商一起制订作业流程、确定信息渠道、编制操作指引，供双方参考使用，操作指引能够使双方对口人员在作业过程中步调一致，也为检验对方作业是否符合要求提供了标准和依据。

（六）提前解决潜在问题

建立外包合作关系后，认真细致地考虑未来发生的变化及潜在的问题，在问题出现之前提出解决方案。在物流外包方面，文化、思想的多样化、差异性具有特殊作用，思想越趋于一致，企业越容易出现工作官僚化，有时企业内部物流经理会把供应商当作威胁自己地位的竞争对手。供应商规模越来越大时，也会出现工作官僚化的现象。一种经常使用的方法是与供应商探讨如何解决假设存在的问题，如如何处理客户投诉、服务质量下降、应变能力降低等。

（七）积极理顺沟通渠道

导致外包合作关系失败的首要原因是计划错误，其次是沟通不畅。沟通的重要性仅次于计划，供需双方在日常合作过程中出现的问题大多与沟通不畅有关。供应商是顾客关系中最重要的环节之一，供应商应该被包括在企业整个业务链中。建立正确的沟通机制，双方应就矛盾产生的根源达成共识，即矛盾和冲突是业务本身产生的，而非工作人员原因导致，当问题出现时，双方应理性对待，不要过于冲动，给对方考虑和回复的时间。同时在履行合约的过程中，花费一定的时间和精力相互沟通了解，探讨合约本身存在的问题以及合约以外的问题，这对维持双方的合作关系是很重要的，然而这一点常常容易被忽视。

（八）明确制定评估标准

一般情况下，对供应商服务水平的评估是基于合约条款，而合约条款多数只对结果做出描述，因此对外包业务过程不能进行有效的评估，也不能建立适宜的持续改进机制。随着时间的推移，当需求商准备向供应商增加外包项目时，才发现供应商已不符合企业进一步发展的要求。不能有效考核的工作，正是管理薄弱的环节，当建立合作关系后，依据既定合约，充分沟通协商，详细列举绩效考核标准，并对此达成一致。

绩效评估和衡量机制不是一成不变的，应该不断更新以适应企业总体战略的需要，促进战略的逐步实施和创造竞争优势。实施外包变革是一个长期的、艰巨而又曲折的过程，合约的签订只是外包的开始，在这个过程中，需要不断地对完成的活动进行考核，甚至包括外包决策，使每个步骤都达到预期的目的，从而确保变革的有效性。企业不断对供应商进行考核的目的是，促使供应商的核心能力得到长期、持续、稳定的发展。

需求商不仅要对供应商不断地进行考核，也要对企业内部与外包活动相关的职能进行持续监控。外包虽不是企业的核心能力，但它日益成为企业创造竞争优势的重要贡献者。过去，外包决策是基于扩大生产规模而采取的一种短期战术行为，现在它是基于实现资本有效利用的长远目标而考虑的，企业管理者应时时关注、考核自身的核心能力，同时找出问题，加以改进。

（九）适时采用激励方法

绩效考核标准应立足实际，不能过高而使供应商无法达到，同时要有可操作性，但是标准应该包含影响企业发展的所有重要因素。良好的工作业绩应该受到肯定和奖励，供应商或企业内部职能部门即使对所做的工作有自豪感，也同样需要得到承认和好的评价。表扬、奖励、奖品甚至一顿晚宴都是一种激励因素，管理者应充分应用一切有效的方式和方法达到激励的目的。

（十）持续巩固合作关系

物流供应商对企业和企业的客户的服务能力是依靠企业自身的工作表现体现的，外包意味着双方利益是捆绑在一起的，而非独立的，良好的合作伙伴关系将使双方受益，任何一方的不良表现都将使双方受损。供需双方自我真诚的评估和定位、行为道德、相互信任和忠诚以及履行承诺，是建立良好的外包合作关系的关键因素。

第三节　第三方物流的经营

一、第三方物流的经营模式

现今中国物流行业中第三方物流企业的经营业态主要有两种。

第一种，第三方物流企业接受客户委托，根据客户提出的要求处理相关货物。其实这种业态的经营模式实质是一种委托的法律关系，从物流学理意义上讲属于初级业态。其表现形式是以处理委托人事务为目的，根据委托事项支付一定费用，受托人（物流企业）根据实际成本加上利润收受费用并提供相应服务。如果委托人没有尽到告知义务，致使受托人设备和其他委托人设备、货物造成损失的，且受托人已尽了审查义务（《中华人民共和国民法典》，以下简称《民法典》，第八百三十二条），承运人对运输过程中货物的毁损、灭失承担赔偿责任。但是，承运人证明货物的毁损、灭失是因不可抗力、货物本身的自然性质或者合理损耗以及托运人、收货人的过错造成的，不承担赔偿责任。

第二种，物流企业根据客户要求，以物流企业名义向外寻求供应商、代理商、分销商，同时又向客户提供相应的仓储、运输、包装等服务，为客户设计物流计划。

该模式往往是从事第三方物流服务的企业通过与固定客户（通常是连锁企业）建立稳定的契约关系，以物流企业名义与生产商建立广泛的商品关系，是第三方物流和终端客户建立长时间联盟的合作。这种经营模式是第三方物流的高级经营业态。在实际活动中，根据第三方物流企业活动特征，这可认为是隐名代理行为而非行纪行为。隐名代理是指受托人以自己的名义，在委托人的授权范围内与第三人订立的合同。第三人在订立合同时知道受托人与委托人之间的代理关系的，该合同直接约束委托人和第三人，但有确切证据证明该合同只约束受托人和第三人的除外。其与行纪最根本区别在于行纪人只能以自己名义对外活动，因而其与第三人订立的合同不能对抗委托人。实践中，生产企业、供应商等都与第三方物流企业有买断、代理关系，并由第三方物流企业根据终端客户时单进行处理、配送、加工等。在这种模式下可以看出，第三方明知物流企业是某终端客户的代理人，只不过第三方物流企业没有以终端客户名义而以自己名义与其发生关系，责任由最终客户承担。需要指出的是，在此过程中，物流企业为了自己的利益越权代理，行为无效。而且由于第三方过错造成终端客户损失，由第三方直接向终端客户承担责任。（通常厂家的商品造成超市损失，由厂家承担过错责任并向超市赔偿）上述种种经营活动可以说明，第三方物流的高级经营业态实际上是一种隐名代理的行为。

二、第三方物流的优势

1. 企业得到更加专业化的服务，从而降低营运成本，提高服务质量

当企业的核心业务迅猛发展时，也需要企业的物流系统跟上核心业务发展的步伐，但这时企业原来的物流系统往往因为技术和信息系统的局限而相对滞后。与企业自营物流相比，3PL可以集成小批量送货的要求来获得规模经济效应，在组织企业的物流活动方面更有经验、更专业化，从而降低企业的营运成本，改进服务，提高企业运作的灵活性。

对于委托企业而言，它不可能获得所需要的各方面人才。通过将物流外包给3PL，委托企业不但可以引入资金、技术，也可以根据自己的需要引入"外脑"。物流方面的专家或是专门人才不一定属于该委托企业，却可以成为企业所使用的一部分有效的外部资源。特别是对于那些财力、物力有限的小企业而言，通过将物流外包，更容易获得企业所需要的智力资本。

2. 解决本企业资源有限的问题，更专注于核心业务的发展

企业的主要资源包括资金、技术、人力资本、生产设备、销售网络、配套设施等要素。资源的有限性往往是制约企业发展的主要"瓶颈"，特别是在当今时代，技术和需求的变化十分复杂，一个企业的资源配置不可能局限于本组织范围内。即使对于一个实力非常强大、有着多年经验积累的跨国企业集团来说，仅仅依靠自身的力量，也是不经济的。物流外包策略对于企业有限资源的合理利用非常重要，国内外的许多企业正是通过利用物流外包，突破原有的资源"瓶颈"，获得了难以想象的增长速度。

利用物流外包策略，委托公司可以集中资源，建立自己的核心能力，并使其不断提升，从而确保委托公司能够长期获得高额利润，并引导行业朝着有利于企业自身的方向发展。应该认识到，无论企业是处于扩张期还是压缩期，大多数企业用于投资的资金总是有限的，通过3PL可以节约资金和资本投入，使公司资本集中在主要的、能产生高效益并取得主要竞争力的业务上。3PL不仅可以减少物流基础设施的新投资，而且可以腾出自有仓库与车队所占用的资金，并把资金用在更有效率的地方。

3. 可以提高企业的运作柔性

委托企业选择3PL的重要原因之一是提高柔性的需要。企业可以更好地控制其经营活动，并在经营活动和物流活动中找到一种平衡，保持两者之间的连续性，提高其柔性，使实行物流外包的委托企业由于业务的精简而具有更大的应变空间。

由于大量的非特长业务都由合作伙伴来完成，物流外包企业可以精简机构，中层经理传统上的监督和协调功能被计算机网络所取代，金字塔状的总公司、子公司的组织结构让位于更加灵活的对信息流有高度应变性的扁平式结构，这种组织结构将随着知识经济的发展而越来越具有生命力。

4. 可以减少监督成本，提高效率

委托公司可以利用物流外包策略缩小公司的规模，精简公司的组织，从而解决由于规模

膨胀而造成的组织反应迟钝、缺乏创新精神的问题。规模偏小的公司，管理事务比较简单，更易于公司专注于自己核心能力的培养。公司要想在激烈竞争的环境里成长，就必须尽量控制公司的规模，以确保公司的灵活反应能力，物流外包策略在这方面具有非常重要的意义。

5. 降低风险，同时也可以同合作伙伴分担风险

首先在迅速变化的市场和技术环境下，通过物流业务外包，委托公司可以与合作公司建立起战略联盟，利用其战略伙伴们的优势资源，缩短产品从开发、设计、生产到销售的时间，减轻由于技术和市场需求的变化造成的产品风险。其次，由于战略联盟的各方都发挥了各自的优势，这有利于提高新产品和服务的质量，提高新产品开拓市场的成功率。最后，采用物流外包策略的委托公司在与其战略伙伴共同开发新产品时，风险共担，从而降低了由于新产品开发失败给公司造成巨大损失的可能性。

在这种资金相对短缺、企业实力相对薄弱的环境里，物流业务外包的传统理由更加具有现实意义，即公司可以通过将物流外包获得3PL的创新能力和专业技能，以实现自身难以完成的新产品开发和市场开拓等问题。尤其是在我国已经加入世界贸易组织的情况下，将物流业务外包、减少物流费用支出、提高企业的竞争力已经迫在眉睫。

第四节　第四方物流

轻点鼠标，就有数千条物流信息呈现在你面前；发一条短信，就可以轻松获得你所需要的货物信息……这就是国内首个公路物流港——传化物流基地的运营模式，而且这种模式是可以"复制"、可以异地"扩张"的，在杭州、苏州、成都等都有了其复制基地。

传化物流基地，实际上，也就是搭建了一个综合物流管理与服务平台，集纳第三方物流企业、运输车辆、仓储设施、货物运输交易信息等元素，为物流企业提供电子化办公、驾驶员和车辆档案信息化管理和全程网络化跟踪服务。

传化集团投资3亿多元，在萧山打造了一个以"第四方物流"运营模式为核心的"公路物流港"，即传化萧山物流基地。传化苏州物流基地是传化物流连锁复制工程的首站，总投资10亿元，全程复制第四方物流运营模式，打造一个崭新的公路物流港。

传化物流基地区别于传统的第三方物流企业，在于其是为第三方物流企业提供综合服务，包括信息服务、车辆、仓储设施等，以及信息化管理、网络化跟踪、全程监控的运营平台。为第三方物流企业提供一个运作的现代化平台，使其没有后顾之忧，可以专心从事经营。

因此，第四方物流不做具体的工作，就是为第三方物流企业提供物流信息服务、辅助的平台服务，如信息化管理、服务跟踪监控平台等。

一、第四方物流的定义

第四方物流是1998年美国埃森哲咨询公司率先提出的，是专门为第一方、第二方和第三方提供物流规划、咨询、物流信息系统、供应链管理等活动。

第四方物流（Fourth Party Logistics）并不实际承担具体的物流运作活动，它是一个供应链的集成商。一般情况下，政府为促进地区物流产业发展，领头搭建第四方物流平台，提供共享及发布信息服务,是供需双方及第三方物流的领导力量。

第四方物流不是物流的利益方,而是通过拥有的信息技术、整合能力以及其他资源提供一套完整的供应链解决方案,以此获取一定的利润。它是帮助企业实现降低成本、有效整合资源,并且依靠优秀的第三方物流供应商、技术供应商、管理咨询以及其他增值服务商,为客户提供独特的和广泛的供应链解决方案。

二、第四方物流的特点

第四方物流与第三方物流的区别,在于第三方物流注重实际操作,而第四方物流更多地关注整个供应链的物流活动。由此,第四方物流形成独有的特点。

1. 提供完整的供应链解决方案

第四方物流有能力提供一整套完善的供应链解决方案,是集成管理咨询和第三方物流服务的集成商。第四方物流与第三方物流不同,它不是简单地为企业客户的物流活动提供管理服务,而是通过对企业客户所处供应链的整个系统或行业物流的整个系统进行详细分析,提出具有指导意义的解决方案。第四方物流服务供应商本身并不能单独地完成这个方案,而是要通过物流公司、技术公司等多类公司的协助才能将方案实施。

2. 提高物流运作效率

第四方物流可以通过物流运作流程再造,使整个物流系统的流程更合理、效率更高,从而将产生的利益在供应链的各个环节之间进行平衡,使每个环节的企业客户受益。

第三方物流服务供应商能为企业客户提供相对于企业的全局最优方案,但却不能提供相对于行业或供应链的全局最优方案,因此,第四方物流服务供应商需要先对现有资源和物流运作流程进行整合和再造,从而解决方案所预期的目标。

第四方物流服务供应商整个管理过程大概设计四个层次,即再造、变革、实施和执行。

3. 第四方物流通过对整个供应链产生影响增加价值

如何通过对供应链产生影响来增加价值?在向客户提供持续更新和优化的技术方案的同时,满足客户的特殊需求。如果第四方物流服务供应商只是提出一个解决方案,但是没有能力控制这些物流运作环节,那么第四方物流服务供应商所能创造价值的能力也无法被挖掘出来。

因此,第四方物流服务供应商对整个供应链的影响力直接决定了其经营的好坏。第四方物流除了具有强有力的人才、资金和技术以外,还应该具有与一系列服务供应商建立合作关系的能力。

三、第四方物流企业的条件

成为第四方物流企业应当具备哪些条件?
(1)能制定供应链策略,设计业务流程再造,具备技术集成和人力资源管理的能力。
(2)在集成供应链技术和外包能力方面处于领先地位,并具有较雄厚的专业人才基础。
(3)能管理多个不同的供应商并具有良好的管理和组织能力等。

四、第四方物流的运作模式

(一)协同运作模式

第四方物流只与第三方物流有内部合作关系,第四方物流服务供应商不直接与企业客户接触,而是通过第三方物流服务供应商实施其提出的供应链解决方案、再造的物流运作流程等。

这就意味着,第四方物流与第三方物流共同开发市场,在开发的过程中,第四方物流向第三方物流提供技术支持、供应链管理决策、市场准入能力以及项目管理能力等,它们之间的合作关系可以采用合同方式绑定或采用战略联盟方式。

(二)方案集成商模式

第四方物流作为企业客户与第三方物流的纽带,将企业客户与第三方物流连接起来,这样,企业客户就不需要与众多第三方物流服务供应商进行接触,而是直接通过第四方物流服务供应商来实现复杂的物流运作管理。

在这种模式下,第四方物流作为方案集成商,除了提出供应链管理的可行性解决方案外,还要对第三方物流资源进行整合,统一规划,为企业客户服务。

(三)行业创新者模式

行业创新者模式与方案集成商模式有相似之处,都是作为第三方物流和客户沟通的桥梁,将物流运作的两个端点连接起来。两者的不同之处在于,行业创新者模式的客户是同一行业的多个企业,而方案集成商模式,只针对一个企业客户进行物流管理。

在这种模式下,第四方物流提供行业整体物流的解决方案,这样可以使第四方物流运作的规模更大限度地得到扩大,使整个行业在物流运作上获得收益。

美国联合包裹运送服务公司(UPS)自21世纪初开始积极发展它的第四方物流网络。2002年5月,UPS从朗讯手里接过了长达5年的物流管理合同,这意味着UPS接过了朗讯极具挑战的涵盖欧洲、中东、非洲以及北亚天上地下全部的物流业务。尽管UPS有多年为大客户服务的经验(包括给惠普提供北美、欧洲的配送服务),但接管像朗讯这样的全球物流业务,涉及分销、仓储、订单管理、信息跟踪、报关、维修、客户服务甚至配件管理等方方面面环节的运作,UPS还是头一次。更为重要的是,这也将第一次检验UPS的第四方物流的定位,即将不同业务流程的企业编织进一个庞大而又复杂的供应网络中。当然,UPS准备好了。UPS与朗讯的第一次物流亲密接触是在电信泡沫最大的1999年。由于UPS美国本土的网点比较齐全,自1999年起,在北美大陆和欧洲市场,UPS开始从邻居"开刀"。1999年,UPS并购了20家与供应链相关的公司,包括7家物流和分销公司、11家技术公司、1家银行、1家航空公司,其中包括加拿大最大的药品和化学制品物流企业Liringston以及法国最大的零部件物流公司Finon Sofecome。一系列的收购,使UPS的物流能力大大提高,可以为任何客户提供物流的全方位的解决方案甚至包括增值服务,UPS开始跻身世界一流物流企业之列。UPS由开始的搬运工,变为能指挥调动供应链各个环节的高级指挥家。如果可以列一张被UPS的第四方物流理念征服的企业名单的话,可以清晰地看到大批的跨国制造企业,而这些原来往往是第三方物流的拥护者,如HP、福特汽车、美国国家半导体公司、Lansinoh Laboratories(世界大型医药保健品公司)、Oneida(世界最大的不锈钢生产企业)……未来商业社会最重要的力量是"全程供应链管理",也就是我们所提到的第四方物流模式。而成为供应链的链主，才是 UPS 未来增长的源泉。

五、第四方物流的功能

第四方物流无论采取哪一种模式，都突破了单纯发展第三方物流的局限性，能真正地低成本运作，实现最大范围的资源整合。因为第三方物流缺乏跨越整个供应链运作以及真正整合供应链流程所需的战略专业技术，第四方物流则可以不受约束地将每一个领域的最佳物流提供商组合起来，为客户提供最佳物流服务，进而形成最优物流方案或供应链管理方案。而第三方物流要么独自，要么通过与自己有密切关系的转包商来为客户提供服务，它不太可能提供技术、仓储与运输服务的最佳结合。

因此，第四方物流供应商是一个供应链的集成商，它对公司内部和具有互补性的服务供应商所拥有的不同资源、能力和技术进行整合和管理，提供一整套供应链解决方案，称作"总承包商"或"领衔物流服务商"。

第四方物流的利润实际上比第三方物流更丰厚，因为它们拥有专业化的咨询服务；而且第四方物流相较第三方物流，服务的内容更多、覆盖的区域更广，对从事物流服务的公司要求更高。第四方物流通过整合，使产品"更快、更好、更廉"地送到需求者手中。

文本：成功地引进了第四方物流的"飞利浦公司"

本章小结

第三方物流是提供专业物流服务的物流活动，可以帮助企业降低成本，提高企业的服务水平和质量，帮助企业降低风险，提高企业竞争力。物流业务外包应注意正确理解物流外包、严格筛选物流供应商、明确列举服务要求、合理选择签约方式、共同编制操作指引、提前解决潜在问题、积极理顺沟通渠道、明确制定评估标准、适时采用激励方法、持续巩固合作关系。

第三方物流的运作模式：一是第三方物流企业接受客户委托，根据客户提出的要求处理相关货物；二是物流企业根据客户要求，以物流企业名义向外寻求供应商、代理商、分销商，同时又向客户提供相应的仓储、运输、包装等服务，为客户设计物流计划。

第三方物流使企业得到更加专业化的服务，降低营运成本，提高服务质量；解决本企业资源有限的问题，更专注于核心业务的发展；可以提高企业的运作柔性；可以减少监督成本，提高效率；降低风险，同时也可以同合作伙伴分担风险。

第四方物流是专门为第一方、第二方和第三方提供物流规划、咨询、物流信息系统、供应链管理等的活动。第四方物流可以提供完整的供应链解决方案，通过物流运作流程再造，使整个物流系统的流程更合理、效率更高，通过对整个供应链产生影响增加价值。第四方物流的运作模式有协同运作模式、方案集成商模式、行业创新者模式，无论采取哪一种模式，都突破了单纯发展第三方物流的局限性，能真正地低成本运作，实现最大范围的资源整合。

练习与思考

一、选择题

1. 第三方物流也称(　　)。
   A. 合同物流　　　　B. 物流外包　　　　C. 精益物流　　　　D. 供应链
2. 下列选项中,不属于第三方物流产生的原因的是(　　)。
   A. 社会分工　　　　　　　　　　　　B. 信息技术的发展
   C. 经济自由化和贸易全球化　　　　　D. 看板管理
3. 与传统储运业务相比,第三方物流与货主企业之间的关系是(　　)。
   A. 零和　　　　　　B. 双赢　　　　　　C. 不确定　　　　　D. 竞争
4. 能对制造企业或分销企业的供应链进行监控,在客户与物流供应商之间充当唯一"联系人"角色的是(　　)。
   A. 第一方物流　　　B. 第二方物流　　　C. 第三方物流　　　D. 第四方物流
5. 下列选项中,不属于第四方物流为客户带来的利益的是(　　)。
   A. 利润增长　　　　　　　　　　　　B. 运营成本降低
   C. 资产利用率提高　　　　　　　　　D. 服务水平提高

二、判断题

1. 传统的对外物流委托其实就是第三方物流。(　　)
2. 第三方物流业者代替货主在信息上的投资,从而减轻了货主的负担,这是第三方物流业者自我推销的关键点。(　　)
3. 在我国,第三方物流企业的收益主要来自增值服务。(　　)
4. 第四方物流本身也是具体的物流运作活动的主体。(　　)
5. 第四方物流有效地适应需方多样化和复杂的需求,集中所有的资源为客户提供完善的综合性供应链解决方案。(　　)

三、简答题

1. 什么是第三方物流?
2. 什么是第四方物流?
3. 第三方物流的优势有哪些?
4. 第四方物流有哪些特点?
5. 简述第三方物流与第四方物流的联系与区别。

第十三章 智慧物流概论

学习目标

1. 知识目标：了解智慧物流发展历程，把握智慧物流含义与特征，全面了解智慧物流实现技术。
2. 能力目标：掌握智慧物流系统结构，并能运用智慧物流系统结构分析与解决基础智慧物流问题。
3. 素养目标：能追踪学科发展前沿，树立发展理念与学习思维习惯。

知识导图

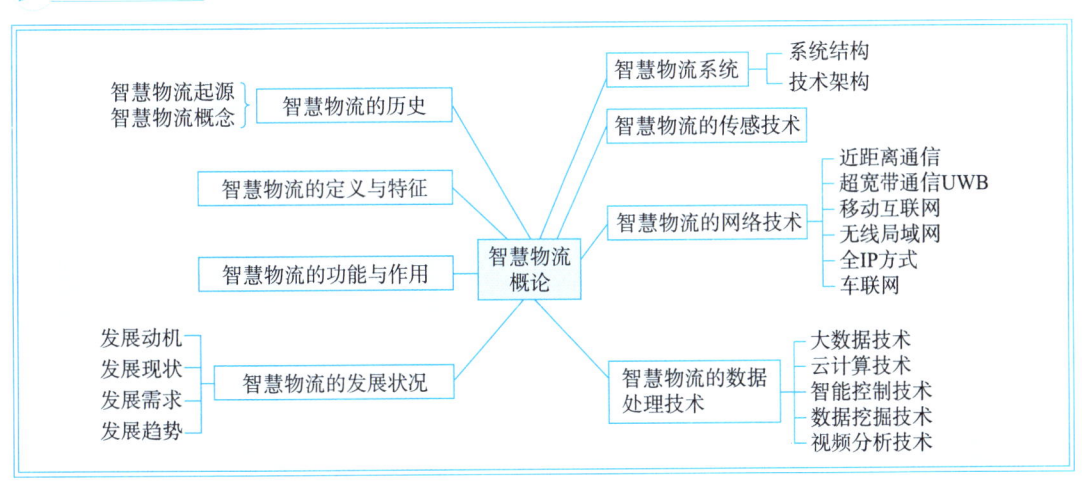

```
                                          ┌─ 系统结构
                          智慧物流系统 ────┤
                                          └─ 技术架构
智慧物流起源 ┐
             ├─ 智慧物流的历史         智慧物流的传感技术
智慧物流概念 ┘
                                                         ┌─ 近距离通信
                                                         ├─ 超宽带通信UWB
             智慧物流的定义与特征                         ├─ 移动互联网
                                       智慧物流的网络技术 ┤
                           智慧物流概论                   ├─ 无线局域网
             智慧物流的功能与作用                         ├─ 全IP方式
                                                         └─ 车联网

发展动机 ┐                                               ┌─ 大数据技术
发展现状 │                                               ├─ 云计算技术
         ├─ 智慧物流的发展状况   智慧物流的数据处理技术 ──┼─ 智能控制技术
发展需求 │                                               ├─ 数据挖掘技术
发展趋势 ┘                                               └─ 视频分析技术
```

引导案例

1. 2021 年双十一全网交易额超 9 600 亿元，当日包裹数达 11.58 亿元。物流企业是如何应对的？

在2017年5月22日的"2017全球智慧物流峰会"上,马云预测不久之后我国日均包裹量将达到10亿量级,认为未来的物流公司的成长,要靠数据、技术和人才,物流企业也应该告别对抗和竞争,以联合作战的方式来满足10亿个包裹的配送。

2. 菜鸟物流云平台的层次结构和作用如何？

菜鸟物流云是一个智慧物流云平台,其底层借助阿里云稳定和强大的部署,向物流合作伙伴和物流生态提供了一个非常稳定和强大的公有云IASS层的平台;中间层提供电子面单、地址和数据池等服务;应用层提供仓储物流、快递行业等一系列的行业解决方案。在这个云平台上,菜鸟实现了产品市场服务,产品接入的标准化和产品模型定义标准化的工作,推动物流生态向数据化和智慧化迈进。

第一节　智慧物流的历史

智慧物流是物流信息技术发展到一定阶段的必然产物,是多种信息技术和网络技术的聚合体。智慧物流的起源经历了粗放型物流、系统化物流、电子化物流、智能物流和智慧物流五个阶段。粗放型物流属于现代物流的雏形,系统化物流是现代物流的发展阶段,电子化物流是现代物流的成熟阶段,而现代物流的未来发展趋势是由智能物流向智慧物流发展。

1. 粗放型物流

粗放型物流时期是20世纪50至70年代。企业的重心放在生产上,对流通领域中的物流关注度不高,普遍认为产量最大化会导致每日利润最大化。粗放型物流时期的特点是专业型的物流企业很少,大部分企业自成体系,没有行业协作和大物流的意识,盲目扩张生产,很快不能维持下去,迫使企业放弃原来的大规模生产消费型经营模式,寻找更适合的物流经营模式,以降低成本。

2. 系统化物流

从20世纪70年代末到80年代初,物流行业逐渐从粗放式的管理阶段进入了系统化管理的阶段。系统化物流源于企业对物流行业重要性的认识,以及信息技术和人工智能的出现。这时企业已经意识到物流的重要性,注重经营决策、发展战略和物流的成本及效益,并提出了物流总成本的概念,同时系统化物流业务的出现丰富了物流行业的服务模式,成为物流行业变革的契机和动力。

3. 电子化物流

从20世纪90年代中后期以来,电子商务取得了飞速的发展。在客户需求的拉动、技术进步的推动及物流产业自身发展需要的驱动下,现代物流业迎来了新的发展阶段,即电子化物流阶段。在这个阶段,信息技术开始为物流行业助力,并成为持续推动物流行业飞速发展的关键动力。最为典型的两项信息化技术是20世纪70年代诞生的条码技术和80年代诞生的EDI技术。EDI可以提供一套统一的标准数据交互和处理,减少了纸张票据的使用,如图13-1所示。EDI的应用范围可以覆盖如在线订货、库存管理、发送货管理、报关、支付等。电子化物流特点主要包括三点:第一,电子化物流依托互联网来开展业务运作；第二，电子化物流以满足客户需求为导向，让客户通过互联网参与物流运作的服务为目标；第三，电子化物流注重追求供应链整体的物流效果，为提高供应链物流的效率和效益。

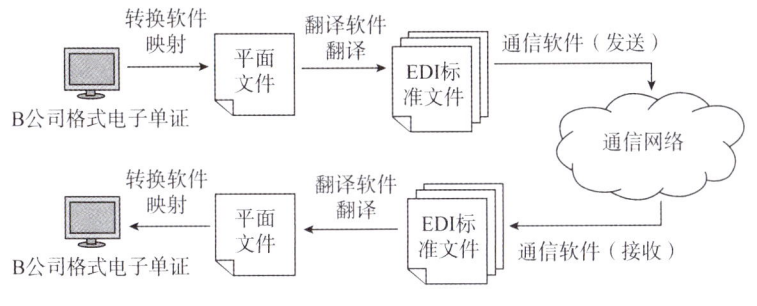

图 13-1　EDI 的工作过程

4. 智能物流

21 世纪是智能化的时代，物流朝着智能化方向发展，特别是智能标签、射频识别技术、电子数据交换技术、全球定位技术、地理信息系统、智能交通系统等应用日益成熟，基于这些技术的各类智能物流应用也相继出现，包括智能仓储物流管理、智能冷链物流管理、智能集装箱运输管理、智能危险品物流管理、智能电子商务物流等，并日益被人们所认可。基于上述背景，考虑到物流业是实现作业智能化、网络化和自动化的行业，2008 年，德国不来梅大学 Log Dynamics 实验室的 Dieter Ucke-Iman 归纳总结了智能物流的基本特征：智能物流时期的物流运营呈现精确化、智能化、协同化的特点。精确化要求成本最小化和零浪费；智能化是利用物联网进行系统处理，为用户提供优质的信息服务，为企业提供最佳策略支持；协同化是利用物联网平台协助实现物流企业上下游之间的无缝连接。

5. 智慧物流

"智慧物流"的概念源于"智慧地球"。2008 年 11 月，IBM 提出了"智慧地球"的概念。2009 年 1 月，时任美国总统奥巴马公开肯定了 IBM "智慧地球"的思路，并提出将"智慧地球"作为美国国家战略。在我国，2009 年 8 月，时任国务院总理温家宝在无锡提出了"感知中国"的理念，物联网被正式列为国家五大新兴战略性产业之一，此后被写入"政府工作报告"。同年，国务院《物流业调整和振兴规划》提出：积极推进企业物流管理信息化，促进信息技术的广泛应用；积极开发和利用全球导航卫星系统（Global Navigation Satellite System，GNSS）、地理信息系统（Geographic Information System，GIS）、道路交通信息通信系统（Vehicle Information and Communication System，VICS）、不停车自动交费系统（Electronic Toll Collection，ETC）、智能交通系统（Intelligent Transportation System，ITS）等运输领域新技术研究。在物流行业内部，现代物流系统已具备信息化、网络化、集成化、智能化、柔性化、敏捷化、可视化、自动化等高技术特征；很多物流系统采用了红外、无线、激光、编码、自动识别、定位、无接触供电、光纤、传感器、射频识别技术（RFID）、卫星定位等高新技术，这种集光、电、机、信息等技术于一体的新技术在物流系统的集成应用就是物联网技术在物流领域的应用。

基于上述背景，结合物流行业信息化发展现状，2009 年 12 月，中国物流技术协会信息中心、华夏物联网和《物流技术与应用》编辑部最先提出了"智慧物流"的概念。智慧物流概念的提出顺应历史潮流，也符合现代物流发展的趋势，对整个物流行业乃至整个国民经济的发展具有至关重要的意义。

二十大报告中强调，深入推动数字经济和物流运输的高效融合，为更好地实现物流数字化发展明确了方向。

> 思考：1. 我国智慧物流的提出时间是2009年吗？　　　　　　　　　　（　　）
> 　　　2. 国家政策是不是智慧物流发展的驱动因素？　　　　　　　　（　　）

第二节　智慧物流的定义与特征

（一）智慧

智慧物流的本质是智慧，物流是客体。"智慧"的含义处在不断的变化和扩展之中，具有很强的动态性，乃至今天也没有形成一个能够被广泛接受和认同的定义。狭义的智慧是指生命体所具有的、基于生理和心理器官的一种高级创造思维能力，包含对自然与人文的感知、记忆、理解、分析、判断等各种能力。智慧是由智力系统、知识系统方法与技能系统、非智力系统、观念与思想系统、审美与评价系统等多个子系统构成的复杂体系孕育出的一种能力。

随着现代科技的不断发展，没有生命的物理世界开始了生命的觉醒，人类逐渐迈入智慧时代。最初是将传感器嵌入某些物体中互相连接成为"物联网"，再进一步连接与整合物联网和互联网实现"智慧"。现在的"智慧"已经发展到类似于人类智慧的智慧执行系统、智慧传导系统和智慧思维系统，已经延伸至物理世界。智慧执行系统是与我们人类直接接触的系统，如智能机器人、无人机自动驾驶汽车等。智慧传导系统的核心是互联网、移动互联网、物联网的技术与应用。智慧思维系统是智慧系统的大脑，是主宰智慧系统的控制核心，是让物理世界产生智慧、生命觉醒的关键。智慧思维系统的信息资源是大数据，思考的引擎是人工智能，进行实时分析和科学决策的是软件。

（二）智慧物流

"智慧物流"的概念自提出以来，受到了专家和学者的高度关注，智慧物流也入选了2010年物流十大关键词，但目前企业界与学术界对智慧物流的概念并未达成共识。国内较早关于"智慧物流"的说法是由王继祥教授于2009年在《物联网技术及其在现代物流行业应用》研究报告中提出的。他认为，智慧物流是利用集成智能化技术，使物流系统能模仿人的智能，具有思维、感知、学习、推理判断和自行解决物流中的某些问题的能力，它包含了智能运输、智能仓储、智能配送、智能包装、智能装卸及智能信息的获取、加工和处理等多项基本活动。2010年，北京邮电大学李书芳教授指出，智慧物流是在物联网的广泛应用基础上，利用先进的信息采集、信息处理、信息流通和信息管理技术，完成包括运输、仓储、配送、包装、装卸等多项基本活动的货物从供应者向需求者移动的整个过程。2011

年，国家发展改革委综合运输研究所所长汪鸣认为，智慧物流是指在物流业领域广泛应用信息化技术、物联网技术和智能技术，在匹配的管理和服务技术的支撑下，使物流业具有整体智能特征、服务对象之间具有紧密智能联系的发展状态。2013年，IBM中国区副总裁王阳从资源和成本视角指出，智慧物流是把所有物流企业的物流信息汇总到一个平台上，进行集中分析，对运输设备进行科学排序，合理调度使用，从而减少空载率，降低物流成本，提高物流效益的管理活动。北京交通大学王喜富教授认为，智慧物流是以"互联网+"为核心，以物联网、云计算、大数据及"三网融合"（传感网、物联网与互联网）等为技术支撑，实现物流全过程可自动感知识别、可跟踪溯源、可实时应对、可智能优化决策的物流业务形态。《中国智慧物流2025应用展望》中将智慧物流定义为：通过大数据、云计算、智能硬件等智慧化技术与手段，提高物流系统思维、感知、学习、分析决策和智能执行的能力，提升整个物流系统的智能化、自动化水平，从而推动中国物流的发展，降低社会物流成本，提高效率。综合而言，智慧物流就是能迅速、灵活、正确地理解物流问题，运用科学的思路、方法和先进技术解决物流问题，创造更好的社会效益和经济效益的物流模式。

文本：案例

（三）智慧物流的特征

1. 柔性化

柔性化本来是为实现"以顾客为中心"的理念而在生产领域提出的，即真正地根据消费者需求的变化来灵活调节生产工艺。物流的发展也是如此，必须按照客户的需要提供高度可靠的、特殊的、额外的服务，如果没有智慧物流系统，柔性化的目的是不可能达到的。

2. 社会化

随着物流设施的国际化、物流技术的全球化和物流服务的全面化，物流活动并不仅仅局限于一个企业、一个地区或一个国家。为实现货物国际性的流动和交换，以促进区域经济的发展和世界资源优化配置，社会化的智慧物流体系正在逐渐形成。

3. 一体化

智慧物流活动既包括企业内部生产过程中的全部物流活动，也包括企业与企业、企业与个人之间的全部物流活动。智慧物流的一体化是指智慧物流活动的整体化和系统化，是将物流过程中运输、存储、包装、装卸等环节集合成一体化系统。

4. 智能化

智能化是物流发展的必然趋势，它贯穿于物流活动的全过程。智慧物流不仅仅限于处理库存水平的确定、运输道路的选择、自动跟踪的控制、自动分拣的运行、物流配送中心的管理等问题，随着时代的发展，它将不断地被赋予新的内容。

第三节　智慧物流的功能与作用

一、智慧物流的功能与作用

(一) 智慧物流的基本功能

1. 感知功能

感知功能是指运用各种先进技术获取运输、仓储、包装、装卸搬运、流通加工、配送、信息服务等各个环节的大量信息，实现实时数据收集，使各方能准确掌握货物、车辆和仓库等信息。

2. 规整功能

规整功能是指信息通过网络传输到数据中心，进行数据归档，建立强大的数据库，并对各类数据按要求进行规整。实现数据的联系性、开放性及动态性，并通过对数据和流程的标准化，推进跨网络的系统整合，实现规整智慧。

3. 智能分析功能

智能分析功能是指运用智能模拟器模型等手段分析物流问题。根据提出的问题，在实践过程中不断加以验证，发现新问题，做到理论实践相结合。在运行中，系统会自动调用原有的经验数据，随时发现物流作业活动中的漏洞或者薄弱环节，从而找到问题所在。

4. 优化决策功能

优化决策功能是指结合特定需求，根据不同的情况评估成本、时间、质量、服务等指标，评估基于概率的风险，进行预测分析，然后做出决策，提出最合理有效的解决方案，使做出的决策更加的准确、科学、合理。

5. 系统支持功能

系统支持功能是指智慧物流并不是各个环节各自独立，毫不相关的物流系统，而是每个环节都能相互联系、互通共享数据、优化资源配置的系统，能够为物流各个环节提供最强大的系统支持，使各环节协作、协调、协同。

6. 自动修正功能

自动修正功能是指在前面各个功能的基础上，按照最有效的解决方案，自动遵循最快捷有效的路线运行，并在发现问题时及时自动修正。

7. 及时反馈功能

物流系统是一个即时更新的系统。数据反馈是系统修正和完善必不可少的环节。反馈贯穿于整个智慧物流环节，为物流作业者提供强大的物流运行数据监控与安全保障。

二、智慧物流的主要作用

(一) 降低物流成本，提高企业效益

智慧物流能大大降低制造业、物流业等各行业的成本，显著提升企业的利润。智慧物

流关键技术的应用能够有效实现物流的智能调度管理、整合物流核心业务流程，加强物流管理的合理化，降低物流消耗，从而降低物流成本，减少流通费用，增加收益。

> 思考：智慧物流相比于传统物流业，在哪些环节降低了物流成本？

（二）信息技术支撑物流产业的迅速发展

物流业的信息技术支撑智慧物流的建设，智慧物流的建设将加速当地物流产业的发展，集仓储、运输、配送、信息服务等多功能于一体，打破行业限制，协调部门利益。实现集约化高效经营，优化社会物流资源配置。同时，将物流企业整合在一起，将过去分散于多处的物流资源进行集中处理，可以发挥整体优势和规模优势，实现传统物流企业的现代化、专业化和互补性。此外，物流企业还可以共享基础设施、配套服务和信息。降低运营成本和费用支出，获得规模效益。

（三）为物流系统的智能融合打下基础

随着 RFID 技术与传感器网络的普及，智慧物流给企业的物流系统、生产系统、采购系统与销售系统的智能融合打下基础，而网络的融合必将促使智慧生产与智慧供应链的融合，企业物流完全智慧地融入企业经营之中，打破工序流程界限，打造智慧企业。

（四）使消费者节约成本，轻松快捷地购物

智慧物流通过提供货物溯源和跟踪等多种服务，尤其是对食品类货物的源头查询，让消费者买得放心、吃得放心，从而增强消费者的购买信心，促进消费。

文本：案例

（五）提高政府部门工作效率

智慧物流可全方位、全程监管商品的生产、运输、销售，提高了政府部门的相关工作效率。同时，使监管更彻底、更透明。通过计算机和网络的应用，政府部门的工作效率将大大提高。

第四节　智慧物流的发展状况

当前，智慧物流通过连接升级、数据升级、模式升级、体验升级、智能升级和绿色升级全面助推供应链升级，这将深刻影响社会生产和流通方式，促进产业结构调整和动能转换，推进供给侧结构性改革，为物流业发展带来新机遇。

（一）智慧物流的发展动机

中国经济步入以优化经济结构和产业创新为核心驱动力来保持经济可持续发展的阶段，突出表现在以提质增效为特征的"新常态"。在经济新常态中，政府从政策层面大力推动智慧

物流，消费升级、市场变革倒逼智慧物流创新发展，工业4.0、中国智造、"互联网+"等为传统生产与物流产业播撒了"智慧"的种子，新技术的发展为智慧物流创造了条件。

1. 国家政策

在工业4.0时代，智能工厂需要对生产要素进行灵活配置和调整，并能够实现多批次的定制化生产。智慧物流在智能制造工艺中有承上启下的作用，是连接供应、制造和客户的重要环节。同时，随着企业用工成本不断攀升，中国经济"高成本时代"来临，给企业带来了前所未有的巨大压力。国家高度重视智慧物流发展。2016年4月，国务院办公厅发布《关于深入实施"互联网+流通"行动计划的意见》，鼓励发展共享经济，利用互联网平台统筹优化社会闲散资源。2016年7月，国务院常务会议决定把"互联网+"高效物流纳入"互联网+"行动计划。随后，国家发展改革委会同有关部门研究制定了《"互联网+"高效物流实施意见》，推进"互联网+"高效物流与大众创业、万众创新紧密结合。

2. 商业模式更新

传统的分工体系被打破，原来专业化的分工协作方式逐步被实时化、社会化、个性化取代。众包、众筹、分享成为新的社会分工协作方式，使得物流信息资源、仓储设施资源、终端配送资源、物流人力资源等的共享成为现实。同时，技术进步也在改变着物流模式，例如3D打印技术的推广应用将会催生出更多的B2C物流需求。为应对这些变化，物流行业高度重视并大力发展智慧物流。例如，根据市场调研，运输和物流公司将数据分析在未来的重要性看得比其他任何行业都高。未来5年，整个运输和物流行业拟将年收入的5%投入数字化运营方案中。

（二）智慧物流的现状

1. 物流逐步实现物联化

近年来，随着移动互联网的快速发展，大量物流设施通过传感器接入互联网。目前，我国已经有大量重载货车安装北斗定位装置，还有大量托盘、集装箱、仓库和货物接入互联网。物流连接呈快速增长趋势，以信息互联、设施互联带动物流互联，"物流在线化"奠定了智慧物流的前提条件。

2. 物流大数据的应用

物流系统产生大量的业务数据，使得物流大数据从理念变为现实，大幅提高了物流的生产效率。如菜鸟网络推出智能路由分单，实现包裹与网点的精准匹配，准确率在98%以上，分拣效率提高了50%以上，大大缓解了仓库爆仓的压力。通过对物流大数据进行分析处理，挖掘出对企业运营管理有价值的信息，从而科学合理地进行物流管理决策。

3. 物流云服务的应用

依托大数据和云计算能力，通过物流系统来高效地整合、管理和调度资源，是物流企业的核心需求。近年来，京东、菜鸟和百度等纷纷推出物流云服务应用，为物流大数据提供了重要保障，成为智慧物流的重要基础。

4. 协同共享助推物流创新

智慧物流的核心是"协同共享"，协同共享理念打破了传统企业边界，深化了企业分工协作，实现了存量资源的社会化转变和闲置资源的最大化利用。如菜鸟驿站整合高校、社区、便利店和物业等社会资源，有效地解决了末端配送的效率和成本问题。近年来，"互联网+物流"服务成为贯彻协同共享理念的典型代表。利用互联网技术和互联网思维，推动互联网与物流业深度融合。其典型场景包括互联网+高效运输、互联网+智能仓储、互联网+便捷配送及互联网+智能终端等。

5. 人工智能正在起步

物流技术服务是应用物流信息化、自动化和智能化技术实现物流作业高效率、低成本的物流企业较为迫切的现实需求。其中，人工智能通过赋能物流各个作业环节，实现智能配置物流资源、智能优化物流环节及智能提升物流效率。无人技术在驾驶、仓储、配送等人工智能的前沿领域，顺丰、菜鸟、京东和苏宁等一批领先企业已经开始开展试验应用。行业内"三大巨头"顺丰速运、菜鸟网络、京东物流都推出了物流大数据的相关产品。顺丰数据灯塔，充分运用大数据计算与分析技术，为客户提供物流仓储、市场开发、精准营销、电商运营管理等方面的决策支持；菜鸟网络的物流数据平台，通过对信息的深度挖掘，实现物流过程的数字化和可视化，并且能够进行运输预测和运输预警；京东物流云以仓储管理为重点，同时提供车辆众包和物流大数据等服务。

> 💡 **思考**：中国智能物流市场规模呈高速增长状态，随着互联网、区块链等先进技术的发展，我国智慧物流市场规模不断增长。数据显示，2020年中国智慧物流市场规模近6 000亿元，2021年中国智慧物流市场规模达6 477亿元，同比增长10.9%。2022年中国智慧物流市场规模已达6 995亿元。
>
> 请思考：我国智慧物流市场发展迅速的原因有哪些？

(三) 智慧物流的需求

随着物流业的发展，物流企业对智慧物流的需求越来越强烈，主要包括物流数据、物流云和物流技术的服务需求。预计到2025年，智慧物流市场需求规模将超过万亿元。物流数据是"智慧"形成的基础。物流云是"智慧"运转的载体，物流技术是"智慧"执行的途径，三个部分是有机结合的整体。2018年"双十一"，京东物流对外公布了其从容应对海量订单背后的秘密武器，通过无人仓、无人车、无人机、打包机器人、智能运筹系统等不同科技的组合投用，用高效运转的智能物流机器人和高度默契的人机配合，为消费者畅享"双十一"全球好物提供强力支撑。

(四) 智慧物流的发展趋势

1. 连网升级

未来，大数据、物联网和云计算等新一代信息技术将进一步在物流行业普及，物流人员、装备设施以及货物将全面接入互联网，呈现指数级增长趋势，形成全覆盖、广连接的物流互联网，"万物互联"助推智慧物流发展。

2. 数据终端升级

随着信息系统建设、数据对接协同和手持终端普及，物流数据将全面做到可采集、可录入、可传输及可分析。未来几年，物流信息化程度将继续提升，打破行业信息不对称和信息孤岛现象。

3. 运作模式升级

未来，众筹、众包及共享等新的分工协作方式将得到广泛应用，打破传统的分工体系，重构企业业务流程和经营模式，"创新驱动"成为智慧物流动力。

4. 服务升级

未来分布式的物流互联网将更加接近消费者，全面替代集中化运作方式，依托开放共享的物流服务网络，满足每个客户个性化的服务需求，"体验经济"创造智慧物流价值。

5. 智能化程度升级

随着科技的进步，机器人在很多方面将替代手工操作，未来几年，物流机器人使用率将达到每万人5台左右，科技赋能将改变智慧物流格局。

6. 绿色升级

智慧物流充分利用闲置资源，提倡节能减排，提高设备效能，以符合全球绿色和可持续发展的要求。未来几年，绿色包装、绿色仓储、绿色运输将得到普及应用，"绿色低碳"将全面提升。

7. 供应链升级

物流信息化将助推供应链的升级。智慧物流将带动用户深入产业链上下游。以用户需求倒逼产业链各环节强化联动和深化融合，助推"协同共享"的物流生态体系加快形成。

第五节 智慧物流系统

智慧物流系统是基于物联网技术、大数据技术和云计算技术，在系统中实现信息收集、信息传输和智能决策的智慧化的物流系统。根据智慧物流系统的动态要素构成，智慧物流系统可分解成智慧物流信息子系统、智慧运输子系统、智慧仓储子系统、智慧配送子系统、智慧流通加工子系统、智慧包装子系统和智慧装卸搬运子系统七大系统，如图13-2所示。七大系统间相互交融、相互协调、相互配合，实现采购、入库、出库、调拨、装配、运输等环节的精确管理，完成各作业环节间的完美衔接，为管理者提供实时监控和智能决策。

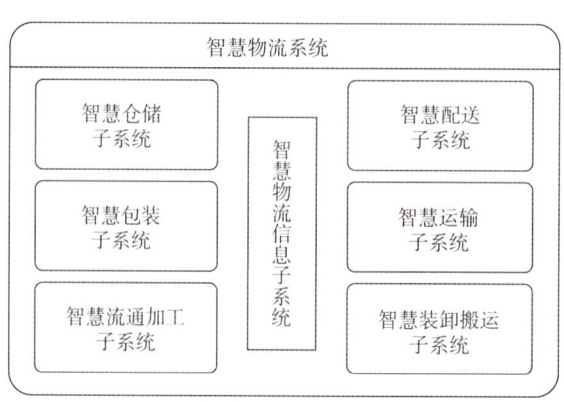

图13-2 智慧物流系统结构

智慧物流技术是智慧物流发展的基础，为智慧物流发展注入了强大动力，包括三个基本要点：一是如何部署更加广泛、及时、准确的信息采集技术；二是如何把这些信息实现互联互通，既满足专用的要求，也方便地实现开放和共享；三是如何管理、加工、应用这些信息，解决各类现实问题。

智慧物流是基于物联网技术的，其架构一般分为感知层、网络层和应用层。感知层负责信息的采集和初步处理；网络层负责信息的可靠传输；应用层负责数据的统计分析与应用。从智慧物流领域应用的角度来看，智慧物流的技术架构遵循物联网的三层技术架构，如图13-3所示。

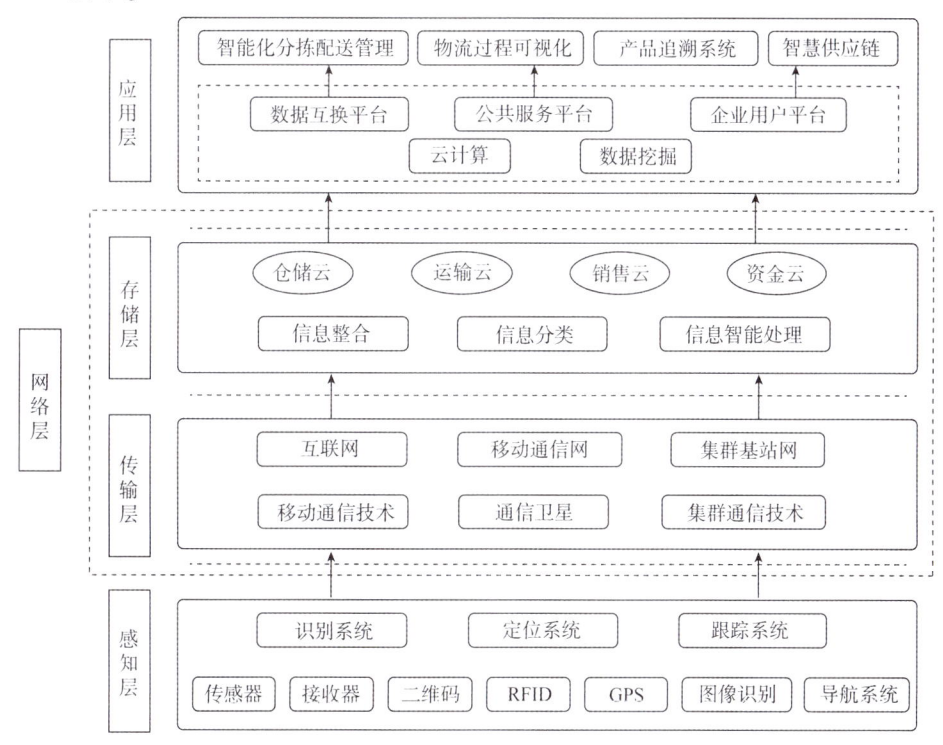

图 13-3　智慧物流的技术架构

1. 智慧物流感知层

感知层是智慧物流系统实现对货物、运行环境、物流设施设备感知的基础，是智慧物流的起点。具体而言，包括识别系统、定位系统和跟踪系统。智慧物流环境下，借助条码、RFID、区块链等技术可以快速获取物流过程的实时视频、实时数据交换，及时有效地采集货物信息，并通过与物流视频监控、报警设备有机结合，实时掌握物流环节的运行状况，分析物流过程状况，及时发现问题、解决问题，从而实现对物流过程的全程监管。

2. 智慧物流网络层

智慧物流网络层是智慧物流的神经网络，连接着感知层和应用层，其功能是为物流感知信息提供传输通道。智慧物流网络层包含传输层和存储层，分别实现传输功能和存储功能。传输层由公网与专网组成，典型传输网络包括电信网(固网、移动通信网)、广电网、互联网、专用网(数字集群)。存储层主要是存储信息，包括仓储云、运输云、销售云、资金云等。

3. 智慧物流应用层

应用层是智慧物流的应用系统，借助物联网感知和网络技术，感知到前端的物流运行状态，在应用层执行物流操作或产生决策指令。应用层利用云计算和数据挖掘技术，通过数据互换平台、公共服务平台、企业用户平台，提供智能化分拣配送管理、物理企业可视化、产品追溯系统、智能供应链等应用，以利于物流系统顺畅运行。

> **课堂思考**
>
> **判断题**
> 1. 智慧物流系统的目标是横向整合与纵向整合。　　　　　　　　　　　（　　）
> 2. 物流信息平台等同于物流信息系统。　　　　　　　　　　　　　　　（　　）
> 3. 智慧型供应链的核心是使供应链中的成员在信息流、物流和资金流等方面实现信息共享。　　　　　　　　　　　　　　　　　　　　　　　　　　　　（　　）

第六节　智慧物流的传感技术

智慧物流领域常用的感知技术主要包括条码技术、RFID 技术、传感技术、卫星定位技术、视频识别与监控技术等。

一、物流主要编码技术

条形码（条码）分为一维和二维，如图 13-4 所示。它是一组黑白相间、粗细不同的条状图像，隐含着数字信息、字母信息、标志信息、符号信息等，并能够用特定的设备读出，转换成计算机能够识别的二进制或十进制信息。

不含有信息 ↕　　　　　　　　　　　包含信息 ↕

包含信息　　　　　　　　　　　　　包含信息
（a）　　　　　　　　　　　　　　（b）

图 13-4　条码
(a) 一维条码；(b) 二维条码

文本：中国"二维码之父"的意锐创始人王越

条码可分为一维条码和二维条码（现实生活中常被称为"二维码"），一维条码仅在横向上包含信息，而二维条码除了横向上左右条（条宽）的精细及黑白条线有意义外，上下的

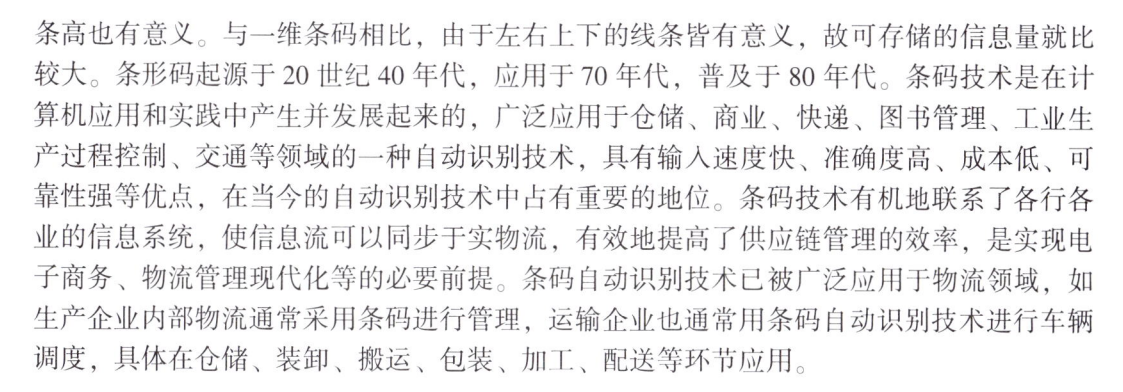

条高也有意义。与一维条码相比，由于左右上下的线条皆有意义，故可存储的信息量就比较大。条形码起源于20世纪40年代，应用于70年代，普及于80年代。条码技术是在计算机应用和实践中产生并发展起来的，广泛应用于仓储、商业、快递、图书管理、工业生产过程控制、交通等领域的一种自动识别技术，具有输入速度快、准确度高、成本低、可靠性强等优点，在当今的自动识别技术中占有重要的地位。条码技术有机地联系了各行各业的信息系统，使信息流可以同步于实物流，有效地提高了供应链管理的效率，是实现电子商务、物流管理现代化等的必要前提。条码自动识别技术已被广泛应用于物流领域，如生产企业内部物流通常采用条码进行管理，运输企业也通常用条码自动识别技术进行车辆调度，具体在仓储、装卸、搬运、包装、加工、配送等环节应用。

二、EPC 及 RFID

EPC 即电子产品码，是国际条码组织推出的新一代产品编码体系。目前，我们使用的产品条码仅是对产品分类的编码，不能对物品进行唯一标识，而 EPC 码可对每个单品都赋予全球唯一编码。EPC 编码采用 96 位（二进制）方式的编码体系，96 位的 EPC 码，可以为地球上的每一粒大米赋予唯一的编码。

RFID 技术是利用射频信号及空间耦合和传输特性进行的非接触双向通信，实现对静止或移动物体的自动识别，并进行数据交换的一项自动识别技术。20 世纪 90 年代 RFID 技术开始应用于物品跟踪溯源等民用领域。RFID 具有识读距离远、识读速度快、不受环境限制、可读写性好、可同时识读多个物品等优点，随着 RFID 技术的不断进步和成本的不断降低，RFID 技术开始进入物流、供应链管理领域。目前 RFID 在汽车/火车等交通监控、高速公路自动收费系统、仓储管理、安全检查、车辆防盗等方面得到广泛应用。

RFID 系统的数据存储在射频标签中，其能量供应以及读写器之间的数据交换不是通过电流而是通过磁场或电磁场进行的。RFID 系统通常由电子标签和阅读器等组成。电子标签内存有一定格式的标识物体信息的数据，能够轻易嵌入或粘贴于物体表面，由此物流系统可对所附着的物体进行追踪定位。RFID 可读取距离远，存取数据速度快；标签的数据存取有密码保护，安全性更高。RFID 有很多频段，集中在 13.56 MHz 频段和 900 MHz 频段的无源 RFID 标签的应用最为常见。RFID 在短距离应用方面通常采用 13.56 MHz 频段，而 900 MHz 频段多用于远距离识别，如车辆管理、产品防伪等领域。

RFID 读写器与电子标签可按通信协议进行通信，即读写器向电子标签发送命令，电子标签根据命令将内在的标识性数据回传给射频读写器，最后 RFID 读写器通过网络向物流系统发送电子标签数据供平台处理，其通信过程如图 13-5 所示。

EPC 产品电子码及 EPC 系统的出现，使 RFID 技术向跨区域、跨国界物品识别与跟踪领域的应用迈出了划时代的一步。EPC 与 RFID 之间既有共同点，也有不同之处。从技术上来讲，EPC 系统包括物品编码技术、RFID 技术、无线通信技术、互联网技术等多种技术，而 RFID 技术只是 EPC 系统的一部分，主要用于 EPC 系统数据存储与数据读写，是实现系统中其他技术的必要条件。对 RFID 技术来说，EPC 系统应用只是 RFID 技术的应用领域之一，EPC 的应用特点决定了射频标签的价格必须降低到市场可以接受的程度，而且某些标签必须具备一些特殊的功能（如保密功能等）。所以，并不是所有的 RFID 射频标签都适合做 EPC 射频标签，只有符合特定频段的低成本 RFID 射频标签才能应用到 EPC 系统。

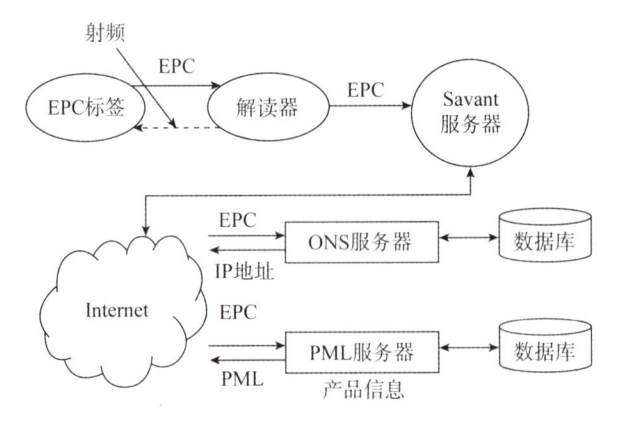

图 13-5 RFID 读写器与电子标签通信过程

RFID 技术与互联网、通信等技术相结合，可实现全球范围内物品跟踪与信息共享。任何商品在生产后，都存在着商品的自身信息，这些信息可以以条码和 RFID 电子标签的方式存储。在物资的流通过程中，可以通过扫描枪或 RFID 读卡器等方式读取这些信息，还可以跟踪物资的位置，让万物可以联网，让现代物流真正成为智慧物流。

> **课堂讨论**：我国已经将 RFID 技术应用于铁路车号识别、身份证和票证管理、动物标识、特种设备与危险品管理、公共交通以及生产过程管理等多个领域。请同学们一起讨论思考下，现实生活中哪些方面还用到了 RFID 技术？

三、传感器技术与无线传感网

（一）传感器技术

传感器是人类五官的延伸，被称为"电五官"，是获取信息的前终端设备。在工业领域和国防领域，高度自动化装置、控制系统、工厂和设备都离不开传感器。从工业自动化中的柔性制造系统、计算机集成制造系统、几十万千瓦的大型发电机组、连续生产的轧钢生产线、无人驾驶汽车、多功能武器指挥系统，到宇宙飞船或星际、海洋探测器等，无不装置着数以千计的传感器。传感器不定时地采集环境参数传输给平台进行信息处理，以达到监控运行的目的。

根据输入量类型，传感器分为物理传感器和化学传感器。按传感器用途分类，可分为压敏传感器、位置传感器、液面传感器、能耗传感器、速度传感器、热敏传感器、加速度传感器、射线辐射传感器、振动传感器、湿敏传感器、磁敏传感器、气敏传感器、真空度传感器、生物传感器和视频传感器等。现在使用的传感器一般是无线传感器，如图 13-6 所示。

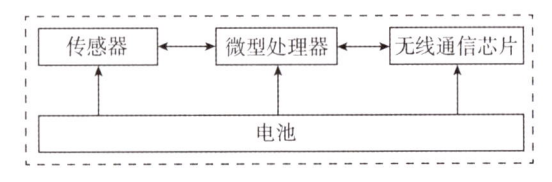

图 13-6 无线传感器构成

无线传感器和传统传感器不同，无线传感器节点不仅包括了传感器部件，还集成了微型处理器和无线通信芯片等，能够对感知的信息进行分析处理和网络传输。

传感器技术是智慧物流发展的基础技术之一，是实现智能化管理的关键。如今，传感器技术已经在物流的各个环节实现广泛应用。就仓储作业来说，自动化仓储系统应用不断增加，而其依靠的核心技术之一便是传感器技术。除此之外，传感器技术在输送分拣环节的应用更是不可或缺。例如，采用光电传感技术或者光幕传感技术对输送线上的物品扫描进行信息读取、检测及复核已得到广泛应用。

(二) 无线传感网

无线传感网是基于无线通信和计算机系统等的综合技术。无线传感网由大量分布的无线传感器节点组成。节点装有嵌入式传感器，彼此间互相协作，通过一定的通信协议和算法连接起来。无线传感网由数据采集处理单元和通信单元构成。无线传感网的结构包括感知层、传输层、网络层、数据链路层、应用层、物理层。感知层用于采集环境数据；传输层维护数据流；网络层关注数据路由；数据链路层的 MAC 协议用于了解能量消耗，并减小与邻点广播的冲突；应用层是根据任务构建的应用软件；物理层包括简单可靠的调制、发射、接收技术。

物流领域是无线传感网技术发展最快的应用领域。在智慧物流系统中，无线传感网技术已经在仓储管理、仓库安防、库存管理和运输监控等领域得到广泛应用。例如，快递中心的分拣管理，集装箱和集卡车的智能化管理，立体仓库中的货物定位等。

四、跟踪定位技术

跟踪定位技术是对物品位置进行准确定位并实现对其位置状况进行跟踪的技术。随着科技的进步，现代物流对定位服务的要求越来越高。GPS 是常用的定位技术，其主要在户外环境的定位中得到广泛应用。但是在室内，由于混凝土等障碍物对电磁波的阻挡，其定位完全失效。随着无线通信技术的发展，新兴的无线定位技术逐渐填补了这一空白。

五、卫星定位技术

卫星定位技术的典型代表是美国的 GPS(Global Positioning System)。GPS 是 20 世纪 70 年代由美国陆海空三军联合研制的新一代空间卫星导航定位系统，主要目的是为陆海空三大领域提供实时、全天候和全球性的导航服务，并用于情报收集、核爆监测和应急通信等一些军事目的。GPS 由三大子系统构成：空间卫星系统、地面监控系统、用户接收系统。

(一) 空间卫星系统

空间卫星系统由均匀分布在 6 个轨道平面上的 24 颗高轨道工作卫星构成，各轨道平面相对于赤道平面的倾角为 55 度，轨道平面间距 60 度。在每一轨道平面内，各卫星升交角距差 90 度，任一轨道上的卫星比西边相邻轨道上的相应卫星超前 30 度。在现实情况中，空间卫星系统的卫星数量要超过 24 颗，以便及时更换老化或损坏的卫星，保障系统正常工作。该卫星系统能够保证在地球的任一地点向使用者提供 4 颗以上可视卫星。

(二) 地面监控系统

地面监控系统均匀分布在美国本土和三大洋的美军基地上，由五个监测站、一个主控站和三个注入站构成，该系统的主要的功能是：对空间卫星系统进行监测、控制，并向每颗卫星注入更新的导航电文。其中：监测站主要负责用 GPS 接收系统测量每颗卫星的伪距和距离差，采集气象数据，并将观测数据传送给主控点；主控站主要接收各监测站的 GPS 卫星观测数据、卫星工作状态数据、各监测站和注入站自身的工作状态数据，根据这些数据，及时编算每颗卫星的导航电文并传送给注入站，控制和协调监测站间、注入站间的工作，检验注入卫星的导航电文是否正确以及卫星是否将导航电文发给 GPS 用户系统，诊断卫星工作状态，改变偏离轨道的卫星位置及姿态，调整备用卫星取代失效卫星；注入站主要负责接收主控站送达的各卫星导航电文并将之注入飞越其上空的每颗卫星。

(三)用户接收系统

用户接收系统主要由以无线电传感和计算机技术支撑的 GPS 卫星接收机和 GPS 数据处理软件构成。GPS 卫星接收机的基本结构是天线单元和接收单元，天线单元的主要作用是：当 GPS 卫星从地平线上升起时，能捕捉、跟踪卫星，接收、放大 GPS 信号。接收单元的主要作用是：记录 GPS 信号并对信号进行解调和滤波处理，还原出 GPS 卫星发送的导航电文，解决信号在站星间的传播时间和载波相位差，实时获得导航定位数据或采用测后处理的方式，获得定位、测速、定时等数据。GPS 数据处理软件是 GPS 用户系统的重要部分，其主要功能是对 GPS 接收机获取的卫星测量记录数据进行"粗加工""预处理"，并对处理结果进行平差计算、坐标转换及分析综合处理。解得测站的三维坐标，测体的坐标、运动速度、方向及精确时刻。

拓展阅读

基于 AeroMACS 及北斗的机场场面运行项目

项目介绍：通过北斗高精度定位终端获取车辆当前位置、速度信息，并通过 AeroMACS 网络在塔台监控终端中实时显示机场场面航空器和车辆运行态势，两辆场面引导车端能够通过北斗高精度定位监控自身车辆位置，以及在终端区范围内监控目标引导航空器动态位置，形成自身与目标航空器间动态连线，可加强场面运行安全、提升运行效率。

项目特点及价值：项目最大的特点在于将 AeroMACS 与北斗两项技术进行了有机结合，实现机场范围内的高精度定位监视和实时数据无线传输，探索解决困扰我国民航机场，尤其是不具备完整场面监视与引导能力的中小机场的实际问题，为成本高昂的机场场面监视系统和自动灯光引导系统提供了可能的替代手段，并为机场低能见度运行提供了行之有效的解决方案。

项目应用：2018 年 5 月，该项目在张家界荷花机场启动，中南管理局、湖南监管局、中南空管局、湖南机场集团、张家界机场、民航数据通信公司、北航七一二联合实验室等相关单位仅用了 8 个月的时间，完成项目方案筹划以及张家界机场全部系统研发、实施和调试工作。

第七节 智慧物流的网络技术

如果说感知识别技术是人体五官,那么通信与网络技术就是人体的神经,将这些信息及时地反馈和传递,为做出正确的决策提供快速的通信路径。智慧物流通信与网络技术根据应用场景不同,主要是有近距离通信,其技术主要包括 Zig Bee 通信技术、超宽带通信 UWB、移动互联网、无线局域网、全 IP 方式(IPv6)、车联网等。

一、ZigBee 通信技术

ZigBee,也称紫蜂,是一种低速短距离传输的无线网络协议,其底层是采用 IEEE 802.15.4 标准规范的媒体访问层与物理层。ZigBee 的主要特点有低速、低耗电、低成本、支持大量网上节点、支持多种网上拓扑、低复杂度、快速、可靠、安全等。ZigBee 的工作频段有 3 个,分别是 868 MHz、915 MHz 和 24 GHz,其中:868 MHz 频段主要用于欧洲,有 1 个信道,传输速率为 20 Kbit/s;915 MHz(902~928 MHz)频段用于美国,有 10 个信道,每信道传输速率为 40 Kbit/s;2.4 GHz 有 40 个信道,每个信道传输速率可达 250 Kbit/s。

ZigBee 网络的拓扑结构主要有三种类型:星形结构、树形结构和网状结构。

(一)星形拓扑

星形拓扑是最简单的一种拓扑形式,包含一个 Co-ordinator(协调者)节点和一系列的 End Device(终端)节点,每一个 End Device 节点只能和 Co-ordinator 节点进行通信。如果需要在两个 End Device 节点之间进行通信,必须通过 Co-ordinator 节点进行信息的转发。星形拓扑结构如图 13-7 所示。

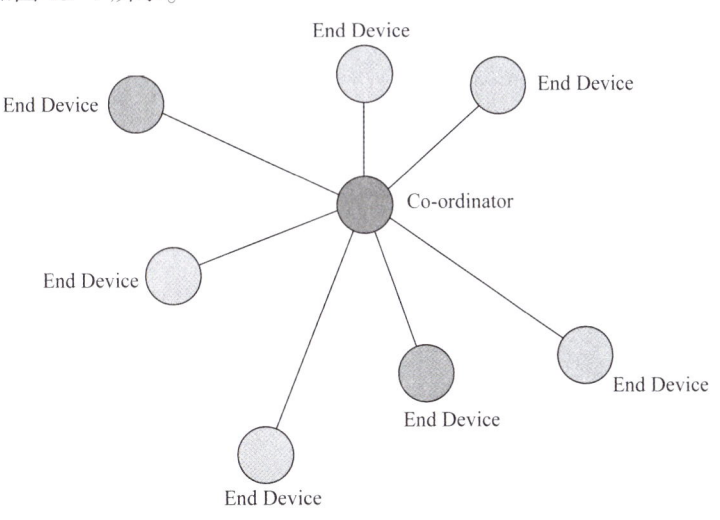

图 13-7 星形拓扑结构

(二)树形拓扑

树形拓扑包括一个 Co-ordinator(协调者)以及一系列的 Router(路由器)和 End Device

(终端)节点。Co-ordinator 连接了一系列的 Router 和 End Device，它的子节点 Router 也可以连接一系列的 Router 和 End Device，这样可以重复多个层级。树形拓扑结构如图 13-8 所示。

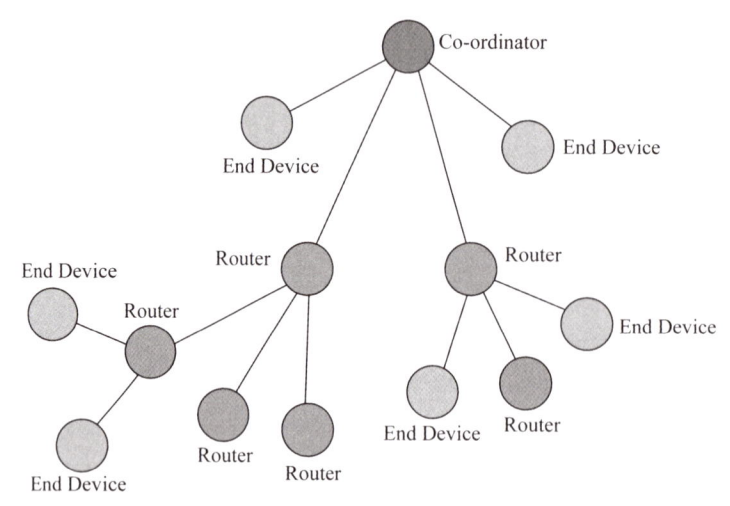

图 13-8　树形拓扑结构

（三）网状拓扑

网状拓扑包含一个 Co-ordinator 和一系列的 Router 和 End Device，这种网络拓扑形式和树形拓扑相同，但是，网状网络拓扑具有更加灵活的信息路由规则，在可能的情况下，路由节点之间可以直接通信，这种路由机制使得通信变得更有效率，而且意味着一旦一个路由路径出现了问题，信息可以自动地沿着其他的路由路径进行传输。网状拓扑结构如图 13-9 所示。

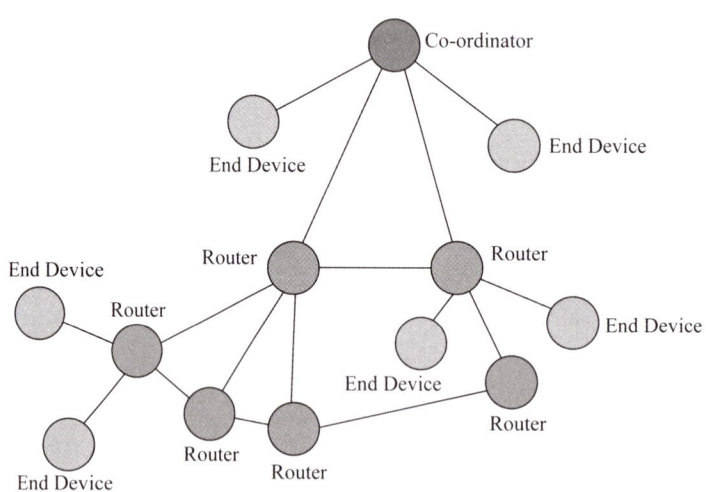

图 13-9　网状拓扑结构

从网络配置上看，ZigBee 网络中的节点可以分为三种类型：ZigBee 协作节点、ZigBee 路由节点和 ZigBee 终端节点。一个 ZigBee 网络中只有一个 ZigBee 协作节点，主要负责发起建立新的网络、设定网络参数、发送网络信标、管理网络中的节点以及存储网络中的节点信息等。ZigBee 路由节点可以参与路由发现、消息转发、允许其他节点通过它来扩展网络的覆盖范围等。ZigBee 终端节点只能通过 ZigBee 协调点或者 ZigBee 路由节点连接到网络，不允许其他任何节点通过它加入网络。

二、超宽带通信 UWB

UWB(Ultra Wide Band)，即超宽带技术，是一种使用 1 GHz 以上频率带宽的无线载波通信技术，它不采用传统通信体制中的正弦载波，而是利用纳秒级的非正弦波窄脉冲传输数据，因此其所占的频谱范围很大，尽管使用无线通信，但其数据传输速率可以达到几百兆比特每秒以上。传统的全球导航卫星系统(Global Navigation Satellite System，GNSS)，可以提供卫星定位服务，但由于卫星信号会被建筑物遮挡，因此不能实现室内定位。Wi-Fi 和蓝牙通常是通过接收信号强度的指标来确定位置，仅显示"弱"或"强"接收信号的粗略类别，定位精度最高能够达到米级。而 UWB 技术具有系统复杂度低，发射信号功率谱密度低，对信道衰落不敏感，截获能力低，定位精度高，穿透能力强等优点，尤其适用于室内等密集多径场所的高速无线接入。UWB 与蓝牙和 Wi-Fi 的参数对比如表 13-1 所示。

表 13-1　UWB 与蓝牙和 Wi-Fi 的参数对比

定位技术	UWB 超宽带	蓝牙低功耗	Wi-Fi
频率范围	3.1 GHz~10.6 GHz	2.4 GHz	2.4 GHz，5 GHz
传输速度	最高可达 500 MB/s	最高可达 2 MB/s	最高可达 1 GB/s
延迟	<1 ms	3~5 s	3~5 s
传输距离	最佳 0~50 m，高达 200 m	最佳 0~25 m，高达 100 m	最佳 0~50 m，高达 100 m
定位精度	<0.5 m	蓝牙 RSSI：5~10 m 蓝牙 AoA：0.5~1 m	<10 m
安全性	较高	高	高
穿透性	强	弱	强
抗干扰	强	弱	强
功耗	中	较低	高
成本	高	低	高

当前 UWB 技术主要有两大阵营，即 DS-UWB 和 MB-OFDM。DS-UWB 方案使用是脉冲无线电技术，提交这一方案的是一些掌握大量脉冲无线电专利的小公司。DS-UWB 是一种无载波技术，发送的是极窄的脉冲信号，由于没有载波，不需要调制解调，所以实现简单，平均功率低，成本也相对较低。MB-OFDM 方案则用多波段 OFDM 复用实现数据的传输，其频谱特性也符合对 UWB 的要求，提交这一方案的是一些大企业，如 IBM、微软、惠普、诺基亚、索尼等。两种方案各有千秋，DS-UWB 商用较早，但 MB-OFDM 有后来者居上之势，特别是 MB-OFDM 已经被 USB 联盟采纳，作为无线 USB 底层的传输手段，其前景更加光明。

三、移动互联网

移动互联网(Mobile Internet，MI)是一种通过智能移动终端，采用移动无线通信方式获取业务和服务的新兴业务,是互联网的技术、平台、商业模式和应用与移动通信技术结合并实践的活动的总称。移动互联网将移动通信和互联网二者融合为一体,包含终端、软件和应用三个层面。终端层包括智能手机、平板计算机、电子书等;软件层包括操作系统、中间件、数据库和安全软件等;应用层包括休闲娱乐类、工具媒体类、商务财经类等不同应用与服务。

  4G 的广泛应用和 5G 时代的开启以及移动终端设备的快速发展为移动互联网的发展注入巨大的能量。所谓 4G 通信技术就是指第四代移动通信信息系统,是基于 3G 通信技术不断优化升级、创新发展而来,融合了 3G 通信技术的优势,并衍生出了一系列自身固有的特征,以 WLAN 技术为发展重点。4G 通信技术的创新使其与 3G 通信技术相比具有更大的竞争优势。首先,4G 通信在图片、视频传输上能够实现原图、原视频高清传输,其传输质量与计算机画质不相上下;其次,利用 4G 通信技术,在软件、文件、图片、视频下载上其速度最高可达到最高每秒几十 MB,这是 3G 通信技术无法实现的,同时这也是 4G 通信技术的一个显著优势。这种快捷的下载模式能够为我们带来更佳的通信体验,也便于我们日常学习中资料的下载;同时,在网络高速便捷的发展背景下,用户对流量成本也提出了更高的要求,从当前 4G 网络通信收费来看,价格比较合理,同时各大运营商针对不同的群体也推出了对应的流量优惠政策,能够满足不同消费群体的需求。

  5G 的发展也来自对移动数据日益增长的需求。随着移动互联网的发展,越来越多的设备接入移动网络中,新的服务和应用层出不穷,移动数据流量的暴涨给移动网络带来严峻的挑战。首先,如果按照当前移动通信网络的发展,现有容量难以支持千倍流量的增长,网络能耗和比特成本难以承受。其次,流量增长必然带来对频谱的进一步需求,而移动通信频谱稀缺,可用频谱呈大跨度、碎片化分布,难以实现频谱的高效使用。此外,要提升网络容量,必须智能、高效地利用网络资源,例如,针对业务和用户的个性进行智能优化,但现有移动网络这方面的能力不足。最后,未来网络必然是一个多网并存的异构移动网络,要提升网络容量,必须解决高效管理各个网络、简化互操作、增强用户体验的问题。为了解决上述挑战,满足日益增长的移动流量需求,急需发展新一代 5G 移动通信网络。5G 网络的主要优势在于,数据传输速率远远高于以前的蜂窝网络,最高可达 10 Gbit/s,比当前的有线互联网还要快,比先前的 4G LTE 蜂窝网络快 100 倍;另一个优点是较低的网络延迟(更快的响应时间),低于 1 ms,而 4G 为 30~70 ms,1G 至 5G 的对比如表 13-2 所示。

表 13-2   1G~5G 的对比

	时期	速度	技术特点	应用
1G	20 世纪 80 年代	无数据传输服务	模拟通信,通信距离短、传输内容少、抗干扰能力弱	大哥大
2G	1995	150 KB/s,折合下载速度 15~20 Kbit/s	采用数字通信,每一代升级的核心关键点在于所采用的通信频率越来越高	短信,诺基亚崛起时代
3G	2003	1~6 MB/s,折合下载速度 120~600 Kbit/s	CDMA 大行其道	图片、语音、互联网接入,微博兴起
4G	2009	10~100 MB/s,折合下载速度 15~10 Mbit/s	集 3G 与 WLAN 于一体并能够传输高质量视频图像	视频

续表

	时期	速度	技术特点	应用
5G	2019	上传速率稳定保持在 600 MB/s 以上，最高可达 1 GB/s	低时延、高可靠、低功耗	智慧教育、虚拟现实、医疗保健、智能城市等领域

由于数据传输更快，5G 网络不仅为手机提供服务，还成为一般性的家庭和办公网络，与有线网络竞争。2019 年 6 月 6 日，工信部正式向中国电信、中国移动、中国联通、中国广电发放 5G 商用牌照，我国正式进入 5G 商用元年。移动互联网的发展催生出许多新的生活或商务模式，包括移动社交、移动广告、手机游戏、手机电视、移动电子阅读、移动定位服务、手机搜索、手机内容共享、移动支付和移动电子商务等。移动互联网对移动性的支持非常符合物流中"物"的移动性特点，对于推动物流信息化发挥着重要作用。目前，移动互联网在智慧物流中已经得到广泛应用，主要包括掌上配货、车辆和货物跟踪监控、呼叫中心调度以及危险品运输、贵重物品运输的视频监控等。

拓展阅读

2021 年 11 月，中国移动、中国联通等运营商相继宣布开启 5G 消息试商用，部分省市试行以 5G 消息向公众推送寒潮预警信息、提供消防应急报警服务等，5G 商用领域不断拓展。目前，全国所有地级市城区、超过 97% 的县城城区和 40% 的乡镇镇区已实现 5G 网络覆盖。5G 商用以来，消费者已从中感受到实实在在的好处。这背后，是 5G 网络建设的飞速发展在做支撑，中国 5G 发展取得了世界领先的成就。

四、无线局域网

在无线局域网（Wireless Local Area Networks，WLAN）发明之前，人们要想通过网络进行联络和通信，必须先用物理线缆铜绞线组建一个网络通路，为了提高效率和速度，后来又产生了基于光纤的网络。当网络发展到一定规模后，人们又发现，这种有线网络无论组建、拆装还是在原有基础上进行重新布局和改建都非常困难，且成本和代价也非常高，于是 WLAN 的组网方式应运而生。

WLAN 是相当便利的数据传输系统，它利用射频（Radio Frequency，RF）的技术，使用电磁波取代物理介质构建局域网络。在空中进行通信连接，用户通过 WLAN 可以实现"信息随身化、便利走天下"的目标。WLAN 的实现协议有很多，其中最为著名也是应用最为广泛的当属无线保真技术——Wi-Fi。Wi-Fi 可以简单地理解为无线上网，几乎所有智能手机、平板计算机和笔记本计算机都支持 Wi-Fi 上网。Wi-Fi 已成为当今使用最广的无线网络传输技术。WLAN 实际上就是把有线网络信号转换成无线信号，使用无线路由器供支持其技术的相关计算机、手机、平板计算机等接收信息。在实际应用中，WLAN 的接入方式很简单，以家庭 WLAN 为例，只需一个无线接入设备——路由器，一个具备无线功能的计算机或终端（手机或平板电脑）。对于没有无线功能的计算机，只需外插一个无线网卡。有了以上设备后，使用路由器将热点（其他已组建好且在接收范围的无线网络）或有线网络接入家庭，按照网络服务商提供的说明书进行路由配置，配置好后在家中覆盖范围内

（WLAN 稳定的覆盖范围大概在 20~50 m）放置接收终端，打开终端的无线功能，输入相应的用户名和密码即可接入 WLAN。与有线网络相比，无线局域网具有更强的灵活性和移动性，安装便捷，易于进行网络规划和调整，易于扩展，故障定位容易。因此，无线局域网的发展十分迅速，已经在企业、医院、商店、工厂和学校等场合得到广泛的应用，在智慧物流领域的应用场景主要包括仓储管理、货柜集散场、监控系统等。

五、全 IP 方式（IPv6）

目前的全球因特网所采用的协议族是 TCP/IP 协议族中网络层的协议，这也是 TCP/IP 协议族的核心协议。IPv6（Internet Protocol Version 6）是 IETF 设计的用于替代现行版本 IP 协议（IPv4）的下一代 IP 协议，是下一代互联网中的重要协议。经过多年的发展，IPv6 基本标准日益成熟，各种不同类型的支持 IPv6 的网络设备相继问世，并逐渐进入商业应用。在运营领域，国外部分电商运营商已经建立 IPv6 网络，并开始提供接入服务及一些基于 IPv6 的增值业务。我国也在 2003 年年底启动了中国的下一代互联网（CNGI）工程，以促进 NGI 在中国的普及与发展。

IPv6 协议要在电信网络上获得广泛应用，必须具有支持新型业务的能力或者至少能使已有的 IPv4 业务得到改善和增强，否则，运营商就会缺乏使用 IPv6 协议的动力。IPv6 在支持业务方面主要有以下技术优势。

1. 巨大的 IP 地址空间方便了多样化业务的部署和开展

在 IPv4 网络中，公有 IP 地址的不足导致了用户广泛采用私有 IP 地址，为了实现用户私网中发出的 IP 包在公网上可用，在用户网络与公网交界处需要网络地址转换（NAT）设备实现 IP 报头公有地址和私有地址等信息的翻译。当终端进行音/视频通信时，仅仅进行 IP 报头中的地址转换是不够的，还需要对 IP 包净负荷中的信令数据进行转换，这些都需要复杂的 NAT 穿越解决方案。总之，私有 IP 地址及 NAT 的采用限制了多媒体业务的开展，特别是当通信双方位于不同的私网中时，即使拥有媒体流穿越 NAT 设备，也需要经过中间服务器的中转，这降低了媒体流传送的效率，也增加了系统的复杂度。而在 IPv6 网络环境中，充足的 IP 地址量保证了任何通信终端都可以获得公有 IP 地址，避免了 IPv4 网络中私有 IP 地址带来的 NAT 穿越问题，能更好地支持多样化的多媒体业务。

2. 内置 IPSec 协议栈提供了方便的安全保证

在 IPv4 网络中，NAT 设备修改 IP 报头的方法与 IPSec 基于摘要的数据完整性保护是矛盾的，这影响了 IPSec 的部署。但在 IPv6 中，由于 IPSec 已经成为 IPv6 协议的一个基本组成部分，而且 IPv6 网络的终端可以普遍得到公有 IP 地址，因此能很方便地利用 IPSec 协议保护业务应用层面的数据通信。例如，日本电报电话公司（NTT）的 M2M-X 平台就充分利用了 IPv6 的 IPSec 机制，当用户终端之间要进行通信时，可根据运营商或用户自己设定的策略实现数据的私密性保护、源认证和完整性保护。

3. 移动 IPv6 提供了 IP 网络层面终端的移动性

IPv6 协议集成了移动 IPv6，因此移动性是 IPv6 的重要特点之一。有了移动 IPv6 后，移动节点可以跨越不同的网段实现网络层面的移动，即使移动节点漫游到一个新的网段上，其他终端仍可以利用移动终端原来的 IP 地址找到它并与之通信。IPv4 协议中也有移动 IPv4 协议，但 IPv4 基本协议和移动 IPv4 协议是两个相对分离的部分，移动 IPv6 在设

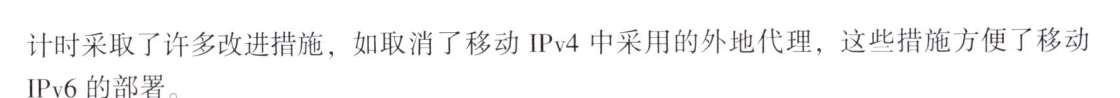

计时采取了许多改进措施，如取消了移动IPv4中采用的外地代理，这些措施方便了移动IPv6的部署。

总之，IPv6协议的引入提供了一种新的网络平台，它使大量、多样化的终端更容易接入IP网，并在安全和终端移动性方面比IPv4协议有了很大的改进。

地址空间巨大、内置IPSec和移动IPv6只是IPv6在支持新业务方面的几个特征，在这些特征之上会衍生出许多新的特性，从而进一步增强业务方面的能力。

六、车联网

车联网（Internet of Vehicles，IoV）的概念引申自物联网（Internet of Things，IoT），是以车内网、车际网和车载移动互联网为基础，按照约定的通信协议和数据交互标准，实现车与X（即车与车、人、路、服务平台）之间的网络连接，提升车辆整体的智能驾驶水平，为用户提供安全、舒适、智能、高效的驾驶感受和交通服务，同时提高交通运行效率，提升社会交通服务的智能化水平。车联网是能够联网实现智能化交通管理、智能动态信息服务和车辆智能化控制的一体化网络，是物联网技术在交通系统领域的典型应用。

从网络结构上看，IoV系统是一个"端、管、云"三层体系。

第一层为终端系统：主要包括负责采集与获取车辆的智能信息，感知行车状态与环境智能传感器；具有车内通信、车间通信、车网通信功能的通信终端；让汽车具备IoV寻址和网络可信标识等能力的设备。

第二层为管理系统：负责解决车与车（V2V）、车与路（V2R）、车与网（V2N）、车与人（V2P）等的互联互通，实现车辆自组网及多种异构网络之间的通信与漫游，在功能和性能上保障实时性、可服务性与网络泛在性。同时，它也是公网与专网的统一体。

第三层为云系统：表现为云架构的车辆运行信息平台，包含了智能运输系统（ITS）、客货运、危特车辆、汽修汽配、汽车租赁、企业车辆管理、汽车制造商、4S店、车管、保险、紧急救援等的信息，是多源海量信息的汇聚，因此需要具备虚拟化、安全认证、实时交互、海量存储等云计算功能，其应用系统也是围绕车辆的数据汇聚、计算、调度、监控、管理与应用的复合体系。

车联网技术包括汽车感知技术、汽车无线通信技术、汽车导航技术、电子地图定位技术、车载互联网终端技术、智能控制技术、海量数据处理技术、数据整合技术、智能交通技术、视频监控技术等。车联网技术在物流领域具有广阔的应用前景，例如：导航技术和温度传感器技术结合，可以实现冷链联网，对特殊物品的配送实现温度控制和智能保障；车联网和货运车辆的配货结合，可以实现货物追踪与在线智能配货；车联网驾驶管理系统，可以对车辆的行驶行为、驾驶速度、车辆状况、油耗状况等进行全面监控，协助司机提升驾驶技术。

第八节　智慧物流的数据处理技术

没有数据处理与计算技术，智慧物流将不再智慧，在智慧物流领域应用的数据处理与计算技术主要包括大数据技术和云计算等。

一、大数据技术

大数据(Big Data)是指无法在一定时间范围内用常规软件、工具进行捕捉、管理和处理的数据集合，是具有更强的决策力、洞察发现力和流程优化能力的新模式才能处理的海量、高增长率和多样化的信息资产，具有体量大、种类多、产生速度快和低价值等特征。大数据技术的战略意义不在于掌握庞大的数据信息，而在于对这些含有意义的数据进行专业化处理。换言之，如果把大数据比作一种产业，那么这种产业实现盈利的关键在于提高对数据的"加工能力"，通过"加工"实现数据的"增值"。

大数据在物流企业中的应用贯穿了整个物流企业的各个环节，主要表现在物流决策、竞争环境分析、物流的供需匹配、物流资源的配置与优化等过程中。在物流决策中，大数据技术应用涉及竞争环境的分析与决策、物流供给与需求匹配、物流资源优化与配置等。在竞争环境分析中，为了达到利益的最大化，需要与适合的物流或电商等企业合作，对竞争对手进行全面的分析，预测其行为和动向，从而了解在某个区域或是在某个特殊时期，应该选择的合作伙伴。在物流的供需匹配方面，需要分析特定时期、特定区域的物流供给与需求情况，从而进行合理的配送管理。在物流资源的配置与优化方面，主要涉及运输资源、存储资源等。

物流市场有很强的动态性和随机性，需要实时分析市场变化情况，从海量的数据中提取当前的物流需求信息，同时对已配置和将要配置的资源进行优化，从而实现对物流资源的合理利用。在企业行政管理中也同样可以应用大数据相关技术，例如：在人力资源方面，在招聘人才时，通过大数据技术，对人才进行个性分析、行为分析、岗位匹配度分析等，选择合适的人才；对在职人员同样也可通过大数据技术进行忠诚度、工作满意度等分析。大数据技术在物流客户管理中的应用主要表现在客户对物流服务的满意度分析、老客户的忠诚度分析、客户的需求分析、潜在客户分析、客户的评价与反馈分析等方面。物流业务具有突发性、随机性、不均衡性等特点，通过大数据技术，可以有效了解消费者偏好，预判消费者的消费可能，提前做好货品调配、规划物流路线方案等，从而提高物流高峰期的运送效率。

在未来，借助于大数据平台，我们可以收集不同病例和治疗方案，以及病人的基本特征，可以建立针对疾病特点的数据库。如果未来基因技术发展成熟，可以根据病人的基因序列特点进行分类，建立医疗行业的病人分类数据库。在医生诊断病人时可以参考病人的疾病特征、化验报告和检测报告，参考疾病数据库来快速帮助病人确诊，明确定位疾病。在制订治疗方案时，医生可以依据病人的基因特点，调取相似基因、年龄、人种、身体情况相同的有效治疗方案，制订出适合病人的治疗方案，帮助更多人及时进行治疗。同时，这些数据也有利于医药行业开发出更加有效的药物和医疗器械。

> 💡 思考：大数据已经广泛地运用到了我们生活当中，你还能说出哪些生活中的大数据案例呢？

二、云计算技术

在互联网时代，随着信息与数据的快速增长，有大规模、海量的数据需要处理。为了节约成本和实现系统的可扩展性，云计算（Cloud Computing）的概念应运而生。云计算最基本的概念是，通过网络将庞大的计算处理程序自动分拆成无数个较小的子程序，再交由多个服务器组成的庞大系统经搜索、计算分析之后将处理结果回传给用户，云计算服务可以在数秒之内处理数以千万计的数据。

云计算是分布式计算技术的一种，可以从狭义和广义两个角度理解。狭义的云计算是指IT基础设施的交付和使用模式，指通过网络需要、易扩展的方式获得所需要的资源。广义云计算是指服务的交付和使用模式，指用户可以通过网络以按需、易扩展的方式获得所需的计算服务。云计算具有超大规模、虚拟化、可靠、安全等特点。云计算的核心是服务，例如：微软提供的云计算有软件+服务、平台战略和自由选择三个典型特点。未来的互联网世界将会是"云+端"的组合，用户可以便捷地使用各种终端设备访问云端的数据和应用，这些设备可以是便携式计算机和手机，甚至可以是电视机等各种电子产品。用户在使用各种设备访问云服务时，得到的将是完全相同的体验。可以说，云计算是智慧物流应用发展的基石，其原因有两个：一是云计算具有超强的数据处理和存储能力；二是智慧物流系统中无处不在的数据采集需要大范围的支撑平台，以满足其规模需要。

基于云计算的物流信息平台主要用于满足政府、工商企业、物流企业和普通用户对物流信息的需求。围绕从生产要素到消费者之间的时间和空间上的需求，能够处理从制造、运输、装卸、包装、仓储、加工、配送等各个环节中产生的各种信息，并将这些信息通过物流信息平台快速、准确地传递到现代物流供应链上所有相关的企业、物流公司、政府部门及客户或代理公司。云计算平台的建立，大大加快了各中小型物流企业信息化平台的开发效率，吸引了物流企业及其合作伙伴将其应用系统建立在云计算平台之上，同时将其日常数据存储在云存储中心。

三、智能控制技术

随着科技的进步，人们对大规模、不确定、复杂的系统控制要求不断提高，智能控制在这种背景下孕育而生。智能控制是自动控制发展的最高阶段，智能控制主要包含模糊控制、专家控制、人工神经网络和遗传算法等内容。

模糊控制是应用模糊集合理论，从行为上模拟人的模糊推理和决策过程的一种实用方法，其核心为模糊推理，主要依赖模糊规则和模糊变量的隶属度函数。

专家控制（Expert Control）是智能控制的一个重要分支，又称为智能专家控制。专家控制是专家系统理论和技术与控制理论、方法与技术的结合。在未知环境下，仿效专家的经验实现对系统的控制。专家控制试图在传统控制的基础上"加入"一个富有经验的控制工程师，实现控制功能，它由知识库和推理结构构成主体框架，通过对控制领域知识（先验经验、动态信息、目标等）的获取与组织，按某种策略及时地选用恰当的规则进行推理输出，实现对实际对象的控制。专家控制结构如图13-10所示。

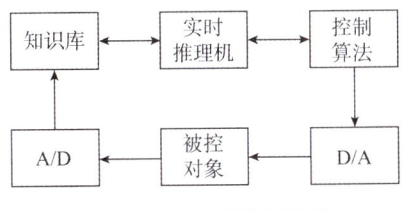

图13-10 专家控制结构

人工神经网络（Neural Network，简称神经网络）是模拟人脑思维方式的数学模型。神经网络是在现代生物学研究人脑组织成果的基础上提出的，用来模拟人类大脑神经网络的结构和行为，它从微观结构和功能上对人脑进行抽象和简化，是模拟人类智能的一条重要途径，反映了人脑功能的若干基本特征，如并行信息处理、学习、联想、模式分类和记忆等。

人工神经网络本身的各简单节点没有明显的物理意义，但综合网络可以描述复杂和非线性系统的控制和辨识问题，而且能做到并行实施，冗余容错的运算。它有以下特点：能充分逼近任意非线性特性，分布式并行处理机制，自学习和自适应能力，数据融合能力，适用于多变量系统、多变量处理、可硬件实现等。这些特点使神经网络成为非线性系统建模与控制的一种重要方法，因此人工神经网络成为实现非线性预测控制的关键技术之一。

遗传算法（Genetic Algorithms，GA），是1962年由美国密歇根州立大学霍兰德教授提出的模拟自然界遗传机制和生物进化论而形成的一种并行随机搜索最优化方法。遗传算法是一种基于生物进化模拟的启发式智能算法，它的基本策略是，将待优化函数的自变量编码成类似基因的离散数值码，然后通过类似基因进化的交叉、变异、繁殖等操作获得待优化函数的最优或近似最优解。在智能控制中，遗传算法广泛应用于各类优化问题，遗传算法可以用于复杂的非线性系统辨识，多变量系统控制规则的优化，智能控制参数的优化等常规控制方法难以奏效的问题。遗传算法具有可扩展性，可以同专家系统、模糊控制和神经网络结合，为智能控制的研究注入新的活力。例如，可用遗传算法对模糊控制的控制规则和隶属度函数进行优化，对神经网络的权值进行优化等。

智能控制技术在物流管理的优化、预测、决策支持、建模和仿真以及全球化物流管理等方面的应用，使物流企业的决策更加准确和科学。

四、数据挖掘技术

数据挖掘是指从数据集合中自动抽取隐藏在数据中的那些有用信息的过程。这些有用的信息的表现形式为规则、概念、规律及模式等，它们可以帮助决策者分析历史数据和当前数据，并从中发现隐藏的关系和模式，进而预测未来可能发生的行为。数据挖掘的主要特点是对数据库中的大量数据进行抽取、转换、分析和其他模型化处理，并从中提取辅助决策的关键性数据。数据挖掘过程可以分为数据准备、数据挖掘以及结果评价和表达三个主要阶段。数据挖掘技术主要包括统计方法、关联规则、聚类分析、决策树方法、神经网络、遗传算法、粗糙集和支持向量机等。目前，数据挖掘技术在物流决策、仓储管理、运输管理、配送管理等场景中均有比较广泛的应用，对于提高现代物流的智慧化水平发挥着重要作用。

五、视频分析技术

视频分析技术就是使用计算机图像视觉分析技术，通过将场景中的背景和目标分离，分析并追踪在摄像机场景内出现的目标。用户可以根据视频内容进行分析，通过在不同摄像机的场景中预设不同的报警规则，一旦目标场景中出现了违反预定义规则的行为，系统将自动发出报警，用户可以通过单击报警信息，实现报警的场景重组并采取相关措施。

智能视频分析软件能够对视频图像信息进行智能化、自动化处理，使系统具有视频图像的自动智能分析、自动锁定跟踪、自动预警、自动告警、自动录像、自动上传等功能，具有智能性、可靠性、易集成等特点，可完成视频异常检测、强光、移动、遮挡、干扰以及图像识别、文字识别等功能。视频分析技术在货物追踪、仓库安防、智能停车管理等方面具有广泛的应用。

本章小结

智慧物流是现代信息技术发展的必然结果,是现代物流的高级形态和发展趋势。与传统物流相比,智慧物流具有柔性化、社会化、一体化和智能化等显著特点,其功能是感知、规整、智能分析、优化决策、系统支持、自动修正和及时反馈。在社会发展过程中,智慧物流扮演着越来越重要的角色,物流企业对智慧物流的需求也越来越强烈。未来的智慧物流将在连接、数据、模式、体验、智能、绿色环保和供应链等多个方面进行全面升级,助推智慧物流的新发展。物联网的感知层主要包括条码技术、EPC及RFID技术、传感器技术与无线传感网、跟踪定位技术、区块链技术等,负责实时采集物流运作过程中的货物、环境以及设施设备的信息。物联网的网络层如同智慧物流的神经传导系统,主要包括移动通信网络、IPv6、车联网、Wi-Fi、蓝牙、ZigBee等技术,负责数据信息的可靠传输。物联网的应用层如同智慧物流的大脑,主要包括大数据、云计算、智能控制、数据挖掘、视频分析等技术,负责智慧物流数据处理与计算,为智慧物流应用提供技术支撑。

练习与思考

简答题
1. 什么是智慧物流,如何理解智慧物流?
2. 与传统物流相比,智慧物流具有哪些特征?
3. 智慧物流的基本功能有哪些?
4. 智慧物流的主要作用是什么?
5. 智慧物流的发展动因有哪些?
6. 智慧物流的应用现状是怎样的?
7. 智慧物流的发展趋势是什么?
8. 如何理解智慧物流中的"智慧"?
9. 如何理解智慧物流技术架构?
10. 智慧物流感知与识别技术主要有哪些?各有何应用?
11. 智慧物流通信与网络技术主要有哪些?各有何应用?
12. 智慧物流数据处理与计算技术主要有哪些?各有何应用?

第十四章 供应链管理

学习目标

1. 知识目标：把握供应链的内涵，了解供应链管理的主要模式，熟悉供应链管理的基本方法，了解供应链视角下物流管理的发展趋势。
2. 能力目标：能运用供应链管理相关理论诠释全球供应链热点问题。
3. 素养目标：树立健全我国产业供应链的意识。

知识导图

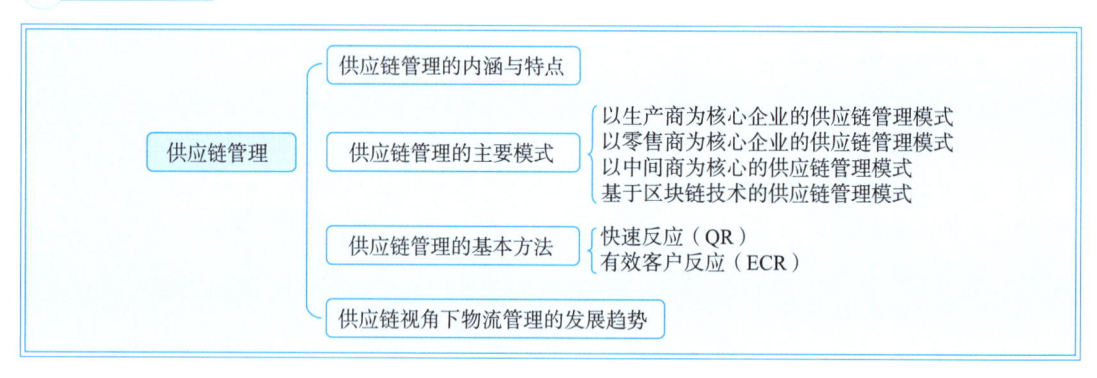

供应链管理
- 供应链管理的内涵与特点
- 供应链管理的主要模式
  - 以生产商为核心企业的供应链管理模式
  - 以零售商为核心企业的供应链管理模式
  - 以中间商为核心的供应链管理模式
  - 基于区块链技术的供应链管理模式
- 供应链管理的基本方法
  - 快速反应（QR）
  - 有效客户反应（ECR）
- 供应链视角下物流管理的发展趋势

引导案例

2018 年以来，中美贸易摩擦成为中美贸易关系新常态，尤其是美国在以芯片为代表的高新科技产业领域对中国的断供行为，对中国手机等产业产生了非常大的影响。

思考：从供应链角度出发，如何破解局面？

第一节 供应链管理的内涵与特点

一、供应链管理的内涵

供应链最早来源于彼得·德鲁克提出的"经济链",后经由迈克尔·波特发展成"价值链",最终演变为"供应链"。供应链管理并不是一个新的概念,自人类有商业历史来,供应链管理的行为就客观存在。

关于供应链管理的定义,许多专家和学者提出了各自的看法。以下列举一些国内外较具有代表性的定义。

学者白东蕊认为:供应链管理是在最大化满足客户需求的条件下,为了使整个供应链系统获得总体竞争优势,把供应商、制造商、运输商、经销商和客户等有效地组织成为一个协调发展的整体,从而使成本降低,并使供应链每个成员企业自身效率与效益大幅提高。

学者谢家平将供应链管理概括为:供应链管理是借助信息技术和管理技术,将供应链上业务伙伴的业务流程相互集成,从而有效地管理从原材料采购、产品制造、分销到交付给最终用户的全过程,在提高客户满意度的同时,降低整个系统的成本,提高各企业的效益。

国际采购与供应链管理协会(IPSCMI)把供应链管理定义为:把供应商、生产商、分销商、零售商和最终客户有效地组织成供应链网,进行集成一体化管理。

全球供应链论坛(Global Supply Chain Forum,GSCF)将供应链管理定义成:为消费者带来有价值的产品、服务以及信息的,从源头供应商到最终消费者的集成业务流程。

国家标准《物流术语》(GB/T 18354—2021)将供应链管理定义为:从供应链整体目标出发,对供应链中采购、生产、销售各环节的商流、物流、信息流及资金流进行统一计划、组织、协调、控制的活动和过程。

从以上定义不难看出,供应链管理的对象显然是由供应商、制造商、分销商、零售商甚至最终客户等组成的整条供应链,服务的目标群体为最终客户,进行供应链管理的目标是提高供应链中成员企业的效益与提升客户满意度。此外,供应链管理强调一体化管理,注重供应链的系统性。因此,我们可以将供应链管理定义为:从供应链整体目标出发,为提升供应链中各成员企业的效益、降低系统成本并提升客户满意度,将供应商、制造商、分销商及零售商进行集成一体化管理的活动和过程。

供应链管理涉及供应商、制造商、分销商、零售商及最终用户,是一项一体化管理的活动和过程。要正确理解供应链管理的含义,需要注意以下几个方面。

1. 供应链管理是系统的战略管理

供应链管理采用了系统的全过程观念,要求把供应链中的所有节点企业看作是一个整体,整个物流的各环节是紧密配合、环环相扣的。如果只依赖部分节点企业或是环节的信息,就会造成信息的局限和失真,导致决策的失误和管理的失效。因此,企业的管理层特别是最高领导层要充分认识到供应链管理的整体性,利用战略管理思想来实现供应链管理的目标。

2. 供应链管理是基于流程的一种集成化管理模式

供应链管理与传统的以职能为基础的管理模式不同，它以流程为基础，以价值链的优化为核心，强调供应链的集成与协调，并通过信息共享、技术的交流与合作、资源的优化配置和激励机制等方法来实现一体化的集成管理。

3. 供应链管理目标的顾客化

供应链管理要求供应链上各成员企业以满足最终顾客需求为目标，通过对产品物流活动的计划、调度和控制，将满足顾客需求的产品或服务在恰当的时间，按照恰当的数量、恰当的质量和恰当的状态送到恰当的地点，实现供应链整体利益最大化。

4. 供应链管理的目标在于总体效率高、总成本低

供应链管理的目的在于追求整个供应链的整体效率和整个系统费用的有效性，总是力图使系统总成本降至最低。因此，供应链管理的重点不在于简单地使某个供应链成员的运输成本达到最小或减少库存，而在于通过采用系统方法来协调供应链成员，以使整个供应链总成本最低，使整个供应链系统处于最流畅的运作中。

5. 现代供应链管理离不开信息化技术

供应链管理利用信息系统优化供应链的运作，达到减少采购、库存、运输等环节的成本，缩短产品完成时间，使生产尽量贴近实时需求的目的。

> 思考：分析物流与供应链的关系。

二、供应链管理的内容

作为流通领域各种组织协调活动的平台，以将产品或服务用最低的价格迅速向顾客传递为特征的供应链管理，已经成为竞争领域的中心概念。供应链管理的内容主要包括以下几个方面。

1. 信息管理

知识经济时代的到来，促使信息取代劳动和资本，成为劳动的主要因素。在供应链中，信息是供应链各方的沟通载体，供应链中的各个企业依靠信息这条纽带集成。可靠、准确的信息是企业决策的有力支持和依据，能有效降低企业运作中的不确定性，提高供应链的反应速度。因此，供应链管理的主线是信息管理，信息管理的基础是构建信息平台，实现信息共享，如企业资源计划（Enterprise Resource Planning，ERP）、供应商管理库存（Vendor Managed Inventory，VMI）等系统的应用，将供求信息及时、准确地传递给供应链上的各个企业，在此基础上进一步实现供应链的管理。不断更新电子信息技术，赶上供应链发展的步伐。当今世界，通过使用电子信息技术，供应链已经结成一张覆盖全区域乃至全球的网络，从技术上实现了与供应链其他成员的集成化和一体化。

2. 客户管理

在传统的卖方市场中，企业的生产和经营活动是以产品为中心的，企业生产和销售什么产品，客户就只能接受什么商品，没有多少挑选余地。而在经济全球化的背景下，买方

市场占据了主导地位，客户需求主导了企业的生产和经营活动，因此客户是核心，也是市场的主要驱动力。客户的需求、消费偏好、购买习惯及意见等是企业谋求竞争优势必须争取的重要资源。

在供应链管理中，客户管理是供应链管理的起点，供应链源于客户需求，同时也终结于客户需求，因此供应链管理是以满足客户需求为核心运作的。然而客户需求存在个性差异，企业对客户需求的预测一旦与实际需求差别较大，就有可能造成库存积压，导致经营成本大幅增加，甚至造成巨大的经济损失，因此真实、准确的客户管理是企业供应链管理的重中之重。

3. 库存管理

一方面，为了避免缺货给销售带来的损失，企业不得不持有一定量的库存，以备不时之需。另一方面，库存占用了大量资金，既影响了企业的扩大再生产，又增加了成本，在库存出现积压时还会造成巨大的浪费。因此，一直以来，企业都在为确定适当的库存量而苦恼。传统的方法是通过需求预测来解决这个问题，然而需求预测与实际需要往往并不一致，因而直接影响了库存决策的制订。如果能够实时地掌握客户需求变化的信息，做到在客户需要时再组织生产，那就不需要持有库存，即以信息代替了库存，实现库存的"虚拟化"。因此，供应链管理的一个重要使命就是利用先进的信息技术，收集供应链各方以及市场需求方面的信息，用实时、准确的信息取代实物库存，减小需求预测的误差，从而降低库存的持有风险。

4. 关系管理

传统的供应链成员之间的关系是纯粹的交易关系，各方遵循的都是"单向有利"的原则，所考虑的主要是眼前的既得利益，并不考虑其他成员的利益。这是因为每个企业都有自己相对独立的目标，这些目标与其在供应链中的上下游企业往往存在着某种冲突。例如，制造商要求供应商能够根据自己的生产需求灵活并充分地保证它的物料需求；供应商则希望制造商能够以相对稳定的周期大批订购，即稳定的大量需求，这就在两者之间产生了目标的冲突。这种目标的冲突无疑会大大增加交易成本。同时，社会分工的日益深化使企业之间的相互依赖关系不断加深，交易关系也日益频繁。因此，降低交易成本对于企业来说就成为一项具有决定意义的工作。而现代供应链管理理论恰恰提供了提高竞争优势、降低交易成本的有效途径，这种途径就是通过协调供应链各成员之间的关系，加强与合作伙伴的联系，在协调的合作伙伴关系的基础上进行交易，为供应链的全局最优化而努力，从而有效地降低供应链整体的交易成本，使供应链各方的利益获得同步增加。

三、供应链管理的特点

与传统的企业管理相比，供应链管理更强调供应链整体的集成和协调，要求各连接企业围绕物流、信息流、资金流以及工作流进行信息共享与经营协调，实现柔性的与稳定的供需关系，其特点包括以下几个方面。

1. 基于流程的集成化管理模式

传统的管理以职能部门为基础，往往由于职能矛盾、利益目标冲突、信息分散等原因，各职能部门无法完全发挥其潜在效能，因而很难实现整体目标最优。供应链管理则是以流程为基础，物流、信息流、价值流、资金流、工作流贯穿于供应链的全过程。通过业务流程再造，消除各职能部门以及供应链企业成员的自我保护主义，实现供应链组织的集成和优化；通过核心企业管理思想在整个供应链上的扩散和移植，实现管理思想的集成；通过准时制管理、企业资源计划、快速反应、全面质量管理等管理技术、方法的综合运用，实现供应链管理方法的集成；通过现代信息技术手段的运用，信息共享，实现供应链管理手段的集成；通过资源整体优化配置，有效运用价值链激励机制，寻求非增值活动及相应结构的最小化，实现供应链管理效益的优化与集成。

2. 强调全过程的战略管理

供应链是各个环节不可分割、环环相扣的一个有机整体。因此，从总体上考虑，如果只依赖部分环节的信息，则由于信息的局限或失真，可能导致决策失误、计划失控、管理失败。在供应链管理过程中，高层管理者必须从战略的高度统筹安排，协调资源及可能存在的冲突，这样才能实现供应链管理的目标。

3. 全新的库存观

传统的库存思想认为，库存是维系生产与销售的必要措施，它是基于"保护"的原则来保护生产、流通或市场，避免受到上下游在供需方面的影响。因而企业与其上下游企业之间在不同的市场环境下，实现了库存的转移，但整个社会库存总量并未减少。在买方市场的今天，供应链管理的实施可以加快产品流向市场的速度，尽量缩短从供应商到消费者的通道长度；另外，供应链管理把供应商看作伙伴，而不是对手，从而使企业对市场的需求的变化反应更快，更经济，总体库存得到大幅度降低。所以说，库存是供应链管理的平衡机制。

4. 以客户为中心

在实现一定的市场目标的前提下，企业通过库存管理和与各方良好的合作关系达到更高的物流服务水平。同时由于整条供应链是由客户需求驱动的，企业创造的价值需要通过客户的满意度和产生的利润额来衡量，因此供应链管理全过程应坚持以客户为中心，积极主动地去满足终端消费者对成本、质量和服务等方面的要求，才能最终获得最大化利润。

5. 注重核心竞争力

核心竞争力是指企业内部经过整合的知识和技能，尤其是协调各方面资源的知识和技能。只有企业本身具有核心竞争能力，供应链业务伙伴关系才能持久。

6. 供应链管理对共同价值的依赖性

供应链管理首先解决的是供应链伙伴之间信息的可靠性问题。如何管理和分配信息取决于供应链成员之间对业务过程一体化的共识程度。供应链管理是为了在供应链伙伴间形成一种相互信任、相互依赖、互惠互利和共同发展的价值观和依赖关系，而构筑的信息化网络平台。

7. 供应链管理是一个动态的响应系统

高度动态的市场环境要求企业管理层能够经常对供应链的运营状况实施规范的监控和评价，如果没有实现预期的管理目标，就必须考虑可能的替代供应链并做出适当的应变。所以，为了满足企业战略和适应市场需求变化的需要，供应链中的节点企业需要动态地更新，供应链的各个流程需要不断优化。

第二节 供应链管理的主要模式

供应链管理受到众多学者和企业家的青睐,发展迅猛,各种各样的供应链管理模式也相继涌现。准时制造、弹性制造、物料需求计划(Material Requirement Planning,MRP)、企业资源计划(Enterprise Resource Planning,ERP)、客户关系管理(Custom Relationship Management,CRM)等管理技术的出现,使企业在改善内部作业流程的同时更加注重加强与供应商等利益相关者的联系。同时,区块链技术已经风靡全国,由于区块链技术的多中心性、可靠性等特征,结合区块链技术的供应链管理模式也逐渐受到关注。

根据核心企业的不同,供应链管理模式可划分为以生产商为核心企业的供应链管理模式、以零售商为核心企业的供应链管理模式、以中间商为核心企业的供应链管理模式,以及基于区块链技术的供应商管理模式。

一、以生产商为核心企业的供应链管理模式

生产商是工业时代传统的供应链核心企业,在以生产而非消费为主导的时代尤为如此。虽然伴随着以客户为中心的管理思潮的兴起,零售商在供应链中发挥着越来越重要的作用,但是很多产业还是以生产商为主导,尤其是在制造过程技术含量比较高的产业中。一个很好的生产企业供应链再造的例子就是美国克莱斯勒(Chrysler)实施的供应成本削减计划。这一计划的主要目的是在不损害供应商利益的前提下,全面降低供应商和克莱斯勒公司的生产成本。通过1989年开始的这一计划,克莱斯勒公司成功地完成了供应商管理的变革。

以生产商为核心企业的供应链管理模式,其主要优势在于技术专家的优势。此外,以生产商为核心企业的供应链管理模式还在产品信息汇集方面具有一定的优势,这一方面得益于生产商对于产品的技术优势,同时也得益于生产商在供应链中处于中间位置。因此,一般来讲,在供应链信息共享和协作不完全的情况下,这种供应链模式更为普遍。

二、以零售商为核心企业的供应链管理模式

在传统意义上,零售商也是中间商之一。但随着零售商在供应链中的地位日益加强,零售商有必要从中间商中分离出来单独研究。以零售商为核心企业的供应链管理模式在实践中早已有成功之作,英国的马狮集团就是其中的典范。

20世纪20年代初,西蒙·马克(Marc Simon)在曼彻斯特创办了马狮集团。当时普遍认为,零售商的核心竞争力是高超的采办货物的能力,但马狮集团却认为,零售商比生产商更了解顾客的需求,因此,可以在供应链中发挥更大的作用。应该由零售商,而不是生产商来设计、开发产品。零售商应该去寻找能够按其设计产品生产和满足自己成本要求的生产商。这种观点体现了供应链中以零售商为核心企业的管理模式,这在当时是绝无仅有的。

马狮集团出售其自创的"圣米高"牌产品,包括服装、食品及酒类、鞋类、家庭陈设品、化妆品、书籍以及家居点缀植物。在英国,"圣米高"品牌被公认为优质与物有所值的象征。90%以上"圣米高"品牌的商品是由在英国的大大小小的800多家供应商制造的,

马狮集团在全英 200 多家商店中出售全部"圣米高"品牌的货品，所有的货品都是由马狮集团自己设计或是与制造商合作设计的，不像其他百货公司那样，仅从供应商那里购入已制成的货品。马狮集团依据对市场需求的预测，将设计好的、适销对路的产品交由独立的制造商来制造（马狮集团并未拥有制造商的任何股权）。制造商按照马狮集团提供的严密规范进行生产，目的是要确保货品具有高级而稳定的品质。为了达到此目的，马狮集团雇有 350 多名技术人员驻于总部，与制造商紧密合作，在选料、应用生产程序和技术、品质控制等方面提出意见并进行监察。由于对每一类货品都这样一丝不苟地认真对待，所以，尽管他们在店中出售的货品比其他连锁店少得多，但是，他们出售的每种货品都能得到品质保证。这种以零售商为核心企业的供应链管理模式的好处是能提供顾客所需的货品，而不是任由制造商或批发商决定供应什么。马狮集团所建立的以零售商为核心企业的供应链管理模式获得了极大的成功，被誉为"经营管理的典范"。

在市场条件下，零售商比生产商更为了解客户的需求，因此可以在供应链中发挥更大的作用，应由其去选择能够按照其产品设计生产和满足成本要求的生产商。以零售商为核心企业的供应链管理模式主要优势在于，零售商是最接近客户的末端环节，使供应链对市场信息的收集和反馈都会有利，而且零售商由于随时掌握需求信息，能够提出合理的供应链决策。因此，在用户至上的服务经济环境下，这种模式更加适合需求拉动型的供应链。

三、以中间商为核心的供应链管理模式

这里的"中间商"是相对于生产商和零售商而言的。例如，著名运动品牌耐克（Nike），作为供应链的核心企业，除了从事供应链管理，它只担任开发设计和市场营销的职能，而把制造等其他职能全部外包。因此，严格地讲，很难称其为生产商，它只是把部分职能专业化而独立出来。

近年来，物流职能也逐渐独立，一些第三方物流公司成为供应链的管理者，从而演化为第四方物流公司。第四方物流是供应链的整合者和管理者，主要是通过对物流资源、物流设施和物流技术的整合和管理，提出物流全过程的方案设计、实施办法和解决途径。第四方物流是第三方物流的发展，物流服务商从单纯的物流提供商升级为供应链的设计者和管理者。由于物流在供应链中的重要地位，以第四方物流公司为核心企业的供应链模式也是以中间商为核心企业的供应链管理模式的一种。

随着区块链技术的出现与发展，并且由于应用区块链技术的供应链管理模式能够实现缩短时间、降低成本、提高品质、满足需求等目标，结合区块链技术的供应链管理模式也逐渐受到关注。

四、基于区块链技术的供应链管理模式

将区块链技术应用于供应链管理实则是构建一个区块链平台，依托该平台实现供应链管理的目标。区块链技术可行性的主要表现：一是多中心，区块链上的每个节点都存有一份完整的数据，多个企业间的数据能够实现实时同步与实时核对；二是可靠性，数据完整地存储于信息流通的各个节点，即使其中某个节点被损坏，也不会影响整个网络的数据安全；三是可信任，区块链上的每笔信息都是不可逆的，数据无法篡改，信息分布于多个节点，无法销毁，无法凭空伪造一笔信息；四是开放，具有较低的数据公开成本，且支持分级加密；五是高效率，智能合约完全自动运行，无须人为干预；六是安全，每笔交易都会

记录数据指纹信息，并使用数字签名确保交易权责清晰。区块链技术使服务的开放性协作成为可能，同时能够确保交易安全与可信任，适用于供应链管理。

依照图14-1，可以构建一个面向供应链管理的区块链平台。该区块链平台建立在一些核心基础技术之上，提供相应的技术模块（或按实际需求进行模块组合与增减），如共识模块、证书模块、日志模块、内存池模块、智能合约模块、对等计算机网络模块、分布式数据存储模块、区块管理模块等。基于模块可实现一些平台系统，如监控系统、升级系统、节点管理系统、合约管理系统等，这些系统也可结合实际需求进行调整。在平台模块和平台系统技术基础上，区块链实现供应链管理实际情境下所需要的相应具体业务，如在数据服务方面提供运营服务、报表服务、数据同步、数据分析、数据导出等内容，在供应链管理方面提供客户管理、交易信息管理、采购管理、生产管理、售后管理、授信融资、采购资金融资、仓单质押融资、跨企业积分兑换、白条等具体业务内容。依托区块链平台，可以实现具体服务内容的数据可视化，并实现相应的后台管理功能。

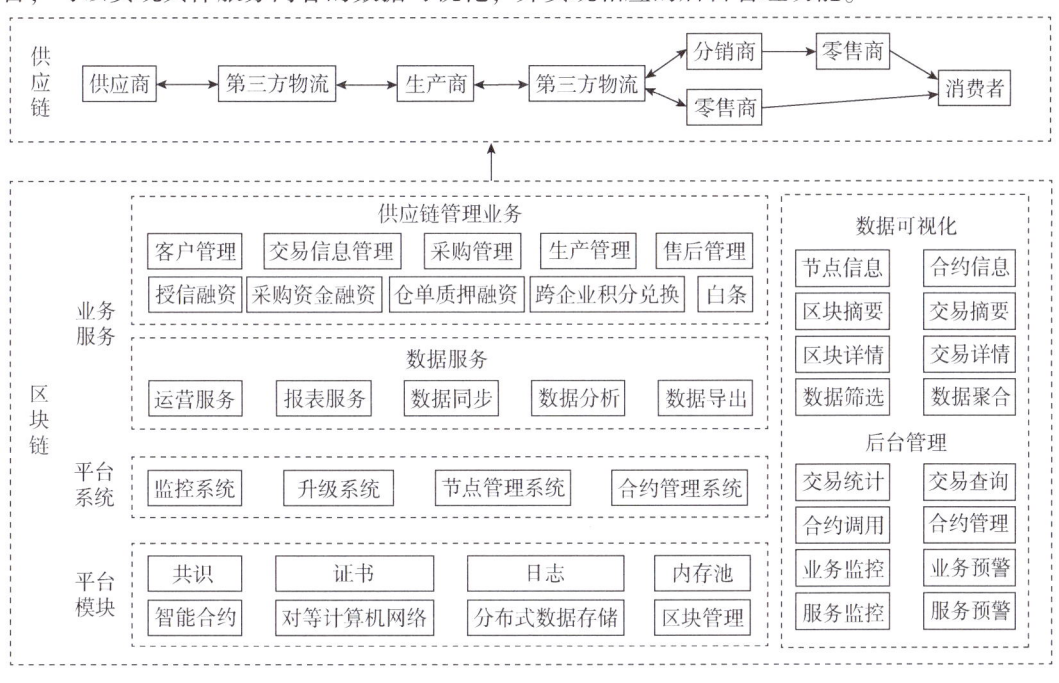

图14-1 基于区块链技术的供应链管理思路

第三节 供应链管理的基本方法

一、快速反应

(一)快速反应产生的背景

快速反应(Quick Response，QR)是由美国纺织与服装行业发展起来的一种供应链管理策略。20世纪六七十年代，美国的百货业与国外进口商品激烈竞争。20世纪80年代初期，美国国产的鞋、玩具和家用电器在市场的占有率下降了20%，与此同时，国外进口的服装也占据了美国市场的40%。为了防止服装行业进口商品的持续渗透，美国一些行业先驱者开始寻求解决办法。

1984年，美国服装、纺织和化纤行业的主要经销商成立了"用国货为荣委员会"，该委员会的目的就在于通过媒体广泛宣传国产纺织品的优点，提高美国消费者对本土生产服装的信任感。1985—1986年，零售咨询公司 Kurt Salmon Associates（KSA）对服装行业供应链进行了分析，结果发现，尽管系统中各个部分具有高运作效率，但整体运行效率却偏低。据当时的统计数据可知，整个服装供应链，从原材料供给到消费者购买，时间为66周：11周在制造车间，40周在仓库或转运，15周在商店。冗长的供应链使得各种费用不断增加，整个服装供应链系统的年均总损失可达25亿美元，其中2/3的损失来自零售商和制造商对服装做降价处理以及在零售时的缺货。为此，零售业者和生产厂家合作，共享信息资源，建立一个快速响应的系统，是实现销售额增长，库存、商品缺货率下降，客户服务最大化的有效途径。

零售巨头沃尔玛是QR系统的主要推动者之一。1983年，沃尔玛导入了销售时点系统（Point of Sales，POS），1985年开始建立 EDI 系统，1986年与 Seminole 公司和 Milliken 公司在服装商品方面开展合作，开始建立垂直型的 QR 系统。为促进零售业内电子商务的发展，沃尔玛与其他商家一起成立了 VICS 委员会来协商确定零售业内统一的 EDI 标准和 UPC 商品识别码，大大推动了 QR 在美国的发展，使 QR 策略成为现代企业管理变革的主要趋势之一。

（二）快速反应的含义

快速反应就是零售商、制造商和供应商之间相互配合，以最快的方式，在适当的时间、地点为消费者提供适当的产品和服务，即以最快的速度最大限度地满足消费者需要。

（三）快速反应的实施步骤

实施快速反应战略需要六个步骤，每一个步骤都需要以前一个步骤为基础，并且比前一个步骤有更高的回报，但同时也需要更高的投资。

步骤一：运用条形码和电子数据交换技术。零售商首先必须安装条形码、POS扫描和EDI等技术设备，以加快POS机的收款速度，获得更准确的销售数据，并使信息沟通更加顺畅。

步骤二：建立固定周期的自动补货系统。自动补货是指基本商品销售预测的自动化。自动补货使用基于过去和目前的销售数据及其可能变化的软件进行定期预测，同时考虑目前的存货情况和其他因素，确定订货量。自动补货是由零售商、批发商在仓库或店内进行的。

步骤三：建立先进的预测和补货联盟。为保证补货业务的流畅，成立先进补货联盟使零售商和消费品制造商联合起来检查销售数据，制订关于未来需求的计划和预测，在保证有货和减少缺货的情况下，降低库存水平。还可以进一步由消费品制造商管理零售商的存货和补货，以加快库存周期速度。

步骤四：实施零售空间管理。零售空间管理是指根据每个店铺的需求模式，规定其经营商品的花色品种和补货业务。一般来说，对于花色、品种、数量、店内陈列及培训或激励售货员等决策，消费品制造商也可以参与甚至制订决策。

步骤五：联合产品开发。厂商和零售商联合开发新产品，可以使双方的关系密切，不仅超过了购买与销售的业务关系,还可以缩短从新产品概念形成到上市的时间。

步骤六:快速反应的集成。这一步要求零售商和消费品制造商重新设计整个组织、业绩评估系统、业务流程和信息系统,设计的中心围绕着消费者而不是传统的公司职能,要求有集成的信息技术。

快速反应实施步骤可用图 14-2 表示。

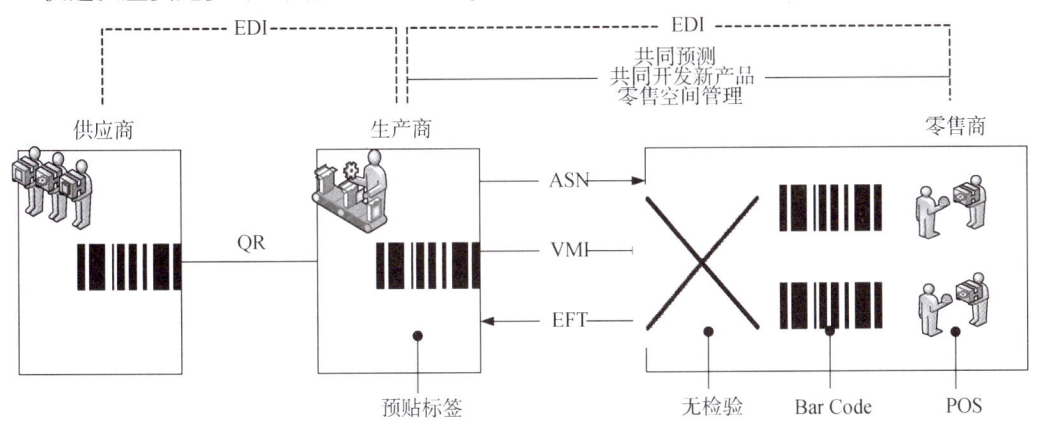

图 14-2 快速反应实施步骤

(四)快速反应的最新发展

1995 年,沃尔玛、宝洁、思爱普等联合成立了零售供应和需求链工作组(Retail Supply and Demand Chain Working Group),对协同计划、预测和补货(Collaborative Planning, Forecasting, and Replenishment, CPFR)进行研究和探索,通过共同管理业务过程和共享信息来改善零售商与供应商的伙伴关系,提高预测的准确度,最终达到提高供应链效率、减少库存和提高消费者满意程度的目的。CPFR 实施步骤如图 14-3 所示。

图 14-3 CPFR 实施步骤

二、有效客户反应

1. 有效客户反应产生的背景

20世纪80年代末,美国食品杂货行业出现了一些新型的零售业态,加之商业竞争的加剧和信息技术的发展,对传统的超市构成了巨大的威胁。

从零售商的角度来讲,仓储商店、折扣店等新型零售业的大量涌现,使其能够以相当低的价格销售大量商品,加剧了传统零售商激烈的竞争环境。从生产厂商的角度来讲,由于食品杂货行业的特性,生产的商品大都技术含量低,市场中大批量、无差异商品的投放,使市场竞争日趋同质化。从消费者的角度来讲,激烈的市场竞争会导致企业忽视消费者的需求,远不能满足消费者质量高、服务好、种类多、价格优的消费需求,消费者买到的往往是价格高且同质化严重的不满意的商品。

出于以上原因,美国食品市场营销协会、流通咨询企业等16家企业共同成立了研究小组,对食品行业供应链进行调查、分析和总结,提出了有效客户反应(Efficient Consumer Response,ECR)的概念体系。随后,该体系经由美国食品市场营销协会的广泛宣传,逐步被制造商和零售商接纳,进而应用与实践。

2. 有效客户反应的含义

有效客户反应是相关技术和方法的集成,以提高消费者满意度,同时最大限度地降低成本为目标,强调整体视野的必要性,通过供应链贸易伙伴协同合作,协调贸易伙伴间的生产、物流、营销活动,实现在最短的时间内以最低的成本满足消费者需求变化的目的。ECR的目的主要是解决四个问题。

(1)以最合理的价格,在最合理的时间,以最合理的形式向消费者提供他们所需要的商品。

(2)保持一个必要合理的商品库存,保证畅销商品不会因为各种原因出现断货。

(3)如何通过宣传和价格刺激向消费者有效地传递商品的价值和利益。

(4)如何基于顾客需求有效地开发商品。

3. 有效客户反应应用的技术

(1)信息技术。

电子数据交换(EDI)以及POS销售时点信息系统是ECR系统应用中的主要信息技术。

①电子数据交换(EDI):帮助供应链上下游企业实现订单、发票、发货通知等业务数据的高效、快速、自动传输。

②POS销售时点信息系统:通过自动读取设备(如收银机)在销售商品时直接读取商品销售信息(如商品名、单价、销售数量、销售时间、销售店铺、购买顾客等),并通过通信网络和计算机系统将信息传送至有关部门进行分析加工,以提高经营效率。

(2)物流技术。

顺畅的运行和及时的配送是ECR系统的必然要求。其实现方法包括连续库存补充计划(CRP)、自动订货系统(CAO)、供应商管理库存(VMI)、交叉转运(Cross Docking)、预先发货通知(ASN)、店铺直送(DSD)等。

①连续库存补充计划：利用 POS 数据等确定已销售商品的数量，利用商品销售信息、库存信息等，更加科学、准确地确定发货时间和补充发货数量。有时为了提高库存周转率，可采用高频率、小批量、连续配送的方式进行。

②自动订货系统：这种系统本质上是基于计算机来自动完成的，库存信息以及其他必要的信息对其实施具有重要影响。

③供应商管理库存：VMI 的特点是信息共享，使供应商更有效地做出计划，依据零售商的销售数据协调其生产、库存、销售活动。同时供应商完全地管理和拥有库存，直到零售商将其售完为止，而零售商对库存具有看管义务，并对库存的损坏负责。在实施 VMI 的情况下，作为供应商的生产厂商主导了零售商的库存补充活动，但零售商自身仍在商铺空间管理以及货架布置等方面具有自主决策权。三种库存管理关系如图 14-4 所示。

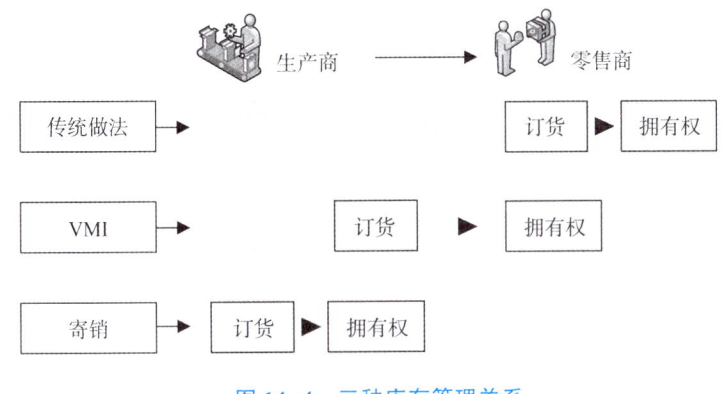

图 14-4　三种库存管理关系

④交叉转运：零售商的流通中心将所有供应商的货物集中在一起并根据自身的店铺分布进行快速分发，各个店铺都可以快速补充商品，这一过程就是交叉转运。这一过程省略了仓库存储和拣选两个步骤，能够缩短货物周转时间，减少库存，从而降低企业运营成本。

⑤预先发货通知：生产厂家或批发商利用通信网络在发货前提供给零售商的发货明细清单，即为预先发货通知。预先发货通知有利于零售商提前备货，并提高商品检验作业效率。

⑥店铺直送：这种模式指的是货物直接由厂家送至店铺，不经过任何转运中心。这种方式可以明显缩短配送周期，提升商品的新鲜度。

(3) 营销技术。

店铺货架空间管理(SM)和商品类别管理(CM)是 ECR 系统中采用的主要营销技术。

①店铺货架空间管理(SM)：根据顾客购买决策树、品种及品牌的市场占有率和市场趋势，结合货品在店内的销售比例，用科学的分析方法确定货品在货架上的陈列位置和陈列面，从而优化空间分配，使有限的货架空间创造出最好的销售效益。

②商品类别管理(CM)：企业对所有商品按类别进行分类，确定或评价每一个类别商品的功能、作用、收益性、成长性等指标，在此基础上，结合各类商品的库存水平和货架展示等，制订商品品种计划，对整个商品类别进行管理。商品类别管理的基础是对商品进行分类。分类的标准、各类商品功能和作用的设定依企业的使命和目标不同而不同。原则上是按照顾客的需要和顾客的购买习惯来分类。ECR 比 QR 更大的进步就是加入了商品类

别管理和作业成本法（Activity Based Costing，ABC）。

（4）组织革新技术。

企业内部各部门之间以及供应链上各成员间的相互协调合作对 ECR 系统的应用具有重要作用，对企业组织系统进行革新是 ECR 系统成功应用的关键。

①企业内部组织革新。将原有的按照销售、生产、采购以及物流等职能来进行划分的组织转变为以商品流程为基本职能的横向组织形式。按照类别对企业经营的商品进行划分，每一个管理团队负责一个商品类别的管理，经过革新后的组织形式主要将这些管理团队作为核心。

②供应链体系中企业间建立双赢型的合作伙伴关系。建立以商品类别来进行管理的组织结构是零售商和厂家需要完成的重要工作，由此带来的好处是负责相同类别商品管理的组织机构可以实现有效的关联，材料购买以及生产安排等工作可实现高效率的沟通。企业之间的信息交互也有很大的必要性，企业高层之间形成共识是实现这种合作伙伴关系的重要前提。

4. 有效客户反应的核心过程

有效客户反应是一种供应链管理过程，包括贯穿供应链各个方面的四个核心过程，即有效新产品投入、有效促销活动、有效商品补充、有效店铺空间安排，如图 14-5 所示。

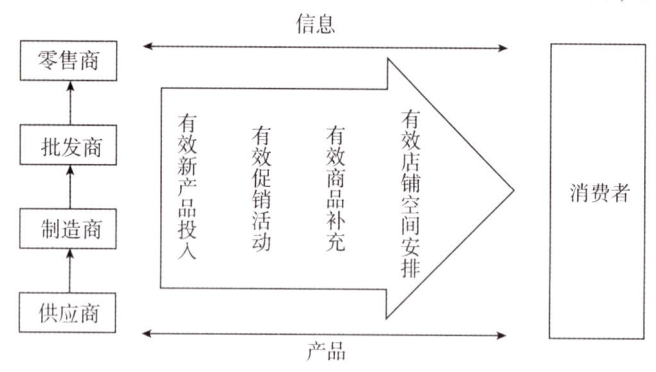

图 14-5　ECR 的四个核心过程

（1）有效新产品投入。该领域主要是针对新产品的发展和介绍，目的是在最少的成本和错误的情况下将新产品投入市场中。为了实现这一目标，需要厂商和零售商根据共同的利益目标来深入开展业务，将新产品放在部分店铺内进行试销并根据销售结果分析消费者需求，继而采用不同的分销策略改进产品、改进营销策略、淘汰不合适的新产品。

（2）有效促销活动。有效的促销致力于最大化地优化促销环节。有效促销活动是为了减少甚至消除低效的贸易活动。品类管理策略和数据预测支持，有利于更高效地了解到需要多少货品并在限定的短时间里能卖多少货品给消费者。

（3）有效商品补充。有效的商品补充专注于将最正确的产品种类运送到货架上并在最短的时间快速内完成销售目标。基于 POS 数据，通过消费者需求拉动整体的销售模式，用最短的时间和最低的成本将最正确的产品在最合适的时间运送到最正确的地方。其构成要素包括以下几个方面：店铺的电子收货系统，POS 机扫描，店铺商品预测、商品的价格和促销数据库，集成的采购订单管理，动态的计算机辅助订货系统，厂商订单履行系统，动态的配送系统，直接出货、仓库电子收货、议付、自动化的会计系统等。

(4)有效店铺空间安排。这种策略专注优化产品的摆放和空间的利用。高效的货架摆放既能够为消费者提供最优的消费体验，又能为制造商、零售商和分销商带来最大化的利润。

5. 快速响应与有效客户反应的异同

(1)快速响应与有效客户反应的差异。

①产生的时间不同。QR 策略的提出要早于 ECR，且 QR 在经过一段时间的发展后，加入了 VMI 和共同预测组成了持续补货（Continuous Replenishment，CR），在此基础上加入类别管理和 ABC 分类管理，才形成了 ECR 策略。QR、CR、ECR 的演变如图 14-6 所示。

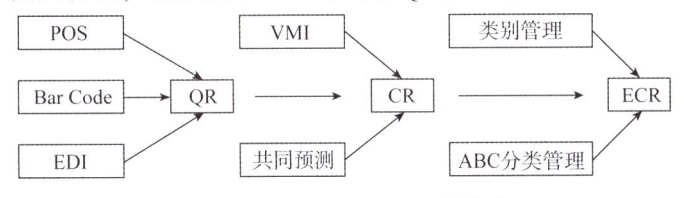

图 14-6 QR、CR、ECR 的演变

②应用的行业不同。QR 针对的是普通商品和纺织行业经营的产品，其产品特点是单品数量多、产品生命周期短、季节性强、单位成本相对较高。该类行业的产品具有一定的创新性和流行性，故短期内的订货数量与实际需求相差较大，一旦错过流行季节，便会导致产品积压，从而带来巨大损失。ECR 的应用范围则主要集中在食品日杂行业，该行业大都生产功能型产品，其单品数量相对较少、产品生命周期相对较长，价格较低，故即使零售商订购了大量此类商品，也不会产生过多损失。

③关注的重点不同。QR 关注的是产品所在供应链的补货、最大限度地消除缺货、商品需求时才进行采购等问题，即如何缩短交货提前期，快速响应客户的需求。ECR 关注的是产品所在供应链效率和成本的问题，即如何减少甚至消除供应链的浪费。

(2)快速响应与有效客户反应的共同特征。

①共同的外部变化。实施 QR 和 ECR 的主要行业受到两种重要的外部变化的影响。一是经济增长速度的放慢加速了竞争，因为零售商必须生存并保持客户的忠诚度。二是零售商和供应商之间发生了变化，在引入 QR、ECR 之前，供应商和零售商两者往往缺乏信任感，不能满足客户真正的需求。

②共同的威胁。对于零售商来说，威胁主要来自大型综合超市、廉价店、仓储俱乐部和折扣店等新型零售形式，它们采用新的低成本进货渠道。这些新的竞争者把精力集中在每日低价、绝对的净价采购及快速的库存周转等策略上。对供应商来说，压力来自品牌商品的快速增长，这些商品威胁了它们的市场份额。

③共同的目标和策略。以最低的成本向消费者提供真正想要的商品，整个系统高效率运行。实施 QR 和 ECR 的企业都重视供应链的核心业务，对业务进行重新设计，以消除资源的浪费。

第四节　供应链视角下物流管理的发展趋势

一、供应链管理环境下物流管理的特点

传统的物流管理是一种纵向一体化的系统，物流企业间各自占山为王，缺乏协同合作，并没有从整体的角度进行组织规划。在这种系统中，信息是单向逐级传递的，信息偏差极易逐级放大，且信息利用率低，如图 14-7 所示。

图 14-7　传统的物流管理

在供应链管理的环境下，物流管理有了新的特点。如图 14-8 所示，同传统的纵向一体化的物流管理相比，信息的传递不再是逐级的，而是网络式的，供应链上的信息流明显增加，各节点企业彼此共享信息，从而及时掌握整个供应链的运行情况和市场需求信息，提高了物流的整体服务水平。

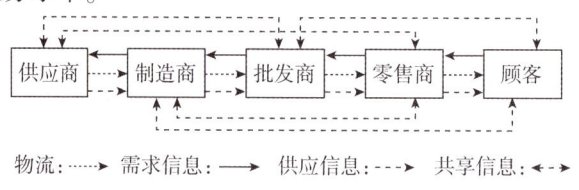

图 14-8　供应链管理环境下的物流管理

除此之外，供应链环境下的物流管理还呈现出以下五个特点。

1. 有效减少库存总量

在供应链管理的环境下，供应链上各成员间彼此共享信息，建立起良好的协调机制，使企业面临的不确定性降低，有效减少安全库存量。信息化、集成化的管理使各企业从"库存实物控制"转向"库存信息控制"。供应链环境下理想的库存控制模式就是实现供应链上各企业的无缝衔接，从而消除供应链上的高库存现象。

2. 提高了物流系统的快速反应能力及快捷性

供应链管理以互联网为技术支撑，使其成员企业能够及时获得并处理信息。在供应链管理的环境下，快捷高效的物流是供应链的基本要求。随着物流组织间的相互合作日益密切，信息化的应用使物流系统的反应更加敏捷，提高了整体的效益。

3. 物流系统无缝衔接

物流系统的无缝衔接是实现供应链管理协调运作的前提条件，因为如果没有物流系统的无缝衔接，运输的货物逾期未到，客户的需要不能得到及时满足，采购物资在中途受阻，都会使供应链的合作性大打折扣。

4. 提高客户满意度

在供应链管理环境下，企业能够准确地把握消费者的个性化需求和需求量，使企业的

活动建立在真实的市场需求之上。尤其是在新零售时代，消费者的需求和体验是企业最为关注的重点问题。物流企业采用更加科学的管理方法，确保物流通畅，并且能够为客户提供定制化、多样化的服务，从而提高客户的满意度。

5. 物流的多样性

供应链管理环境下的物流的形式和内容由单一向多样化方向发展，逐渐发展成快递服务、仓储服务、逆向物流、冷链物流等集产、供、销、配于一体的综合物流。

相关学习视频：供应链环境下的物流管理

二、供应链视角下物流管理的发展趋势

1. 单一服务向综合服务延伸

物流服务由单一向综合延伸这一趋势在行业领先企业中体现得更为明显。京东物流建立了包含仓储网络、综合运输网络、最后一公里配送网络、大件网络、冷链物流网络和跨境物流网络在内的六大物流服务网络。同时，其物流服务开始向综合服务方向迈进，除快递、快运、冷链、国际业务、仓配等基础物流服务外，还面向快消行业、服装行业、家居家电行业、3C行业、汽车行业和生鲜行业等提供一系列行业解决方案，构建全版图、综合性的物流服务体系。京东物流的一体化综合物流服务如图14-9所示。

行业解决方案	快消行业 消费品行业智能供应链解决方案、高端消费品行业仓配一体服务、消费品多渠道整合、消费品多场景配送	服装行业 门店场景一体化配送服务、线上线下全渠道仓储服务、正逆向增值服务、供应链网络升级
	家具家电行业 家电行业供应链解决方案、家电品牌多渠道库存融合、正逆向一体化服务、产销协同	3C行业 消费电子供应链解决方案、服务供应链一体化解决方案、电子产品逆向回收处置能力、工业电子设备运输服务、3C品牌多渠道库存融合
	汽车行业 汽车备件核心城市极速达模式、汽车售后备件行业全链路信息一体化服务、汽车备件产销一盘货+直配送服务、油站便利店O2O服务	生鲜行业 社会化冷链协同网络、标准化产品矩阵、智能化供应链管理、行业化解决方案
基础物流服务	快递　　快运　　冷链　　国际业务　　仓配	

图14-9　京东物流的一体化综合物流服务

> 思考：什么是跨境物流？

2. 传统物流服务向供应链服务升级

英国经济学家克里斯多夫认为,"市场上只有供应链,而没有企业""真正的竞争不是企业与企业之间的竞争,而是供应链与供应链之间的竞争"。随着货主企业对物流的需求逐渐趋于一体化解决方案,客户需求的变化促使物流企业进行转型升级,不再局限于传统的物流服务领域,开始向供应链服务领域拓展。这一趋势主要体现在传统物流企业向第三方物流(3PL)和第四方物流(4PL)升级的发展道路,宝供物流就是一个典型的例子。宝供物流从以提供运输和仓储服务为主的传统物流企业,发展成通过电子商务平台(天网)和物流服务网络(地网),利用大数据、物联网等为客户提供精细化、全方位的供应链服务,提供信息、营销、物流、金融服务等多样化经营服务的第三方物流企业。

3. 物流资源协同共享化

以互联网技术为依托,通过协同共享,将供应方和需求方紧密相连,解决行业中信息不对称问题。在协同共享下,所有权不再是衡量财富的唯一标尺,平台规模不再被资源所制约,使用权、访问权、连接权成为盘活潜在资源、实现超边界发展的关键因素。通过协同共享,物流企业不必花费巨额成本购置设备或建设仓库,通过业务合作或股权控制方式,便可以获得或调动所需的物流资产;通过信息技术将内外部、分散独立的各方资源整合起来,形成平台的一体化服务能力。

例如,京东云仓是一个基于集成和共享的云物流基础设施平台,它以系统和数据产品和服务为核心,输出技术、标准和品牌,赋能商家和合作伙伴,构建物流和商流一体化,将全国社会化仓储物流资源和供应链服务与合作伙伴共享。在京东物流云仓生态平台上,由第三方业主经营的云仓资源超过2 000个,极大丰富了一体化供应链仓储网络矩阵,满足不同层级客户的需求,助力更多客户实现降本增效。

本章小结

从供应、生产、销售的角度来说,供应链并不是一个新的东西,自人类有商业历史以来,供应链就客观存在。供应链最早来源于彼得·德鲁克提出的"经济链",后经由迈克尔·波特发展成"价值链",最终演变为"供应链"。

供应链管理的内容主要包括信息管理、客户管理、库存管理、关系管理等方面。可将供应链管理模式划分为以生产商为核心企业的供应链管理模式、以中间商为核心企业的供应链管理模式、以零售商为核心企业的供应链管理模式,以及基于区块链技术的供应商管理模式。

相对成熟的供应链管理的基本方法有快速反应(QR)和有效客户反应(ECR)等。

练习与思考

一、选择题

1. 供应链管理的内容包括（　　）。
   A. 信息管理　　　　B. 客户管理　　　　C. 库存管理　　　　D. 关系管理
2. 将区块链技术应用到供应链管理，能够实现（　　）等目标。
   A. 缩短时间　　　　B. 降低成本　　　　C. 提高品质　　　　D. 满足需求
3. 快速反应（Quick Response，QR）是（　　）行业发展起来的一种供应链管理策略。
   A. 汽车　　　　　　B. 纺织与服装　　　C. 食品杂货　　　　D. 电视机

二、简答题

1. 供应链是什么？
2. 简述 ECR 的特点。
3. 什么是供应商管理库存？
4. 简述区块链在供应链中的作用。
5. 什么是 CPFR？

参 考 文 献

[1] 白东蕊, 岳云康. 电子商务概论[M]. 北京：人民邮电出版社, 2019.
[2] 谢家平, 梁玲, 宋明珍. 供应链管理[M]. 上海：上海财经大学出版社, 2021.
[3] 柯颖. 物流管理[M]. 北京：机械工业出版社, 2012.
[4] 张相斌, 林萍, 张冲. 供应链管理[M]. 北京：人民邮电出版社, 2015.
[5] 李安渝. 现代物流标准化[M]. 北京：中国标准出版社, 2012.
[6] 顾穗珊. 物流与供应链管理[M]. 北京：机械工业出版社, 2012.
[7] 赵智锋, 叶祥丽, 施华. 供应链运作与管理[M]. 重庆：重庆大学出版社, 2016.
[8] 王凤山, 叶素文. 供应链管理[M]. 北京：机械工业出版社, 2010.
[9] 赵跃华. 现代物流管理概论[M]. 北京：北京大学出版社, 2015.
[10] 李创, 王丽萍. 物流学概论[M]. 北京：北京大学出版社, 2012.
[11] 张夏恒. 基于区块链的供应链管理模式优化[J]. 中国流通经济, 2018(8)：42-50.
[12] 张立群. 供应链管理与基础实务[M]. 长春：吉林人民出版社, 2021.
[13] 伍京华. 物流与供应链管理[M]. 北京：吉林人民出版社, 2018.
[14] 舒秘, 孙润霞, 邓莉. 供应链管理[M]. 哈尔滨：哈尔滨工程大学出版社, 2020.
[15] 陈晓曦. 数智物流：5G 供应链重构的关键技术及案例[M]. 北京：中国经济出版社, 2020.
[16] 顾海鸿. 供应链管理策略快速反应(QR)与有效客户反应(ECR)研究[J]. 中国高新技术企业, 2009(19)：89-90.
[17] 赵晨, 姚驰. ECR 的产生、发展以及在市场经济改革发展中的助推作用[J]. 条码与信息系统, 2020(2)：23-29.
[18] GB/T 18354—2021《物流术语》.
[19] 陈川生. 企业采购与招标管理[M]. 北京：电子工业出版社, 2017.
[20] 袁伯友. 物流运输组织与管理[M]. 北京：电子工业出版社, 2018.
[21] 张荣. 仓储与配送管理[M]. 北京：电子工业出版社, 2020.
[22] 刘小卉. 物流管理信息系统[M]. 上海：复旦大学出版社, 2021.
[23] 鲍新中. 物流成本与控制[M]. 北京：电子工业出版社, 2020.
[24] 田源. 物流管理概论[M]. 北京：机械工业出版社, 2017.
[25] 王伟. 物流管理概论[M]. 北京：中国铁道出版社, 2021.
[26] 魏学将, 王猛, 张庆英. 智慧物流概论[M]. 北京：机械工业出版社, 2020.
[27] 霍艳芳, 齐二石. 智慧物流与智慧供应链[M]. 北京：清华大学出版社, 2020.
[28] 戴宏民, 戴佩华. 包装管理[M]. 北京：文化发展出版社, 2022.
[29] 张旭辉, 杨勇攀. 第三方物流[M]. 北京：北京大学出版社, 2017.